建筑4.0
建筑业数字化转型的先进技术、工具与材料

CONSTRUCTION 4.0
ADVANCED TECHNOLOGY, TOOLS AND MATERIALS
FOR THE DIGITAL TRANSFORMATION
OF THE CONSTRUCTION INDUSTRY

[意]马克·卡西尼（Marco Casini） 著

张静晓 张 飞 徐 琳 钟波涛 译

中国建筑工业出版社

著作权合同登记图字：01-2023-3702 号

图书在版编目（CIP）数据

建筑 4.0：建筑业数字化转型的先进技术、工具与材料 /（意）马克·卡西尼（Marco Casini）著；张静晓等译. — 北京：中国建筑工业出版社，2024.2

书名原文：Construction 4.0 Advanced Technology, Tools and Materials for the Digital Transformation of the Construction Industry

ISBN 978-7-112-29627-9

Ⅰ.①建… Ⅱ.①马… ②张… Ⅲ.①建筑业-数字化-研究 Ⅳ.①F407.9

中国国家版本馆 CIP 数据核字（2024）第 040059 号

Construction 4.0, 1st edition / Marco Casini/ISBN: 9780128217979

Copyright © 2022 Elsevier Ltd.. All rights reserved.

Authorized Chinese translation published by China Architecture Publishing & Media Co. Ltd.

No part of this publication may be reproduced or transmitted in any form or by any means, electronic or mechanical, including photocopying, recording, or any information storage and retrieval system, without permission in writing from Elsevier (Singapore) Pte Ltd. Details on how to seek permission, further information about the Elsevier's permissions policies and arrangements with organizations such as the Copyright Clearance Center and the Copyright Licensing Agency, can be found at our website: www.elsevier.com/permissions.

This book and the individual contributions contained in it are protected under copyright by Elsevier Ltd. and China Architecture Publishing & Media Co. Ltd. (other than as may be noted herein).

This edition of Construction 4.0 is published by China Architecture Publishing & Media Co. Ltd. under arrangement with ELSEVIER LTD.

This edition is authorized for sale in China only, excluding Hong Kong, Macau and Taiwan. Unauthorized export of this edition is a violation of the Copyright Act. Violation of this Law is subject to Civil and Criminal Penalties.

本版由 ELSEVIER LTD 授权中国建筑出版传媒有限公司在中国大陆地区（不包括中国香港、中国澳门以及中国台湾地区）出版发行。

本版仅限在中国大陆地区（不包括中国香港、中国澳门以及中国台湾地区）出版及标价销售。未经许可之出口，视为违反著作权法，将受民事及刑事法律之制裁。本书封底贴有 Elsevier 防伪标签，无标签者不得销售。

责任编辑：刘颖超　李静伟

责任校对：姜小莲

校对整理：李辰馨

建筑 4.0——建筑业数字化转型的先进技术、工具与材料

CONSTRUCTION 4.0 ADVANCED TECHNOLOGY, TOOLS AND MATERIALS FOR THE DIGITAL TRANSFORMATION OF THE CONSTRUCTION INDUSTRY

[意]马克·卡西尼（Marco Casini）　著

张静晓　张　飞　徐　琳　钟波涛　译

*

中国建筑工业出版社出版、发行（北京海淀三里河路9号）

各地新华书店、建筑书店经销

国排高科（北京）信息技术有限公司制版

北京云浩印刷有限责任公司印刷

*

开本：850 毫米 ×1168 毫米　1/16　印张：20　字数：533 千字

2024 年 2 月第一版　　2024 年 2 月第一次印刷

定价：128.00 元

ISBN 978-7-112-29627-9

（42124）

版权所有　翻印必究

如有内容及印装质量问题，请联系本社读者服务中心退换

电话：（010）58337283　　QQ：2885381756

（地址：北京海淀三里河路9号中国建筑工业出版社 604 室　邮政编码：100037）

作者介绍

马克·卡西尼（Marco Casini）教授是绿色和智能建筑领域的顶级专家，从事建筑科学领域的研究已逾 25 年。

卡西尼是一名环境工程师，荣获环境工程博士学位；同时任罗马大学建筑技术学院副教授，自 2002 年以来，一直致力于教授研究生院关于建筑能源和环境可持续性的科目。2014 年起，卡西尼担任意大利国家行政学院（SNA）的教授—部长会议主席。

卡西尼是"建筑信息模型""数字孪生和人工智能"和"遗产房地产管理"硕士学位科学委员会成员，建筑规划、设计和技术博士教学委员会成员，以及罗马大学可持续发展技术科学委员会成员。

卡西尼教授的专业领域涉及可持续建筑设计和建造，主要专注于智能建筑和智能城市的高级材料、技术和战略研究。他曾担任重大项目的科学协调员和首席研究员，包括制定"意大利国家建筑环境可持续性认证系统（Protocollo ITACA）"以及参与编制罗马市可持续能源行动计划。

卡西尼教授的专业活动包括与高性能建筑设计和建造相关的技术、环境和能源方面的国际科学咨询和技术咨询，以及为意大利官方（总理内阁，内政部，拉齐奥大区政府）提供绿色建筑和智慧城市战略以及政策制定方面的培训。设计活动涵盖零能耗及绿色和智能建筑项目，此类活动用于干预新建筑和改造旧建筑。

卡西尼是多个公共技术工作组（意大利环境保护局、UNI、意大利银行以及地区和自治省会议的意大利技术机构、Regione Lazio）的成员，主要参与制定有关环境可持续建筑的具体标准。

卡西尼教授是科学期刊 Ponte 的主编，以及工程和建筑领域其他几个国际同行评审科学期刊的编辑委员会成员和审稿员。卡西尼教授撰写了 80 多篇关于建筑科学和建筑技术的科学出版物，其中包括 10 本图书，例如：《智能建筑：使用先进材料和纳米技术以提高能源效率和环保性能》（Woodhead Publishing Elsevier, 2016）。

简　　介

在第四次工业革命开始之际，数字化、创新技术和材料以及新建筑技术改变着基础设施、房地产和其他建筑资产的设计、建造和运营方式。人工智能（AI）、机器人技术、纳米技术、3D打印和生物技术的发展终于开始将建筑行业推向一个新时代。由于大数据和物联网（IoT）创造的可能性，随着技术的进步，传感器、数据存储和计算机服务的成本不断下降，建筑业正在经历巨大变革。

从生命周期建筑信息模型（BIM）、衍生式设计、扩展现实和无人机使用、智能和创新型建筑材料、技能和技术，到标准化、模块化或预制产品和组件，以及现场全自动机器人、3D打印，再到AI和机器学习。

建筑4.0（C4.0）可以利用数字革命提供的新可能性为整个价值链带来重大机遇，从早期设计阶段到资产生命周期的结束，为该行业带来了一个以一组新的互联能力为特点的新时代。

由于从事建筑业的人数已达数百万人，因此建筑业具有显著的全球经济影响力，并为各个国家乃至整个世界的GDP作出了巨大贡献。建筑业的生态系统更为广泛，负责所有经济和人们日常生活及赖以生存的所有建筑物、基础设施和工业结构。全球疫情所带来的前所未有的新需求迅速改变了建筑环境的安全规范和规则（有关路线、空间、空气过滤器、标准）、生活和工作模式（社交距离、远程工作）、各种建筑类型（办公空间、远程教育、医疗保健、当地设施分布等）的市场需求以及对新型数字化基础设施的需求。与此同时，建筑业企业必须迅速适应建造现场为安全而强加的新规则和方法（例如，工地上可以有多少工人以及他们可以工作的身体距离，或健康和压力管理问题），这需要更广泛地采用新的连接技术（包括智能可穿戴设备）、远程协作解决方案和数字工作流程。2020年，建筑业新一代信息技术的采用率是其前三年之和，采用率大大提高，对提高生产力、提升效率以及吸引年轻工人和创造更安全的作业环境产生了积极影响。

C4.0框架代表了一种基于更高效的工作方式的"新运营模式"，该模式将数据作为业务的核心，旨在于其整个生命周期内创建更可持续性的建筑。C4.0以整体观念为核心，遵循"生命周期思维"原则，考虑建筑物整个生命周期中的选择和行动的环境、社会和经济影响：从场地识别到建造、运营，直到最终报废和材料的回收或再利用。C4.0的数字革命可以从根本上改善整个建筑价值链，包括提升公司和项目的绩效，提高行业的可持续性，节省成本，减少整个建造过程的时间和延误，增强安全性，改善资本管理并增加资金，以及改善建筑行业的形象。这种演变反过来允许优化建筑性能、增加成本效益、提升员工满意度和促进生产率，为整个行业以及利益相关者带来实质性的价值和利益，从而产生更大的盈利、提高项目成功概率、打造更高质量的建筑环境和更强大的人员储备。基于数据采集、数字信息和分析、建造自动化以及高级材料和产品的趋势和技术之间的相互融合，C4.0框架建立在集成型多维设计、建造和运营流程之上，将虚拟世界和物理世界相结合，创造一个真正的网络世界，在这个网络世界中，智能对象相互通信和交互。

引起这种变革的因素有三：第一是该部门迫切需要提高生产率，降低安全风险和解决劳动力短缺问题；第二是可持续性、人口趋势、日益数字化的连通性和全球健康问题等新世界大趋势的出现；第三是在过去 10 年里一些关键技术的发展，特别是建筑信息模型、云和边缘计算、物联网、5G 网络、人工智能和机器学习、大数据和高级分析以及纳米技术。这些技术反过来又促进了许多其他先进且仍在进步的技术的传播，这些技术相互联系紧密，并且能够推动大规模高效建造，包括：增材制造、3D 测绘和扫描、自动驾驶和远程遥控车辆、区块链、建筑自动化系统、能源存储、数字孪生、外骨骼、扩展现实（VR/AR/MR）、衍生式设计、地理信息系统（GIS）、高清测量系统、参数化设计、建造机器人、智能电表和智能电网、无人机以及可穿戴技术等。

就单个技术而言，每个都有可能彻底改变该行业的一个或多个方面。总的来说，这些技术之间的相互作用可以将整个行业发展到一个全新的水平，并从根本上打破建筑物和基础设施资产的设计、建造和运营方式，大幅提高整个价值链中资源的生产力、竞争力和效率。

C4.0 模型的核心是将建筑生命周期和能够与现实世界双向交互的"数字孪生建筑生命周期"相匹配。简单来说，C4.0 利用整个建筑过程的普遍数字化来弥合建筑环境的虚拟和物理实例之间的操作差距。

C4.0 允许使用完美的数字复制品预测建筑物的物理建造，其中包含几何数据、技术参数和信息（建筑信息模型），从而模拟和优化性能、减少环境影响、降低建造成本、规划建造顺序并为组件的制造或现场活动的自动化（3D 打印、机器人、自动驾驶汽车等）提供输入。在建造过程中，可以监测和比较数字规划的进度，并执行趋势分析、风险预测、校正和优化等工作。针对建筑机器、设备、材料和员工数字连接的物联网和技术可以通过连续和集成的方式监控人员和资源（已连接的建筑工地）的生产力和可靠性。数字化制造和数字化供应链管理可以操作物理工件，因此机器可读数据支持越来越多的异地建造实践。机器人能够自动安全地将数字设计数据直接转化为物理操作。

在项目交付和移交后，可以通过收集其运营数据来监控已建造的建筑物，并通过预测分析和高级分析来优化其管理和维护。传感技术在物理世界中的集成可以产生准确的历史和实时数据，这些数据可以输入真实准确的虚拟模型，而这些模型可以自由分析和配置，明白在虚拟世界中作出的每个明智决策都将在现实世界中有效并自动实施。由于人工智能和机器学习的出现，在建筑的建设和管理阶段收集的所有大量数据都可以被轻松分析以识别内部模式，这些数据可用于创建数据模型，从而作出预测并支持整个价值链的决策（预测性维护、风险分析、管理和资源优化、成本预测等）。然后，数据分析的结果可以作为新建筑设计的输入，根据面向持续改进的循环模型关闭信息循环。

设计和建造过程中，数字化和创新技术以及创新系统的广泛运用已经开始改变基础设施、房地产和其他建筑资产的运营和维护方式，其旨在提供更舒适、更节能、更可持续和更具有成本效益的建筑环境。人工智能、大数据和物联网，以及降低传感器、数据存储和计算机服务成本的技术进步，为这些领域创造了前所未有的可能性。建筑物和城市变得越来越智能，联系越来越紧密，数字世界和物理世界的紧密互联极大地改善了用户体验。正在进行的技术和数字革命使建筑变得更加智能，建筑能够连通全球网络，并接收、处理和利用数据与信息，与用户通信，进而与智能城市共享基础设施。建筑智能系统与城市系统的集成提供了一个更加智能的城市系统，在两个层面上实现数据驱动的实时决策。例如，智能能源管理考虑能源可用性和能源需求与高低耗能的次数之间的关系。

对建筑业企业而言，在过去10年，建筑设计方式发生了重大变革，随着当代社会的新需求和新的创新数字工具的出现，还将发生更加深刻的变革。新一代信息技术已经极大地改变了设计师的工作方式和产品在项目生命周期内交付给客户的方式，同时也改变了该行业的就业机会。建筑4.0革命不可避免地要求设计师在建筑的物理性质、新材料和循环经济方面掌握新的重要技能，同时要求设计师使用数字工具，特别是参数化和生成设计、虚拟现实/增强现实和数字孪生等更具创新性的工具。除了技术技能之外，还需要能够采用新的数字化工作方式，例如，通过短期测试和优化循环，从线性设计过程转向迭代设计过程。

本书旨在基于AECO行业正在进行的数字化转型，全面研究智能建筑设计、施工和运营领域的新兴趋势、技术和战略，并就如何利用数字革命带来的新可能性提供全面的指导。

本书共分为4大部分。

第1部分为"数字时代建筑业的挑战与机遇"，在分析建筑业的监管、环境、社会和经济架构的影响因素基础上，本书概述了建筑4.0框架，说明了新的整体设计方法和战略，以及应对21世纪建筑新挑战所需的工具和方法。它展示了新的数字化技术为整个AECO价值链带来的新机遇和好处，以及它们如何带领该行业迈向新时代。

第1章"迈向建筑业数字化时代"，介绍了建筑框架及其主要组成部分，说明了数字化、创新技术和材料以及新建筑技术的出现如何改变基础设施、房地产和其他建筑资产的设计、建造和运营方式，以创造更具吸引力、节能、舒适、经济、安全和可持续的建筑环境。本章深入介绍了零能耗建筑、绿色建筑和智能建筑的新兴范式，以及主要特点、性能和设计策略。最后展示了新的数字技术为整个AECO价值链提供的新机遇和好处，以及这些技术如何带领该行业迈向新时代，提高其生产力，同时应对突发的全球挑战，如资源短缺、气候变化和全球人口增长。

第2章"建筑数字化革命"，对建筑4.0工具和方法进行了深入分析，描述了在所有这些数字技术的充分集成下，它们在新的"数字孪生建筑生命周期"的整个价值链中的应用和优势。介绍了建筑信息建模、云计算和边缘计算、物联网、5G网络、人工智能和机器学习、大数据和高级分析以及纳米技术等关键技术驱动因素，强调了它们在建筑行业数字化转型中的作用，以及在提高生产力和建筑质量方面带来的新机遇。

第 2 部分为"建模与先进数字化设计工具"，这一部分集中于规划和设计阶段的数字创新，主要介绍建筑信息模型、建筑性能模拟（BPS）、HD 调查、参数化设计、生成设计、扩展现实、数字制造。

第 3 章"建筑信息模型"，重点介绍了 BIM 在 AECO 行业数字化转型中的作用，描述了 BIM 在建筑业全面集成的方法、工具和过程。讨论了 BIM 的技术基础以及建筑几何和语义建模的计算方法，研究了 BIM 和 BIM 多维应用的发展水平，介绍了 BIM 在价值链上的主要应用及其与其他数字突破性技术的交互，总结了 BIM 流程、工作流程、技能和协作实践，重点讨论了当前与标准化和互操作性相关的问题。

第 4 章"建筑性能模拟工具"，介绍了建筑性能模拟（BPS）在整个建筑过程中的使用，阐述了其基本原则、衡量指标以及应用。研究了早期模拟、系统规模确定、生命周期分析、法规遵从性、交通和行人模拟以及运营阶段的建筑能耗预测。讨论了 BPS 与 BIM 的集成，展示了参数化设计在建筑模拟过程中的优势，以快速比较和评估许多潜在的解决方案。

第 3 部分为"先进建筑材料和建筑施工方法"，该部分集中于施工阶段的数字化创新，全面概述了最高级的施工材料、建筑施工方法和技术以及现场管理工具，以构建能够提高生产力的新型互联自动化施工模型，简化运营，提高工程质量和安全以及建筑环境的能源和环境效率。

第 5 章"先进建筑材料"，深入介绍了一些最具创新性的建筑产品，主要包括高级混凝土、胶合板、高性能绝缘体、动态窗、智能涂料和模拟光伏，阐述了它们的特性、主要应用、在数字制造中的作用以及在整个建筑过程中取得的效益。

第 6 章"数字化施工管理工具及方法"，重点介绍了用于施工机械、设备、材料和员工数字互联的物联网和技术，描述了这些技术如何以持续和集成的方式监控人员和资源（互联施工现场）的生产力和可靠性，展示了头盔、夹克或靴子等可穿戴设备，详细介绍了 VR、AR 和 MR 在施工中的应用，以及施工现场的数字孪生技术及用于智能合同的区块链的最新进展，同时也介绍了机器人施工技术中的单任务机器人、生物形态机器人、外骨骼机器人、自动车辆和机器人现场工厂，展示 3D 打印示范项目。

第 4 部分为"智能建筑运营和管理"，深入分析了数字化和创新技术与系统如何改变基础设施、房地产和其他建筑资产的运营和维护方式。

第 7 章"建筑自动化系统"，重点介绍了建筑自动化系统（BAS）的架构、组件和服务，深入描述了其拓扑结构、连接服务、控制策略和高级人机界面。展示了物联网在运营、成本、节能和室内舒适性方面的应用和优势，特别关注基于模型预测控制（MPC）和强化学习的新的以 AI 为基础的先进控制策略。

第 8 章 "智慧设施管理"，重点介绍用于规划、管理、报告和跟踪维护操作的计算机辅助设施管理软件（CAFMs），特别是其与 BIM（建筑运维管理驱动的 BIM）的集成，阐述了如何落实早期故障检测、故障识别、设备健康评估以及准确预测系统未来状态的建筑预测性维护，介绍了扩展现实（VR、AR 和 MR）技术在建筑和系统维护中的应用，展示了其在支持技术维护任务、改进维护操作管理和支持战略决策方面的优势。

第 9 章 "智慧建筑和智慧城市"，研究了数字孪生的创新使用，重点阐述了 AI 和城市大数据在增强不同的智能城市服务和帮助决策者改进规划方面的关键作用，分析了如何在迈向净零碳的未来道路上通过智能能源基础设施对能源系统进行转型。在城市层面，介绍了智能电网、智能电表和微电网技术，也说明了绿色氢气在脱碳中的作用，集成了可再生能源、电力存储、车到楼（V2B）和需求响应技术。

序

在当前全球化的背景下，建筑业正经历着一场革命性的变革，数字化时代的到来为其注入了新的活力。各国纷纷采取政策措施，加大对建筑业数字化的支持力度，推动这场全球性的变革。这一变革并非一帆风顺，面对传统建筑方式和管理模式，数字化转型需要更大的努力。

建筑业未来将是一个全面数字化、智能化、可持续化的时代。通过技术的不断创新和全球范围内的合作，建筑业将迎来更多机遇，继续发挥对全球可持续发展和城市智能化的重要推动作用。

通过建筑信息模型（BIM），从设计、施工到运营将实现数据无缝传递和共享。数字化工具、建筑物联网、机器人等技术将加速建筑过程的自动化和智能化。数字化时代的建筑业将更加注重能源效率、环保材料的使用、建筑生命周期的环境影响评估等方面。先进材料和施工技术的广泛应用，纳米材料、智能材料、生物基材料等将成为建筑领域的常规选择。这些先进的建筑材料、智能建筑设备、数字化施工管理工具等创新技术的应用，不仅提高了建筑质量和效率，也创造了新的商业机会。

建筑业与城市规划、交通、能源等领域的紧密合作将成为常态。政府、企业和研究机构将进一步加强合作，推动建筑业数字化的标准化、规范化和信息安全，以便更好地适应全球化的需求和挑战。此外，数字化时代的建筑业也将更加注重培养复合型专业人才。

《建筑 4.0——建筑业数字化转型的先进技术、工具与材料》一书面向建筑业数字化转型，阐述了先进技术、工具和材料对建筑业带来的变革和机遇，并探讨了建筑业在全球化趋势下的挑战，具有较强的借鉴意义。相信本书译作的出版，能够为我国建筑业数字化转型提供有益的参考。

中国工程院院士 丁烈云

2024 年 1 月 30 日

前　言

随着信息技术的不断进步，数字化技术已经成为各行各业创新和发展的重要驱动力。在全球一体化的影响下，建筑业面临如何改变传统的建筑设计和施工方式，提高效率、降低成本、减少污染并增强项目的可持续性等诸多挑战。如何充分利用先进的技术、工具和材料实现数字化转型，提高建筑业自身的竞争力并满足社会和市场的需求，显得极为紧迫、势在必行。

《建筑4.0——建筑业数字化转型的先进技术、工具与材料》一书正是为了满足这一需求而编写的，为读者提供了关于建筑业数字化转型的深入见解和实际操作指南，对建筑行业人员极具价值。本书旨在在新的4.0框架内，总结AECO行业正在进行的数字化转型最新概述，深入研究智能建筑设计、施工和运营领域的新兴趋势、技术和战略，并就如何利用数字革命带来的全新可能性提供全方位指导。

本书共分为四大部分，内容简述如下。

第1部分为"数字时代建筑业的挑战与机遇"，在综合分析影响建筑业的监管、环境、社会和经济架构后，概述了建筑4.0框架，提出新的整体设计方法和战略，以及应对21世纪建筑新挑战所需的工具和方法。该部分展示了新型数字技术为整个AECO价值链带来的新机遇和好处，以及它们如何促使该行业迈向新时代。

第2部分为"建模与先进数字化设计工具"，这一部分聚焦规划和设计阶段的数字创新，介绍了支持设计活动——建筑信息模型（BIM）、建筑性能模拟（BPS）、HD调查、参数化设计、生成设计、扩展现实、数字制造，阐述了其在设计过程中的主要应用和优势及其对整个建筑价值链的有利影响。

第3部分为"先进建筑材料和建筑施工方法"，该部分聚焦施工阶段的数字创新，全面概述了最先进的施工材料、建筑施工方法和技术以及现场管理工具，以构建能够提高生产力的新型互联自动化施工模型，简化运营，提高工程质量和安全以及建筑环境的能源和环境效率。

第4部分为"智能建筑运营和管理"，专门针对建筑的运营和维护阶段，深入分析了数字化和创新技术及系统如何改变基础设施、房地产和其他建筑资产的运营和维护方式，从而提供更舒适、节能、可持续、经济高效、智能的建筑环境。

此书的主要特色在于其全面性、深入性、实用性和前瞻性，为读者提供了关于建筑业数字化转型的全方位视角和实际操作指南，具体分为以下几个方面：

（1）全面概述建筑业数字化转型的趋势和影响：首先对建筑业数字化转型的背景和趋势进行了深入探讨，使读者对当前行业的现状和未来的发展方向有了清晰的认识。

（2）深入解析先进技术及其应用：书中详细介绍了BIM、物联网、大数据和人工智能等在建筑业中的应用，以及它们如何改变传统的建筑设计和施工方式。

（3）实用的工具和材料推荐：除了技术层面，该书还关注到了实际操作中所需的工具和材料。

对于如何选择和使用高质量的材料和工具，作者给出了具体建议和实例。

（4）案例研究与实践经验分享：书中包含许多实际的案例研究，通过这些案例，读者可以更直观地理解数字化技术在建筑项目中的应用效果和实践经验。

（5）关注可持续性和未来发展：在书的结尾部分，作者对建筑业的未来发展进行了展望，强调了数字化转型在推动行业可持续发展中的重要性。

（6）易于理解和实用的编排设计：全书在编排设计上注重实用性和易读性，通过图表、插图和清晰的章节划分，使得复杂的技术和理论更易理解。

（7）结合理论与实践：书中不仅有理论分析，还有实际应用的步骤和指南，让读者能够在实际操作中运用所学知识。

此书由来自长安大学、西北大学、华中科技大学等双一流高校以及中铁上海工程局集团第七工程有限公司等知名企业组成的专业团队翻译完成。语言精准、可读性强。具体分工如下：张静晓（长安大学）、张飞（中铁上海工程局集团第七工程有限公司）完成了本书第1、3、4、8章的翻译；徐琳（西北大学）完成了本书第2、5、6、7、9章的翻译；张坤（中建交通）负责初步统稿；于竞宇（合肥工业大学）负责第1、9章的二校；谭毅（深圳大学）负责第4、5、8章的二校；秦爽（兰州理工大学）负责第7章的二校；钟波涛（华中科技大学）负责本书的三校；张静晓、徐琳负责本书的最终审校。

我们真诚地希望此书能够帮助建筑业的专业人士、学生以及相关研究人员理解数字化转型对建筑业的影响，并掌握实用的策略和解决方案，从而应对这一变革带来的挑战，以期推动建筑业的创新和发展，提高行业的竞争力和可持续性。

目 录

第 1 部分
数字时代建筑业的挑战与机遇

第 1 章　迈向建筑业数字化时代　003

 1.1　建筑业：经济和社会关联　003
 1.2　建筑业的能源和环境影响　008
 1.3　低碳可持续城市　015
 1.4　建筑业循环经济　017
 1.5　环境友好型智能建筑　021
 1.6　数字化时代的建筑业　026

第 2 章　建筑数字化革命　035

 2.1　建筑 4.0 技术驱动　035
 2.2　数字建筑生命周期　047
 2.3　结论和展望　062

第 2 部分
建模与先进数字化设计工具

第 3 章　建筑信息模型　067

 3.1　建筑信息模型之路　067
 3.2　建筑信息模型在建筑价值链中的应用　070
 3.3　协作实践和标准化　073
 3.4　结论与展望　077

第 4 章　建筑性能模拟工具　079

 4.1　建筑性能模拟的基本原理　079
 4.2　建筑性能模拟的数据和准确性——气象数据　095

 4.3　与 BIM 集成　098
 4.4　结论与展望　102

第 3 部分
先进建筑材料和建筑施工方法

第 5 章　先进建筑材料　107

 5.1　用于建筑 4.0 的先进材料　107
 5.2　纳米材料　108
 5.3　智能材料　110
 5.4　生物基材料　113
 5.5　高级建筑产品　121
 5.6　结论与展望　159

第 6 章　数字化施工管理工具及方法　160

 6.1　数字建筑管理　160
 6.2　无人机在建筑业中的应用　173
 6.3　建筑业中的可穿戴设备　181
 6.4　建筑业中的扩展现实技术　186
 6.5　建筑工地相互关联　190
 6.6　建筑业中的人工智能　192
 6.7　现场机器人制造　199
 6.8　结论与展望　216

第 4 部分
智能建筑运营和管理

第 7 章　建筑自动化系统　221

 7.1　系统架构、组成及服务　221

7.2	BAS 拓扑	223	8.3	建筑物隐形中的拓展现实	257
7.3	控制策略	229	8.4	结论与展望	260
7.4	高级人机接口	245	**第 9 章**	**智慧建筑和智慧城市**	**262**
7.5	智能家居	247	9.1	智慧城市	262
7.6	结论与展望	250	9.2	智能能源基础设施	269
第 8 章	**智慧设施管理**	**252**	9.3	智能能源建筑	277
8.1	建筑设施管理	252	9.4	结论和展望	300
8.2	预测性建筑维护	255			

第 1 部分

数字时代建筑业的挑战与机遇

第1章

迈向建筑业数字化时代

1.1 建筑业：经济和社会关联

建筑业是全球经济的重要支柱，2018 年 GDP 占全球 GDP 的 13%，全球营业额达 10 万亿美元，预计到 2025 年增至 14 万亿美元，增加值为 3.6 万亿美元。目前，7%（1.8 亿人）的全球从业者从事于建筑业（Ecorys, 2016; FIEC, 2020; IFC, 2018; McKinsey, 2017a; McKinsey, 2020a; WEF, 2016）。

建筑业的价值链极其广泛，其中包括服务业务、供应商和承包商，横跨七个部门：开发、建筑与工程、建筑机械、基础材料、精加工组件、市政系统设备和维护（表 1.1-1）（McKinsey, 2020a）。其中，建筑业的生态系统更为广泛，涉及所有经济和人们日常生活赖以生存的建筑物、基础设施和工业结构。事实上，由于建筑决定每个人在哪里生活、工作并使用何种服务方式，该行业为所有企业提供并维护住宿、工厂和基础设施。因此，建筑环境影响着世界上几乎所有人口的生活质量。与此同时，建筑业也是全球最大的原材料和一次能源消耗行业，其中建筑环境占全球相关燃料燃烧产生的 CO_2 排放总量的 40%（IEA, 2019a; McKinsey, 2017a; UNEP, 2020a; WEF, 2016）。

建筑和建筑技术价值链（McKinsey, 2020a）　　表 1.1-1

部门	产品与服务
开发	房地产咨询和开发
	房地产投资信托
	建筑运行商和培训
建筑与工程	建筑和工程
	专业承包
建筑机械	推土设备
	物料搬运设备
	混凝土、筑路机械
基础材料	水泥、混凝土、骨料
	钢，包括钢筋和钢管
	木材、胶合板、玻璃、黏土等
精加工组件	建筑围护结构
	建筑内部
	支撑材料

续表

部门	产品与服务
市政系统设备	电力设备
	管理系统
	建筑自动化系统
	冷却和加热设备
	照明系统
	火灾和安全
	电梯和自动扶梯
维护	设施管理
	能源管理

1.1.1 劳动生产率和安全性

尽管建筑业具有显著的全球影响力，但在过去 20 年间，建筑业劳动力的生产率每年仅增长 1%，远低于世界经济总量 2.8% 和制造业生产率 3.6% 的增长（图 1.1-1）（McKinsey, 2017a; WEF, 2016）。此外，建筑业存在着重大风险，其总的息税前利润（EBIT）仅为 5% 左右，且时间和成本超支是常态，过去三年只有四分之一的建筑项目在原定期限的 10% 内完成（McKinsey, 2020a）。

影响生产率的其他障碍是由于该行业缺乏信息和沟通，导致建筑公司高达 30% 的工作实际上是纠正返工，而建筑专业人员 35% 的时间（超过 14h/周）用于非生产性工作，例如查找项目信息、解决冲突以及处理错误和返工等（Autodesk, 2021a）。所有地区和经济体的发展都与建筑业息息相关。如果建筑生产率能够达到其他经济部门创造的价值，该行业每年可增加 1.6 万亿美元，足以满足全球约一半的年度基础设施需求或将全球 GDP 提高 2%（McKinsey, 2020a）。

这种低生产率是由多种因素造成的，包括：建筑过程的性质和特征，行业的特征和动态，行业内企业的行为以及外部来源力量（McKinsey, 2017a; WEF, 2016）。

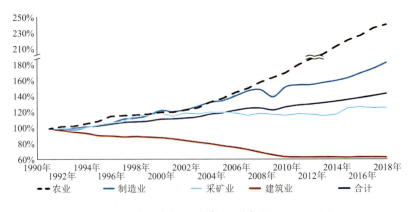

图 1.1-1 不同行业部门的生产率（重绘自 McKinsey, 2020a）

就该行业的特点而言，建筑业高度分散，由众多的中小型企业（SME）组成。这不仅导致参与者无法获得自己需要的规模以获得更高的生产率，而且阻碍了不同参与者之间的协作，每个参与者都有自己的既得利益，因此按时和按预算交付项目变得更加困难。这种碎片化还意味着不同参与者之间存在大量信息不对称。造成这种限制的一个原因是项目往往在地理上分散并且有特定要求，这通常会损害项目成本或承包商绩效的透明度。

在欧洲，拥有超过250名员工的公司（SME定义中考虑的上限）占所有建筑公司的比例不到1%，为该行业的产出贡献了21%，而94%的公司仅有10名全职员工（微型企业），却占该行业总产出的39%（FIEC, 2020）。

在美国的700000家注册建筑公司中，80%的公司拥有10名员工或更少，只有2%的公司员工超过100人。美国建筑业排名前4的公司仅控制了6%的市场份额，远低于零售（14%）和石化炼油（42%）等更为集中的行业。排名前20公司的市场占有率仅为8%，而零售和石化行业的市场占有率分别为18%和94%。由此可见，建筑业的分散性更加明显（Autodesk, 2021b; BigRentz, 2020; BigRentz, 2021; McKinsey, 2017a）。

简而言之，建筑业是由以贸易为基础的小型公司和分包商为主导，通常相对不成熟，很少有公司能够在研发上进行投资以开拓和引领重大创新，而且普遍缺乏竞争压力。小型公司通常乐于在当地平稳地开展业务，而不是对扩张和多元化进行投资。这种分散化对不同建筑工程的生产率也有重大影响：较小的专业贸易部门和翻新商的分散化程度最高，但生产率最低，而石油和天然气管道的建设既高度整合又高产。

此外，每个项目的碎片化、地理分散和独特性等因素也导致该行业非常不透明。在大多数国家和部门，几乎不可能找到关于项目成本或承包商绩效的良好基准数据。尤其是中小型客户，由于专业知识、定价和技术难以与竞争对手进行比较，因此往往不得不根据口碑或专业推荐选择本地公司。这进一步抑制了公司提高生产率作为竞争优势来源的积极性。

建筑劳动力的逐渐老龄化加剧了该行业的技能问题，这阻碍了采用更具生产力的数字和其他创新建筑技术。从1985年到2010年，该行业45岁以上的员工比例从32%增加到50%，员工不太可能接受实施最新技术所需的培训（McKinsey, 2017a）。这在一定程度上是由于最新一代的顶尖工程师和跨学科管理人员对建筑行业的吸引力有限，他们可以运行非常复杂的项目，而且他们似乎更喜欢在其他地方使用自己的才能。此外，在许多国家，非正规的、外籍的劳务构成了建筑劳动力的重要组成部分。非正规劳动力可能会削弱投资于工人及其技能的动力。这些工人主要从事建筑施工，与民用和工业项目相比，这些项目规模较小，审查较少。如果没有相同的法律保护或合同，他们的工作时间较为短暂，公司也不太可能提供培训计划和其他资源来提高他们的生产率。

根据McKinsey的数字化指数，建筑业是世界上数字化程度最低的行业之一，在美国排名倒数第二，仅次于农业，而在欧洲排名最后（McKinsey, 2017a）。根据该指数，建筑业在使用数字工具促进利益相关者互动的能力、一线劳动力可用数字工具的增长率方面存在特别不足，以及对ICT的投资薄弱。以德国为例，从1991年到2007年，建筑业每年对数字资产的投资仅占其总增加值的0.7%，而金融中介投资为4.3%，制造业为1.8%，所有行业的平均值为2.3%。美国建筑业也是如此，投资占总附加值的1.5%，而金融中介为5.7%，制造业为3.3%，全行业平均为3.6%（McKinsey, 2017a）。事实上，过去10年中，一个行业的数字化水平与其生产率增长之间密切相关，在建筑业和其他行业中，有几家建筑和其他行业的公司使用数字技术实现了显著的生产率增长。然而，尽管采矿业已经采用数字创新来提高生产率并找到管理可变性的新方法，并且航空航天行业的生产率在20世纪70年代采用计算机辅助3D建模后，提高了10倍，但建筑业尚未采用涵盖项目规划、设计、施工、运行和维护的集成平台，并且仍然依赖特定的软件工具。此外，项目所有者和承包商经常使用不同的平台。

使用数字技术带来生产率提升的例子参见美国的一个隧道项目，该项目涉及近600家供应商，承包商在该项目中为招标、投标和合同管理实施了单一平台解决方案。为团队每周节省了20多个小时的员工时间，将生成报告的时间缩短了75%，并将文档传输速度提高了90%。同样，一个价值50亿美元的铁路项目的审查和批准自动化工作流程节省了超过1.1亿美元，并大大提高了生产力（McKinsey, 2017a）。

建筑行业的另一个重要挑战是工人的健康和安全，这本身会影响整体生产率和成本。事实上，建筑业是世界上最危险的行业之一，每年有230万人死于与建筑工作相关的事故或疾病（ILO, 2019）。

建筑行业工伤人数每年占所有致命工伤的45%以上，建筑业的非致命伤害率比任何其他行业高出71%。每年每10名建筑工人中就有1人受伤，在45年的职业生涯中，建筑工人死于与建筑相关的事故的概率为1/200。特别是，在建筑业的所有工作死亡人数中，约有58.6%是由于高空坠落、触电事故、物体打击和机械伤害（所谓"四大伤害"）。仅高空坠落死亡人数占比高达33.5%（美国劳工统计局；美国职业安全与健康管理局（OSHA））。

因此，建筑业的工人赔偿支出比所有制造业的总和高71%，占工人赔偿总成本的15%。2018年，因工负伤造成建筑企业经济损失1.03亿元。这部分是由于行业在安全培训方面存在显著差距：建筑公司平均将3.6%的预算用于赔偿伤害，但只有2.6%用于安全培训。然而，建筑行业的伤害间接成本可能是直接成本的17倍，建筑公司为避免作业现场伤害，每投入1美元直接成本，可节省6美元的间接成本（ILO, 2019）。

事实证明，身体和心理安全是建筑项目和建筑公司成功的基础：对安全作出最大承诺的公司也是最可持续成功的公司。这种成功需要定期培训、制定相关安全计划以及在组织和个人层面营造重视安全生产的企业文化（ECSO, 2020）。

培训不足或缺乏培训会使个别员工、团队和公司处于危险之中。因此，员工不仅要在入职过程中接受安全培训，也应在入职后定期培训，以保护工人自己并避免伤害他人。从这个角度来看，扩展现实（XR）和虚拟现实（VR）被证明非常有用，可以对工人进行有效和方便的安全培训：所提供的沉浸感与现场培训相当，工人可以更好地理解风险和安全程序，通常不产生任何相关的费用、危险和进度冲突。同时，在施工现场集成数字技术和机器人技术可以大大降低传统上与施工相关的风险和危险。预制和模块化施工方法允许在更安全、更舒适的工厂中进行制造和组装活动，而不是在暴露和不安全的施工场地中进行。建筑工地本身可以配备扩散的物联网传感器和可穿戴设备，以跟踪工人的健康状况并防止发生危险情况，例如被卡车碾过。人工智能和机器学习可以利用传感器和摄像机在现场产生的数据来检测事故、进行风险分析，并识别需要及时和安全处理的危险情况。最后，建筑中的自动化和机器人化允许替代或帮助工人从事最剧烈或危险的活动，例如使用自主/遥控机器人在危险环境中工作或使用外骨骼机器人支持手动任务，以及使用无人机进行高度检查。

1.1.2 新世纪建筑业发展的趋势

21世纪的建筑业目前受到四个主要趋势的影响，这些趋势正在深刻地变革建筑和建筑技术部门以及建筑环境：可持续发展、人口趋势、数字化日益发展的连通性和全球健康问题（WEF, 2016）。

第一个趋势，关于可持续发展、气候变化的挑战以及对新循环经济（CE）模式的需求。要求材料制造、建筑工艺和现有建筑在资源利用方面更有效，在排放和浪费方面对环境的影响更小。该行业还必须解决对自然灾害（特别是洪水、飓风和地震）日益增长的担忧，并提高建筑物和城市的复原力。因此，迫切需要制订降低风险的解决方案，特别是在人口密度高的城市地区。

现有数据越来越多地证实，此类建筑可以降低其生命周期对环境的影响，同时为居住者提供更健康、更高效的生活和工作条件（UNEP, 2020a）。事实上，诸如使用更好的材料、改善空气流通和采光、消除化石燃料和有害化学物质等可持续的解决方案，能更好地吸引建筑所有者和开发商，因为他们将能够在支付更少的能源的同时提高生产率。根据美国绿色建筑委员会的表述，可持续办公建筑中的员工往往比传统商业建筑中的员工更快乐、更健康、更有效率。再加上环境、社会和公司治理（ESG）投资压力的分散，即投资者专注于需要可持续建设和运行计划的环境、社会和公司治理，这使得绿色项目对资本投资极具吸引力。因此，可持续发展在金融体系中正变得越来越常态，数万亿美元的资本在发挥可持续性要求，以期实现场地的合理性规划及隐含的碳排放目标，并制定积极有效的气候基准（UNEP, 2020a）。

第二个趋势涉及世界人口的增长和老龄化。尤其是城市居民，预计到2045年城市居民将超过60亿人，每天约有20万人迁入城市（联合国经济和社会事务部，2018）。这意味着迫切需要增加城市地区的经济适用房建设，因为城市空间限制使建设过程复杂化，并且需要对供水和卫生等服务进行基础设施投资。对新建筑不断增长的需求和现有城市中心密度的增加导致项目的规模和复杂性增加，进而影响建筑生产率。从这个意义上说，对适应性再利用和预制/模块化建筑的需求正在增加，因为这些解决方案承诺了更大的可负担性，并能够与当代特大城市等敏感环境更好地兼容。

另一个决定性的人口趋势是人口年龄分布的增加，特别是在发达国家（WEF, 2016）。事实上，老年人口比例不断增加对建筑业的影响是双重的：首先，需要建造或翻新建筑物以适应老龄化和养老院的公民；其次，减少了新一代建筑工人的可用供应。随着行业自动化程度的提高，新技术取代了许多以前需要低技能工人的工作，这在一定程度上解决了第二个问题。不过，这类新技术本身需要拥有高技能的劳动力，而建筑行业正在努力确保所需的数字人才。

第三个趋势是通过物联网（IoT）实现人和物的数字化和连通性。这导致建筑自动化（建筑管理系统、供暖、通风和空调（HVAC）控制、火灾探测和控制、安全系统和照明控制）以及对更加流畅和个性化的终端用户体验的期望不断提高，例如优化工作空间环境的温度、通风和照明。工业和经济向全数字化社会的转变也直接影响着建筑环境的成果：移动计算、智能工作和电子商务正在改变需求和使用模式，包括办公空间的占用水平、私人和公共交通流量的数量和时间、电信基础设施需求、市场将实体逐渐转变为仓库和配送中心。

工程大数据可以广泛获取前所未有的数量和质量水平数据，以获得有关AECO部门广泛主题的准确见解和知识（IEA, 2019b）。入住率、使用模式、能源性能、用水量、乘客行程、施工现场的劳动力和供应以及许多其他数据使所有者、承包商及其项目合作伙伴能够就建筑过程作出更好、更明智的决策，以降低成本，在不损害最终用户体验的情况下提升或扩展现有容量。

此外，物联网与建筑环境的日益集成以及其中产生的数据允许在粒度级别上准确预测未来的需求模式，开发商可以利用人口统计、经济增长和财富水平的数据来更深入地了解未来的需求模式并据此配置资产。

这种扩大的数据分析潜力改变了传统的开发和投资决策：随着建筑物变得更加复杂和风险相应增加，人们的关注点从单纯的价格或价值转移到如何实现最终结果层面。数据分析可以帮助作出关于是否、怎样、在哪里以及如何投资和建设的决策。对建筑资产的使用及其整个生命周期性能认知的提升，有助于承包商进行多元化投资，如房地产即服务，（ECSO, 2021; JRC, 2019）。

第四个趋势是2020年由COVID-19引发的趋势，新冠疫情对房地产和建筑市场以及就业方面产生了巨大影响，极大地加速了整个社会的数字化进程，所有行业，尤其是建筑行业都需要进行变革（McKinsey, 2020b）。

疫情紧急情况所需的新的、前所未有的需求迅速改变了建筑环境的安全规范和规则（路线、空间、过滤器、标准）、生活和工作模式（社交距离、远程工作）、各种建筑的市场需求类型（办公空间、远程教育、医疗保健、本地设施的分布等）以及对新的数字基础设施的需求（WEF, 2021a）。

建筑企业必须迅速适应为安全起见对建筑工地实施的新规则和工作方法，比如针对一个工地可以有多少名工人，工人的适当工作距离，或者健康和压力管理问题，这需要更广泛地采用新的互联技术（包括智能可穿戴设备）、远程协作解决方案和数字工作流程。

这四个总体趋势与行业提高生产力、降低安全风险和解决劳动力短缺问题相激发，深刻影响着价值链和建筑环境特征。

1.2 建筑业的能源和环境影响

1.2.1 地球现状：采取行动

建筑业脱碳对于实现《巴黎协定》的承诺和联合国2030年可持续发展目标至关重要。建筑业碳排放占能源和过程相关排放的近40%。事实上，建筑业并没有采取必要的气候行动，相反，建筑业是在应对气候影响方面行动最慢的行业之一。尽管该行业的CO_2排放量占全球能源相关CO_2排放量的38%（2019年进一步增加），但脱碳力度仍有待加强。为实现到2030年将排放减少到符合《巴黎协定》水平的目标，需要采取三重战略：提高建筑运行的能源效率、提高资源使用效率以减少材料的影响以及加大能源系统的脱碳力度。

根据IEA（国际能源署）的数据，在建筑能效措施上每投入100万美元，将创造9～30个工作岗位，有助于缓解因疫情放缓而遭受的失业情况。然而，该行业仍然缺乏系统性投资。比如说，在建筑物能源效率上每花费1美元，就有37美元用于传统的建筑与施工。为帮助扭转这一趋势，各国政府在根据《巴黎协定》提交更新的国家自主贡献（NDC）时，还应加强对该行业的净零承诺，包括将建筑和建造纳入其长期气候战略并支持监管以刺激采用净零排放建筑。这意味着应优先考虑基于性能的强制性建筑能源规范以及广泛的认证措施，并与地方政府密切合作促进采纳和实施。

2018年，IPCC表示，遵循1.5℃一致路径需要到2050年将建筑排放量减少80%～90%，到2020年新建筑要实现完全无化石燃料和接近零能耗，并且OECD（经济合作与发展组织）国家每年以5%的标准提高现有建筑物的修复率（IPCC, 2019）。

由于2020年未实现新建筑能源接近零的目标，全球气温升高幅度保持在+1.5℃已不再可能。然而，保持在2℃以下是目前仍然可以实现的，但该行业过渡的时间越长，这种过渡就会越突兀。

2050—2060 年，在建筑行业实现碳中和的技术已经可用。在成本与传统建筑相当或接近的情况下，今天的技术有可能使建筑符合健康、舒适和可持续性的最高标准，包括提高能源生产率和减少二氧化碳排放。建筑所需的能源可以减少到一个可以由非碳基能源提供的水平。这种新方法需要对建筑设计、交付和运行采取整体、系统的方法，以及将建筑设想为能源生产者而不是单独或主要作为能源汇点的新范式。真正可持续建筑时代所需的原则来自建筑科学、材料科学、数字科学、信息和通信技术等。

建筑环境特别容易受到气候变化的威胁，在建筑物内生活和工作的人们也面临着气候变化的风险（WMO, 2021）。由于气候风险对人们的生活和经济活动构成了真正的威胁，建筑和建筑价值链上的所有参与者，包括政府，都有责任解决这一问题。建筑作为长期资产，应具有抵御气候变化的能力，也应具有抵御传染病和潜在行为变化等未来风险的能力。

气候风险对建筑物的结构和内部进行的经济活动都有影响。除了物理损坏和经济运行损失外，极端事件还会使房产价值降低 5%～20%（全球建筑建设联盟, OID, 2021）。

城市、城市基础设施和建筑在气候变化应对战略中占据核心地位。事实上，社会和经济机制依赖于这三者的顺利运作，而这三者本身高度依赖于环境条件。因此，投资建筑物的适应性和具有抵御能力的城市基础设施，对于进一步防止与气候变化有关的问题至关重要。

适应气候变化被认为是一个全球性问题，气候变化也已被纳入国际层面的标准风险管理（UNSDR, 2015）。例如，《巴黎协定》第 7 条规定，适应气候变化与减缓气候变化同样重要。然而，大多数国家没有明确的措施和政策来提高建筑物对气候变化的适应能力。如果不制定此类政策，全球大多数人口可能仍然无法适应：事实上，风险资本部门增加的适应支出目前有利于已经相对富裕的人群，而穷人难以支付必要的适应投资，从而导致非正规部门（贫民窟或不合格和不安全的住房）更加脆弱（全球建筑建设联盟, OID, 2021）。

最后，能源生产和使用不仅仅影响气候变化：燃料燃烧是人类活动造成空气污染的主要来源，对公众健康产生巨大影响。世界上大约 90% 的人每天呼吸受污染的空气，导致每年超过 500 万人过早死亡，这主要是由于中风、心脏病、慢性阻塞性肺病、肺癌和急性呼吸道感染导致的死亡率增加。此类死亡人数高于因艾滋病、肺结核和道路伤害死亡人数的总和（370 万人）。室外（环境）污染导致 300 万人过早死亡，约 250 万人还因烹饪和取暖燃料燃烧引起的室内空气污染而过早死亡。受影响最大的是新兴经济体，仍有超过26亿人无法进行清洁烹饪（Manisalidis, Stavropoulou, Bezirtzoglou, 2020; 联合国, 2020）。

1.2.2　建筑成为能源和环境体系的重要组成部分

建筑业是实现智能、可持续和包容性增长以及向资源节约型和低碳经济转型的世界优先行动领域之一。2019 年，建筑建造和运行占全球最终能源消耗（35%）和能源相关 CO_2 排放（38%）的最大份额（图 1.2-1）。全球建筑运行的最终能源消耗约为 130EJ（3100Mtoe），相当于最终总能耗的 30%（其中住宅建筑占 22%，非住宅建筑占 8%），建筑能耗为 21EJ（占总需求的 5%），行业总能耗为 149EJ（3500Mtoe）（UNEP, 2020a）。

建筑物消耗能源用于供暖、制冷和室内通风、生活热水生产、照明设备和电气设备、人员运输和食物烹饪，这些活动使用电力（42%）、燃气（30%）和生物质（24%）作为主要的能量载体（图 1.2-2）。上述各项对总消耗量的影响因建筑类型、建造年份和所处气候区而异。热水、烹饪、照明和电器分别占总消耗量的 20%、20% 和 14%。空间制冷目前仅占建筑行业能耗的 6%，但随着越来越多的建筑配备空调，空间制冷是目前世界上增长最快的终端用途。

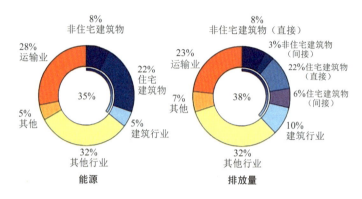

图 1.2-1 建筑业在全球能源需求和 CO_2 排放中发挥的作用（重绘自 UNEP，2020a）

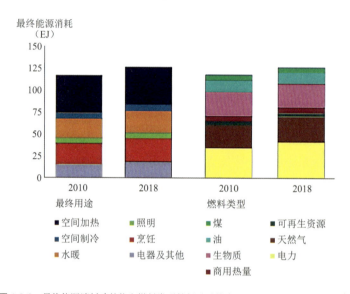

图 1.2-2 最终能源消耗建筑物和燃料类型份额（重绘自 IEA，2021c；EA，2019d）

全球用于空调、热水、烹饪和其他服务应用的建筑物中化石燃料燃烧的直接排放量约为 $3GtCO_2$（占全球排放量的 9%）（表 1.2-1）。建筑物中使用的电气和电子设备（例如空调、热泵、家用电器和照明设备）消耗电力和热量的间接排放量为 $9.8GtCO_2$（19%），总量为 28%。生产材料和建造建筑物涉及工业部门额外 $3.5GtCO_2$ 的能源和过程相关的 CO_2 排放（10%），主要来自水泥和钢铁制造业（UNEP，2020a）。

2019 年 IEA 建筑运行和建筑 CO_2 排放量估计（UNEP，2020a） 表 1.2-1

建筑生命周期	2019（$MtCO_2$）	占比
建筑物使用阶段	9953	能源相关排放总量的 28%
煤炭	496	
油	939	9% 的直接排放量
天然气	1663	
电热系统	6855	1% 的间接排放量

续表

建筑生命周期	2019（MtCO$_2$）	占比
建筑施工	130	
建筑能源使用	130	
材料制造	3430	10%的间接建筑和建筑价值链排放
建筑用水泥和钢铁制造	2038	
其他	1391	
建筑和施工价值链	13512	能源相关排放总量的38%

在全球范围内，建筑能源使用仍然占总能源需求的很大一部分。2019年，建筑占非洲最终能源消耗总量的57%，占与过程相关的CO_2排放总量的32%。在中国、印度和东南亚国家，建筑能耗占最终总能耗的26%，占总过程和能源相关CO_2排放的24%。在中美洲和南美洲，建筑占最终总能源消耗的24%，以及占与总过程相关的CO_2排放量的21%。

IEA估计，要在2050年实现建筑净零碳存量，建筑行业的直接CO_2排放需要减少50%，到2030年，建筑行业发电的间接碳排放应减少60%。从2020年到2030年，建筑行业的排放量应每年下降6%左右（图1.2-3）。

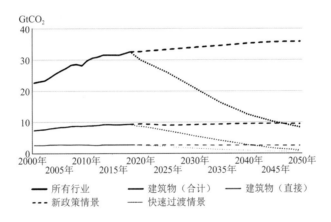

图1.2-3　建筑物的直接和间接排放量到2050年的最快过渡情景（重绘自IEA, 2019a; UNEP, 2020a）

尽管在过去20年里，全球都在致力于提升建筑物的能源效能，但自2000年以来，建筑行业的能源使用和全球能源相关排放稳步上升，年均增长率约为1.5%，导致2000—2019年期间整体增长超过30%（与1990年相比增长154%）。2019年，虽然全球建筑行业的最终能源消费总量与前一年保持在同一水平，但建筑运行产生的二氧化碳排放增加了4.4%，达到有史以来的最高纪录10.1GtCO_2。根据这一趋势，减排情景应设想从现在到2030年，每年至少减少2.5%的排放量。

建筑业目前占全球最终用电量的55%以上，鉴于建筑业对电力的依赖程度日渐增加，因此，尽快实现电力行业脱碳具有战略意义。事实上，在过去20年中，全球建筑用电需求的增长速度是电力行业碳强度提高速度的5倍以上。建筑围护结构（例如更好的外墙和窗户）和建筑能源系统（HVAC和照明）及组件（例如烹饪设备）性能方面的广泛改进无法抵消快速增长的建筑面积和不断增长的能源服务需求。特别是，自2000年以来，全球建筑面积增长了约65%，2019年达到近2450亿 m^2（图1.2-4）。

然而，每平方米的平均能源使用量（能源强度）仅下降了25%左右。2015—2019年间，全球建筑的最终总能源强度以每年0.5%的速度下降，从330～320kWh/m²，这意味着能源效率的提升仅部分抵消了建筑面积的增长。从2010年到2018年，建筑业最终能源强度的变化表明，最大的改善（即减少）是全球平均空间供暖（-20%）和照明（-17%）（图1.2-5）。

图1.2-4 2010—2019年全球建筑面积、人口、建筑业能源使用和能源相关排放量的变化
（重绘自 IEA, 2021c; IEA, 2019d）

图1.2-5 2010—2018年全球建筑业最终能源使用强度变化（重绘自 IEA, 2019d）

这些数据表明，可再生能源、热泵、高效电力技术和区域供暖根据全球平均水平并未取代基于化石燃料的资产（包括锅炉、熔炉和炉灶），只有在效率和被动式设计策略上加大投资，才有可能降低能源强度。

应特别关注空间制冷的能源需求，该需求在2010—2018年间增长了33%以上，预计未来30年将增长两倍（IEA, 2018），特别是在热带国家以及住宅建筑范畴里，这些需求占全球潜在电力需求增长的20%以上。自1990年以来，全球空调系统的年销量几乎翻了两番，预计到2050年，全球建筑空调的存量将增长到56亿台。大约有28亿人生活在全年日平均温度高于25℃的地区。据估计，其中只有8%的人拥有空调（Global ABC, IEA, UNEP, 2020）。随着收入的增加，预计到2060年建筑面积将翻倍（Global ABC, IEA, UNEP, 2020），全球变暖，气温升高，热浪更加频繁，这一趋势势必会加剧。

最后，关于建筑材料生产及其建造的排放，这些主要由水泥和钢铁制造过程驱动，其使用量的增长是建筑相关隐含碳排放的主要驱动力（IEA, WBCSD, 2018; IEA, 2020）。高楼大厦等建筑的设计和类型导致对钢材和水泥的需求增加，尽管此类建筑可能因此具有更长的使用寿命。在全球范围内，建筑业约占水泥需求的50%和钢材需求的30%。这些因素表明了延长建筑使用寿命的重要性，以及优化其使用和用低隐含碳材料取代建筑的重要性。

从这个意义上说，现代建筑方法的使用，如预制建筑、非现场建筑和模块化建筑，构成了节能建筑施工的主要创新领域之一。2019年模块化建筑的全球价值估计为7000万美元至1100亿美元。建筑业继续投资先进的设计和制造设施，以增加各种建筑类型的定制建筑生产，包括多户住宅、教育和医院建筑。例如，2019年，英国宣布将25亿英镑（32亿美元）的住宅建设基金用于现代建筑方法，将另外的1.7亿英镑（2.22亿美元）用于研发（Markets, Markets, 2020）。然而，到目前为止，模块化建筑的转变都是由以供暖为主的地区主导的，如波罗的海地区、欧洲、北美和中国北部。

1.2.3　可持续建筑和建造政策

为支持新建和现有建筑脱碳，政策和法规应覆盖整个建筑生命周期，包括设计、开发、运行和拆除阶段，并通过社区规划和清洁能源供应扩展到现场建筑之外。加强合作是加快这一行动的关键，包括政策制定者、城市规划者、建筑师、建筑公司、材料供应商、公用事业公司、开发商和投资者在内的一系列利益攸关方都参与其中。政府和行业联盟应促进采用现有的高效建筑建造和运行技术以及低成本技术，以提高建筑性能和降低隐含碳，以及增加能力建设的机会，例如通过生命周期评估将环保节能概念嵌入建筑设计，收集提高效率的数据，再利用建筑材料，以及淘汰最容易造成全球变暖的材料，如一些HVAC制冷剂。

对于新建建筑，为了在未来几十年实现可持续的发展以及碳中和，需要在设计、施工和运行建筑资产方面采取一系列关键行动。首先，政府应该促进建筑设计，使其适应当地气候条件、城市形态和建筑实践，并将自然通风和被动冷却等被动式策略与之结合起来。此外，通过更多地使用可持续材料，将模拟和优化工具集成到建筑设计中，以便在规划阶段就能实现技术协同。

尤其重要的是，需要制定评级系统和基准以评估建筑能源绩效，并确保它们可访问和公开，从而方便比较，并推动定期能源绩效审计，确保系统得到有效维护和运行，充分利用先进的能源管理系统和智能控制。

然而，目前世界上只有三分之一的国家制定了或正在制定强制性或自愿性建筑能源规范，其中约45%的国家仅涵盖部分建筑业（例如住宅或非住宅）。仅在2018年，全球就有超过50亿m^2的建筑是在没有强制性性能要求的情况下建成的，从现在到2050年，预计超过三分之二的新建建筑将建在缺乏建筑能源规范的国家。因此，需要迅速采取扩大行动和加强强制性建筑能源法规，以规范建筑业的扩张，在不显著增加能源需求和由此产生排放的情况下，提高建筑的热舒适性（UNEP, 2020）。

在10年内，建筑业必须作出改变，成为更具弹性、更环保和数字化社会的缩影，通过减少能源需求、减少废物产生和排放以及重复使用所需材料，使其在循环系统中运行。建筑物的屋顶和墙壁应该增加城市的绿化面积，改善城市气候和生物多样性，或者容纳集成的可再生能源来满足建筑物的大部分需求。建筑物内应配备智能和数字化设备，提供有关能源消耗方式、时间和地点的实时数据。在住宅和办公楼中为电动汽车（EV）充电应成为补充公共充电基础设施的常见手段。更多的公民将成为生产消费者，生产供自己消费的电力，甚至将其卖回给电网。区域实施的方法将把人民和社区紧密联系起来。城市将变得更绿色，更好地与自然和谐共处。

现有建筑存量的有效能源升级是通过提高建筑翻新的速度、质量和效率来实现的，因为目前建筑物的年翻新率只有1%～2%，平均能源强度降低一般不超过15%。欧盟每年仅有0.2%的建筑进行深度翻新，该举措能减少至少60%的能源消耗，但在某些地区，几乎没有能源翻新率。按照此速度，推动建筑业实现净零碳排放需要花费几个世纪的时间。因此，需要在所有监管、经济/金融、技术和文化方面作出重大承诺，以提高最低标准、减少翻新成本、最大限度地减少对居住者的干扰并解决具体的障碍，包括社会经济障碍和与建筑所有权结构有关的障碍。有效的翻新解决方案需要得到证明和广泛推广，以帮助将建筑存量的翻新率从目前的每年不到1%提高到2030年发达经济体每年至少2.5%和新兴与发展中经济体每年提高到2%，到2030年平均每年将翻新约3000万套住房（ECSO, 2018; Global ABC, IEA, UNEP, 2020; JRC, 2020b; 全球建筑建设联盟和OID, 2021）。

总体而言，建筑业能源使用完全脱碳的目标需要在2030年之前在所有国家实施全面的零碳就绪建筑规范。这种零碳就绪建筑必须高度节能，直接使用可再生能源，或使用到2050年将完全脱碳的能源供应，例如电力或区域供暖，使它们到2050年实现零碳排放，而无须对建筑物或其设备进行任何进一步的翻新（表1.2-2）。此外，零碳建筑应根据用户需求进行调整，最大限度地高效、智能地利用能源、材料和空间，以促进其他行业的脱碳。

全球建筑业转型的关键里程碑　　　　表 1.2-2

类别	2020年	2030年	2050年
翻新到零碳就绪水平的现有建筑物的份额	< 1%	20%	> 85%
零碳就绪新建筑的份额	5%	100%	100%

为了更加有效实施，零碳建筑能源规范应规范建筑运行和技术性能。此类建筑应该考虑被动设计特点、建筑围护结构的改进和高性能设备降低能源需求的方法，降低建筑的运行成本和能源供应脱碳的成本。应促进整合当地可用的可再生资源（太阳能、光伏和地热系统）以及热能或电池储能，以减少对公用事业规模能源供应的需求。建筑必须成为能源基础设施的灵活资源，使用连接性和自动化来管理建筑物的电力需求和储能设备的运行，包括支持V2B的电动汽车。最后，零碳建筑能源规范应涵盖建筑材料和组件的生命周期排放（隐含碳排放）；例如，材料效率战略可以将建筑业的水泥和钢铁需求相对于基线趋势减少三分之一以上，并且可以通过更积极地采用生物资源和创新建筑来进一步减少隐含排放材料。

整条价值链的不同环节都阻碍了翻新——从最初决定进行翻新，到融资和项目完成。在考虑翻新时，节能带来的好处可能难以衡量和货币化，或者难以解释和理解，特别是对终端用户而言。由此看来，除了建筑的能源性能认证（EPC），欧盟最近推出的新建筑翻新护照（BRP）和数字建筑日志（DBL）等创新工具在鼓励能源开发方面尤为重要。

定量建筑能源标签，例如EPC，可用于在从低到高的范围内对建筑围护结构和系统特性进行基准测试，并且应该在现有建筑和新建筑中广泛使用。清晰的标签可促进消费者和投资者的信息共享和意识，并应越来越多地披露建筑物的隐含碳和运营碳排放。由于EPC对指导居住者的选择是必要的，因此需要加强其质量，并在更新的智能技术的支持下，为数字使用和改进的可访问性引入更标准化的格式。

与EPC配合使用，BRP（目前至少在德国、法国和比利时的佛兰德斯地区正在实施或测试）可以用来跟踪建筑信息、材料、系统、能源使用、翻新和其他相关信息，以改进决策过程。基本资料包括楼面图、活动资料、过往翻新工程的资料、每月的能源消耗量及高峰需求。BRP可以包括一个单独的元素、一个储存日志（可以收集和定期更新建筑的特征和信息，例如，稳定性、耐久性、水、安装、湿度、维护要求等），成为一个与特定建筑相关的信息和数据的适当储存库。日志还可以包括与每栋建筑相关的其他信息集，例如该地区可用于翻新项目的融资方案（即绿色贷款、激励措施、税收抵免等）以及能源账单、设备维护建议、保险和财产义务。所有这些信息都可以储存在数字登记册 DBL 中，供所有者使用。根据 DBL 的类型或其预期用途，所有者可以将某些信息授予公共当局（例如，市政当局、财产税办公室）、建筑专业人士和工匠，并使一些信息公开，同时保持其他数据的私密性或受限。在其最复杂的形式中，DBL 还可以用作一种交互式工具，在单个建筑和投资组合层面监控和比较实际能源消耗与设计的能源消耗，当检测到异常消耗模式或技术安装缺陷时发送警报。其还可以与市场参与者（例如建筑专业人士、工匠或金融机构）联系起来，以提供有关经认证的承包商和安装人员的信息，便利开具发票并简化补贴或贷款偿还的流程。事实上，更清晰、动态和易于访问的建筑数据信息的可用性是建筑价值链、建筑所有者、金融部门和地方当局之间发展协同作用的基础，而数字化使更系统的数据收集和管理能够成为建筑整个生命周期的主流。

为解决建筑和建筑业的排放问题并降低能源强度，政府、企业和公民必须在能效方面进行足够的投资，以抵消增长并发挥与零排放、高效和弹性建筑相关的益处。2019 年节能建筑支出在过去三年中首次出现增长，全球市场对建筑节能的投资增至 1520 亿美元，比 2018 年增长 3%（UNEP，2020a）。这一增长是由全球市场建筑业投资活动的增加（较 2018 年水平增长 4.9%）以及政策的持续努力推动，尤其是在欧洲国家和中国，以引导更多的建筑投资能源绩效（UNEP，2020a）。然而，这仍然只占全球建筑业 5.8 万亿美元支出的一小部分。很明显，能源效率投资的增长跟不上全球建筑的步伐，导致全球建筑存量的最终能源使用几乎没有变化。因此，疫情后的恢复计划必须明确寻求使能效投资增长超过建筑面积增长，以实现最终能源使用的净减少（UNEP，2020a）。支持可持续建筑需要在未来 10 年将年投资平均增加到 270 亿美元（Global ABC，IEA，UNEP，2020）。

1.3 低碳可持续城市

正如联合国秘书长安托·尼奥·古特雷斯所说，"城市是气候斗争的关键"，而城市居住将成为未来大多数规划和政策制定工作的主要焦点。如今，近 55% 的世界人口已经生活在城市地区（从 1990 年的 43% 上升到约 42 亿人），预计到 2050 年，这一数字将增加到 66%。此外，目前有 30 个人口超过 1000 万人的超大城市，而 1950 年只有 2 个，预计到 2030 年将增加到 43 个（UN DESA，2019）。

在全球范围内，城市化地区贡献了世界 GDP 的近 80%（McKinsey，2016b），占全球能源消耗的 75%，温室气体排放量的近 70%，其中交通、建筑、基础设施和施工占总排放量的 50% 以上（REN21，2021）。

未来 10 年的城市化进程必然与全球能源系统的扩散脱碳同步。为加速向净零碳城市转型，首先要推进能源效率、可再生能源、清洁电气化、智能能源基础设施和智能移动（IRENA，2020a；IRENA，2021b；WEF，2021b）。需要结合技术和行动来使经济和社会保持在 1.5℃减排路径的轨道上，特别是：

（1）通过提高能源效率和节能措施稳定能源需求，同时保持经济增长；
（2）利用可再生能源实现电力系统脱碳，以满足日益增长的供应需求；
（3）最终使用部门电气化，增加建筑、工业和运输用电；
（4）扩大氢、合成燃料和原料的生产和使用，以实现间接电气化；
（5）有针对性地使用可持续来源的生物质，特别是取代高能量密度燃料或用于燃气网；

（6）碳捕集使用和储存技术主要应用于工业和氢生产过程中的排放，以及在水泥、电力和热电联产厂应用碳捕集和储存技术的生物能源。

未来的城市能源系统必须整合起来，以高水平的可再生能源为基础，以更强大、更有挖掘力、更灵活、更有弹性的网络为基础。应促进分布式能源发电，并通过将电力、建筑、交通、供暖和工业部门结合起来，以实现更高的系统效率和增强气候适应能力，从而发展未来的城市基础设施。

城市可再生能源技术包括太阳能（太阳能光伏、太阳能热供暖、太阳能热制冷）、城市风力涡轮机、生物能源和垃圾发电、地热能和区域热能网络。在城市能源系统中引入和扩大可再生能源的使用，特别是通过分布式解决方案，可以减少排放，还可以减少突然大规模停电的风险，并提高供应的总体可靠性。在未来，可再生能源发电成本的持续降低将使电力成为一种有吸引力的低成本能源，为运输部门提供燃料和清洁氢气生产（绿色氢）（IRENA, 2020b）。特别是绿色氢能源帮助几个难以有效减少排放的行业的脱碳，例如密集型和长途运输以及化工、钢铁行业。此外，它有可能为基于可再生能源的电网创造一个良性循环，因为氢可以为电力系统提供急需的灵活性，充当光伏和风能等不可调度的可再生能源的缓冲，并且已经通过将大量氢气储存数月甚至数年来实现可再生能源发电的季节性平衡方面的潜在作用。

技术、经济和社会方面的挑战包括推广可再生能源技术，建设或升级电网以适应这种额外的电气化，这两项都需要大量投资。事实上，几十年前，电力基础设施和相关政策法规是为集中式系统而设计的，但结果证明，它们并不适合日益分散化和数字化的、以大量可再生能源为基础的系统。

基于可再生能源的分散式能源系统已越来越多地部署在许多国家的城市及其周边地区，并得到了多种支持技术的支持，例如储能（包括电力和储热）、电动汽车智能充电、可再生能源转热和可再生能源转氢以及电网和建筑中的数字技术和智能能源管理。随着这一趋势的持续和加速，创新的商业模式也在不断涌现，例如能源即服务、聚合器、点对点电力交易、社区所有制模式和现收现付模式，这些模式也通过将建筑、交通和工业等不同部门结合起来实现（IRENA, 2019c）。

清洁电气化包括将城市中最大的能源使用部门（建筑和交通）转移到电力矢量，实现系统效率概念并支持采用可再生能源。在可再生能源的支持下，有几种技术可以使城市电气化：交通、供暖和制冷、照明和家用电器都可以使用清洁电力运行。以前相互独立或只进行狭窄互动的多个部门可以完全整合到整个电网中：例如，带电的建筑和交通可以以新的方式相互作用，根据需要交换能源。来自燃料发电机的空间供暖可以转换为电热泵，其效率是传统化石燃料技术的四倍左右，并提供冷却电力，从而简化电网和系统基础设施。此外，城市电力系统运行的创新方式将有助于实现基于可再生能源的能源转型，配电系统运行商将发挥至关重要的作用。例如，用于太阳能和风能发电的先进天气预报工具可以帮助将这些可再生资源整合到当今的电力系统中（IRENA, 2019c; IRENA, 2021b, 2021c）。

先进的数字和通信技术也可以优化货运，例如，交通控制效率的提高可以减少货运的整体能源消耗。技术转移还可以推动工业流程的改进和重新定位，例如将钢铁生产从传统的碳和能源密集型方法转变为绿色氢方法。电弧炉可以使钢铁行业更广泛地迁移到成本相对低廉且可再生能源丰富的地方。

在技术开发和采用的同时，应更新政策和监管框架以及市场设计，以促进向低碳和气候适应型城市的转变，并创造当地就业机会。在过去的十年中，由于需要减少空气污染、减缓气候变化、增强弹性、确保一个稳定和安全的能源供应、减少费用和管理成本、缓解贫困和支持地方经济发展，许多地方政府扩大了能源效率措施和可再生能源电力的使用、供暖和冷却以及运输领域。

在其面向脱碳的发展计划中，城市正在通过将汽车转向使用可再生燃料并通过改善土地利用、增加步行和可循环性以及促进公共交通和共享交通来减少整体道路交通从而促进可持续的城市交通。在《2030年可持续发展议程》中，可持续交通是若干可持续发展目标和具体目标的核心，尤其是与粮食安全、健康、能源、经济增长、基础设施以及城市和人类住区相关的目标。特别是，随着电动汽车的不断发展，无论是在减少城市排放方面，还是在积累可再生能源或在需要时提供能源的电动汽车电池与电网共享的可能性（V2B）方面，电动汽车电池都将发挥决定性作用。智能充电基础设施应提供智能接口，使充电周期既能适应电力系统的条件，又能满足车辆用户的需求。

城市能源系统规划都需要完善的流程和正确的工具，以建立有效的本地发电并实现可再生能源目标。由于城市形态、功能和分区对能源需求以及对能源生产的影响越来越大，尤其是随着分布式能源和产消者的激增，可持续城市能源系统计划必须尽早纳入城市规划。协作、整体规划对于城市的绿色转型至关重要。城市政府和城市规划者应该从围绕单个资产和部门的规划转向综合系统，在专业学科和行业之间共享专业知识。市长应让多部门企业、民间社会和学术利益相关者参与进来，包括设计、工程、房地产、建筑、公用事业、金融等领域的负责人，以确定并执行解决多个问题的综合解决方案。

公共和私人开发商必须在整个设计和建造过程中与建筑师、城市规划师、公共交通机构、工程师、承包商和公用事业提供商合作，以实现净碳零目标所需的整合。数字解决方案必须嵌入到这个集成的价值链中，以实现更高效、互联、数据丰富和以人为本的设计。建筑信息模型（BIM）和数字孪生等数字技术可以在整个建筑或基础设施资产的整个生命周期中，在价值链的利益相关者之间，实现更大的信息流动，从而减少浪费，提高能源和材料利用效率。

1.4 建筑业循环经济

建设业是资源最密集的行业，全球40%～50%的材料资源被用于住房、服务建筑和基础设施。该行业每年消耗超过4Gt的水泥（在建筑物和基础设施之间平均分配）、超过700Mt的钢材（相当于世界消费量的60%以上）、超过20Mt的铝（相当于世界消费量的27%以上）、超过40Mt的平板玻璃（约占全球消费量的80%）、超过75Mt的塑料（包括PVC、PUR、PE-HD，相当于全球消费量的约20%）、超过30Mt的砂子、约9亿m^3的木制品，以及胶粘剂、涂料、油漆、清漆和许多其他产品（ECSO, 2018; ECSO, 2019; IEA, 2019e; 国际复兴开发银行, 2018; OECD, 2018）。

与建筑材料有关的排放中，超过一半来自钢铁和水泥，因为其被大量使用，而且通常仍通过碳密集型途径产生（表1.4-1）。铝、玻璃、绝缘材料、塑料和其他材料（例如其他石化产品和铜）是次要因素。2017年，仅钢铁和水泥就占约$1.8GtCO_2$，约占建筑相关排放总量的15%，其中包括建筑物中使用化石燃料的直接排放以及上游电力、热力、钢铁和水泥生产的间接排放。水泥总产量约占全球CO_2排放量的7%，钢铁占全球总量的7%～9%，其中约一半可归因于建筑和施工（IEA, 2019e; OECD, 2018）。与此同时，建筑和拆除（C&D）中的年材料损失正在上升，导致过多的报废材料或废料，相当于提取时总量的近40%。在欧盟，目前的C&D废物约占所产生废物总量的25%～30%，由多种材料组成，包括混凝土、砖块、石膏、瓷砖、陶瓷、木材、玻璃、金属、塑料、溶剂、石棉和挖掘的土壤（ECSO, 2019）。尽管其中许多材料可以回收利用，但如今只有三分之一被回收和再利用，导致宝贵的矿物、金属和有机材料无法挽回的损失。由于涉及的数量之大，即使建筑业以这种方式进行些许改进，也会对可持续性产生重大影响（WEF, 2016）。

建筑物的高度是全球材料需求的另一个强大驱动力，因为层数会影响结构材料的数量并增加每平方米宜居面积的材料强度。一般地，6~10层的建筑物每平方米使用的结构材料通常比5层及以下的建筑物多35%。对于20层以上的建筑，钢材的使用强度可能是具有类似框架的低层建筑的四倍（IEA, 2019e）。预计2020年至2050年间，全球建筑业的建筑面积将增长75%，其中80%出现在新兴市场和发展中经济体。从全球来看，预计到2050年每周都会增加相当于巴黎市面积的建筑面积，随之而来的则是材料消耗、废物生产、污染和气候改变排放量的增加（IEA, 2021b）。

金属材料在建筑中的主要用途　　表1.4-1

建筑用途	黑色金属		有色金属			
	钢	铸铁	铜	铝	锌钛	铅
结构框架	■			■		
混凝土钢筋	■					
覆屋面	■		■	■	■	■
外立面覆层	■		■	■	■	■
内立面覆层			■			
窗框				■		
遮阳系统				■		
排水沟、防水板、落水管			■		■	
配水管	■		■			
配气管	■	■	■			
排水管	■	■				■
供暖系统管道	■		■			
热交换器			■			
电线			■			
隔声板						■
蒸汽屏障				■		
管道套管						■
辐射防护						■
散热器		■		■		
厨房水槽	■					
水龙头	■					
电缆	■					
门把手、锁具			■			

在建筑材料和组件的生命周期方面，有必要通过减少单位产品使用的材料数量、支持可再生和再循环的材料、提高生产效率和回收率来提高生产过程的能源和环境效率，处理废料、减少水资源消耗、降低大气排放、改用低碳燃料（例如，用天然气代替煤炭、过程电气化、使用氢气）、

增加使用可再生能源并引入经认证的公司环境管理（ISO 14001）和能源管理体系（ISO 50001）。使用可再生材料制造新的建筑产品，除了减少原材料的总消耗和送往垃圾填埋场的废物产生量之外，还降低了原材料提取和加工阶段的能源消耗和环境影响（图 1.4-1）（WEF, 2016; UNEP, 2020a）。以铝为例，该过程可使能源消耗降低 95%，从初级加工的 14kWh/kg 降低到回收处理材料的 0.7kWh/kg。

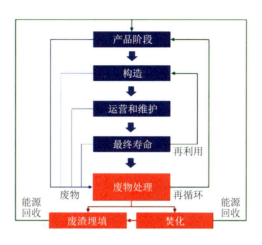

图 1.4-1　建筑循环模型

提高建筑产品可持续性的策略还必须涉及原材料的采购、通过尽量减少包装来实现产品的分销、通过提高产品的耐用性来延长产品的使用阶段，以及通过使用可回收材料来简化组件分离（表 1.4-2）。

生态设计策略　　　　　　　　　　　　　　　　　　　　　　　　　　表 1.4-2

策略	行动
资源保护和低影响材料设计	可再生原材料 减少/替代有害物质 保护领土和生物多样性 使用自然技术
清洁生产设计	减少材料含量 减少能源消耗 使用再生材料 回收加工废物 提高生产效率 减少/替代有害物质 使用可再生材料 使用低碳燃料 使用可再生能源生产的能源 减少物质和能源排放 减少事故风险 采用 ISO 14001 或 ISO 50001 管理体系
高效分配设计	避免包装 材料最小化 包装应成为产品的重要组成部分 包装可二次使用 使用回收的和可回收的包装材料 运输消耗最小化 设计紧凑、集中且可就地组装的产品 包装材料较轻

续表

策略	行动
绿色使用和维护设计	提高产品使用过程中的效率 减少使用过程中对健康和环境的影响 增加耐用性 延长寿命 拆装、维护简便 使用、维护说明
再利用、再制造、拆卸、回收和安全处置的设计	使用可回收材料 使用低复杂度的材料 易于拆卸 通过再制造回收组件 回收/处置过程的效率

在建筑业，推广低碳建筑和零碳建筑的策略需要一种生命周期思维设计方法，目标如下：

（1）选择环境足迹较低的材料和产品（生物基材料、再生材料、低碳材料、回收建筑材料制成的砖、再生混凝土、减少碳影响的混凝土混合物等），这些材料和产品来自低碳碳供应链，并可能在当地采购，以减少运输和隐含碳造成的影响。

（2）为了降低材料的使用强度，通过对组件和结构的形状、尺寸大小和重量的设计优化选择，减少混凝土中的水泥含量，并使用高性能材料，以减少数量并提供所需性能（纳米多孔绝缘体、PCM、纳米结构混凝土和钢）。

（3）采用高级的材料和产品，提高耐用性和自清洁/自恢复能力，减少维护需求，延长使用寿命。

（4）通过适应性再利用和选择性拆除现有建筑，促进材料的回收和再利用。

（5）优化建筑和元素的使用寿命，鼓励中长期关注主要建筑元素的设计寿命，以及相关的维护和更换周期（耐久性和维护设计）。

（6）通过促进预期用途的延续或通过未来可能的使用变更，延长建筑整体的使用寿命，重点是更换和翻新（适应性设计）。

（7）促进未来建筑元素、组件和部件的循环使用，重点是减少废物的产生以及促进其再利用的潜力，或通过改进组件设计和使用不同的施工方法在解构后高质量回收主要建筑元素从而避免降级循环（解构设计）。

（8）提供更有效的建筑施工方法和技术，例如预制和模块化施工、非现场和现场施工自动化、机器人技术和增材制造，能够通过防止废物产生来确保清洁生产，同时提高建筑效率，能源、水和资源的使用。

使用集成的建筑设计和施工流程，包括 BIM 和生命周期评估（LCA）工具，实际上是允许建筑师从生命周期的角度考虑和跟踪每个项目决策的环境影响。包括 LiDAR 扫描、无人机摄影测量和 3D 照片重建在内的先进勘测方法可以对场地现有结构的再利用和回收的潜力进行最佳评估。任何关于建筑形状、技术元素和系统的选择都可以通过使用建筑性能模拟（BPS）工具和参数化与生成式设计方法进行优化。此外，还可以生成详细的建筑规格直接输入数字制造工具（3D 打印机、CNC 机器），能够准确生产所需的产品，消除加工过程中的材料浪费以及由于标准产品定制有限而导致的超大组件。交付后，每栋建筑还可以保持数字孪生以持续和自动更新有关其组件和材料、其维护和翻新的所有数据，以及建筑材料护照（MP）和 BRP，并可提供所有所需的信息，推动知情翻新、适应性再利用或选择性拆除干预。

1.5 环境友好型智能建筑

为解决健康、社会、经济和环境方面的全球性紧急情况，未来的城市、建筑和基础设施必须以四个主要支柱为基础：宜居性、可持续性、可恢复性和可负担性。在这样的愿景下，建筑将提供舒适性，能够承受前所未有的事件发生，支持人类和地球的健康，且社会所有人负担得起和可获得（WEF, 2021a）。

首先，未来的建筑环境应该是彻底宜居的，即为所有年龄和能力的人而设计。栖息地应该能够实现丰富、充满文化活力的存在，房地产开发应与公民的需求同步，以确保空间和居住者之间的最佳互动。此外，建筑物应该是完全可持续的，也就是说，从建设到运行的各个方面都应针对降低环境影响进行优化。城市和建筑应该具有弹性，即能够适应和减轻不可预见的自然和人为事件的影响，例如气候、金融、社会和健康危机。最后，房地产应该是负担得起的，因为住房、交通和基本服务的可用性对社会的整体健康至关重要。这种负担能力包括财务可及性（负担得起的租金、房屋所有权的较低门槛）以及在空间、健康、位置和获得基本服务方面的标准的提高。

21世纪的体系结构所需的舒适、健康、能源效率、环境可持续性和可恢复性的新需求定义了过去二十年间新的、更高效的建筑标准，可以概括为零能源建筑（ZEB）、绿色建筑和智能建筑三个范式。

第一个范式"ZEB"，强调建筑在运行阶段非常高的能源性能，以及通过使用现场或附近生产的可再生能源来满足其能源需求的能力。第二个"绿色建筑"，强调建筑能为用户提供最大的舒适度，同时确保最低的能源和环境影响在其整个生命周期的能力。第三个"智能建筑"，增加了能源效率和环境可持续性的要求，即与环境和用户的智能互动。

这三种模式都响应了向净零碳经济迈进的需求，即建立一个基于知识和创新、更节约资源、更环保、更有竞争力、就业率高、有利于增强社会和国家的凝聚力。

尤其是智能建筑，由于广泛的连通性和数字化以及人工智能仪器的集成，可以在改变世界能源市场方面发挥主导作用，将其转变为更加分散的、以可再生能源为基础、相互关联且可变的系统，可最大限度地提高效率并确保以最佳方式使用所有资源，同时为其居住者创造更好的生活和工作环境。智能建筑所采用的数字技术不仅可以提高其在执行预期活动中的固有能源效率，而且还为管理相同能源提供了新的可能性。由于世界能源系统正在经历一场根本性的变革，这种潜力在今天变得越来越有价值。随着脱碳已成为建筑环境的优先考虑事项，间歇性可再生能源（风电、光伏）越来越多地并入电网，能源消费的电气化程度越来越高，"生产消费者"（既消费又生产能源的用户）正在成为能源供应中新的重要角色。在这种情况下，需求侧的灵活性变得越来越重要，以确保电网侧能源系统尽可能高效地运行，并在有效需要时提供能源，且仅在可用时消耗。此外，通过数字化连接建筑物、车辆和设备，系统运行商能够准确量化和预测节能技术和行为在降低和转变能源需求方面的影响，提供透明的测量结果，并有助于电网脱碳。

因此，技术采用是向房地产新时代过渡的最重要推动力之一。城市已经在生成大量数据，这些数据可以用来为运行、维护和投资决策提供信息。应推出互联互通的智能建筑网络，共同运行以创造规模和效率。这一未来愿景需要整个行业广泛提升技能和能力以及扩大人才库。行业和政府应建立正确的领导团队，并要求他们围绕可持续性、适应力和技术进行转型。数据隐私和安全性也必须成为头等大事，以确保居住者和所有者受到保护。

1.5.1 零能源建筑

"ZEB"一词泛指在运行阶段具有非常高能源性能的一类建筑物,其特点是年能源需求非常低或几乎为零,完全或很大程度上由现场或附近生产的可再生能源覆盖(BPIE, 2011; ECOFYS, 2013)。

建筑的能源性能通常根据每年实际消耗的一次能源量来确定,或者根据建筑的标准使用预期满足不同的能源需求,例如冬季和夏季空调、生活热水生产、通风以及第三产业的照明、电梯和自动扶梯系统(能源和运输服务)。全球能源性能以及建筑的单个能源和运输服务的能源性能通常通过性能指标($EPgl, tot$)来衡量,其表示单位面积的年度总能源[$kWh/(m^2 \cdot 年)$]。

ZEB 的概念是在 2000 年初引入的,并在全球范围内流行开来,以促进在服务条件下实现建筑需求和自给之间的平衡(D'Agostino, Mazzarella, 2019; 欧盟, 2010; IPEEC 建筑节能工作组, 2018)。

根据定义,从参考传统建筑向零能源建筑的转变应遵循两个主要策略,即使用节能技术减少能源需求($EPgl, tot$),以及增加取自电网或现场或附近生产可再生能源的能源供应($EPgl, ren$)。因此,ZEB 的设计和建造需要一种综合方法,通过减少能源需求(能源自给)、安装高效系统(能源效率)和通过被动措施的最佳平衡使用可再生能源(清洁能源)来促进能源的合理使用(因此主要影响建筑、形态和建筑技术变量),并采取积极措施(关于技术系统的运行),以实现最佳的舒适条件、适当的资源利用和减少对受体生态系统的影响。

由于建筑通常连接到外部网络(并网发电)以提供能源(电力和天然气),并且鉴于可再生能源的不连续性(仅在一天中的某些时间可用),实际上等于零的不是消耗不可再生的一次能源,而是取自电网的一次能源与自产一次能源之间的平衡。因此,它们更常见、更准确的名称为"净零电":系统产生的多余能量被输入配电网,从而在电力不足的情况下为用户提供所需的能量。在不利的时间(在夜间或风力或阳光不足的条件下)自我生产。可再生能源生产在很大程度上满足能源需求的建筑,尽管未实现不可再生能源的净零消耗,但被称为"近零能源建筑"(NZEB);相反,当可再生能源的生产实际上超过了建筑的需求时,它们被称为"净加能源建筑(Net Plus Energy Buildings)"或"净正能源建筑(Net Positive Energy Buildings)"。这些建筑中,能源需求($EPgl, tot$)和可再生能源供应($EPgl, ren$)之间的差值几乎等于零或负值,通常计算这些差值是为了支持将建筑划分为接近零、零或正能量(Mehrdad Shirinbakhsh, 2021)。

2016 年,欧盟委员会发布了办公建筑和独栋住宅的 NZEB 性能可能的气候区基准,为全球一次能源消耗($EPgl, tot$)、现场生产的可再生能源提供了每单位建筑面积的年度参考值($EPgl, ren$)和不可再生一次能源需求或净一次能源需求($EPgl, nren$),通常根据这些需求计算能源性能评级、能源性能要求和/或颁发证书(表 1.5-1)(欧盟委员会建议, 2016)。

欧洲气候区净零能源建筑性能基准　　　　表 1.5-1

气候带	办公建筑			独栋住宅		
	$EPgl, tot$ [$kWh/(m^2 \cdot 年)$]	$EPgl, ren$ [$kWh/(m^2 \cdot 年)$]	$EPgl, nren$ [$kWh/(m^2 \cdot 年)$]	$EPgl, tot$ [$kWh/(m^2 \cdot 年)$]	$EPgl, ren$ [$kWh/(m^2 \cdot 年)$]	$EPgl, nren$ [$kWh/(m^2 \cdot 年)$]
地中海	80~90	60	20~30	50~65	50	0~15
大洋洲	85~100	45	40~55	50~65	35	25~30
大陆	85~100	45	40~55	50~70	30	20~40
北欧	85~100	30	55~70	65~90	25	40~65

可再生能源可以通过位于屋顶的设备或集成到建筑围护结构（在建筑的占地面积上发电）或通过地面系统（从现场可再生能源现场发电）产生，其可以在现场生产外部资源，如生物质（非现场可再生能源的现场发电），或在邻近地区生产，如与更多建筑物共享的公共设施（附近发电）。最后，它可以在非现场生产并从网络（在电网的非现场）购买。考虑到城市中的建筑物通常无法在现场或附近产生足够的可再生能源以达到零排放，电网中任何地方生产的可再生能源都具有使任何建筑物都有机会达到零CO_2排放的优势。然而，ZEB的定义并不包括在全球范围内减少温室气体排放的情况，如在其他地方投资使用可再生能源的工厂（非现场生产）或购买绿色能源（非现场供应）。

由于使用阶段的能源消耗随着能源效率的提高而减少，建筑系统和设备维护、建筑施工和处置以及居住者行为和使用模式的能源消耗变得更加重要，应在不久的将来予以考虑。事实上，现有低能耗建筑的能源消耗生命周期分析表明，在NZEB中，隐含能源对整个生命周期能源的影响远高于低效能建筑。同样，随着建筑的效率提高，建筑的使用模式也变得越来越重要，因为建筑的运行方式成了总能源消耗的一个更大因素。在低能耗建筑或由低碳密集度电网供电的建筑中，隐含碳排放量可能占其生命周期内碳排放量的40%～60%。因此，随着设计者通过能源充分性、能源效率和清洁能源措施向更节能的建筑迈进，政策制定者应考虑其他方面，如能源管理、蕴藏能源和使用模式，以促进节能。在用碳补偿解决方案（如碳信用，例如选择低碳材料和清洁燃料）补偿剩余的排放之前，应考虑减少隐含碳。

在更具循环性的经济框架内，未来的目标是将建筑施工、维护和维修中使用的材料、机械和设备产生的隐含碳纳入净零定义。这将导致"零碳建筑"在现场生产足够的无碳可再生能源，以满足其整个生命周期的能源需求。

1.5.2 智能建筑

在智能建筑中，经过整个生命周期评估的能源和环境效率的既定特征，通过建筑在形式和功能方面与环境和用户的持续互动，与灵活性、智能和复原力特征相互融合。现代风格的建筑实际上是指以有效的方式感知、解释、沟通和主动响应与技术建筑系统或外部环境（包括电网）的运行相关的不断变化的条件以及建筑居住者的需求（Casini, 2016）。

楼宇自动化系统（BAS），主要是提供主动系统和控制，允许特定从属功能和设备的机动动作。它可以与环境背景（室内微气候参数、室外气候、天气预报）、用户以及建筑环境（电网、公用事业、网络信息）进行持续互动，利用人工智能和机器学习算法等先进的逻辑，获取对优化内部运行有用的数据和信息，旨在最大限度地提高环境和经济资源的使用效率和有效性。与楼宇自动化系统不同的是，智能建筑应具有四个主要功能：气候响应、电网响应、用户响应以及监测和监督（Dakheel, Del Pero, Aste 等, 2020）。

气候响应是指建筑对外部气候条件（实际和预测）的响应能力，BAS根据该能力确定最佳运行状况。智能建筑必须能够最大限度地减少能源需求并产生可再生能源，以满足其能源消耗。当今物联网和控制系统的进步使获取气候和天气数据变得更加容易。传感器和执行器可以集成到所有相关的建筑组件中，例如HVAC、照明和遮阳系统，以将它们连接到BAS并实现连续调节。例如，HVAC设定点将预测性地适应天气变化和入住率，照明设备将随着环境阳光而变亮和变暗，动态地、最大限度地节省能源（PEEB, 2019）。

用户响应构成了建筑实现用户和实施的技术之间实时交互的能力。用户与BAS交互以自动创建最佳负载运行计划、不同的优先级并指定其舒适设置。智能建筑强调用户体验，居住者能更好地控制周围环境。照明系统可识别居住者并调整强度和色温以适应个人喜好。HVAC 系统监测和调节理想的空气质量，消除恶劣气候的"催眠"影响，并对个人作出响应，例如自动将会议室的温度调节到与会者之间的理想平均温度。

电网响应指建筑物对来自公共电网的信号和信息采取行动/反应的能力，旨在最大限度地提高能源和经济效率（例如，减少电网过载，在最大可用性且价格较低时消耗能源等）。随着分布式太阳能和储能技术的引入，建筑所有者正从能源消费者转向能源生产者，电力管理的重点已从单纯的需求减少转向动态电源优化，并扩展到建筑之间的通信和智能电网对接。智能电网的关键组成部分是可再生能源发电、先进的计量基础设施和数据交换。智能电网通过电力消耗监测和动态定价强调与用户的互动，包括需求响应计划。反过来，用户可以部署各种需求侧管理（DSM）策略，使其以优先次序适应价格变化或激励措施。DSM 的完全集成需要通信系统和传感器、自动计量、智能设备和专用处理器。

监控和监管是指建筑对自身运行情况进行实时监控的能力，或者更确切地说是对其技术系统状态和用户行为进行实时监测的能力。这具有双重目的，即启用 BAS 的所有自动响应功能，并通过启用预测性维护、实时检测故障等来实现更高效的操作。此外，由于预测的能源消耗之间的性能差距，监测和数据分析对于适当的调试和性能跟踪至关重要，因为设计阶段预测的能耗和实际运行中测量的能耗之间存在性能差距。

就管理的系统和设备及其集成和互操作程度、执行的功能和自治程度而言，智能建筑可以从自动化能力到自我认知能力呈现不同的、不断增长的发展水平（成熟度水平）（表 1.5-2）（JRC, 2020c; Powerhouse, 2019）。

智能建筑的成熟度等级 表 1.5-2

智能建筑成熟度等级	智能建筑功能
0 级自动化建筑	该建筑是根据现行法规和法律要求建造的，并以普通自动化服务为特色
1 级智能就绪建筑	该建筑的技术基础设施已经准备好以后的某个时间点将其发展到更高的智能水平。通过系统间通信和数据存取，简化了建筑物的操作
2 级智能标准建筑	该建筑与用户进行交流和互动，提供指导和提示，并适应用户的偏好和使用模式
3 级智能预测建筑	该建筑监测居住者和环境的直接和间接数据，以预测未来的运行，并提出相应的行动建议。每个用户都得到定制的信息和指导
4 级智能认知建筑	该建筑使用历史和监控数据的机器学习来改进其预测模型、操作和管理，并与其他智能建筑和智能城市进行沟通和互动

自动化建筑（0 级）已经满足当前对新建筑的苛刻规范要求，以及各种利益相关者可能拥有的基本期望。这将是一座坚固且节能的建筑，不会使居住者面临任何重大的健康相关风险。建筑所有者可以期待良好的质量和低生命周期成本。温度、通风和照明将根据预定义的水平和运行时间自动控制，且不区分用户。

智能就绪建筑（1 级）与自动化建筑没有显著差异，因为这一级别所带来的大部分变化都是在建筑物中准备额外的基础设施和系统，这可能有助于实现更高的水平。建筑将采用面向未来的技术，简化新功能的后续集成，为新服务和增强用户交互奠定基础。所有者可以期望建筑物随着时间而保值，并降低未来变更成本的风险。此外，智能就绪建筑将减少环境足迹，因为这一水平要求更好的能源性能和更智能的 HVAC 控制。

相反，智能标准建筑（2 级）比前两个级别显著提高。用户对室内气候的影响将大大增加，他们的体验将更加简单,因为他们的周围环境更适合自动调整他们的偏好,例如允许基于生物特征数据进入区域。所有技术解决方案都经过全面周密的准备,以确保建筑、其数字孪生和集成系统在整个生命周期中实现更精简的操作和更大的适应性,为建筑所有者带来巨大的价值。租户可以根据他们的个人需求获得个性化的服务,并随着时间的推移对其进行调整。智能标准建筑的特点是运行能耗更低、峰值负载更低、坚固性更高并具有额外的安全屏障。

智能预测建筑(3级)能够利用大量输入数据来预测其未来状况并相应地预测其运行情况,在室内舒适度、能源和成本节约方面具有巨大优势。该建筑将根据用户的喜好为他们提供建议和指导。租户和所有者可以期待预测模型在运行中提供更好的能源效率,从而降低运行成本和环境影响并提高房产价值。这将包括与外部网络就能源需求和电网负载进行通信。这样的建筑可以在正常工作时间之外更充分地利用,从而有助于提高周边地区的质量。对业主和租户双方的好处还包括宝贵的声誉提升以及对员工和房地产市场的吸引力的增加。

最后,智能认知建筑(4级)将利用大量历史数据、人工智能和机器学习来改进其预测模型和系统并确保最佳用户体验。这将提高建筑物的能源性能,减少对环境的影响并进一步改善室内气候,尽管在某些领域的好处可能只是微不足道的。预测性运行和维护将使建筑物能够预见事故和事件并主动采取行动,从而减少中断、停机时间和维修成本。智能认知建筑能够根据未来需求进行自我发展和调整,确保在整个生命周期内具有较高的经济和社会价值。虽然一些建筑将在短短几年内满足此级别的某些功能要求,但仍需进行大量的开发工作以满足这一级别的所有需求。

不同级别智能建筑的所有高级功能都以技术基础设施的重大变革为基础(Monteiro Froufe 等,2020)。

智能建筑的成功开发和部署需要将连接、大数据、机器学习和移动应用程序与传统建筑硬件相结合,并以可靠、安全和可扩展的方式有效地将基础设施连接在一起。最终,智能建筑旨在通过整合创新设计和技术解决方案,提供最高标准的舒适度、能源效率、社会和环境可持续性,成为21世纪的真正标志。这是为了满足客户、用户和社区不断变化的需求。建筑智能化是从设计开始的,也涉及施工方法和设施管理的结果;此外,能源和信息领域的新材料、新技术以及日益先进的能够支持所有建筑过程的IT工具的出现,最终使建筑智能化成为可能。

阿联酋沙迦正在建设的Bee'ah新总部(图1.5-1)由扎哈·哈迪德建筑师事务所按照LEED白金标准设计,包括许多主动和被动能效措施,包括动态窗户控制、日光控制和高效HVAC系统。这座$7450m^2$的建筑将100%由现场太阳能光伏发电,并配备1890kWh容量的电池储存。建筑系统的数据将存储在一个中央服务器上,以实现高级数据分析和机器学习,不断减少对环境的影响,并提高居住者的生产力。智能建筑的另一个例子是位于爱尔兰卡文郡的2019年建筑的IKON创新中心。该建筑对其所有者Kingspan(一家绝缘产品制造商)来说是一个"活生生的试验",为工程师提供了完美的真实环境来测量新材料的节能性能。其使用可回收材料(例如用于建筑物绝缘的回收PET瓶)建造,并利用采光、雨水、太阳能电池板和其他元素(例如多个传感器)来创建可持续和节能的工作空间。该建筑的核心是先进的数字孪生,这是世界上第一个以5级演进为目标,由物联网设备和摄像机提供支持,以可视化建筑性能以及3D BIM数据创建"使用感知"的建筑。通过这种方式,建筑的BAS可以匿名收集与人、行为模式、居住者运动相关的数据,以骨骼可视化的形式表示,并用于行为分析。通过将人类活动数据与诸如房间或楼层的能源消耗等指标进行交叉分析,可以创建更好的使用者模拟模型,这反过来又可以为创建更舒适、健康和高效的节能建筑提供信息。

图 1.5-1　Bee'ah 总部，阿联酋沙迦（由扎哈·哈迪德建筑师事务所提供）

1.6　数字化时代的建筑业

1.6.1　建筑 4.0 时代

在第四次工业革命之初，数字化、创新技术和材料以及新建筑技术的出现，已经开始改变基础设施、房地产和其他建筑资产的设计、建造和运行方式，以创造一个更具吸引力、节能、舒适、经济、安全和可持续的建筑环境。人工智能、机器人技术、纳米技术、3D 打印和生物技术的发展终于开始将传统上不愿创新和采用新技术缓慢的建筑业推向一个新时代。由于大数据和物联网创造的可能性，随着技术进步，传感器、数据存储和计算机服务的成本下降，建筑业正在发生巨大的变化（Autodesk, 2016; Berger, 2018; 波士顿咨询集团，2016; ECSO, 2021; IEA, 2019b; McKinsey, 2017b; WEF, 2016; WEF, 2017a, 2017b）。

从生命周期 BIM、衍生式设计、XR 和无人机使用、智能和创新建筑材料和技术，到标准化、模块化或预制产品和组件，以及现场全自动机器人 3D 打印，再到人工智能和机器学习，越来越多的成功案例展示了建筑业转型以提高其生产力的潜力，同时，建筑业能够应对紧迫的全球挑战，如资源短缺、气候变化和全球人口增长。

与工业 4.0 范式在制造业中发生的情况类似（表 1.6-1）（Ghobakhloo, Fathi, Iranmanesh 等，2021; Marr, 2020），一种新的革命性建筑过程方法，即所谓的建筑 4.0，可以利用数字革命提供的新可能性，为整个价值链带来重大机遇，从早期设计阶段到资产生命周期的最后阶段，为行业带来一个以新时代为特征的互联功能（Delicato, Al-Anbuky, Kevin I-Kai Wang, 2020; Sawhney, Mike Riley, Javier 等，2020）：

工业的历史演变　　　　　　　　　　　　　　　　　表 1.6-1

工业范式	年份	特征
工业 1.0	1784—1869 年	基于蒸汽的机械生产
工业 2.0	1870—1968 年	基于电力的量产
工业 3.0	1969—2013 年	基于控制器的自动化
工业 4.0	2014 年至今	大规模生产和控制

（1）互联团队将各个利益相关方实时动态地聚集在一起，跨越不同地域和不同学科，有效地取代了行业传统的、不对称的协作方式。这还将通过工作交换中心和众包平台扩大人才储备，便于获取人才。

（2）互联洞察通过将大数据和智能算法与云端中的无限计算能力相连接，为从建筑到商业的所有事物作出最佳设计决策，从而为高度复杂的设计问题找出创新和有效的解决方案。

（3）互联结果通过现实捕捉、实时 3D 和 XR 无缝连接数字和物理世界，允许项目团队在他们计划居住的现实世界环境中探索和改进选项——物理、环境、经济和社会。

（4）互联交付允许将虚拟环境中的建筑或基础设施的设计转换为真实世界的成品资产，在出现最少变更、最少即兴创作、最低成本和供应链管理费用的情况下使用工业非现场施工和数字化制造方法。

（5）互联施工允许通过部署网络技术来支持项目管理、工人安全和材料跟踪，以确保按时、按预算交付，从而最大限度地降低施工现场的风险并提高生产率。

（6）互联资产以数字方式连接现实世界物理建筑和基础设施的各个方面，从而洞察这些资产的运行、使用情况以及与它们所在系统间的交互，以改善建筑环境并为未来的工作渠道提供信息。

（7）互联资本通过降低建设风险、为拟议资产的整个生命周期提供数据驱动的见解，并支持新的资金来源，如众筹，并对现有已建资产的"剩余价值"进行数字评估，从而简化项目提案的融资。

建筑 4.0 框架基于趋势和技术的融合，将虚拟世界和现实世界结合在一起，创建了一个真正的网络世界，智能对象在其中相互通信和交互（表 1.6-2）。该机制允许：

（1）以前所未有的速度、完整性和准确性，数字化地捕捉已经存在于我们现实世界中的构建资产。

（2）使用这些数据为新资产的设计提供信息，或为现有资产的翻新和修复提供计划。

（3）采用数字和物理技术，在数字化捕获和设计后交付这些资产。

（4）使用相同的数字和物理技术来支持构建资产的运行和设施管理功能。

特别是，建筑 4.0 方法允许：

（1）通过模拟和监控建筑从设计、施工、管理到废弃的各个阶段的性能，实现虚拟建筑。

（2）自动化设计（通过参数化/生成工具）、施工（现场自动化）和建筑管理（BAS、数字孪生）。

（3）分析建设和管理阶段的运行数据，进行预测分析、优化和决策。

BIM 和基于云端的通用数据环境（CDE）是建筑 4.0 框架的基石：BIM 提供的建模和模拟功能是这种新方法的核心组成部分，CDE 充当储存、共享和利用所有与建设项目在其生命周期内相关的数据。它们共同构成了一个单一平台，可帮助推动：

（1）项目生命周期所有阶段的整合（垂直整合），项目团队所有成员之间的协作（横向整合），以及项目之间的学习和知识管理（纵向整合）。

（2）在整个项目生命周期中，现实层和数字层之间实现实时连接，以集成的方式利用这两个领域的技术。

建筑 4.0 框架的主要技术和趋势　　　　　表 1.6-2

技术和趋势	建筑 4.0 功能	章节
3D 映射和扫描	点云数据采集	6.1
5G	快速可靠的移动连接	3.1.4
适应性重用	重用和重新转换现有结构	2.3.6

续表

技术和趋势	建筑 4.0 功能	章节
增材制造	使用 3D 模型直接打印 3D 部件、产品和建筑物	8.3
高级材料	材料和产品的新的或改进的技术特性（结构或功能）或环境特性	7
人工智能和机器学习	分类、预测、图片加工、数据挖掘、计算机视觉、解决问题	3.1.5、9.6、10.4、10.5
自动化施工过程	使用施工机器人、无人机、自主驾驶汽车、外骨骼机器人和机器人现场工厂	3.2.2、8
自动驾驶汽车	勘测、保护和运行施工现场	8.2.4
大数据和分析	趋势分析和商业智能	3.1.6、12.1.1
BIM	建模和仿真	3.1.1、3.2、4
区块链	智能合约、认证安全、数据记录	9.1.5
建筑自动化系统	单一服务或整个建筑系统的智能管理	10
建筑储能	储存可再生能源现场产生的电能	12.3.2
建筑集成可再生能源	可再生能源在建筑围护结构中的建筑集成	7.5.6、12.3.1
建筑性能模拟	性能驱动的建筑设计和管理	5
云计算和边缘计算	启用方便、按需的网络获得可配置计算资源的设置	3.1.2
通用数据环境	收集、管理和共享项目模型和文档	4.6.2、9.1
连接施工现场	在位置感知环境中组装部件和产品	3.2.2、9.3、9.5
数据驱动设计	基于数据分析和模拟的决策	3.2.1
需求响应	能源需求侧对电网要求的灵活性	12.3.4
解构设计	确保建筑材料在报废时的完全可回收性	2.3.6
数字制造设计	使用 3D 模型直接制造部件、产品和建筑	6.5
数字施工管理	使用 ICT 和 CDE 管理施工活动	3.2.2、9.1
数字孪生	使用已建成资产的实时数字复制品进行管理或维护	3.2、11.4、12.1.2
外骨骼机器人	提高人类劳动安全和生产力	8.2.3
扩展现实（VR/AR/Mr）	设计、施工和管理的沉浸式和环境感知可视化	6.3、9.4、11.3
生成设计	多目标设计优化	6.4
地理信息系统（GIS）	多维地理空间分析	6.1.2
绿色建筑	设计在整个生命周期内环境足迹较少的建筑	1.5.2
高清测量系统	真实资产的准确虚拟化	6.1
物联网	事物、人员和数据的连接性	3.1.3、9.5、10.2.3
机器视觉	从视频和图像中识别和确认物体、人物和行动	9.6、10.5
移动网络	在施工现场应用移动设备	3.1.2
模块化结构	整个建筑结构的广泛预制	8.1
纳米技术	材料和产品的新的或改进的技术特性（结构或功能）或环境特性	3.1.7、7.2
参数化设计	设计自动化	6.4
预测性维护	维护系统和应用程序的数据驱动优化	11.2
预制和非现场施工	使用工业制造生产部件和产品	8.1
实时 3D 可视化	可视化增强的 3D 模型	6.3

续表

技术和趋势	建筑 4.0 功能	章节
施工机器人	运输、组装、生产和维护	8.2
智能建筑	在建筑自动化的支持下，设计具有非常高能源、环境和舒适性能的互联建筑	1.5.3、10、12.3
智慧城市	知识型城市管理、行政和服务	12
智能电网	电能流的灵活性和智能管理	12.2
智能家居	具有广泛传感和自动化功能的互联家庭设计	10.6
智能对象	连接到其他对象和网络以进行数据分析和操作	9.3.2、10.6
无人机	收集航拍图像和 3D 扫描	9.2
车辆到建筑（V2B）	与智慧城市和智能建筑共享电动汽车能源	12.3.3
在建虚拟设计（VDC）	使用 4D 和 5D BIM、XR 和数字孪生进行施工模拟和管理	9.1.2
虚拟助手	通过数字服务增强人机界面	10.5
可穿戴技术	收集位置、重要统计数据和运动信息	9.3
零能源建筑	设计完全由现场可再生能源满足的非常高能源性能和低能源需求的建筑	1.5.1

一般来说，建筑 4.0 利用整个建筑过程的普遍数字化来弥合仍将建筑环境的虚拟和实际建筑环境分开的操作差距（表 1.6-3）。在现实世界中集成传感技术会产生准确的历史数据和实时数据，这些数据可以提供真实准确的虚拟模型，可以自由分析和配置，因为在虚拟世界中作出的每个明智的决定都是有效的，并在现实世界中自动实施。这样，最终有可能消除目前在已建成资产的设计、施工和运行过程中出现的大多数不确定性、低效率和错误，这些是导致生产力不足、环境影响过度和不可预见成本支出的主要原因（图 1.6-1）。

数字技术在建筑业的使用　　　　　　表 1.6-3

技术	设计与工程	建造	运行管理	翻新和拆除
3D 映射和扫描	■	■		■
增材制造	■	■	■	
人工智能和机器学习	■	■	■	■
自动驾驶汽车		■		
大数据和分析	■	■	■	■
BIM	■	■	■	■
区块链	■	■		
建筑性能模拟	■		■	
通用数据环境	■	■	■	■
数字制造	■	■		
数字孪生	■	■	■	■
扩展现实（VR/AR/Mr）	■	■	■	
物联网		■	■	■
移动网络		■	■	
机器人		■	■	
无人机	■	■	■	
可穿戴技术		■	■	

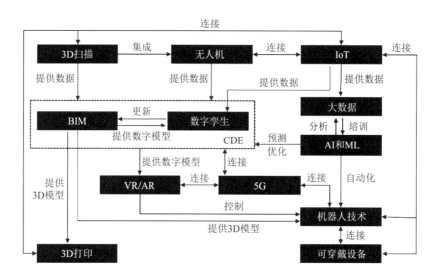

图 1.6-1　建筑业数字技术之间相互作用的概述

1.6.2　建筑 4.0 技术

建筑 4.0 技术可以分为四个主要类别：数据采集、数字信息和分析、自动化施工流程、高级材料和产品（Autodesk, 2016; ECSO, 2021; IEA, 2019b; WEF, 2016）。

1.6.2.1　数据采集技术

数据采集技术，即航空测绘、3D 照片重建、LiDAR 扫描、无线传感器网络和物联网，是建筑业数字化的起点，因为它们为物理结构的虚拟迁移以及数字建筑生态系统的建立和发展提供了大部分必要的数据。

数据采集技术可以提供前所未有的海量数据，涉及建筑的各个方面，从地理定位到运行状态，到环境参数（温度、湿度、空气质量等），再到能源使用和图像与录像。这种前所未有的数据可用性将允许越来越多的分析服务，以提高建造过程所有阶段（例如，设计和工程、施工、运行和维护等）及其子行业（例如，房地产、制造、建筑设计和工程）的生产率。

在数据采集技术中，传感器尤其是无线传感器网络和物联网设备无疑代表了建筑业未来的中心，因为它们可以广泛用于建筑价值链中的各种战略任务。事实上，初步研究表明，由于物联网在预防和安全、优化和高效管理方面的优势，在建设项目中使用物联网，预计平均节约 22%～29% 的总项目成本（ECSO, 2021）。

在施工阶段，传感器可用于监测施工现场的环境（例如，湿度水平、是否存在气体等）并检测材料强度或工作完整性的局部变化，且可在建筑完工后继续监测（如混凝土的长期健康状况）。建筑机械、电动工具和车辆可以与物联网传感器集成并连接到云端，从而实现对车队的远程管理，并通过预测性维护降低维修和故障的风险和成本。分布式传感器可以实时更新项目的状态、车辆、交付和资产的位置，或者在构建过程中更新各种特性的状态，从而为项目经理和其他涉众提供大量宝贵和更新的数据。此外，物联网还可用于监控工人的活动和安全，方法是使用连接的可穿戴传感器系统来跟踪运动和任务，并确保他们不会暴露于有害物质或陷入危险情况，或在检测到任何事故或疾病时提醒救援。

收集的数据可以输入数字孪生和高级分析，以收集相关信息并评估优化现场操作的方法：例如，燃料支出和能源使用、机器和设备的利用率、储存和工作站的位置，以减少冲突和非生产性移动。在这种情况下，传感器可以创建更高效的供应链，从而改善项目的时间表并促进与客户进行更好的沟通。

在建筑运行和维护中，传感器可用于持续监测内部和外部环境数据，以保持最佳和安全的生活和工作条件，同时优化能源使用。根据获得的数据，设施管理人员和所有者可以调整 HVAC、监测空气质量、打开/关闭灯、检测过高的噪声水平，并在感应到下雨或强风时关闭窗户，或使用先进的 BAS 自动执行所有这些任务。优化建筑控制可以提高舒适度并同时节省能源，可以自动或通过提供建筑居住者行为反馈。同时，运动和视频传感器可以集成到建筑的安全系统中，并最终连接到云端，以提高该区域的安全性。物联网设备可以集成到任何消耗能源的设备中，例如灯、开关、电视或电源插座，并且可以用于消耗监测或实施高级能源管理功能，例如需求响应程序或现场能源存储和可再生能源的转移。事实上，一些研究估计，通过使用协调的数字建筑系统，物联网可以减少高达 35% 的能源消耗（ECSO, 2021; IEA, 2019b）。传感器也越来越多地被集成到遗产遗址或基础设施（例如桥梁）中，并用于监测其状况，以便在检测或发现潜在问题后立即采取干预措施。

1.6.2.2 数字信息和分析

数字信息和分析技术包括各种各样的工具，用于在 CDE 中创建、可视化、理解和操作实物资产（已建成或即将建成）的数字复制品，并分析和监控其数据、模拟且优化其性能，并计划和执行其建设、运行和维护活动，而这些功能得益于数字世界和现实世界之间的持续双向连接。

数字信息和分析技术包括 BIM、参数化和生成式设计、BPS 工具、XR、数字孪生、建筑和设施管理软件、人工智能和机器学习。

BIM 是这些技术运行的基础，因为其允许创建一个可知的建筑物模型（而不仅仅是像 CAD 的 3D 几何模型），能够在整个价值链中与所有其他技术进行通信，包括数据采集和施工过程自动化，建筑师、施工人员和设施经理可根据项目需求和建筑运行管理需要确定和优化最有效的结果。

在施工阶段，施工现场的传感器（包括 LiDAR 和无人机）不断收集数据，监测工程和环境的变化，并以测量、数据和图片的形式在数字孪生中报告更新状态。通过这种方式，项目经理和承包商可以利用来自数字孪生的信息，将 BIM 模型（4D BIM）中制订的最初计划时间表与施工现场的实际情况进行比较，以识别偏差并及时采取行动，减少延工的可能性。数字孪生还可以提供自动资源分配监控和废物跟踪，从而实现资源管理的预测和更有效的方法。

在运行阶段，数字孪生从机械、电气和管道系统收集和处理功能数据，以及通过物联网传感器收集部件和维护数据或环境数据。由于数字孪生不断更新其物理孪生提供的数据，因此可用于根据实时条件执行模拟和预测。数字孪生使用运行数据来提供见解、模拟未来情景并考虑"假设"问题。与人工智能和机器学习能力相结合，数字孪生获得了代表用户学习和行动的能力，支持设施管理人员为日常运行作出明智的决策，评估组件或系统故障的程度，指导维护和维修决策，以及延长建筑物的技术寿命。

最后，借助人工智能和机器学习，可以轻松分析在建筑施工或管理阶段收集的所有海量数据，以识别数据中的模式，从而创建数据模型以进行预测和分析以及支持整个价值链的决策（预测性维护、风险分析、管理和资源优化、成本预测等）。

1.6.2.3 自动化施工过程技术

施工过程的自动化是指使用数字制造技术，包括成形、减材和增材方法，以及使用机器人和自动或遥控车辆来自动化现场和非现场制造活动中的特定任务或过程。可实现的益处包括提高效率、提高精度以及改善工作场所的安全性。

CNC 机器、机器人和 3D 打印等数字制造工艺可以减少施工时间和成本，并获得具有优化性能/材料比的形状。数字制造的进步在新的建筑可能性、精确的材料加工、结构有效的形状和分级装配以及建筑对环境的较低影响方面也显示出巨大的潜力。这种类型的工业化过程允许数字化连接执行到 BIM 和 CDE，这样指令就可以无缝地交付到实际生产中。

特别是，增材制造（也称为 3D 打印）是在计算机的控制下，通过添加材料层（如塑料、金属或混凝土）来创建一个对象的过程，计算机使用 CAD 或 BIM 文件来引导 3D 打印喷头。3D 打印在施工阶段尤其有益，它有助于降低整体成本和减少建筑垃圾。由于其独特的生产和组装方法，3D 打印元素充分受益于所用材料的特性，并且被证明比传统制造的元素更耐用。因此，这种技术常被用于建造轻质、节能的建筑立面元素和结构元素，如桥梁（如西班牙马德里的 3D 打印人行桥）。3D 打印还可以实现独特的设计和形状，这是传统方法难以实现的。

机器人（单任务施工机器人、仿生机器人、外骨骼机器人、自动驾驶汽车和遥控机器）是执行特定操作（即铺设瓷砖、提升物体等）的设备，无论是通过自主控制（即在预定的重复指令下）还是操作员的直接控制。机器人在建筑中的应用范围涵盖了该过程的大部分阶段，从初始建造到建筑运行和维护，再到最终的拆除和回收。在施工阶段，机器人可以完成比人类更精确、更统一的工作，并可替代人类从事涉及困难的体力劳动、重复性工作和存在危险情况的活动。机器人在施工现场的部署降低了工人的安全风险和出错概率，从而提高建筑质量，降低最终成本及工期延误的可能性。例如，使用外骨骼机器人（即工人佩戴的机器人身体装置）可以提高性能并显著降低在执行诸如提升重物或以不舒服的姿势使用设备等工作时的安全风险。这些设备还可以进行肌肉骨骼压力监测，以便定期测量工人的身体状况。这在建筑业尤为重要，据欧洲工作安全与健康机构称，52%的建筑工人患有背痛，54%的建筑工人患有上肢肌肉骨骼疾病以及 41%的建筑工人患有下肢疼痛。通过与传感器、无人机和 BIM 等其他技术相结合，机器人还可使传统的手动活动更加自动化，如砌砖、挖掘或墙壁粉刷，无须相关人员出现在施工现场。

1.6.2.4 先进建筑材料和产品

先进建筑材料是指那些新材料和由现有材料翻新而来的材料，与传统上用于执行相同功能的材料相比，这些材料具有新的或改进的技术性能（结构或功能）或环境特征。在建筑业中引入先进建筑材料，极大地提高了该行业的生产率，确保了建筑更加安全和舒适，提高了建筑环境的能源和环境效率，从而导致整个建筑业和整个建筑过程（从设计到维护）发生了深刻变化。先进建筑材料实际上被认为是一项关键的水平技术，在实现先进/高价值制造以及应对气候变化、城市空气污染和提高资源利用效率等重大社会经济挑战方面发挥着重要作用，该技术独特的创新性功能（包括低碳技术）可助力开发新产品。

建筑领域的主要先进建筑材料包括纳米材料和智能材料、生物基材料、先进混凝土、工程木结构、高性能绝缘体、动态窗户、智能涂料和模拟光电。

纳米技术确实为创新建筑产品的开发和构想提供了关键性创新，这些产品具有更高的机械、物理和化学性能，在所有技术元素中都可进行应用，包括从结构到不透明和透明的封闭物、内部隔板，再到系统和电器。新型智能材料在大量产品和系统的建筑中也得到应用，特别是在建筑围护结构组件中，这些组件可以充分利用其适应不同使用条件的特性。新一代多功能纳米和智能涂料的开发是当前的热门技术课题，用于提高所有建筑表面的性能（从耐用性到安全和健康，再到气候缓解和自我修复）。

设计更多智能建筑的目标是利用来自其组件的连续数据流，通过在其中集成微型和纳米传感器来实现建筑组件的数字化，从而能够从周围环境中收集刺激和信息，包括其热物理状态，并通过数字孪生系统实时与建筑管理系统沟通，以调节材料和能量流（适应性围护结构），并进行维护或更换。

新的高级可打印材料正在进入市场，拓宽了增材制造技术并提高了整个建筑业的生产率。除了 3D 可打印混凝土外，目前最先进的研究活动还集中在打印动态响应建筑围护结构或自组装元素（4D 打印）的形状记忆材料，以及将生物学和技术相结合以通过活体技术（如细菌或真菌）创造可持续的组件，这些组件也具有自我再生的特性。

1.6.3　建筑 4.0 的益处

建筑 4.0 框架不仅局限于物理或数字新技术的应用，而是在它们的支持下，代表了一种更高效和有效的工作方式，旨在在其生命周期内创建更可持续的建筑。建筑 4.0 通过跨行业、供应链和项目的更广泛合作，使数据成为业务的核心，将会改变对可持续发展的错误认知，使其由阻碍转变为推动力。完整的数字化转型可以更好地将建设模式的不同阶段整合到"新运行模式"中，使其朝着更安全，更有生产力的工作场所，更具韧性的行业和提升员工技能的目标迈进。

建筑 4.0 的特点是采用遵循"生命周期思维"原则的整体设计方法，考虑到设计选择在建筑整个生命周期中对环境、社会和经济的影响：从选址到施工、运行，直到最终报废和材料的回收或再利用。

建筑 4.0 以知识和创新为基础，推动建设更可持续、更具包容性、资源效率更高、更环保、更具竞争力的建筑业。建筑 4.0 基于一个多维的设计过程，尊重环境，充分利用创新的数字化设计工具、先进的材料和技术、创新的施工方法和技术，以及先进的建筑操作和管理系统为建筑业提供新的可能性。

建筑 4.0 的设计过程旨在优化和最大程度协调建筑特征的四个主要元素（形状、围护结构、系统和人），共同决定了任何人造环境的质量。目标是建造智能建筑，即智能设计或翻新建筑，使用最佳类型（智能形状）和技术解决方案，无论是从构造（智能围护结构）还是设备（智能系统）角度看来，都能够与环境和用户（智能人）进行智能交互，以提供一个可访问、安全、舒适和健康的建筑环境，能够改善现在和未来所有利益相关者的生活。

通过这种应用方式，建筑 4.0 框架可以为整个 AECO 价值链带来诸多好处，特别是（Qi 等，2021; Sawhney 等, 2020）：

（1）作为云计算项目管理工具、区块链、中央信息储存库，提供实时数据访问，提高公司和项目性能，改善协作和沟通，从而带来更高的生产力、更好的管理实践，降低建设项目中的延误、额外成本和错误发生。

（2）由于先进工具（BPS、参数/生成设计）帮助设计更节能建筑，提高了行业的可持续性，确保资源合理利用并最终实现再利用或回收的综合生命周期方法，在施工阶段减少了对环境的影响，并通过数字孪生系统和 BAS 系统，更有效地使用和维护已建资产。

（3）通过 BIM 对项目现金流进行准确建模，通过应用工业化建筑、机器人技术和自动化来减少低效和浪费，通过实时数据监控来预测和识别与预算的任何偏差，以及通过更具成本效益的设施运营管理来节约成本。在商业和机构建筑中，数字技术可以将设计、工程和施工成本降低 10%~25%，将运行成本从 23% 降低到 14%（波士顿咨询集团，2016）。

（4）减少整个施工过程的时间和延迟，因为 BIM 和 CDE 简化了设计和规划活动，预制、增材制造和现场组装等数字化施工提高了交付速度，并可实时访问物理和数字数据，以及通过 LiDAR 和 3D 照片重建增强项目监控，减少误差和返工。

（5）通过将大多数建筑活动转移到非现场受控工厂、使用机器人和外骨骼机器人来完成最危险的任务、部署基于 XR 的培训以及在施工现场引入可穿戴技术、物联网设备和图像及视频人工智能处理，提高了安全性。

（6）改善资本管理和融资，在大数据和高级分析的基础上，作为数据驱动编程阶段的一部分，可以准确预测项目的盈利能力，同时降低建设风险，使投资更具吸引力。

（7）通过增加工作岗位和工作场所吸引并留住人才，改善建筑业的整体形象，进一步在行业的各个层面传播创新思维，并推动进一步创造新的综合解决方案，以解决仍在影响建筑业的横向、垂直、纵向碎片化问题。

第 2 章

建筑数字化革命

2.1 建筑 4.0 技术驱动

数字化转型是指由于数字技术在人类生活的各个方面被广泛应用和融合，所引发的经济和社会方面正在发生的深刻变化。事实上，数字技术已经成为所有创新经济和社会体系的基础，采用数字技术所带来的转型反过来又影响到工业和服务经济的所有行业。这是一种跨行业的全球性转型，既有正面影响，又有负面影响。除了直接改变整个经济领域以外，数字技术也对公众产生了越来越大的影响，改变了人们交流、社会互动的方式，最终改变了人们的生活方式。数字技术和服务已经改变了车辆、交通基础设施和传统的出行概念，正在提升能源供应的安全性、可负担性、稳定性和可持续性，也正在为公共服务和与公众互动提供新的方式，同时还改变着不断增长的数据生成和数据处理方式（IEA, 2017, 2019; IRENA, 2019a; JRC, 2019a）。在这种情况下，数字化转型会成为未来所有国家的战略政策范畴。

与制造业等其他行业相比，建筑业的信息和通信技术（ICT）及数字创新应用程度比较低，但最终走上了数字化转型之路。这种转型不仅涉及已经非常依赖于数字工具的设计阶段（例如，计算机辅助设计、结构分析程序以及预算和资源管理软件），而且还延伸到了直到现在数字化应用还比较落后的施工和运营阶段（Autodesk, 2016; Boston Consulting Group, 2016; ECSO, 2021; Frost, Sullivan, 2021; JRC, 2019a; McKinsey, 2016, 2017a, 2017b, 2018b; PEEB, 2019; RolandBerger, 2016, 2017, 2018; WEF, 2016）。

建筑、工程、施工和运营（AECO）行业的这场革命产生了建筑 4.0（C4.0）模式（表 2.1-1）。这种模式的变化得益于关键技术的当代协同发展带来的条件，反过来又进一步促进了新技术的发展（Qi, Razkenari, Costin 等, 2021）。

AECO 行业的数字世界　　　　表 2.1-1

建筑 4.0 技术	关键技术						
	BIM	云和边缘计算	物联网	5G	AI 和机器学习	大数据与分析	纳米技术
三维映射和扫描	■	■	■				
增材制造	■						■
先进建筑材料					■		■
自动车辆	■	■	■				
区块链	■	■					
楼宇自动化系统	■		■		■	■	■
建筑能源存储							■
光伏与建筑一体化							■

续表

建筑4.0技术	关键技术						
	BIM	云和边缘计算	物联网	5G	AI和机器学习	大数据与分析	纳米技术
建筑性能模拟	■	■	■		■	■	
共享数据环境		■		■			
互联工地	■	■	■	■	■	■	
数字化制造	■						■
数字孪生	■	■	■	■	■	■	
扩展现实（虚拟现实/增强现实/混合现实）	■			■			
生成设计	■	■			■	■	
机器视觉		■	■		■		
移动网络		■		■			
参数化设计	■	■					
预测性维护	■	■	■		■	■	
实时3D可视化	■						
施工机器人	■	■	■		■		
智能电网		■	■	■	■	■	■
智能家居		■	■	■	■	■	
智能对象		■	■	■	■	■	
无人机	■	■	■	■	■		
虚拟助手		■	■	■	■	■	
可穿戴技术		■	■	■	■	■	

随着数据科学和分析成为互联建筑业所有创新技术的关键，在建筑施工或运营期间产生的有价值的丰富数据将促进工作方式产生重大改进。现场的数据整理、与补充数据库和数据源的匹配将带来显著的附加价值。

数字技术为智能建筑和基础设施的出现奠定了基础，在把互联互通的优势从结构本身扩展到协作社区、智能电网和智能城市的过程中提供了强大助力。

2.1.1 建筑信息模型

AECO行业的数字化转型的首要举措是采用BIM，政策制定者和投资者越来越多地将其视为全面控制建筑过程所有阶段的决定性战略因素，以实现质量控制和降低成本的目标（ECSO, 2019, 2021; European Commission, 2019; JRC, 2019a; WEF, 2016, 2018）。

BIM是一个协作过程，在这个过程中项目各方都使用3D建模应用程序，这些程序将几何图形与有关资产调度、成本、运营和维护等附加信息整合在一起。通过这种方式，BIM可以确保在资产的整个生命周期内准确、一致地共享信息。不同于2D和3D CAD建模，BIM允许在实际建设之前虚拟建造建筑物，模拟其性能、施工时间和成本，从而为实现既定目标提供基本信息。BIM一词实际上指的是"使用建设资产的共享数字表述，协助设计、建设和运营程序，形成可信赖的决策基础。"（ISO 19650: 2019）。作为一个过程，BIM涉及资产物理和功能特征数字表述的生成和管理，生成信息丰富的模型，成为共享的知识资源。这些共享的资源用于支持始于概念阶段，贯穿建筑设计、施工、使用和拆除阶段的、与设施相关的决策（Borrmann, Konig, Koch 等, 2018）。

通过 BIM 虚拟建模，不仅可以实现物体的 3D 表述，而且可以将建筑模型（3D）与进度（4D）、施工成本（5D）、能源和环境性能（6D）等方面关联起来，从而全面管控整个建筑项目。从施工现场角度，或者从技术、经济和环境的角度来看都是如此。更进一步，创建的 BIM 模型也可以将先进的设施管理（7D）软件用于建筑本身的管理和维护。

BIM 的模型中实际上可以赋予有关建筑或其组成部分的任何信息，从地理位置、几何结构、材料/组件/系统的特性以及技术要素（包括产品的技术数据表、成本和采购时间），到施工阶段、维护运行，直至最终处置说明（Borrmann 等, 2018）。BIM 具有优化资产设计、简化场景测试和决策、验证可施工性、支持碰撞分析、改进项目和投资规划、确保项目控制和储存预防性维护信息等功能。BIM 模型中对象的参数化建模还可以在不同元素之间建立互动关系，以便在设计阶段所作的任何更改都能与整个模型实时更新。通过建筑 3D 模型中所有结构元素（结构、系统、建筑围层和隔板）交叉点与冲突点的信息识别，大大减少返工，从而减少施工时间和成本。在 BIM 流程中，通常前期计划的时间越长，变更请求就越少，而且这些变更是透明的，可以适当且快速地定价并集成到设计中，而不会产生意想不到的影响。BIM 还可以带来重要的环境效益，因为它可以更好地控制使用的材料和产生的废物的数量，以及具有模拟和优化建筑的能源性能的能力。在施工过程中，BIM 大大减少了作业和设备在时间和空间排序上的冲突，从而保障了工人的安全，提高了施工效率，优化了工期。设施管理人员可以使用 BIM 更好地将建筑可视化，从而更有效地对其进行管理，减少其运营成本、维护和维修停机时间并整体增加其价值。从长远来看，BIM 最大的潜力可能在于优化建筑的运营和管理，并获取运营数据，以便可以将所吸取的经验教训快速轻松地融入下一轮设计（Boston Consulting Group, 2016; Roland Berger, 2017）。

在过去的十年里，由于越来越多的政府对所有公共项目的 BIM 强制使用要求，以及便利的、基于云端的 BIM 软件即服务解决方案的可实施性，BIM 的采用率在全球范围内不断上升，甚至是小型的 AECO 企业（ECSO, 2021; NBS, 2020）。

BIM 在建筑业的战略重要性不仅在于为建筑过程的全生命周期各个阶段所带来的改善，还在于为整个 AECO 行业的数字化构建了一种可实现的技术，进一步促进其他技术、工具和方法的应用与研发，例如仿真软件、参数化和生成设计（GD）、3D 实时可视化和扩展现实、预制和增材制造、机器人建筑、数字孪生和高级分析（Boston Consulting Group, 2016; Roland Berger, 2017）。

特别是，BIM 构成了一个共享的数字信息平台，可以整合多种数字技术来提高功能，进而利用 BIM 模型中的结构化数据优化技术。事实上，BIM 设计允许通过激光扫描和 3D 照片重建，也可以通过使用无人机或自主机器人对几何数据进行数字化采集，这些既可以用于准备数字模型，也可以用于模型的快速准确验证和实时更新。

在设计阶段使用建筑的 BIM 模型可以对能源和环境性能进行全方位实时的模拟、通过参数化和生成设计方法优化建筑外形和性能、利用实时三维可视化的优势并结合虚拟现实（VR）和增强现实（AR）工具来获得更身临其境的体验，以促进未来甚至高度复杂元素的数字化制造。在施工阶段，BIM 模型可以与项目管理和施工监测工具进行数据交换，它可以构成预制和增材方法以及自动化和自主化施工设备的数字输入。此外，在施工现场的运行阶段，物联网设备会提供工人、工具、车辆和建筑构件的状态信息，并将其位置信息与 BIM 模型联系起来，以便同时显示空间关系和实时状态（Tang, Shelden, Eastman 等, 2019）。施工完成后，竣工 BIM 数据将传输给业主或运营商，并且被用于组织和优化设施管理。通过使用来自可以提供详细信息的建筑传感器、设备和服务机器人的新的实时数据，该功能会变得更加强大。事实上，BIM 是建筑数字孪生的基本组成部分，建筑环境的数字模型是通过从它复制的真实结构中的传感器收集到的实时数据不断更新而来的，这为优化运行以及建筑维护和改进开辟了前所未有的潜力（Opoku, Perera, Osei-Kyei 等，2021）。基于云端的分析可以用来更好地理解 BIM 模型和数字孪生所提供的所有数据，并将结果反馈到系统中，以便系统进行自我优化（图 2.1-1）。

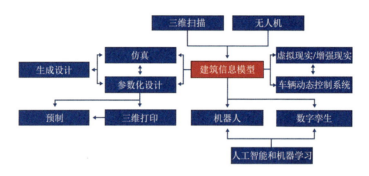

图 2.1-1 BIM 的战略作用

2.1.2 云计算和边缘计算

另一项对建筑业的数字化起着重大推动作用的技术是云计算，设计工作室和公司对云计算的使用正在稳步扩大。2017 年，有 85% 的建筑承包商使用或计划使用基于云的解决方案，而在 2012 年这一比例仅为 16%（The Associated General Contractors, 2018）。美国国家标准与技术研究院（NIST）将云计算定义为"一种模型，它支持对可配置计算资源（例如，网络、服务器、存储、应用程序和服务）的共享池进行无处不在的、方便的、按需的网络访问，这些资源可以通过最少的管理工作或服务提供者交互来快速供应和释放。"（Mell, Grance, 2011）。

过去几年，云计算技术在各种工业行业深入发展，现在正在进入建筑业，因为云计算可以在从设计、施工到管理和维护各个阶段给建筑业带来益处（Bello 等，2021）。

云服务有三种服务模型：基础设施即服务（IaaS）、平台即服务（PaaS）和软件即服务（SaaS）（Elazhary, 2019; Yousefpour 等，2019）。

除了消除计算能力、数据存储容量和信息技术安全方面的硬件限制以及大幅降低信息与通信技术成本外，云服务还允许完全访问数据和文件，创建协作工作环境，并利用人工智能和机器学习等增值服务，提高建设过程所有阶段的效率。

通过云计算，建筑工程从业人员可以获得项目图纸、模型和其他信息，实时协作而不需要彼此在场，避免了不必要的旅行和会议住宿。任何项目信息都可以上传到云端、访问、编辑，并在云端进行保存。实际上，在云端上的集中数据环境中连接团队和项目信息可以提高生产力、减少返工、简化审批，并加速项目交付。现场的管理人员或专业人员无须回到办公室就可以访问或提供项目信息。现场管理人员可以更清楚、更快地与内部员工讨论问题，而无须面对面交流。像 Pro Crew Schedule 这样的 SaaS 平台可以提供施工现场的实时视图，并可以通过软件上提供的交流平台与团队成员联系，且与他们共享文件。云服务支持承包商轻松跟进他们每个工地的进展。项目经理可以更有效地监控每个人在做什么、承包商被分配了什么任务，以便根据需要进行工作协调。存储在云端中的项目和施工数据可以在任何地点、任何设备上进行访问以获取有用的信息。

SaaS 还允许实现 BIM 成熟度的最高等级（即 3 级），使设计团队能够在单个集中模型上共同工作，该模型根据每个人的工作内容进行更新，而无须报告对不同项目模型所作的更改。通过在相同的云环境中工作，不同学科的专家可以避免在上传、同步、传输或等待大型文件上浪费时间。实际上，对模型的每一次修改都会被系统自动同步到所有的建筑、结构、系统和经济图纸上，从而实现对项目的完全控制。通过云集成，各种建筑、结构、工厂工程和经济元素在一个模型中相互作用，与传统的 CAD 系统相比，设计时间减少了 70%以上（Autodesk, 2016, 2021）。基于云的 BIM 为这些团队提供了一个协作渠道，无论他们是在家里远程工作、办公室还是在现场。

此外，大量的 SaaS 解决方案集中在建筑业，包括 Plangrid、Procore、Unearth 和 HCSS 等供应商。这些程序几乎涵盖每一个施工任务，其中最受欢迎的部分是日常报告、规划管理和项目管理。实际上，基于云的实时项目绩效监控和报告系统允许所有利益相关方参与并为项目交付过程的每个阶段做出对应工作。使用云平台来跟踪项目进度可以防止因信息无法访问而导致的延误与泄漏，从而使项目进度得到更公开的监控。透明的监控还有助于及时解决争议，直接解决资金流失这一项目承包商面临的最大的问题之一。由于争议通常是由于相互矛盾或无法得出明确结论的证据而引起的，因此，在云储存中随时可用的设计和竣工证据可以更友好地解决争议，而不是花费金钱和时间进行诉讼。

此外，云计算服务适应连接各种物联网设备。这种集成具有改变整个 AECO 行业的巨大潜力，使其能够轻松处理和利用从现场或建筑中收集的大量数据。为了优化对这些累积数据的处理，在将数据发送到云端之前，可以在设备级别进行部分分析。这种新兴的范式被称为边缘计算（"网络边缘计算"），它描述了一种计算拓扑结构，其信息处理、内容收集和交付更接近信息的来源（Elazhary, 2019; Sitton-Candanedo, Alonso, Corchado 等, 2019; Yousefpour 等, 2019）。

边缘设备不是将摄像头、扫描仪、手持终端或传感器收集的每条信息都发送到云端进行处理，而是在数据的源头自行执行部分或全部处理。边缘计算技术可以有效地补充和扩展云处理，从而提高带宽效率、减少响应时间、降低网络压力，并最大限度降低能耗。多个物联网设备可以通过边缘设备连接，在本地处理收集的数据，并按需提供服务，从而提高性能、隐私和安全性（Zhang, Li, Chen, 2021）。

边缘计算节省了数据通信和传输的时间和带宽，可以显著减少数据处理的延迟情况，这对于自动驾驶汽车和机器人、智能城市和智能家居等实时应用非常重要。此外，在网络边缘处理数据也有助于防止私有信息被泄漏。个人信息的重要数据可以在边缘服务器上进行预处理，然后再发送到云中心。在这个过程中，数据可以被提取和加密，以确保仅以更安全的方式将最必要的数据发送出去。

2.1.3 物联网

当前数字革命的一个重要趋势是，由于物联网的普及，网络和物理环境在不同层次上变得越来越相互关联，设备和对象的基础设施连接到互联网上，能够收集和传输数据，从而用于监测、控制、统计分析和决策支持（IRENA, 2019c）。

物联网的架构允许为所有对象配备识别、传感、联网和处理能力：这些"智能对象"能够通过互联网交换和共享信息并开发高级服务。分布式物联网网络互联可以促进对复杂系统的深入了解，并提供动态的、上下文感知的决策能力和智能自治（Goyal, Sahoo, Sharma, 2021）。

传感器和无线通信技术在物体、机器和人身上的广泛应用，能够产生关于其特定状态的实时信息，这些信息可用于在建筑施工、运营和维护阶段监测、控制、统计分析和提供决策支持。甚至可以创建一个建筑的数字复制品（建筑数字孪生）。信息共享可以直接在机器之间进行，实现设备即使在没有人为干预的情况下也能进行通信和互动（例如，根据设备的使用状态或性能自动对设备的修理或维护进行编程）。

物联网架构由多层次上的不同技术组成：硬件设备（感知层）；网络和网关（网络层）；中间件、数据存储和分析以及物联网应用（应用层）（Jia, Komeily, Wang 等, 2019; Sethi, Sarangi, 2017）。

硬件技术由各种设备组成，包括传感器和制动器。传感器实时捕获环境中的数据并处理信号，而制动器将电信号转换为有形的行动以影响环境。物联网传感器的例子有可穿戴设备，它可以用于收集不同因素的测量数据并提供有关人类活动的可靠信息或环境信息，如温度、湿度、压力、空气质量、长度、时间、速度、运动和心跳。物联网网络层收集大量未经处理的数据，将其转换成数字流，对其进行过滤和预处理，以便为分析做好准备。最后，应用层由边缘设备和集中计算单元负责处理和增强数据分析，同时也使用人工智能和机器学习技术，将数据呈现给用户和程序，以便提供进一步的服务。

在整个 AECO 行业，物联网可以带来许多好处（Woodhead, Stephenson, Morrey, 2018）。在施工阶段，物联网允许创建连接码，这可以大大提高运营性能和所有活动的管理。利用物联网，相关方可以实时获取和管理每天从施工现场活动中产生的与员工、机器、过程、材料和环境风险有关的大量数据和信息，从而提高管理效率和有效性，同时改善现场环境和人身安全（Tang 等, 2019）。传感器可以嵌入个人佩戴设备，如头盔、背心或其他物品，以识别和定位工人，并确定他们的行动和状态。此外，物联网应用程序还可以收集材料库存和消耗状态的信息，检查供应商的交货时间表，监测连接设备的运行状况，控制异常情况，并发出及时修理或维修的警报。

物联网技术也是智能建筑和智能家居创建和普及的基础（Daissaoui, Boulmakoul, Karim 等, 2020; Froufe 等, 2020）。实际上，物联网设备可以被集成到建筑内部的所有系统和设备（配电、空调、水系统、照明、数据网络、门禁、电梯控制、消防和安保系统、可再生能源和储能、电动汽车、家用电器等）或建筑围护结构中如门、窗或屏蔽系统，大大有助于节约能源、改善舒适和安全条件，并促进更可持续的用户习惯和选择。通过分析收集到的环境和活动数据并使用预测模型，建筑的物联网允许楼宇自动化系统综合外部气候条件、网络的能源成本、用户的出现与否及其偏好，从而最大限度地提高舒适度，同时降低建筑能耗。

基于物联网，日常物品都可以自我识别并获得智能，因为它们能够交流有关自身的信息，并从任何其他设备获得信息。闹钟可以预测交通情况；灌溉系统可以根据土壤传感器和天气预报自动调度；智能恒温器可以跟踪入住情况和用户习惯，在必要时调整温度；智能照明基于安全目的可以在长时间不在家后打开；窗户会在下雨或室外空气污染严重时自动关闭；床会根据我们的睡眠周期调节温度，开关灯，并在早上对咖啡壶下达准备咖啡的指令。

物联网对于更加合理地管理建筑能耗也特别有用（Jia 等, 2019）。所有联网设备都可以相互通信，与网络交互并生成其能耗的信息。例如，智能家电可以根据何时有更多可再生能源供应，或者电网成本较低的情况下，独立决定何时开始循环。物联网允许智能手机通过专用系统监控许可证和电子钥匙远程控制门锁，或结合暖通空调系统通过编程控制窗户。

同样重要的是，由于具备智能人机界面（用触摸屏和移动设备上的直观仪表盘进行可视化、语音和手势识别）以及具有丰富的建议和警示（以有效和有意识的方式管理能耗和舒适度）的有关房屋状况和性能的持续信息，所以这些系统在弥补用户信息不足，并引导居民在管理房屋设备方面的良性行为方面会发挥重大作用。

由于对设备进行持续监测和对任何异常情况进行实时检测，物联网还可以通过促进预防性和预测性维护来改善结构和系统的维护，从而减少干预时间和成本。嵌入式物联网技术也可以用于持续监测建筑的物理和环境情况，如振动和变形、拉应力和压应力，检查震后建筑的损坏情况或评估其健康状况和使用期限，从而提高建筑安全性，降低维护成本。

使用物联网供电的智能电表连接、聚合和控制工业及住宅负荷，可以让它们参与需求响应计划，并为电网提供平衡服务。此外，负荷自动化可以进一步改善运行，为微型电网等完全自给自足的能源网络铺平道路。通过这种方式，该系统可以利用现有资源更有效地应对来自工业规模的可再生能源发电厂和小型分散式发电厂的中断。物联网可以快速控制电力和信息的双向流动，甚至在经济基础上实现自动系统调度。

物联网技术也是智能城市模式和功能的基础，因为它能够在能源、环境、交通、健康和安全方面提供许多创新服务（Ahad, Paiva, Tripathi 等，2020; JRC, 2019b; McKinsey, 2018c）。智能城市实际上配备了多个应用程序使用的不同电子元件，如用于观测系统的街道摄像头，或用于天气、污染、交通系统的传感器，也可以广泛用于个人移动设备。该设备可以收集、监控和分析数据，用于交通监控和管理应用、智能化停车管理、水和废物管理、空气污染和噪声控制、风险评估、安全等。物联网还可以在国家层面的政策决策（如节能、减少污染等）、远程监控和所需的基础设施方面发挥重要作用。在此基础上，物联网将有助于在节能政策、经济考虑、可靠性水平等不同方面提供更高效、经济和安全的系统运行。

物联网可实现为任何实体（无论是流程、产品、建筑还是整个城市）创建一个称为"数字孪生"的数字副本，通过模拟实体行为、监控持续状态、检测异常模式、反映系统性能，并预测未来趋势优化（Jones, Snider, Nassehi 等，2020; Opoku 等，2021; Ozturk, 2021）。

2.1.4 5G 网络

"5G"一词广义上指的是第五代宽带蜂窝网络技术标准，该标准于 2019 年开始在全球范围内部署，以取代 2009 年推出的 4G 网络（Andrews 等，2014; Mitra, Agrawal, 2015; Wang 等，2014）。尽管早期从 1G 到 4G 的网络转型主要是通过加快服务速度和增加带宽来提高蜂窝通信的，但目前向 5G 的转型为工业 4.0 和智能城市的尖端应用提供了一个重要平台，远远超过更快的智能手机，从而有望对社会产生更大的影响。

与 4G 标准相比，新 5G 蜂窝网络的主要优势在于它提供了更大的带宽、更快的速度，以及以极高速度（约 500km/h）支持移动设备的能力（表 2.1-2）（Allam, Jones, 2021; Tang 等，2021）。

速度之所以能提高，部分是通过使用比以前的蜂窝网络更高频率的无线电波来实现的。高频无线电波的实际物理范围较短，因此 5G 覆盖范围较小，需要多个紧凑的可以安装在任何地方（灯柱、屋顶、车顶等）的天线，来连接更大的范围。对于宽带业务，5G 网络最多可在三个频带上运行：低频（600～700MHz）、中频（2.5～3.7GHz）和高频（25～39GHz）。最广泛使用的是中频段 5G，其速度可达 100～900Mbit/s，每个信号塔提供的服务半径可达数英里。根据运营商和网络覆盖程度的不同，这些速度比目前实际速度在 15～75Mbit/s 之间的 4G 网络高出 10 倍以上。

5G 网络典型的高速、高可靠性、低延迟、高连接密度和安全性特点，使得该技术对于创建日益智能和互联的建筑工地以及充分应用先进的施工工具和方法至关重要（表 2.1-3）。

4G 和 5G 网络特征的比较　　　　　　　　　　表 2.1-2

特征	4G	5G
引入年份	2009 年	2018 年
技术	LTE，WiMAX	MIMO，mmWaves
访问系统	CDMA	OFDM，BDMA
网络	Packet Network	Internet
频率	800～2600MHz	600MHz～39GHz
最快速度	300～1000Mbps	1～10Gbps
延迟	20～30ms	1～10ms
移动性	200km/h	500km/h
连接密度	1000～100000/km²	1000000/km²

5G 给予 AECO 行业数字化技术的优势　　　　　表 2.1-3

数字化技术	设备密度和数据量	高数据速率	超低延迟	能源效率	可靠性	安全性
物联网实时监测	■		■		■	■
无人机		■	■	■	■	■
虚拟现实、增强现实、混合现实		■	■			
虚拟施工	■			■		
机器人、自动车辆和遥控机器		■	■		■	■
数据分析和存储库	■				■	■

为了提高施工的质量、效率和安全性，越来越需要利用虚拟设计与施工（VDC）、扩展现实、人工智能和高级分析、云计算、图像捕获和遥控机器等新的数字技术，然而，这些技术需要快速可靠地传输大量数据。

从建筑信息模型到无人机或机器人拍摄的图像，5G 可以直接获取、分析和实时更新施工现场的所有相关数据和信息，以便持续监测工作进度，从而在人工智能和机器学习的支持下，支持和简化操作流程和决策。

高传输速度和低延迟也让虚拟现实（VR）和混合现实（MR）在现场和虚拟远程协作中得到充分利用。

此外，由于 5G 能够维持高密度设备之间的连接，所有来自物联网的用于控制机器、设备、实时资产跟踪以及人员和安全管理的数据都可以得到最高效率的管理。最后，极低的延迟使得远程控制施工车辆变得更加可靠，即使车辆在数千公里之外。

2.1.5　人工智能和机器学习

人工智能指的是计算机科学的一个分支，专注于创造智能机器，其操作受到人类认知过程的启发。人工智能的核心是一系列智能化的系统，它们使用先进的算法来识别模式、推理，并通过自己的判断来支持决策过程。

这个过程的关键在于机器学习，它是人工智能从数据中学习出来的，不是明确编写程序得到的（Hastie, Tibshirani, Friedman, 2013）。

特别是，机器学习是一个利用数学模型来帮助计算机学习的过程，而不需要直接指导（Soofi,

Awan, 2017）。

通过机器学习，人工智能使机器能够执行一系列的类人行为，例如视觉识别、写文章、自然地说话，甚至执行诸如驾驶、飞行或其他复杂任务（自动驾驶汽车和建筑机器人）的动作，甚至根据它们从数据中学到的东西来预测未来的结果（McKinsey Global Institute, 2016）。

如今，人工智能和机器学习可以应用于建筑生命周期的所有阶段，包括设计、施工、运营和维护阶段（Akinosho 等, 2020; Pan, Zhang, 2021）。

特别是在设计阶段，人工智能和机器学习可以通过预测与形式和技术相关的运营阶段建筑性能，或通过生成设计方法允许根据项目目标优化设计，来支持初始阶段的设计决策。

事实上，通常有20%的设计决策是在早期设计阶段作出的，这会影响到80%的后续设计选择，因此，能够提供快速和准确结果的模型是必要的。

机器学习提供了开发替代模型的可能性，即使是在概念设计的早期阶段，这些替代模型也能够快速且足够准确地预测建筑性能，而传统的建筑性能模拟工具仅在后期阶段才有效，但那时大多数决策已经作出，变更变得耗时且耗费成本。相反，基于人工智能的生成设计可以让项目团队轻松探索比手动可实现的设计选择范围更广的设计方案，这要归功于基于特定设计目标的设计理念的自动生成，这种方法促进了设计工作流程的可变性。人工智能分析成千上万的蓝图作为项目的原始材料，然后根据这些新知识设计出自己的概念。最近，机器学习已经开始被用于识别潜在的错误和与设计变化相关的不兼容性。事实上，在原始参数调整之后，开发的软件可以在没有直接人工控制的情况下，大规模地自动检查各种可计算规则和干扰，包括机械、电气和管道规划的兼容性，从而大大缩短了公共行政部门批准建设项目所需的时间。

此外，人工智能和机器学习工具在改造项目方面特别有用，可以利用大量的建筑存量数据和可比较的改造措施来支持识别改造潜力、评估不同的节能措施和预建筑的特征。

至于施工阶段，人工智能和机器学习是机器人和自动车辆操作功能的基础，可以实现场外和现场流程的自动化。人工智能驱动的软件工具还可以在施工管理活动中带来许多优势，如支持场地规划、活动调度、劳动力和分包商管理、车队维护、材料采购、安全和安保管理等。主要的优势包括优化资源和时间，根据优先级识别当前或潜在的管理问题及特征、预防事故、确定在管理中要实施的解决方案和战略。项目经理使用计划启动和结束日期、工程量清单或成本日志等历史数据，输入预测模型，以预测未来项目的实现时间表，并根据项目规模、合同类型、地点等因素预测成本超支。机器学习可以有效地应用于施工成本的预测，并具有足够的准确度，这在项目信息有限的规划或早期阶段是众所周知的困难，但机器学习可以帮助项目经理识别潜在的问题，采取应对策略，并更好地控制项目成本。在现场，人工智能驱动的机器视觉技术可以监视摄像机和无人机拍摄的录像片段，以识别物体和人，在监测任务和性能、执行安全监视、帮助寻找和回收材料、电动工具或车辆得到广泛应用，还能通过识别事故和潜在危险，如个人或集体防护装备使用不当等来进行安全监测。人工智能还可以用来预测施工垃圾的产生，在工作过程中，当与适当的传感器（例如红外线）结合时，人工智能可以自动对垃圾进行分类。人工智能在施工阶段的首次应用表明，劳动生产率和项目完工率有望提高40%，从而节省10%以上的预算。

在建筑的运营和维护方面，一些常见的难以用传统编程解决的问题，可以使用人工智能和机器学习有效加以解决，如预测居住者的行为和学习他们的喜好，或预测能源需求和高峰期，从而实现楼宇自动化系统的最佳控制和运行，最大限度地提高能源效率和建筑的舒适度降低成本（图2.1-2）。

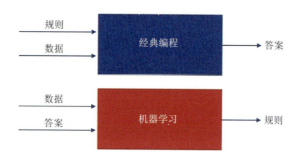

图 2.1-2　经典与机器学习的编程方法

在这些应用中，物联网传感器不断监测环境参数并检测人的存在，然后基于人工智能的工具不仅根据实时数据，而且通过分析建筑的使用统计数据来调整供暖通风与空气调节和电力消耗，以适应和预测需求。

在设施管理方面，人工智能允许设备的预测性维护和诊断策略，从而减少停机时间和降低管理成本。利用结构化和非结构化数据训练的基于云端的机器学习可以帮助识别维护问题，并在问题出现之前安排预防措施。机器学习算法可以处理可视化数据，揭示问题，比如一块墙壁因为湿气颜色逐渐变暗，这可能是预示着泄漏。人工智能可以评估建筑损坏（如检测震后建筑损坏）或执行连续的建筑健康监测（如基于模式技术识别风力涡轮机叶片中的损坏和非线性问题）。总的来说，这样可以更积极主动地管理建筑环境，节省资金和资源，可持续地延长建筑的生命周期。

最后，在城市和地区范围内的基础设施和网络服务水平上，人工智能和机器学习可以保障电网的稳定性和可靠性，优化能源存储和分配，并改善风能和太阳能发电预测。

2.1.6　大数据和高级分析

"大数据"一词指的是在这个日益数字化的时代，随时生成和存储的数据量呈指数级暴增，而"高级分析"指的是自动处理这些数据并从中产生洞察的能力（Buyya, Calheiros, Dastjerdi, 2016; McKinsey Global Institute, 2011, 2016）。

高级分析涉及使用人工智能和机器学习来将分析过程自动化，包括从原始数据源收集数据、准备和清理数据、构建无偏差的分析模型，以及生成相关洞察成果并将其传达给需求人员（IRENA, 2019b）。

大数据模型有三个定义属性，简称为"3V"，也就是容量（TB 和 PB 的数据）、多样性（异构数据格式如文本、传感器、音频、视频、图形）以及速度（连续数据流）（Beyer, Laney, 2012; Buyya 等, 2016）。

这些属性通常在大型、异构和动态的施工数据中很明显。随着时间的推移，第四个属性"准确性"和第五个属性"价值"也随之出现，它们分别代表数据处理的可靠度指标和将收集和分析的大量数据转化为实际价值的可能性。大数据可以有多种来源，数据可以分为以下几类：

（1）人为生成：主要通过个人与网络的交互直接生成：通过 cookie、社交网络、博客、多媒体或电子商务门户管理网站上的点击流。

（2）机器生成：从包括全球导航卫星系统（GNSS）传感器、物联网、射频识别、天气监测站、科学仪器、用户和专业软件，如金融市场交易系统、生物医学设备等来源生成。

（3）企业生成：所有的这些包括人为和机器产生的数据，由公司内部生成的数据（支付、订单、生产数据、库存、销售、财务数据等）。

处理大量数据并从中提取有用洞察的能力对社会产生了巨大影响，并应用于各种行业，包括建筑业。建筑业已经处理了大量的异构数据，随着传感器网络和物联网技术的普及，这些数据预计将呈指数级增长。然而，尽管数据分析在建筑业中的应用并不新鲜，但大数据技术的采用仍然落后于这些技术在其他领域的广泛应用。

建筑业正在处理来自不同学科的整个生命周期的重要数据。建筑信息模型旨在系统地获取多维CAD信息，以支持利益相关者之间的多学科合作。随着嵌入式设备和传感器的出现，设施甚至已经开始在施工运营和维护阶段产生海量数据，最终形成更丰富的大BIM数据源（Lu, Lai, Tse, 2019）。

如上所述，施工数据海量且多种多样，包括设计、运营和财务数据，照片和视频、会话和文本数据，以及传感器、RFID和BAS数据。

尽管如此丰富的非结构化信息很难分析，但利用它优化建筑运营是该行业未来的创新前沿。目前，AECO行业96%的数据都没有被使用（Snyder, Menard, Spare, 2018）。高级分析的目的是通过检查大量的数据集，发现其中隐藏的相关性、趋势、模式和进一步的统计指数，从而在大数据中以知识的形式提取价值。具体来说，分析是对数据或统计数据的系统计算分析，用于发现、解释和交流数据中有意义的模式，并将发现的数据模式应用于有效的决策。分析依赖于同时应用统计学、计算机编程和运筹学来量化绩效。也可以对结构化、半结构化和非结构化数据执行分析，包括：

（1）文本分析：包括从文档、电子邮件、网页以及博客和社交网络帖子中的非结构化文本中提取信息和知识，也称文本数据挖掘，主要利用自然语言处理技术、机器学习和统计分析来开发主题识别（主题建模）、搜索问题的最佳答案（问题回答）、识别用户对特定新闻的观点（观点挖掘）和其他用途的算法。

（2）多媒体数据分析：利用机器学习算法提取对图像、视频和音频内容的语义描述有用的低级和高级信息，包括基于文本标签（多媒体注释）以及基于视觉或声音特征提取（特征提取）的索引（多媒体索引）和推荐算法（多媒体推荐）。

（3）网页分析：自动分析网页和超链接，以获取有关网页内容、结构和使用的信息和知识。方法是采用文本和多媒体分析，并使用跟踪超链接的爬行算法重建拓扑，以揭示网页或网站之间的关系。

对于建筑业来说，通过分析日益增多的结构化和非结构化数据和信息（这些数据和信息，即包括历史数据也包含实时数据，不仅来自施工现场，还来自以前的施工项目、气象报告、道路、当地社区，或来自机械和设备制造商数据库），能够发现以前未知的模式和关系，更好地预测未来的结果，并在各个层面作出更明智、更可靠的决策（Bilal等，2016）。

大数据分析提供了传统系统根本无法提供的洞察，提供了关于准确预算估计、与警报阈值相关的风险水平、最佳开工时间安排、设备购买和租赁的最佳组合、如何更有效地使用燃料以降低成本和环境影响等方面的有用信息。

然而，为了使大数据能够用于分析，应该在行业和公司层面作出一些努力，因为目前大多数数据，无论是结构化还是非结构化的，都分散在服务器、设备、不同的公司和项目团队中。事实上，由于各个总部和地方办事处都需要出于不同的目的并以不同的频率来访问数据，因此很容易无意中将数据划分在未连接的孤岛中，在这些孤岛中，数据被临时下载和分析，并在本地制作和副本保存。新的数据项是手动添加的，最新的文档只以本地化副本的形式存在。因此，建议将中央数据储存库与管理数据存储的标准结合起来,以确保所有相关信息都可以获取,并防止副本和不相关的数据干扰分析结果。在这种情况下,企业的数据战略中客户关系管理系统和企业资源计划平台的集成,以及更强调 BIM 流程应用,是利用大数据分析潜力的先决工具。

尽管如此,大数据在提高建筑质量和生产率方面的有效性不能仅用累积数据的数量来衡量,是具体的用例或行业问题决定了这些技术的实用性。与其他创新型技术一样,大数据本身可能不是驱动力,而是 AECO 行业通过新的更有效的方式解决其热点问题,从而引领创新的工具。

2.1.7 纳米技术

纳米科学构成了一个全新的研究和开发方法,目的是在原子和分子层面上控制物质的结构和基本行为。特别是,纳米技术被定义为应用科学知识来操纵、控制和合成纳米级(1～100nm)物质。纳米(nm)相当于 10^{-9} 或十亿分之一米,这个尺寸比人类头发的厚度小数万倍,相当于一个小分子的长度。材料的宏观特性如长度、电、化学和光学特性,在微型化至纳米级尺寸时确实可能发生巨大变化:在这个尺寸(100nm)中,它们不再仅仅取决于化学组成,而且也取决于尺寸和形状。

通过在分子层面上操作,纳米技术为材料设计开辟了新的可能性。在量子物理学规则的世界里,物体的颜色、形状和相位变化可能比在宏观尺度下更容易。如,可以设计创造基本属性(强度、表面质量比、导电性和弹性)截然不同的材料。例如,通常不透明的物质变得透明(如铜);惰性材料变成催化剂(如铂);稳定材料变成可燃物(如铝);固体在室温下变成液体(如金);绝缘体变成导体(如硅)。由陶瓷或金属纳米颗粒制成的复合材料可能会突然变得比现有宏观材料科学模型预测的强度大得多:晶粒尺寸约为 10nm 的金属的硬度和韧性可能是晶粒尺寸为数百纳米左右的普通金属的七倍。

当今,纳米科学和纳米技术已经在一些工业行业带来了创新和变革,其潜力日益得到承认,政府在这一领域的拨款就证实了这一点。目前,许多行业正在使用基于纳米科学和纳米技术的数百种产品,2017 年全球市场价值 760 亿美元,预计到 2024 年将增长到 1250 亿美元(《全球纳米技术》,2018)。事实上,纳米技术已被证明能够帮助解决当代社会的许多问题,应用范围从医疗应用到信息技术,从航空航天到汽车工业,从建筑施工到能源生产和储存或环境保护。由于这些原因,纳米科学通常被称为"横向""关键"或"赋能"学科,因为它可以连接不同的科学领域,并受益于跨学科和融合的方法。

纳米技术在各个领域的主要应用如下:

(1)通过在传统材料和产品的组成中添加游离或嵌入的纳米物体,包括固体(纳米复合材料)和液体(纳米悬浮物),如水泥、金属、陶瓷、塑料、纺织品、油漆、胶粘剂和润滑剂,创造纳米结构材料,并修改其内部结构使其成为纳米晶体。

(2)将纳米涂层用于玻璃、木材、陶瓷、纺织材料或光伏电池等传统产品的表面处理。

(3)改变传统产品的表面结构,使其具有纳米结构。

(4)创造新的纳米多孔材料(绝缘材料、纳米过滤器、纳米膜等)。

(5)开发纳米器件,如纳米机电系统(NEMSs)。

在建筑业,纳米技术的应用可以通过改善建筑的能源和环境性能带来许多好处。其所有技术要素都具有应用潜力:从结构到不透明和透明封闭物、内部隔板,再到系统和设备(Casini,2016;Pacheco-Torgal, Diamanti, Nazari 等,2019)。

目前，已有若干解决办法来提高材料、产品和设备的机械、物理和化学性能及其耐久性，目的是改善建筑的环境舒适性、安全性和能源效率，同时降低运营和维护成本以及对环境的影响。纳米技术适用于建筑中所有主要建筑材料、构件和系统，包括：钢、木材或混凝土等结构材料；灰泥和砂浆层；建筑陶瓷；塑料和聚合物；绝缘材料；玻璃制品；油漆和涂层；胶粘剂；润滑剂；储能系统；可再生能源；照明系统；空气和水净化；建筑和环境监控系统。在这些建筑材料、构件和系统中，纳米材料可以以固体纳米复合材料、用纳米涂层增强或以纳米结构表面为特征的固体材料、纳米多孔材料和流体纳米分散体（如纳米涂料、纳米胶粘剂或纳米润滑剂）的形式集成。

此外，纳米技术正在应用于建筑业的增材制造，有助于简化制造过程，提高产品性能，尤其是在复杂结构和复杂形状的制造中。在过去的几年里纳米材料已经在增材制造中取得了很大的进展。纳米复合材料（例如尼龙6、二氧化硅和银纳米颗粒、碳纳米管、纳米黏土等）的使用是一个快速增长的市场，可以生产具有许多改进特性的轻量化产品，例如机械、热和电属性，耐火性以及生物相容性。

对于能源行业，纳米技术可以在整个供应链中提供重要优势，从生产到分销（电力传输和热传递）、存储（电池、超级电容器、相变材料和纳米多孔材料吸附存储），直到最终用途（热绝缘、照明和电器），包括开发可再生能源、制氢、燃料电池以及利用带有纳米传感器的智能电网，实现智能灵活的电网管理，管理高度分散的供电。特别是在可再生能源方面，纳米技术可以改善：

（1）光伏，利用纳米优化电池（聚合物、染料敏化、量子点、薄膜、多结）和抗反射涂层。

（2）风能，利用纳米复合材料制造更高更强的转子叶片，防止磨损和腐蚀，将纳米涂层用于轴承和动力传动系统等。

（3）地热能，利用纳米涂层制造耐磨钻井设备。

（4）水力潮汐发电，利用纳米涂层进行腐蚀和氧化保护。

（5）基于纳米精准农业的生物质能（纳米传感器、农药和营养素的控制释放和储存）。

在环保领域，纳米技术通过改进许多传统工艺或引入全新方法，为实现环境目标和指标提供了明智的帮助，旨在保护水、空气和土壤免受污染。纳米技术带来的优势包括污染物的环境监测、水和空气的清洁和净化过程，以及海水淡化和土壤修复方法。基于纳米管和纳米线的化学传感器已经被证明是有效的，作为传感器、控制器、分析器和通信设备的NEMS也可以在许多情况下使用，而大型设备不可行。

2.2 数字建筑生命周期

建筑 4.0 模式允许将建筑生命周期和能够与现实世界双向交互的"数字孪生建筑生命周期"相匹配（图 2.2-1）。换句话说，它允许创建一个完美的数字副本，以复制计划要构建、实际正在构建、已经构建以及当前正在运行的东西，从而提供一种新的方法，即使用数据以较低的总成本交付总体性能更高的建筑环境。这种方法从建筑生命周期的长远角度出发，通过数据实现提高效率、主动维护和预测运营，以及投资最大化。

这样就可以用一个完美的数字副本来预测建筑的实体建构，包括几何数据和技术参数及信息（BIM），用以模拟和优化性能、环境影响和施工（建造）成本、规划建造顺序、为构件制造或现场活动的自动化（机器人等）提供投入。在施工期间，可以通过数字化规划对进度进行监控和比较，并进行趋势分析，风险预测、纠正和优化等。项目交付和移交后，可通过收集运营数据对已建建筑进行监控，以便通过预测性分析等优化其运营和维护。接着，数据分析的结果可以作为新建筑设计的输入，根据需求面向持续改进的循环模型，形成闭合信息循环。

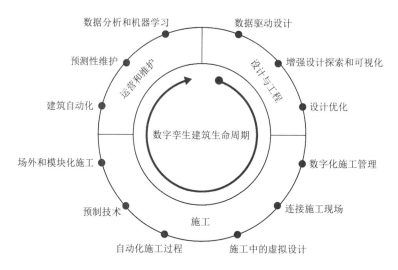

图 2.2-1 数字孪生建筑生命周期

然后，建筑 4.0 工具通过积累每个生命周期阶段的关键数据集，并将其提炼成适用于下一个用户的信息，使用户能够将其范围扩展到物理、社会和数字环境。例如，预先规划建筑的技术生命周期，可以将废物转化为可重复使用或可回收的资源。

具体而言，数字孪生是一种常见的数据参考，在项目规划阶段创建，然后贯彻从设计、制造和施工到运营和维护，直到其未来停用或再利用的资产生命周期的每个阶段（Opoku 等，2021）。

和静态数据模型不同，数字孪生是动态的、实时演化的生命体。它们通过使用物联网技术在资产的整个生命周期内交换数据，不断更新并与其实体进行交流。利用人工智能、机器学习和动态模拟，这些虚拟孪生的用户可以在问题出现之前进行预测，探索新机遇并规划未来。

在新的建筑中，数字孪生是在项目开始时，AECO 团队和业主共同确定性能目标和期望的结果时创建的。随着项目的进行，即使在施工过程中，数据将不断地被收集并映射到模型中。当资产最终移交给所有者时，虚拟孪生会收集可用于微调性能和管理长期维护的运营数据，这些数据支持报废处理和未来再利用。数字孪生也可以集成到建筑结构中，使用激光雷达或照片三维重建来创建高精度的三维点云，它最近被用于创建巴黎圣母院大教堂的数字孪生，以协助 2019 年火灾后的翻修工作。

从工作流程的角度来看，数字孪生可以解锁传统上局限于非通信孤岛或纸质文件上的数据，并使其可在公共数据环境中共享。因此，从设计到退役，所有的项目参与者都可以在整个项目的生命周期保持联系。通过将静态数据（如构件规格和维护计划）与动态数据（如入住率和环境条件）结合在一起，数字孪生能够作出更明智的决策，最大限度地提高资产的性能和生命周期。

数字建筑生命周期方法支持施工过程所有阶段的数据驱动决策。在设计和施工前阶段，虚拟构建、模拟和分析项目可以避免代价高昂的错误。不同设计方案的总体性能可以进行比较、分析、成本工程和优化。例如，在设计过程中可以对不同的建筑材料在传声效果、室内舒适度、空间可用性、安全性等方面评估它们对工作环境的影响，从而找出符合项目要求的最佳解决方案。

在施工过程中，数字建造和数字化供应链管理支持物理工件的实施，而机器可读数据支持越来越多的异地施工实践。机器人可以自主安全地把数字化设计数据直接转化为实际行动。因此，自动化和无人操作已经在矿区开展起来，并且已经成熟，可以进入更具挑战性的施工场地环境。

现场数据分析可以提供有关不同工作场所运行情况的洞察，从而了解应该进行哪些变更以提高工作效率和安全性。处理从始至终的建筑数据可以从成本、安全和循环经济潜力等方面，为在实体建筑的生命周期结束时将其拆解成可循环利用的资源提供最有效的方法。

数字孪生应该直接集成到 BIM 过程中，以便在标准化环境中给每个人更好的洞察。此外，这些洞察的价值可以扩展到单个项目之外，并可以反馈到新项目的规划和设计阶段，在信息闭环中应用数据学习不断加以改进。

利用数据驱动的 BIM，可以进行总成本分析和性能模拟，以便业主在编程阶段就清楚地知道他们的项目将如何执行以及他们将从投资中获得的价值。此外，每个利益相关者都可以访问相同的数据，并有助于平衡建筑性能、预算目标和其他项目要求。设计、工程和预算决策不是基于过去的经验、习惯性的选择或粗略估算，而是通过可靠、无偏差的数据和对权衡的清晰理解来作出的。通过实施完全的数字建筑生命周期，任何项目都可以满足其当前和未来利益相关者的目标，同时数字化交付优化的技术建筑生命周期。

该架构的最后一个方面是大数据和分析，建筑业已经开始使用这些技术。基于人工智能和机器学习的数据挖掘方法可以处理施工项目及其环境产生的大量异构数据，并利用这些数据加强建筑设计、促进实时决策、增强预测的准确度以及支持系统改进。

2.2.1　增强型数字设计

由于建筑业的特殊性，设计活动对于任何干预的最终质量的管理和保证都具有特定的相关性。利用信息指示系统，通过确保具体要求得到满足，它在确保客户显性和隐性需求以及未来产品性能之间的相关性方面起着中介作用。

建筑项目的起草是一个基于一系列日益详细的分析、综合和核查活动的非线性、迭代的决策过程。与其他行业不同的是，在建筑业中，规划和设计活动是在普遍存在不确定性和数据不完整性的情况下进行的，在作出每项选择之前必须对可能的替代方案进行分析，然后必须对选定的解决方法进行核查。由于建筑过程的固有特点，项目的质量不能被视为准时和最终结果，而是作为渐进式资格或旨在表明设计决策逐步和越来越详细地符合项目简介中假定的要求的过程的结果。为了使这一过程有效，参与设计活动的各种操作人员，以及客户应以各自的能力为其贡献力量。事实上，建筑的质量也是有关参与者之间的对话和在设计的不同阶段进行控制的结果。因此，对话、协调和控制活动应从工程的规划阶段开始编排，并与设计活动紧密结合。这将避免项目中的错误和不足，这些错误或不足可能在以下方面产生巨大影响：不符合时间和成本、正式空间质量低、工程的可承包性、与承包商的纠纷、工人的安全和健康、缺乏福利要求、可用性差、管理成本高、能耗高、维护困难。客户、承包商与终端用户之间的对话必须向项目团队传达明确或隐性的建筑质量，需要完全符合监管、技术、环境和经济限制的需求。反过来，控制的目标是对设计文档和数据可靠性，以及所遵循的设计方法的正式验证，最重要的是，设计解决方案（分布式的、技术的、操作的）是否符合项目简介中的要求以及客户和用户的需求。因此，客户控制阶段必须能够确认项目进度的各个阶段是否符合计划安排。然后，检查的次数必须与要开展工作的复杂性以及项目可能涉及的关键问题相一致。

随着项目在实体、商业、环境和社会方面变得越来越复杂，传统设计过程将越来越无法提供可采纳的成果。

目前，可持续发展的目标需要一种全面的设计方法，能够同时控制"环境、形式和建设性"三个层面，并以最佳方式协调组成、结构和技术选择。特别是，对能够降低能源需求的立面配置的需求正日益推动建筑形式、建筑技术和工厂解决方案之间的整合，从而引领采用能够随时间根据环境的变化和用户的需求调整其性能的单一的、综合的建筑设备系统。

因此，一种新的建筑正在形成，其中设计本身成为可持续形式和创新技术解决方案的社会学调查和科学研究的工具，将向社区、材料和建筑业提出建议。一个不同的建筑业，在不断变革中越来越关注全球化社会的需求和规则。

技术可以应对这一挑战，改变一切事物的设计方式，从有形资产（如建筑物）到商业工件（如商业战略），保证工程的可行性，同时尊重所有利益的平衡，提供技术和程序工具来实施规划干预，规划生命周期的成本，确定最有效的建筑过程并管理其不同阶段，直到工程的最后退役，重点关注设计选择对所有其他阶段（生命周期设计）的影响。

特别是，将数据采集、建筑模型和数字制造、数据分析以及新的先进材料和施工技术等不同的相互关联的数字技术结合起来，将有助于基于资源有限的现状，改变传统的设计活动（表 2.2-1）。建筑设计的新工业 4.0 技术可以实现：

（1）协同工作环境中的数据驱动设计，基于高级调查系统来进行实体建筑的数据采集和虚拟迁移，参数设计和建筑性能模拟工具以及由人工智能和机器学习驱动的高级分析。

（2）通过实时 3D 渲染、扩展现实和快速成型来增强设计探索和可视化。

（3）通过人工智能、生成设计工具来进行设计优化并为数字制造进行设计。

BIM 无疑是这次转型的核心，作为一个信息的协作平台，它可以交互并支持多种数字技术，这需要创建一个数字表示系统，用于快速分析和比较设计方案、支持团队成员之间的协调和协作、信息的交流和更新、便捷实施和管理变更、冲突避免（Boston Consulting Group, 2016）。

BIM 设计允许通过激光雷达扫描和三维照片重建，也可以通过使用无人机和自动化机器人，来对几何数据进行数据采集，二者都用于数字模型的准备、快速精确的验证和可能的更新（高级调查），提供一个与实体建筑 100% 匹配的数字环境。在设计阶段，BIM 模型可以进行能源和环境性能的无缝实时模拟，通过参数化和生成设计方法优化形状和性能，利用实时三维可视化和虚拟现实与增强现实技术获得更为身临其境的体验，促进未来高度复杂构件的直接数字化制造。BIM 通过帮助建筑师、工程师和顾问将他们的模型结合、识别相互依赖关系和冲突、快速评估设计方案和实时同步变更，简化了设计和工程过程并促进了数据简化并行化。基于 BIM 的设计开发的一个主要优势是，数字化建设能够同时开始，并且能够更早地探索对可行性、施工和运营成本的影响，以便作出明智的决策。这样，当决策变更的成本很高时，推到施工阶段的决策就会更少。长期维护从一开始就可以作为实际成本，从而可以及早进行调整，以减少这些费用。在施工阶段，BIM 模型可以与项目管理和施工监测工具进行数据交换，它可以构成预构和增材制造方法以及自动化和自主化施工设备的数字输入。

通过使用基于云的联合数据 BIM 模型，所有的项目利益相关方都可以在自动化数据管理和共享的公共数据环境中进行操作。联合 BIM 代表了最新、更新信息的单一、可靠的数据来源，没有相互矛盾的版本，并且从完成的那一刻开始，就推动了更自信的决策，从而产生更好的结果。

数字化技术和工具在设计活动中的应用　　　　　　　　　　　　　　　表 2.2-1

设计阶段	设计活动	设计技术和工具
规划	可行性研究 背景分析 网站本地化 环境影响分析 项目要求和目标 时间和成本预测 项目简介	数据驱动设计 高级调查 大数据和分析 地理信息系统 设计探索与可视化 扩展现实
概念设计	几何设计 体块 朝向 空间布局 空地	数据驱动设计 BIM 3D 早期分析 大数据和分析 设计优化 参数化设计 生成设计 设计探索与可视化 实时 3D 扩展现实 快速成型
设计开发	围护结构设计 材料 热质量和透射率 隔声 可视透热率和太阳能得热系数 遮阳系统 系统设计 系统类型和规模 可再生能源整合	数据驱动设计 BIM 3D 和 5D 建筑性能模拟 生命周期评价和全生命周期成本 大数据和分析 设计优化 参数化设计 生成设计 设计探索与可视化 实时 3D 扩展现实 快速成型
最终设计	施工前设计 详细设计 项目认证 数字化制造设计 数字孪生 工地规划	数据驱动设计 BIM 3D、4D、5D、6D 和 7D 建筑性能模拟 大数据和分析 设计优化 参数化设计 设计探索与可视化 虚拟化设计与施工 扩展现实

2.2.1.1 数据驱动设计

任何建筑或基础设施项目的质量在很大程度上取决于设计师必须掌握的信息质量。因此，所有的决策应该基于使用数据驱动设计方法的场地和特定项目的信息，而不是基于任意的审美或风格偏见。

数据采集（激光雷达扫描、航空影像、物联网、通用信息系统）和数据信息与分析技术（建筑信息模型、建筑性能模拟工具、人工智能和机器学习）的进步，使今天的基于知识的建筑过程从规划阶段开始，就能够保证干预的形式和技术质量，符合施工、运营和维护的利益及总成本之间的最佳比率（ECSO，2021）。

事实上，规划任何干预措施都涉及根据需求、技术资源和财政资源之间的相互关系来定义项目选择及其优先次序。输出将是一个项目简介，其内容可能会因很多因素而有所不同，例如干预的背景、客户的性质或工程的规模和复杂性。规划阶段通常是通过逐级调查发展起来的。第一个级别是战略级，客户通过适当的分析和研究，确定和绘制出干预的所有重要组成部分。规划的第二个级别是操作级，它定义了干预设计所依据的资源、限制和质量目标。这一级相当于准备项目简介文件，其中载有关于拟采取的干预措施的实体、类型和类别的技术与行政方面的洞察。因此，项目规划在满足所有利益相关方（客户、用户、社区等）明确和隐含的需求方面起着决定性的作用。缺乏方案规划的文化会严重影响建筑干预的最终质量，导致错误的成本预测和确定不当的需求，对整个设计和施工过程产生影响。

一旦确定了项目简介并组建了设计团队，设计过程必然涉及对需要满足的需求、需要遵守的法律、需要提供的服务和性能以及正在改变的环境背景进行彻底的初步分析。尤其是，环境背景分析是可持续性方面的一大重要阶段，它包括对地质和气候参数的调查、日照和采光的研究以及对可再生能源供应情况的调查。这些活动传统上是以从不同来源（地图、地籍、地方政府法规）收集的地理数据以及现场测量和调查为基础的。过去几年，引入了一些用于现场调查和分析的数字工具，包括先进的传感设备、综合数据库和创新的软件工具，为设计师在可能进行干预的建筑或自然环境的所有方面，无论是几何方面还是信息方面，都提供了前所未有的洞察和清晰度。

在城市规划阶段，可以通过购买或请求多家供应商提供卫星图像，或使用无人飞行器（也称为无人机）进行低空空中测绘，轻松、低成本地获得地球上任何地方的高度详细的俯瞰图（图 2.2-2）。与载人飞机进行的传统空中测量相比，这些新服务以更低的成本提供了更高的精确度，使用这些工具有更大的自由度：例如，考虑植被或阴影可以要求在特定季节或一天中的某个时段拍摄图像或要求定期进行调查，以记录工程进度或从有利位置监测其他事件。特别是，无人机由于其低成本、易于部署和多功能性，极大地扩大了航空测绘的市场和可能性：它们可以提供地理参考正交图片以及三维点云，还可以通过红外传感器提供热成像图像，以便能够对建筑进行能源诊断或对能源基础设施进行检查。

利用地理信息系统可以进一步完善地理空间分析，地理信息系统允许将正交影像与各种信息层（地形、水文、交通基础设施、地籍、许可使用土地、人口普查信息、行政部门、康乐设施等）叠加起来，以突出模式，并对地区特征有更深入的洞察，从而更好地为战略决策提供信息（例如，在哪里投资零售业或住房，在哪里提供服务）。

图 2.2-2　新型激光雷达（左）和无人机（右）数据采集系统（图源自美国天宝公司和"大疆创新"）

通过引进智能型全站仪、全球导航卫星系统和激光雷达扫描设备，徒步现场勘测得到了极大改进（图 2.2-2）。这些工具允许地形重建和将几何数据无缝输入到虚拟设计空间，从使用智能型全站仪和全球导航卫星系统的数百个三维点到使用激光雷达扫描设备的数十亿三维点，与激光雷达一样，无论是室内还是室外，都具有毫米级精度。通过使用从地面或无人机拍摄的照片来进行三维照片重建，可以有效地对现有建筑进行数字化，生成可以轻松地集成到 BIM 工作流程中的全彩三维点云。特别是，激光雷达三维扫描仪也可以在移动中使用，安装在车辆、背包甚至手持设备上，可以在几分钟内绘制整个房屋或铁路、隧道或公路等扩展型基础设施的地图。这种毫不费力的几何精度一方面使人们能够在可靠和准确的基础上进行所有设计活动，另一方面也能够识别和描述受干预的场地或建筑中的所有元素，从而为管理现有材料和产品拆除、选择性拆除、回收利用甚至重新使用提供了新的机会。

同时，气候分析可以通过多种软件工具来支持，这些软件通常集成在主要的建筑性能模拟（BPS）或 BIM 程序中，以便在多个数据集上实现可视化、创建图形和执行计算。常见的任务包括差值映射、相关性、合成、气候监测和推导气候指数。

一旦这些丰富的数据交由设计师处理，那么人工智能驱动的生成设计工具便可以支持架构师和开发人员识别每个独特的干预环境中出现的潜力、约束和策略。基于云的人工智能、机器学习、大数据和生成设计算法可以用来优化单个开发项目、社区或地区的设计方案。对居住密度、对阳光和景观的接触程度、当地便利设施、开放空间或交通线路的邻近性、交通和停车位、噪声以及当地小气候、热岛和风特性等因素进行加权，来分析、建议、生成、模拟和可视化替代方案，这与传统的早期和规划工具相比，速度要快得多。

一旦收集了所有相关的数据和信息，项目团队就会转而使用工具来创建实体建筑从概念涉及最终设计的数字副本，以获得一个真正准确的建筑性能和成本框架。数字孪生，三维 BIM 模型，在设计过程中丰富了可以代表建筑的几何形状、技术性能参数、材料和系统的每个细节的互操作数据。

在建筑设计阶段，建筑师和工程师试图在大量的标准上进行优化，如能源需求、室内环境、材料、生命周期成本等，这些标准往往是相互矛盾的。与 BIM 集成的软件工具可以自动生成和评估设计方案，支持价值工程，改善设计到成本、设计到制造过程和可持续性分析。基于对能源和材料强度、日光、阳光、热暴露、气流、涡流、交通和行人流的技术模拟，设计师在设计解决方案和后续分析之间进行迭代、试验和错误反馈循环。这样的设计方法允许通过周围的力量来真正地塑造项目。特别是，将 BPS 整合到设计过程的所有阶段，从规划到早期决策，再到系统规模确定和能源法规合规性验证，这样可以实施基于性能的设计方法，实现所有因素和需求的优化。它们可以提供关键性能指标，如总热负荷或冷负荷、能源需求、生态和经济影响、单间或建筑层面的视觉和热舒适性。

现在，可以通过使用参数化设计方法来简化和加强模拟过程，这是一种交互式过程，允许设计师和工程师根据参数的输入（如材料、场地限制，甚至环境要求）来自动拟定解决方案。通过这种方式，边界条件的变更会自动导致 BIM 模型的构件更新，与手动变更相比，消除了人为计算错误的可能性，并大大减少了更新设计所需的时间。由于图纸是直接从 BIM 模型生成的，因此每次变更后都可以轻松地重新生成布局。这种方法有利于在决定最终设计之前探索由许多选项组成的更大的设计空间。可以对建筑的参数如几何形状、体块、系统、材料和供应商等进行微调，并针对新属性运行模拟，以了解对成本和性能的影响，从而在以后发现并避免未知问题。

使用 BIM、参数化设计和 BPS 工具，可以探索尽量减少生产浪费、能源和水消耗的方法，并优化供应商和材料以降低环境影响。可以使用适用于施工安全或最终用户体验的不同情景模拟移动路径，例如在拥堵区域和可能需要更多出口的地方测试防火逃生通道。由于大数据分析和机器学习的进步，可以将各种数据收集方法，包括物联网、移动调查、监控录像和交通流量报告结合起来，以便为设计决策提供信息并将其完善。

今后，精确测量和综合数据库所带来的附加价值对该行业的可持续性和竞争力将日益重要。得益于数字孪生，从相互连接的工地（成本、时间、事故等）、智能建筑（居住者行为和偏好、能耗、空间的移动和使用等）和智能城市（来自 GNSS 的公共交通数据、天气数据、流经城市的河流水位、不同街道的空气污染，甚至某一时刻主要购物街上的人次）收集的数据，既可用于模拟替代场景，也可作为后续设计活动的重要反馈，甚至在其他项目和领域中也是如此。这将进一步有助于创造一个可持续和舒适的建筑环境，并采用更多数据和性能驱动的设计方法，提高该行业的生产力。

2.2.1.2 设计探索和可视化

当代建筑提出的新要求和期望突出了传统可视化技术的局限性，这些技术通常基于二维图纸和在设计活动结束时生成的少量计算机图形，并且需要更多身临其境、交互式和逼真的动态工具，完美地集成到整个工作流程中，以便更好地展示项目的所有阶段。

通过虚拟现实技术，实时 3D 渲染现在可以变得更加逼真，让观看者完全沉浸在模拟和交互的数字现实中。虚拟现实技术在建筑设计阶段有了越来越多有趣的应用，允许参与者测试解决方案，增强他们对项目的理解，并提前识别潜在的冲突。

建筑公司可以带领客户通过一个真实的虚拟现实环境，在这个环境中，他们可以在完善设计方面发挥积极作用，并在虚拟模型中立即实现更改。例如，对于体育场或会议场地，虚拟现实允许设计师验证球迷如何从不同位置观看比赛，帮助优化看台的位置。其他用途包括在施工前监测人群流动以测试安全要求，以及在移交前培训设施管理人员。在现实世界中几乎不可能模拟的极限场景如洪水、火灾或爆炸等，可以在虚拟环境中大规模创建，以便收集训练团队和自治系统所需的数据。

新的高级设计探索和可视化工具（包括当今的增强和混合现实技术），可以将计算机生成的内容覆盖在真实世界的视图之上。这种能力使增强现实和混合现实应用成为 AECO 行业在建筑的施工和维护阶段的最大潜力，在这些行业中，它们充当了真正的人类增强装置。尽管如此，增强现实，特别是混合现实，在设计阶段也有了大量有趣的应用，特别是通过将三维模型引入到用户实际环境中的建筑改造干预、基础设施设计和城市规划。除了这些可能性，混合现实还允许创建协作环境，在这个环境中，几个人可以四处走动，同时与一个虚拟的三维模型进行交互，就像与一个实际存在于房间里的物理模型进行交互一样，并向利益相关者显示设计意图，甚至是远程展示。通过在真实模型上插入数字模型，可以制作结合实际和数字元素的交互式模型。

通过将扩展现实集成到工作流程中，项目团队可以更准确和有效地工作，制订更快更好的决策，并且更高效地合作和交流。通过使用数字信息增强物理现实并使内容易于共享，扩展现实允许轻松可视化、探索和理解设计、模型和场地条件，从而改进整个建筑和基础设施生命周期的工作流程。特别是，扩展现实在 AECO 中的主要应用涉及利益相关者的参与、设计支持和审查、施工计划、进度监测、施工安全和操作支持、运营和管理以及人员培训。

由新技术带来的另一个将建筑模型可视化的机会是快速成型：随着性能日益提高以及成本日益下降，3D 打印机日益普及，这使得增材制造成为许多公司设计活动的一个组成部分。实物模型和实体模型曾经只在投标阶段生产，而且专业工匠需要花费数周时间才能以高昂的成本获得，现在以完全自动化的方式在短短几个小时、仅靠一点点成本就可以实现。可以根据预期结果和模型的使用，应用不同的 3D 打印技术：加工是粗糙还是光滑的，表面是透明还是不透明的，物体是单色还是多色的。工程模型可以与虚拟模型一起用于真实世界的模拟，例如在风洞中测量比例模型的风荷载，以确定 CFD 分析或评价自由结构元件的性能。

2.2.1.3 设计优化和数字制造

生成设计是一种迭代技术，它使用高级算法来增强用户定义、探索和选择设计方案的能力：它自动创建设计方案，然后根据设计师提供的一组预定义的标准对输出进行排序。解决了参数化方法固有的局限，即必须手动调查和评估不同的设计选择。相反，在生成设计中，计算机半自主地探索参数化设计空间，然后向设计师报告它认为有希望进行进一步分析的选项。由于计算机处理信息的速度比人类操作员快得多，因此可以更快地探索可能涉及数千种设计方案的更复杂的设计空间。

生成设计允许设计师在所有程序生成的备选方案中快速确定最佳设计解决方案，同时优化通常彼此对立的目标变量（环境、功能、经济、性能等）。生成设计在建筑中的应用很多，从确定城市规模（如标段工程建筑的最佳形状比和朝向），到建筑、结构和设计布局，再到工业设计（如静态优化结构缝的形状或建筑正面包层元件的大小），以尽量减少材料浪费。

BIM 和生成设计在设计阶段的应用可以促进建筑业向数字化、可持续和高效的制造实践转变，这些实践已经在汽车、电子和消费品制造等较先进的工业部门建立起来。随着数字化和自动化施工方法的出现，包括增材制造、计算机数控路由器和切割机，或多轴工业机械臂，与数字制造方法相关的方面和用于构件施工的材料可以有效地集成到 BIM 设计工作流程中。理想情况下，这将有助于关闭连接设计和施工的过程链，大大降低施工图纸和每个数字制造过程的编码指令之间过渡通常涉及的质量和性能损失。这种数字制造设计从 BIM 模型开始，采用参数化和生成建模来创建制造质量的三维模型，随时可以作为机器代码直接输入给数字制造商，从而有效地缩小设计和制造之间的差距（图 2.2-3）。此外，协作式 BIM 环境能够实现设计师、不同行业和专业制造商在设计阶段的空间协调。随着时间和成本的降低，数字制造工艺可以在建筑解决方案上实现高度自由，如具有优化性能的形状或材料比。

2.2.2 互联结构

在建设过程中，实际施工阶段的生产力近年来没有显著提高，这与其他制造行业的迅速发展形成了鲜明对比。机器的使用已经为建筑工地提供了支持，但对于大多数建筑工地活动来说，大量的体力劳动无疑被认为是不可替代的。此外，建筑公司和分包商固有的分散性造成了工作团队和工作流程孤立的倾向，这是建筑业长期以来的一大问题，也是生产力不足的一个主要原因。

事实上，一般的技术进步并没有促进建筑业的总体效率，因为它在采用新技术方面进展缓慢，而且从未经历过重大改革。例如，虽然精益生产方法在一些工业领域已经成为常态，但是在建筑业内的采用却是有限的，许多采用了这些方法的公司并没有全心全意地加以应用。因此，建筑公司现在发现自己正在努力应对越来越大、越来越复杂的项目，尤其是在基础设施领域。为了保持竞争力，他们必须找到提高工作效率、风险管理和劳动力安全的方法。他们还需要探索如何更有效地完成项目，特别是因为大型建设项目平均比计划晚一年交付，而且还超出预算 30%。此外，施工阶段也是至关重要的，因为最佳的节能设计如果实施不力，就无法发挥作用。施工质量必须达到标准，以确保节能设计工程按计划进行，因此质量评估或质量控制必须随着工程进展得到彻底执行。此外，建筑工地是能源和材料密集的地方，会产生大量通常不必要的废物。

图 2.2-3　数字制造工艺（苏黎世联邦理工学院 Gramazio Kohler 版权所有）

然而，由于数字化程度的提高以及数字技术和流程的开发和部署，叠加新的先进材料、新的制造技术和非现场施工方法，巨大的变化正在发生。这个行业将会有越来越多的拥有连接系统的传感器、智能机器、移动设备和新的软件应用，所有这些都集成在一个由人工智能驱动的 BIM 中央平台上。随着采用率的提高，数字技术使公司能够提高生产力、管理复杂性、减少项目延迟和成本超支，并提高安全性和质量。

互联工地大大简化了对更复杂的建筑和基础设施项目的管理，以及精简了涉及的活动部件的数量和规模。通过基于云端的软件、工地上的移动设备以及支持 Wi-Fi 或 5G 的硬件和设备，项目经理可以控制大型项目的复杂性，并确保关键信息和重要团队或利益相关者始终处于管理循环之中。通过对每个阶段在现场的每个人进行联系和更新，项目会变得更易于管理。移动用户界面和增强现实允许与远程施工人员和维护人员进行实时交流，虚拟现实可以改进决策、规划和培训。

在现场，可访问的 BIM 平台、全球导航卫星系统、激光雷达扫描、智能型全站仪和扩展现实等技术在任务层面相对于手动方法显著提高生产率。他们加快了布局过程，同时提高了准确性并改进文档，以及实现了更有效的质量保证或质量控制。使用这些技术，无论是在预制阶段还是施工阶段，团队可以更早地发现和解决问题，减少代价高昂的返工和突发问题，并防止在预制和施工阶段出现错误。其结果是按时、按预算交付更高质量的项目。特别是，混合现实和增强现实允许可视化三维模型覆盖在真实环境中，为简化设计协作、快速解决冲突和避免返工提供了特有的方案。互联还支持通过数字制造等进步推动生产率提高的自动化，即虚拟设计信息无缝传输到制造机（3D 打印机、数控路由器等），以及异地预制。通过这种方式，可以在现场制造与工厂制造的精度相同的建筑构件，或者根据更严格的质量标准在受控的工业环境中预制，再在建筑工地上组装。预制可以与完全成品和配置齐全（有时已经配置好）的建筑模块一样广泛，这样就将现场工作减少到建筑（模块化建筑）完工的安装和互联。有了这些创新的、数字化驱动的施工方法，可以避免施工中可能需要返工或降低建筑性能的错误，大大减少材料浪费，提高施工速度。

此外，由于纳米技术、智能材料科学和生物技术的进步以及工程木结构系统的发展，今天的新材料可以降低成本，加快施工速度，同时提高质量和安全性，从而引导从设计到维护的整个施工过程发生深刻变化。

建筑业向完全互联建筑模式的数字化转型包括以下几个主要方面（表 2.2-2）：数字化施工管理、互联工地、施工中的虚拟设计和数字孪生、自动化施工过程、新的现场和非现场制造技术。

2.2.2.1 数字化施工管理

建筑工地的管理，尤其是在更大和更复杂的项目中，需要足够的 IT 支持：专业软件可以实现远程管理与施工工程相关的所有方面，从最初的建造场地到最终移交给客户，以及确保在执行期间轻松控制项目变更，并允许协作工作空间。施工阶段的一个主要挑战实际上是在正确的时间、正确的地点向各方提供正确的信息，从供应商到分包商到现场工作人员。确保互联过程的最佳方式是维护一个公共数据环境，该环境支持实时协作，并通过加强利益相关方彼此间准确信息的传输，消除分包商、承包商和建筑或项目管理人员之间在进度报告方面的不一致。这样可以对项目有更好的了解，并在减少延期、变更单和协调问题或现场冲突的基础上提高生产率。基于云端的施工管理软件可以自动执行传统的手动任务，包括监控进展阶段、为团队成员创建集中的交流和协作空间、规划资源、跟踪客户请求等。

在施工管理中应用人工智能工具，可以在规划建筑场地布局，调度活动和任务，管理劳动力、分包商和车队，采购材料，强制执行安全和安保条件，优化时间和资源，识别并优先处理当前或潜在问题，预防工作场所事故以及确定管理中应采用的解决方案和策略等方面带来诸多优势。通过将相关数据流委托给区块链技术，可以促进需要各方之间更大程度信任的管理活动，例如合同执行、付款、供应订单、质量检查和项目移交：这证明了每一条信息都是有效的，没有被篡改，例如允许在达到进度阈值后立即自动付款（智能合同）。

互联建筑的主要建筑 4.0 技术　　　　　　　　　表 2.2-2

建筑 4.0 领域	技术应用
数字化施工管理	公共数据环境、基于云端的施工管理软件、人工智能、区块链
互联工地	物联网、可穿戴式设备
虚拟化设计与施工	5D 建筑信息模型、扩展现实、数字孪生
自动化施工过程	施工机器人、无人机、自动驾驶车辆、外骨骼机器人、现场工厂机器人
新的现场和非现场制造技术	现场和非现场 AM、数字化制造、非现场预制

2.2.2.2 互联建筑工地

随着物联网技术的发展，越来越多的建筑工地，特别是规模越来越大、结构越来越复杂的建筑工地，可以利用施工机械、设备、材料、结构和员工之间的网络连接，以连续和综合的方式对人员和资源（互联建筑工地）的生产率和可靠性进行监测。

物联网带来的优势极大地推动了施工规划过程和施工现场本身的数字化，使企业能够捕获纸质文件无法获取的数据。通过采用高级分析从现场数据中获得的洞察有助于提高效率、时间安排和风险管理，节省时间和金钱。现场传感器数据、施工进度数据以及工作人员和车辆流动情况被输入统计和人工智能分析，以检测异常情况并查明潜在风险，特别是在人口密集和具有历史底蕴城市中的建筑工地。

2.2.2.3 虚拟设计施工

最新的施工管理软件中最有用的创新是它们与项目的 BIM 模型的集成，可实现虚拟检查、设计审查、数量计算、规划和管理过程的顺序和执行时间（4D），以及施工成本和收益（5D）。这种集成允许应用虚拟设计施工，即使用 3D BIM 模型和其他信息，以数字方式规划建设项目的所有方面（从估算成本到调度和风险管理），允许从现场准备到虚拟建设项目最终移交，然后跟踪实际施工进度，优化流程，最大程度地减少浪费，并在该基准上验证安装。

虚拟设计施工使所有参与者能够实时共享数据，并集成和协调其活动，从而减少协作出错的可能性，提高效率。每个利益相关方都可以很容易地访问计划、成本数据和项目中涉及的关键步骤。他们可以自己设想出差异、冲突或错误发生的地方，以便在对项目计划、预算或质量造成影响之前作出更好的决定并更快地解决问题。虚拟设计施工还允许审计、跟踪项目进度，甚至减少欺诈或恶意行为。像 MR 和 AR 这样的可视化技术可以规划和优化重型设备和其他大型障碍物周围的工地工作流程，以及运行安全场景来发现潜在的危险和实践应对措施（图 2.2-4）。反过来，现场工作人员可以与其他项目参与者分享进展或解决问题，使他们能够从办公室直观地看到项目。

图 2.2-4　现场 VDC 信息的 AR 可视化（图源自美国天宝公司）

通过虚拟设计施工，项目团队可以获得资产的几何表示，即 BIM 模型，并将其与诸如土壤类型、公用设施布局或交通模式等空间属性结合起来，这通常需要使用 GIS 数据。这种分析允许在施工开始前发现需要解决的不可预见的重叠或缺口、潜在的安全危险，或设计缺陷。这种表示和相关信息可构成模型，在整个施工生命周期中，所有参与者都可以使用这种模型。随着工程的进展，通过使用无线技术（如无人机、传感器、摄像头和其他物联网相关设备）收集有关建筑或结构的真实信息，可构成孪生模型或数字孪生可以在每一步不断更新。每次新的信息被收集，数字孪生就会进行更新来反映新信息，同时高级分析和人工智能技术不断地分析和衡量其性能和绩效

（图 2.2-5）。作为项目的一个活生生的模型，数字孪生可以用作选择不同的施工方案的测试平台，如预制和现场组装。数字孪生允许在对实际工作现场造成影响之前对方案进行试验并分析预期结果。然后，从数字孪生的安全性中吸取的经验教训可以应用到现实世界中，以降低风险、节约成本和提高投资回报。数字孪生还可以通过提供有关现有结构的详细信息，为项目的未来增强提供信息。

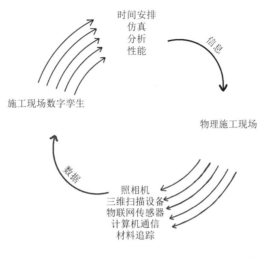

图 2.2-5　施工数字孪生反馈环路

2.2.2.4　自动化施工过程

如今，重大的技术进步正在推动建筑业向基于数字化和机器人的新的自动化现场和非现场施工方法和过程迈进，且正被大规模应用。

非现场自动化系统的主要目标是提高预制建筑构件的质量，其思路来自于机器人在其他制造行业（如汽车和造船业）的应用。非现场机器人系统主要用于预制建筑业，用于生产模块化和预制房屋构件（如顶棚、墙壁和屋顶），它们用于处理重复的、质量要求高的和劳动密集型的任务，以提高生产力、成本效率、质量和安全性。

机器人技术在现场活动中也有很多应用。主要的优势包括：与人工相比，能够更快地完成任务，并具有更高的耐力，从而提高了生产率；能够在人类无法工作的恶劣和不安全环境中操作，从而提高了安全性；能够比人类更精确和准确，从而提高了最终质量。

目前，机器人技术可以不同程度地应用于现场施工，与施工现场进行的不同操作相结合，从建筑拆除到现场准备和挖掘，直至结构装配、墙壁铺设或最后装饰。具体而言，现场机器人制造包括：单任务施工机器人、仿生机器人、外骨骼机械手、遥控机器和自动车辆，直至实施高度自动化机器人的现场工厂。

特别是，可以通过遥控机器人（如无人机）对施工现场进行调查、扫描和检查（图 2.2-6）。无人机拍摄的图像和 3D 扫描允许在施工前和施工期间对现场进行准确的 3D 重建，以跟踪进度（例如，通过测量挖掘和地壳运动），并监控活动和安全状况。

配备激光雷达或摄像头（图 2.2-7）的自动轮式或足式机器人可以进行室内现场检查，以评估施工进度和合规性，执行安全巡逻，并检测火灾或短路（通过红外摄像头）或气体泄漏（通过气体探测器）等危险情况。由于人工智能控制的推土机、翻车机和平地机基于项目 CAD 文件操作，并经常使用无人机进行协调,所以自动驾驶车辆也直接参与了土方工程的施工阶段(图 2.2-8)。

大多数遥控的特殊机器人可以通过手提钻和喷水器(图 2.2-9)进行现场拆除,有些甚至可以将混凝土与钢筋分离,以便于回收。

图 2.2-6　施工现场无人机监测(图源自大疆创新)　　图 2.2-7　搭配激光雷达的仿生机器人现场自动扫描
　　　　　　　　　　　　　　　　　　　　　　　　　　　　　　　(图源自波士顿动力公司)

图 2.2-8　自动推土机和挖掘机车辆(图源自 Built Robotics)　　图 2.2-9　单任务拆除机器人(图源自 Brokk)

此外,各种外骨骼机械手可以帮助工人执行最烦人的任务,从而大大增强工人力量,纠正他们的姿势或减轻压力(人体增强)。从动力手套和臂架到全身装备,外骨骼机械手在提高生产力、减少工作场所事故和长期工作相关疾病方面都有很大的好处。

最后,在所有施工活动中普遍采用机器人工程或支持,催生出了现场工厂的概念,即结构更类似于工厂的施工现场,配备有龙门式起重机和大量自动效应器,不受外部构件的影响,能够沿着建筑或正在施工的基础设施移动,并且通常严重依赖于预制构件。例如,日本流行的所谓"空中工厂",或者特定的基础设施应用隧道掘进机等。

2.2.2.5　新的现场和非现场制造技术

在设计和施工活动中越来越多地采用数字化工具,使得多种创新型工艺在建筑和基础设施建设中得以应用,这些工艺被统称为数字化制造,其中包括 3D 打印机、数控路由器、多轴工业机械臂、激光切割机、等离子切割机、水射流切割机和热线泡沫切割机以及其他机械。所有这些工具都促使曾经只属于制造业或快速成型工业所独有的技术得以应用,它们在速度、形状自由度、定制、物流、成本控制和可持续性方面带来了巨大的好处。

这些技术的主要优点是,它们完全由制造代码进行数字控制,制造代码可以直接从设计数据转换而来，这使得虚拟设计能够100%准确地复制到成品中。增材制造或3D打印技术因其高超的打印技术和广泛的材料而特别有趣，这些技术和材料可应用于多种建筑构件的制造，从用于研究和模拟的建筑比例模型到塑料与陶瓷立面和覆层构件、金属结构接头和构件，再到更大的水泥建筑构件，甚至是全尺寸建筑。

这些创新的数字化制造方法大多用于非现场施工设施，用于复杂建筑构件的预制和快速成形制作，然而，几种坚固且易于安装的机器越来越多地在现场部署。在这种情况下，更有趣的是大规模3D打印，它已经在世界各地将多个功能性建筑变为现实（图2.2-10）。

图2.2-10 建筑3D打印（左图源自Apis Cor，右图源自ICON）

2.2.3 智能运营

在过去几年中，数字化和创新技术与系统的传播已开始改变基础设施、房地产和其他建筑资产的运营和维护方式，以便提供一个更舒适、节能、可持续和具有成本效益的建筑环境。人工智能、大数据、物联网，以及降低传感器、数据存储和计算机服务成本的技术进步，在这些领域中创造了前所未有的可能性。建筑和城市变得更加智能化，联系也更加紧密，数字世界和实体世界变得更加紧密联系和相互关联，从而极大地改善了用户体验。

正在进行的技术和数字革命使建筑变得智能化，开始连接到全球网络，能够接收、处理和利用数据和信息，与用户交流，反过来，与智能城市共享基础设施。建筑智能系统与城市智能系统的集成，提供了一个更智能的城市系统，实现了两个层面的智能实时决策。例如，考虑到能源可用性和需求之间的关系，以及高低能耗时段，从而实现智能化的能源管理。

运营阶段数字化带来的优势主要是利用设计阶段进行的性能分析，引入先进的楼宇自动化系统，以及充分利用承包商在施工阶段后通过BIM流程移交的建筑信息。

随着BIM和物联网设备的日益普及，数字孪生技术代表了建筑运营和维护的未来，这种技术有望通过将建筑转化为丰富的数据和洞察生态系统，彻底改变其管理和维护方式。数字孪生为物理实体提供了准确且最新的虚拟模型，从单个建筑元素（如供暖、通风与空调）到整个建筑，再到整个城市或地区。它们允许监控物理孪生的持续状态，模拟实体行为，识别内部和外部复杂性，检测异常模式，反映系统性能，预测未来趋势以优化操作。预测和假设情景可以在数字孪生上进行，看看如果调整在现实世界中不方便的试验可能会发生什么，这可能为试错以及试验提供了更大的空间。数字孪生可以集成人工智能和机器学习的功能，从而在决策中变得更加智能和自主。在城市层面，智能城市数字孪生可以收集多个来源的实时数据，并将其提供给市民、决策者和行政管理人员，从而根据实际数据作出更明智和执行性更强的决策，以实现更智能和知识驱动型的城市管理。

扩展现实是另一种大大改善建筑管理和维护的技术。特别是增强现实和混合现实在支持技术人员和设施管理人员的活动方面已经证明具有革命性，因为它们能够在视野范围内为用户提供指令、传感器数据或者对应的技术方案，并允许免提通信。此外，集成的协作平台还允许远程连接同事和专家查看 MR 耳机拍摄的实时第一视角，并与技术人员积极合作。该视频源的任何场景都可以被冻结，并创建注释和 3D 全息图，然后将其集成到佩戴该设备人员的真实世界视图中。这有望彻底改变维护操作，这些操作可以由非专业的本地技术人员在远程专家的帮助下进行，远程专家可以在不离开工作场所的情况下同时管理多个设施。扩展现实在维护方面的其他优势还包括提高培训水平和使用逐步室内导航，对访客或消防员等应急响应者来说非常有用。

2.3 结论和展望

最近，建筑信息模型、物联网和人工智能等关键技术的当代协同发展，终于为与传统上相对于工业制造等其他行业相比，不愿接受信息通信技术和技术创新的建筑业创造了条件，使其开始朝着"建筑 4.0"模式迈进。这已经为整个价值链，包括生产力、竞争力、资源使用效率，以及减少建筑环境在其整个生命周期内的环境影响方面带来了重大效益。随着建筑业的数字化程度变得越来越高，网络安全和标准化在未来将变得越来越重要。

在数字化建设过程的不同阶段采用数字化工具，正在促进数字环境中众多不同参与者的卓有成效的合作，这种协作通常基于共享的云平台，在这种平台上，许多项目参与者，从承包商和分包商到建筑师、工程师和管理人员，都存储和访问设计、施工和维护数据。然而，数字机密数据（例如，预算、投标编号、技术图纸及产品设计、商业机密、雇员个人资料）日益增加，不可避免地会带来更多的安全风险。特别是，移动设备在现场的广泛使用意味着潜在的系统漏洞进入点的增加，因为通过含有恶意软件的 USB 密钥或公共 Wi-Fi 网络进行的网络攻击可能会变得更加普遍。由于该行业严重依赖专业顾问和分包商，能够获取数字数据并因此需要维护高水平的网络安全标准的专业人员和设备数量倍增，进一步加剧了这一风险。例如，BIM 流程集中在一个模型上，该模型允许各方独立工作或同时在联合模型上工作：这种共享性质和众多关联方大大增加了数据安全漏洞的风险。

相反，数据隐私和保密在建筑业的重要性上正呈指数级增长。事实上，由于如今服务提供商和客户之间的合同关系始终包括收集和使用来自传感器、数字模型和互联设备的越来越多的数据，因此，透明化处理和保护这些数据不仅需要防范安全漏洞，还需要防范非法商业用途，这显得至关重要。

标准化也变得越来越重要，因为它是不同数字化工具具有有效互操作性的关键。特别是建筑业，受到许多标准、法规、指南和要求的制约，它们通常旨在让建筑项目更安全、更高效，但在解锁新技术的合作和互操作性方面具有挑战性。这一行业的公司面临的一个关键问题是，在分享信息时缺乏共同标准，包括对价值链各个阶段所需信息的共识。此外，更广泛建筑业内的所有参与者和准则都应该可以访问和应用数据标准，每个人都使用不同的软件、数据格式和术语，并要求提供不同的信息。由于该行业高度分散，优化方案通常局限于个人或组织层面：由于同一个参与者很少参与到整个施工过程，因此在公司或施工阶段以外制定共同标准的动力微乎其微。首先，精确数据类型的标准化模板和格式将为产品制造商提供一致的方法，从而使诸如 BIM 的数字施工数据流程实现自动化，并具有更高的可靠性。数据标准化还将通过允许对不同建筑的结果进行比较并制定基准，以及更便利地在项目和团队之间实现横向和纵向的信息转移，从而支持交付更高效、更可持续的建筑项目。例如，欧洲标准化委员会（CEN/TC 442）采用了欧洲的 BIM 标准（IFD（ISO 12006-3）、IFC（ISO 16739）和 IDM（ISO 29481-2）），该委员会在共享信息时创建了一种通用语言，并就项目各个阶段所需的信息达成了共识。

第 2 部分

建模与先进数字化设计工具

第 3 章

建筑信息模型

3.1 建筑信息模型之路

为了提高生产力并紧跟全球各行业创新的步伐，建筑、工程、施工和运营（AECO）行业必须全面拥抱数字化，而建筑信息模型（BIM）是数字化转型重要的第一步（ECSO, 2021; WEF, 2016）。

BIM 的核心是一个基于三维模型的智能进程，它为 AECO 的专业人员提供思路和工具，从而更有效地规划、设计、建造、管理建筑和基础设施。在一个完整的 BIM 进程中，所有参与方将使用涵盖了建筑的进度、成本、可持续性、运营和维护等信息的三维设计应用程序，以确保项目全部资产信息在生命周期中准确、一致地共享。BIM 可以优化和自动化设计工作、支持选择和决策、实现碰撞检测和验证施工可行性、改善项目和投资规划，确保对项目所有阶段的把控。最终，为项目交付存储信息，以实现预防性和预测性维护以及最终修复建筑构件等功能（图 3.1-1）。因此，BIM 可以成为 AECO 行业数字化转型的核心，并被广泛认为是促进合作、提高效率和降低成本的首选平台和进程（Boston Consulting Group, 2016; Roland Berger, 2017; WEF, 2016）。

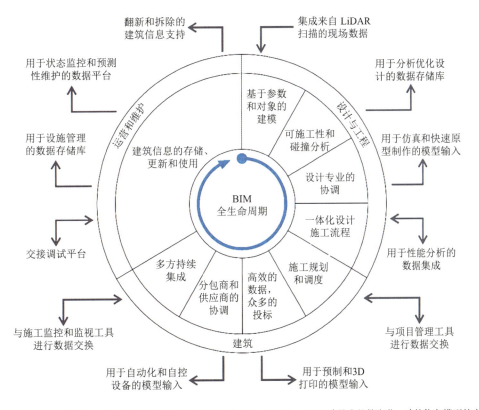

图 3.1-1 BIM 在 AECO 价值链上的应用（引自波士顿咨询公司（BCG, 2016）。工程和建筑中的数字化，建筑信息模型的变革力量）

BIM 倾向于采用新技术如预制、自动化设备和移动应用等，并使用户能够从现实感知、虚拟和混合现实、生成式设计和数字孪生等广泛的集成化数字技术中受益（Alizadehsalehi, Hadavi, Huang 等, 2020; He, Li, Gan 等, 2021; Khan, Sepasgozar, Liu 等, 2021; Sacks, Girolami, Brilakis, 2020）。

目前，BIM 作为计算机辅助设计（CAD）、2D\3D 制图在技术和进程上的替代品，设计和工程阶段对其接纳度最高。BIM 参数化建模方法将各类信息附加到数字三维模型中的每个物体上，并确保所有图纸、报告和数据接口的一致性。设计和工程元素可以很容易地从数字对象库中导入，该数字对象库通常由制造商直接创建，并经过检查以确保符合规格和法规要求。

除了这些在建筑全生命周期中的核心优势外，BIM 还能轻松地与众多数字技术交互，这将促进这些数字技术的应用，并从中获益。例如，在装修项目中，BIM 从三维激光扫描中获取和处理数据，实现先进的预制生产需要从 BIM 模型输入数据；自动化的现场设备、测量传感器和移动设备在施工和运营期间都可以与 BIM 信息进行关联。利用大数据的方法来处理和提取 BIM 历史数据的应用也在迅速成熟，再结合使用传感器可以显著提高实际的建筑性能（Boston Consulting Group, 2016; ECSO, 2021; Panteli, Kylili, Fokaides, 2020; WEF, 2016）。

大量的外部数据可以集成到 BIM 中，并应用于 AECO 数字化过程中的多个软件和数据系统，包括设计阶段的分析、模拟和价值工程软件，施工阶段的项目管理工具，以及运维阶段的设施和资产管理系统（Eleftheriadis, Mumovic, Greening, 2017; Gao, Koch, Wu, 2019; Kamela, Memari, 2019）。

通过提高信息访问和可持续分析的质量，BIM 正在改变可持续建设和评估的方式。在这方面的新主题包括生命周期评估（LCA）和生命周期成本（LCC）方法与 BIM 的结合，以及绿色建筑认证计划学分的自动评估。

用于绘制和分析地理空间中结构的地理信息系统（GIS），是一项重要的大规模技术，一旦完全定义了集成接口，就有可能补充 BIM。GIS 已经在基础设施、大型项目，甚至整个城市发展的规划中发挥了关键作用（Ma, Ren, 2017; Wang, Pan, Luo, 2019）。

BIM 已经越来越多地应用在协同、进度规划、3D 图纸、管理、算量和材料分类等方面，并且体现出明显优势。此外，BIM 使项目团队能够在设计阶段早期获得分析洞察力，从而支持"最好的"而并非"最实用的"项目成果。用户还可以从建筑全生命周期中收集的运营数据中去学习，以支持决策的持续改进（Dodge Data, Analytics, 2017）。BIM 的优势不仅涉及 AECO 公司和咨询公司，也包括公共部门。事实上，BIM 需要在交付阶段为公共资金带来更好的价值，并在使用建筑资产期间能够提高公共产品和服务的质量（European Commission, 2019; WEF, 2018）。

BIM 带来的环境效益也是可观的，如更准确的材料订购有助于减少废物填埋，以及能源分析的优化模拟会降低运营中的能源需求。BIM 的协作性质也可以有效地用于公共规划，以鼓励人们参与支持设计良好且符合当地社区需求的公共基础设施，从而改善社会效益，如更好地资源规划、更多地使用公共设施或测绘和保护建筑历史遗址。除此之外，BIM 在职业培训或大学教学中的应用表明，与传统方法相比，BIM 是一种更平价、更全面的学习工具。BIM 模型还可以提高对新工作空间布局的理解，改善运营活动。

在 BIM 大规模实施前，必须克服诸多障碍，才能获得其潜在的益处。事实上，无论是在公司内部还是在整个行业，向 BIM 的过渡都需要庞杂的专业知识和员工培训以及大规模的 IT 升级（European Commission, 2019; WEF, 2018）。

这种向 BIM 的过渡可能为咨询公司和小型建筑公司带来特殊的挑战，因为他们可能难以负担前期的投资。建筑业需要协调努力，吸引具有数字化和 BIM 技能的新型人才，提高现有员工的技能，并改变企业文化以适应新的过程。各相关方之间的合作可以通过扩大使用集成合同和数据共享的开放标准来改善。此外，必须执行技术标准，确保互操作性，使得所有相关方能够共享信息和合作规划。首个 BIM 的国际标准 ISO 19650 第 1、2 部分于 2019 年发布，该标准基于英国标准，旨在为来自不同国家的设计师和承包商提供必要的框架，以便更有效地合作，同时鼓励进一步采用 BIM 技术。作为建筑资产的主要所有者，公共机构有责任在公开招标中强制执行 BIM 技术并通过规范和条例促使相关者接受并承诺使用 BIM 技术，其中包括支持创新性的融资形式。总体而言，我们会在不久的将来克服技术上的挑战，但要改变现有的程序并加强协作（包括数据分享），可能会更加困难。

自 20 世纪 90 年代 BIM 技术诞生以来，其在 AECO 领域的应用在全球范围内逐步发展。近年来，由于全球建造活动的增加，BIM 的应用有了大幅提高。BIM 的全球市场规模从 2014 年的 27.6 亿美元增长到 2019 年的 52.05 亿美元，预计将于 2027 年增长至 158.92 亿美元，预计从 2020 年到 2027 年的年复合增长率将达到 15.2%（Gaikwad, Rake, 2020）。2016 年，BIM 的欧洲市场规模为 18 亿欧元，预计于 2023 年增长 13%，达到 21 亿欧元（JRC, 2019）。

然而，BIM 的应用和成熟度情况在不同的国家以及不同的公司之间因其规模和在价值链中的地位不同而存在很大差异。BIM 已经成为一些大型工程和建筑公司业务的一部分，但整个产业价值链上大多数小公司的 BIM 经验仍然有限。

欧洲是 BIM 应用最广泛的地区，一些欧洲国家因其 BIM 标准化方法而受到称赞。在欧盟，公共采购的欧盟 2014/24/UE 指令［欧盟公共采购指令（EUPPD）］促进了 BIM 的采用，该指令明文要求欧盟各成员国从 2016 年开始，对公共工程合同"使用特定的电子工具，特别是 BIM 软件"（第 22 条第 4 款）。现在，BIM 已经在诸如荷兰、丹麦、芬兰、挪威、德国和意大利等多个欧洲国家强制要求采用，西班牙、捷克共和国和拉脱维亚将分别在 2022 年和 2025 年跟进，此外，如波兰、爱尔兰、斯洛伐克、斯洛文尼亚、法国、荷兰以及比利时等多个欧盟国家通过指定的公共机构（如铁路和公路国家机构）制定了 BIM 的部分相关要求（ECSO, 2021）。

除此之外，意大利、荷兰和奥地利三国有开放的 BIM 标准，使得那些并未要求采用特定软件的项目成员之间的工作流程更加公开透明。在世界范围内，BIM 在许多国家是强制性的，包括英国、澳大利亚和新加坡。英国政府报告指出，"到 2016 年，无论项目规模大小，所有英国政府的建筑项目都将使用 2 级 BIM"。还指出，"预计在 2016 年和 2025 年之间，英国政府和建筑业将采用 3 级 BIM"。

尽管 BIM 最早出现在美国，20 世纪 70 年代也已开发出最早的虚拟模型，但并没有在全国范围内强制执行。相反，一些联邦机构和部门提出了他们自己的 BIM 执行标准。这在一方面有助于提高 BIM 的采用率，但另一方面，也要求承包商、建筑师和工程师们学习多种标准。美国 BIM 标准旨在提高全国范围内 BIM 使用的一致性并正在不断取得进展，与此同时，全美 BIM 的高度成熟以及其建筑产业的规模和多样性或许意味着最终可能没有必要在全国范围内强制执行。

而在中国，人们对 BIM 和其他数字技术带来的益处愈发感兴趣。虽然像上海中心大厦这样的大型项目广泛使用了 BIM，但中国建筑业对其采用率仍然不高。2016 年，住房和城乡建设部提出了一项计划，其中规定了政府如何推动采用 BIM 技术，该计划下的新政策旨在制定建筑业的指导方针和标准以推动 BIM 的发展。

在建筑业采用 BIM 的同时，学术界和研究领域对 BIM 的兴趣也在稳步增加。在过去的十年中，与 BIM 相关的出版物数量增加了 78.59 倍，在 2015 年至 2019 年之间增幅达 291%。随着 BIM 成为 AECO 实践的一个既定部分，与 BIM 相关的出版物数量预计将继续增加（Liu, Lu, Peh, 2019; Santosa, Costab, Silvestreb 等, 2019; Wen, Ren, Lu 等, 2021）。

BIM 软件市场的主要参与者包括美国的 Autodesk、Trimble Navigation、Nemetschek AG、Synchro Software Ltd.、Bentley Systems Inc.、Dassault Systemes、Asite Solutions Ltd.、Pentagon Solutions Ltd.、AECOM 以及 Beck Technology Ltd. 等，这些公司同时提供了基于本地和云端的工具。部署本地软件的高昂费用让 AECO 的中小型企业望而却步，因此云服务由于其便利性，是目前发展最快的部分，也是 BIM 应用的主要驱动力之一。

BIM 的主要终端用户包括建筑师、工程师、承包商和开发商，其中前两类用户主要在第一阶段使用中居主导地位。然而，承包商将预期成为 BIM 的主要用户，其在 2015 年到 2022 年间的年均增长率为 22.7%。其他诸多行业正在其基础设施建设过程中采用 BIM 作为解决方案，如给水排水、桥梁、道路和高速公路、轨道交通和航空、能源生产设施、住房和公寓、教育机构和商业空间、政府建筑以及工厂和仓库，其中轨道交通和航空部门占据了 BIM 市场收入的大部分份额（NBS, 2020）。

3.2 建筑信息模型在建筑价值链中的应用

BIM 可以在建筑或基础设施项目的任何阶段采用，例如设计阶段、施工阶段或运营阶段（Borrmann, König, Koch 等, 2018; Liu 等, 2019; Panteli 等, 2020）。

在设计阶段，一般会开展建筑设计、结构分析、暖通、电气和给水排水（MEP）工程以及其他分析等方面的工作，如环境和能源评估。在施工阶段，BIM 的实施包括施工进度的监控、健康安全问题和风险控制。无论是在数字孪生、整合建筑自动化系统方面，还是应用物联网和机器学习方面，施工后 BIM 的应用与包括实际能源行为在内的建筑物使用性能的竣工评估有关，亦涉及对建筑物的正常运行进行监控。最后，BIM 可以在循环经济范围内尽可能支持建筑及其组件的最终拆除、回收或再利用。

3.2.1 设计开发

在项目规划和开发阶段，相比传统二维计算机辅助设计（CAD）而言，BIM 能使设计和工程过程极大受益。使用 BIM 的一个明显便利是，水平和垂直剖面图等大多数技术图纸都是直接来自于三维模型。因此，图纸之间会自动保持一致。此外，在整个过程中，三维模型能够增强对问题的理解、可视化及解决问题的能力。与二维文件相比，单一三维模型下各方的协同效果也会极大改善。

设计中的设备三维几何结构为执行不同部分模型（建筑、结构、MEP 等）之间的冲突检测提供了基础，以便在早期阶段识别和解决各设计专业之间的冲突，从而在设计过程和现场施工中节省大量成本。

由于与建筑几何和材料参数相关的输入信息可以直接从 BIM 模型中获取，所以 BIM 还能促进将计算和模拟无缝集成到设计过程中。在设计的任何阶段能够通过 BIM 进行各种不同的模拟，包括结构分析、建筑性能模拟、疏散模拟或雷电分析等，设定性能目标并及时识别和处理所有偏差。BIM 模型还可以用来检查是否符合法律法规，目前主要是以半自动化的方式进行，但未来的自动化程度将会更高。在与人工智能相结合的 BIM 审查程序（冲突检测和合规 BIM 审查）中，可以在无人工直接控制的情况下，对各种可计算规则和干扰的一致性进行大规模自动检查。在施工许可过程中可以自动遵循建筑工程规范以及通过 3D 扫描和人工智能自动监测建筑结构，公共管理部门可能会对这种自动化方法产生巨大的兴趣并受到它的影响。

BIM 模型数据可用于非常精确的工程量计算，为可靠的成本估算提供基础，并提高招标和投标过程的准确性。此外，BIM 能够直接从模型中提取信息（材料类型和数量）并将其分配到现有的生命周期清单（LCI）数据库中以计算生命周期来对建筑的生命周期进行评价（LCA），或者当 BIM 对象中包含环境属性时自动计算生命周期。

BIM 也是参数化设计的基础，它包括将确定的设计活动与用户定义的脚本联系起来，允许根据特定的参数自动完成这些任务（例如，以固定间隔给走廊安装照明装置或门）。参数化设计可以将设计行为与方程或性能模拟的结果联系起来，以及对由特定算法生成的不同解决方案进行迭代比较，允许用户一次评估多个潜在的设计方案。在某些情况下，参数化的 BIM 工作流程中人工智能和先进的统计工具的集成也可以根据指定的评估参数（生成式设计）自主确定最佳解决方案，例如通过优化曲面细分，以减少不同尺寸覆盖板的数量。

基于三维模型的设计也将更好地实现建筑及其部件的可视化，为沉浸式和互动式的成果以及对设计空间的理解提供前所未有的可能性。高精度的几何细节和有关三维 BIM 丰富信息实际上可以无缝地传输到特定的实时三维可视化软件中，以便于预览任何建筑构件真实的基于物理的外观和行为。例如，在黄昏时分，光线将如何照进房间，或者从窗户可以欣赏到哪些窗外的景观。增强现实和虚拟现实程序进一步提高了沉浸感，能让用户访问虚拟建筑的每一个房间和每一处空间，并以极高的保真度衡量建筑的美学效果和实用功能（Czmoch, Adam Pekala, 2014; NBS, 2020）。这些功能对于非专业的客户和居住者来说特别有用，他们最后能够看到最终产品的样子，而非仅从一些渲染图和示意图想象。

最后，BIM 在设计阶段的应用是建筑业向数字化、可持续和生产性制造实践过渡的一块基石，这些实践已经在汽车、电子和消费品制造等更先进的行业领域实施。目前，自动化建造方法已经出现，如 3D 打印机、计算机数控（CNC）路由器和切割机、多轴工业机械臂、激光切割机或机器人末端执行器，这些方法根据从设计和工程数据（数字制造）中直接提取的信息化制造代码进行数字控制。显然，在应用 BIM 过程中整合有关数字制造方法和构件施工所需材料的问题，可以极大地减少甚至关闭连通设计和施工的过程链，大大减少了通常在施工图和每个数字制造过程的编码指令之间进行过渡时通常涉及的时间、金钱和性能损失。这种被称为数字制造设计的方法，基于 BIM、参数化、算法化和生成式建模，旨在通过创建制造质量方面的三维模型以及使用协同式 BIM 环境来缩小设计与施工之间的差异，以实现在设计阶段不同行业和专业制造者在空间上的协同。

在任何情况下，在规划过程中应用 BIM 都会导致将设计工作转移到早期阶段（图 3.2-1）（Borrmann 等, 2018）。

事实上，在传统的规划过程中，主要的设计和工程方面的工作通常发生在详细设计的后期阶段，有时甚至延伸到了实际的施工阶段。因此，设计的关键方面，如专业间的协调、性能模拟、可持续性评估等，只能在整个过程的相对晚期阶段进行。然而，在这种情况下，因为设计变更的可行性非常有限，且实施成本较高，因此在项目需求中发现的问题和偏差很难解决。相比之下，在基于 BIM 的规划过程中，通过建立一个全面的数字建筑模型，详细规划协调要求，并在早期设计阶段就采用计算分析，可以将这些工作提前完成。这可以更全面地评估设计决策的影响，并尽早识别和解决可能的冲突，从而大大减少后期的工作量，进而提高整体设计质量。

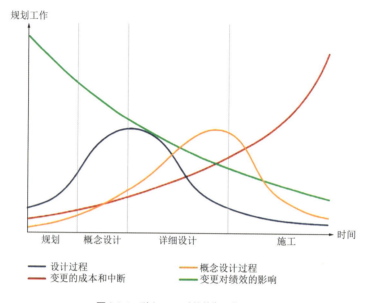

图 3.2-1　引入 BIM 后的前期工作量转移

最后，从长远来看，BIM 最大的潜力可能是在优化建筑运营和管理，以及采集运营数据方面，以便快速汲取经验并融入下一轮设计中。如果建筑建成后出现了结构或功能问题，BIM 可以帮助找到问题的根源，并帮助工程师在以后的设计中避免此类问题。

3.2.2　施工阶段的建筑信息模型

BIM 的优势并不局限于设计，还延伸到了实际施工的准备和执行阶段。在招标过程中，提供 BIM 模型使承包商在准备投标时能更准确地确定所需的服务和成本，也便于其后期的精确计费。此外，四维 BIM 将各个建筑构件与计划的施工时间关联起来，从而可以检验施工顺序、空间序列的碰撞，并组织现场物流（Jupp, 2017）。

此外，五维 BIM 集成了成本信息，并可用于模拟随时间推移的成本和现金流的变化，同时密切监控预算偏差（Jiang, 2017）。

最后，BIM 还能够支持建筑工程发票的开具、问题管理和信息请求（RFI）。

BIM 模型中包含的数据也可以支持构件的异地施工。项目团队可以利用云端上已经包含产品和规格库的数据集，这些数据集是由场外制造商和供应商直接准备的，其中包含三维构件模型、数字施工图和从设计到制造的数字文件，这些都将指导制造商的工作。

此外，BIM 模型提供了制造商根据需求参数制造所需构件时需要的精确、高质量的标准化数据，基于这些数据，制造商可以准确地管理其工作流程和运行生产线机器。这些数据也可以被建筑机器人、3D 打印机、数控机床和其他数字制造设备所读取。BIM 数据可以作为工厂生产过程的

"原始数据",这些数据驱动的机器可以将许多传统的现场手工操作任务自动化,如切割、钻孔、锯切、连接和装配。BIM 数据同样能够利用扩展现实技术来指导与机器人一起工作的生产人员,或指导负责库存、装载和装运准备等任务的人员。此外,BIM 有效地连接了施工工地场内外的施工数据,大大有助于协调场外/场内的施工顺序,以便及时交付体积化和模块化的构件。四维和五维 BIM 可用于将数字化异地施工与更精简的数字化供应链管理联系起来。在场外施工期间收集的生产数据可以进一步整合到建成后的资产信息模型(AIM)中,以满足建筑在升级、维修、维护和改进期间的未来需求。

3.2.3 运营阶段的建筑信息模型

将 BIM 应用于所建设施的运营阶段,也能提高这一阶段的效率(Aziz 等,2016; Nicała, Wodyński, 2016)。

与 BIM 模型相关的丰富的结构化数据,包括施工阶段的所有相关信息,可以极大地改善设计团队向业主交接信息的项目质量。高价值的 AIM 模型能够代替生硬的图纸并可直接转移到计算机辅助运营管理(Computer-Aided Facility Management, CAFM)系统中。所有关于房间大小、暖通空调、电力和电信的数据,包括维护周期和保修条件等有价值的信息,都可以直接传输,无需手动输入,避免了误差和时间损耗的风险(Pishdad-Bozorgi 等,2018)。

但是,持续维护 AIM 模型极其重要,必须根据实际设施中发生的所有变化进行更新。传感器和设备的数据也可以自动输入到 AIM 中,从而成为一个活生生的数字孪生体,实时复现其现实世界对应的操作和条件。当后期可能需要进行较大规模的翻新或修改时,AIM 能够为必要的设计行为提供良好的基础。当已建成的设施达到其使用寿命且将拆除时,AIM 提供了该设施在建设中使用材料的详细信息,以便做到完善的环保回收或处理。

设施管理者可以利用 AIM 更好地将建筑可视化,从而更有效地管理建筑,降低运营成本,增强竞争优势。BIM 在全生命周期内提供了优化建筑效率的工具,在过程中获取的经验可以再次投入到新的 BIM 项目中,并应用于早期设计阶段,共享有关建筑优化的知识。随着 BIM 运用的发展和推广,在设施管理者行业可能会出现新的工作岗位,包括"BIM 数据经理""BIM 数据建模师",他们将负责模型的几何更新。除此之外,另一种可能会出现的工作——"BIM 项目经理",可能涉及将 BIM 集成到现有的物业管理流程中(Aziz 等,2016; Gao, Pishdad-Bozorgi, 2019)。

最后,BIM 是管理建筑报废阶段有价值的工具,这涉及建筑的最终拆除以及在循环经济框架下对其构件和材料的最佳回收和再利用(Charef 等,2018; Ganiyu 等,2020)。在这一阶段,BIM 为建筑材料通行证和项目数据库的开发奠定了基础,其信息可以支持数据检查、循环性评估及最终的材料回收和构建建筑材料库(BAMB)等过程(Honic, Kovacic, Sibenik 等,2019)。

3.3 协作实践和标准化

3.3.1 建筑信息模型标准化

对于 BIM 的发展而言,标准化尤为重要,需要有共同的概念及其定义和分类,以及数据模型的通用格式,以确保沟通方便(JRC,2017)。统一的信息传递流程以及通用的工作流程和方法也是必要的。目前,国际上 BIM 的标准化涉及负责不同任务的许多组织,包括:

(1)ISO/TC 59/SC 13,"包括 BIM 在内的建筑物信息和土木工程结构信息的组织化和数字化"，该 ISO 委员会负责在整个建筑环境中的建筑物和基础设施的全生命周期内实现信息国际标准化。

（2）CEN/TC 442 "BIM"，这是欧洲标准化委员会（CEN）的一个技术机构，负责开发一套结构化的标准和规范，以定义、描述、交换、监控、记录和安全处理资产数据、语义和流程。

（3）BuildingSMART，该国际组织旨在改善建筑业使用的软件应用程序之间的信息交换。

特别地，BuildingSMART 是建筑业的领先组织，能够促进行业内使用的软件应用程序之间的信息交换标准化，负责开发和维护 IFC 使其成为 BIM 数据模型的中立和开放规范，其他标准化工作包括数据字典（国际词典图书馆框架）和流程（数据交付手册）。

3.3.2 通用数据环境

协同的工作流程对于建筑规划和建造项目来说变得越来越重要，因为它们通常汇集了大量以前可能没有协同过的异构学科（Bello 等，2021）。

此类工作还需要对大量复杂的信息、程序和系统进行协同和管理。

协同实践的普遍原则应在项目中尽早定义，甚至可以将一些细节留到后期再解决。客户应从一开始就决定采用协同方式，以便将其包含在 EIR 等任命文件中，这也将有助于选择采购路线、合同形式和准备招标文件。然后，在项目团队和专业承包商参加的启动会议上详细讨论如何实施这些协同实践。

相反，如今一个典型的建筑项目在其生命周期中涉及大量数据的生成和交换，无论其规模大小。在一个典型的建设项目中，会使用多种工具和技术来捕获、收集和处理数据。然而，这些数据中的大部分仍然是孤立的。所有这些信息都必须得到有效管理和分散，否则缺乏沟通可能会导致错误、返工、错过最后期限、成本超支和诉讼等问题。据估计，超过 95% 的获取数据在工程和施工中未被使用，在设计和施工阶段创建的初始数据的 30% 在项目收尾时丢失，29% 的建筑专业人士报告说他们的软件解决方案都没有整合到一起，51.8% 的人士表示当解决方案未整合时，他们会手动传输数据且施工团队 13% 的工作时间用于查找项目数据和信息（JB Knowledge, 2020）。

事实上，数据驱动的设计和施工最重要的促成因素之一是允许任何相关方随时随地便捷地查看、获取和理解他们需要的数据。实现这一目标的系统和技术应易于采用，能够用高级仪表板实现集中化组织，包括自定义和标准化选项以适应特定业务工作流程，并应提供有关洞察的快照，以便获得易于消化的决策信息。这些系统和技术不能出现错误和误差，不能重复输入，能在云端实时更新，并能作为值得信赖的决策工具。

满足以上要求的最佳途径是采用 CDE，即一种标准化的结构化数据和协作方式，用于在整个项目中采集、管理和分发信息与文档。CDE 充当中心枢纽，团队成员可以在其中找到他们所需要的有关该项目的所有信息，包括 BIM 数据、计划和合同，这能加强各相关方之间的沟通并确保每个人都使用同一个平台工作。由于所有内容都来自单一来源，因此提取的信息是最新且可靠的，从而降低风险并提高可预测性。

此外，CDE 增强了业主对项目的可见性，并支持他们参与到施工阶段。业主可以在整个施工过程中使用数据可视化工具了解趋势并为投资组合的决策提供参考，从而挖掘有价值的数据和信息并在仪表盘上查看项目的情况。

作为项目的单一信息源，所有项目相关方根据其指定的 CDE 访问级别来收集、管理和传播文档、图形模型和非图形数据。这样的中央数据存储库用来执行 2 级 BIM 信息共享功能，促进项目团队成员之间的协同，并有助于避免重复和错误。该存储库拥有自动化的信息流并使用预定义的共享、接受和评论文档的方式。CDE 平台通常托管在外部服务器上，具有一定权限的各方均可访问，并能使用项目服务器、外联网、基于文件的检索系统或其他合适的工具集。更常见的基于云端的 CDE 软件包括 Autodesk BIM 360、Graphisoft BIM Cloud、Viewpont for Projects、Asite、Trimble Connect、Bentley Project Wise、Allplan Bimplus、Bimsync、Dalux Box 以及 Microsoft Share Point。

CDE 可能包括许多不同的信息环境，例如项目交付团队使用的供应方 CDE，以及具有专有文档和数据管理系统的雇主方 CDE，其可用于接收、验证和批准由供应商交付的项目信息。共享信息的 CDE 程序可能也需要空间协调，以便确保首次交付的生产信息是正确的。CDE 能够将生成的传统图纸或文档制作作为多授权数据视图，并能更好地控制这些数据的修订和版本。

在 CDE 内，信息的所有权归其作者所有，不同项目团队成员生成的单个模型并不交互，具有明确的作者身份并保持独立。因此，在将作者的模型合并成联合模式时，每个作者的责任都得到了维护。随着项目的进展，假设所有权发生变化时，可能会出现一些复杂情况，例如，当用专业分包商的 BIM 对象替换设计团队的 BIM 对象时。通常，被授予许可证书的客户能够将单独模型中包含的信息用于其合法目的，即按照 EIR 和 BEP 中定义的信息详细程度的预期目的。客户授权的许可证书可以使不同的项目团队成员使用彼此的模型。

在移交流程之后，CDE 的好处还将延伸至建筑管理和维护阶段。可以通过同一个 CDE 访问连接的数据以及综合性的竣工图纸，后者包含了项目期间所作的所有变更。通过从施工中获取准确数据，设施管理人员可以更高效、更有效益地运营建筑，当他们已经参与施工或在整个项目期间可以获取数据的情况下，效果会更好。这使他们能够从第一天就开始管理设施，简化学习曲线并保证高效地运营。CDE 还可以在移动设备上提供数据，使设施管理人员能够快速识别并解决问题，而不是跑回办公室找文件夹或通过电子邮件联系承包商以获取计划、保修和其他资产规格的文件。他们可以主动维护其建筑物和资产，而不是出现问题时才作出反应。项目结束后提交的 CDE 施工数据最终可用于获取知识，以将其运用于业主投资组合中正在进行的资本计划和未来建设项目。

3.3.3 互操作性

对来自不同组织的团队在不可避免地使用不同软件应用程序进行信息交换时，BIM 标准化变得至关重要（JRC, 2017; Shirowzhan, Sepasgozara, Edwards 等, 2020）。

据报道，不同工具之间的数据交换对于 AECO 行业的各个组织、学科和阶段之间进行有效协同和数字化工作流程至关重要。文件和软件的互操作性是实现数字工作流程和所有项目相关方之间联系的关键。它可以定义为不同系统或产品界面之间无阻碍的自由通信能力（Shehzad 等，2021）。

因此，互操作性的概念与 CDE 中项目数据的管理密切相关，其目标是简化数据交换和模型在各个施工领域之间的适用性。互操作性要求各相关方能够有效沟通并精简彼此之间的信息流，这在数字化建设时代至关重要，也是建立业务弹性的关键。通用数据交换（CDX）框架还允许项目团队定义互操作性要求，这将解锁机器学习和人工智能的功能。

3.3.3.1 工业基础类和开放 BIM

软件工具和系统通过通用数据格式和协议进行通信，这需要开发通用的标准。为了提升 AECO 行业中软件产品之间的数据交换的能力，1994 年，几家软件供应商、用户和公共机构成立了国际互操作性联盟，后来在 2003 年更名为 BuildingSMART。

BuildingSMART 旨在通过定义为"开放 BIM"战略来制定必要的标准，以做到在建筑环境领域有效交换数据。开放 BIM 概念主要基于四个要素：多个工业基础类（IFC）、BuildingSMART 数据字典（bSDD）、信息交付手册和模型视图定义（MVD）。

BuildingSMART 开展的标准化工作主要涉及定义独立于供应商的数据格式，用于交换综合 BIM 模型。这些工作的结果是定义了称之为 IFC 的面向对象的数据模型，其非常丰富的数据结构几乎涵盖了已竣工设施的所有方面。2013 年，IFC 被采纳进 ISO 标准（ISO 16739），如今它已成为许多规定实施开放 BIM 的国家指南的基础。IFC 是一种开放 BIM 数据标准，可以在建筑或资产管理项目中使用的软件之间进行交换和共享。IFC 旨在保存和交换模型与对象数据，如墙壁、地板、门、窗等及其所有真实属性。这与仅能识别图形实体（线、弧、填充物等）的 CAD 文件格式相反。

在 IFC 标准中，每个建筑对象都链接了全局唯一标识符（GUID）或通用唯一标识符（UUID）。但是，这不适用于记录问题或工作流程。事实上，近年来，对模型中的冲突和偏差进行沟通已经变得非常烦琐和耗时：必须通过 IFC 与合作伙伴沟通和共享特定对象，并且必须通过电话或屏幕截图描述每个特定冲突来解决。此外，设计审查期间出现的每个问题都需要由其中一名团队成员解决。

出于这些原因，Solibri 和 Tekla 公司在 2009 年提出了开放性标准的概念，致力于实现 BIM 软件工具之间的工作流程通信。因此，开发了一种称为建筑协同格式（BCF）的可扩展标示语言（XML）模式。BCF 是一种用于沟通 BIM 模型问题的特定文件格式，其功能完全独立于模型本身。BCF 格式允许在 IFC 模型层的顶部添加文本注释、屏幕截图和标签，以便更好地协调各方之间的沟通。该格式以 XML 文件格式（bcfXML）和 RESTful 应用程序接口（API）网络服务（bcfAPI）呈现出来。BCF 旨在将如 Solibri 公司的 BIM 模型监测与 ArchiCAD、Tekla 和 Revit 等 BIM 建模软件（AS）工具连接起来。BCF 主要定义模型视图，然后定义与视图中特定对象相关的冲突和问题的信息。BCF 通过其 GUID 与模型的特定构件完成链接。它允许交换评论并指出这些模型构件的应用场景、作者及其发布的时间。BCF 由三部分组成：屏幕截图、摄像机角度和问题所在的 BIM 模型中的对象列表。与 IFC 一样，BCF 是英国标准协会（BSI）的开放 BIM 标准，其被给予了协调变更的重要任务。

同样重要的是 MVD，其定义了必要的 IFC 数据模型子集，支持在整个项目生命周期中建筑环境部门的数据交换具体需求。事实上，IFC 模式旨在涵盖许多不同的配置及详细程度，以提升全球数百个应用程序、行业领域和地区的 BIM 互操作性。MVD 的目的是根据接收方的实际要求以及具体工作流程和阶段来限制从 IFC 文件中提取的信息量。MVD 为特定子集中使用的所有 IFC 概念（类、属性、关系、属性集、量化定义等）的执行提供了指示。这样，它们代表了执行 IFC 接口所要求的软件规范，以满足数据和信息交换的特定需求。

至于 BuildingSMART 数据字典（bSDD），它是一种能够创建多语言词典的协议。它是一个参考库，旨在提高建筑环境领域的互操作性（ISO 12006—3）。数据字典可以将现实世界中所有已有的和新的数据库以及注册表链接起来，将所有领域的术语与国际标准化和机器可读的概念联系起来。因此，数据字典具有通过标准化界面搜索来自世界各地信息的能力，并且既可使用 IFC 文件定义明确的信息流，也可在不使用 IFC 模型的情况下与数据库直接通信。

最后，信息交付手册（IDM）提供了项目生命周期中所有流程所需的详细信息规范。手册包含并逐步整合了建筑环境部门的业务流程，并规定了各个项目团队成员在项目期间应提供的信息的性质和时间安排。从本质上讲，IDM 确保数据以有序的方式进行通信，并由以预期方式接收数据的硬件或软件系统进行解释。一个典型的例子是日历日期格式，其中日/月/年的顺序在世界不同国家或地区有所不同。

3.3.3.3.2 施工营运建筑信息交换

COBie 作为另一标准也有助于提高建筑业的互操作性，COBie 是一种标准化方法，能够将基本信息集成到 BIM 流程中，以支持业主或资产经理的运营活动、维护和财产管理。具体来说，COBie 是一种用于发布 BIM 数据子集的开放数据格式，专注于交付资产数据而不是几何信息。它被正式定义为 IFC 的一个子集，但也可以使用工作表或关系数据库来表征（JRC, 2017）。

总的来说，COBie 由多个电子表格组成，这些电子表格记录了设施的属性、系统和资产、每种产品类型的详细信息、保修、维护要求、技术和操作参数、原产地、价格、安装日期、备件清单、检查日期等。随着项目的进展，特定项目可以与其他属性、问题和文档相关联。COBie 的主要特性包括：

（1）用户层面的互操作性，因为 COBie 数据可供投资过程中的任何参与者获取和理解，并且可以轻松导入到运营管理和 CAFM 系统。

（2）开发层面的互操作性，因为大多数 BIMAS 工具都包含自动生成 COBie 文件的功能。

（3）开放性，因为 COBie 与开放式 IFC 格式兼容。

（4）多学科性，因为 COBie 数据涵盖对象内的所有学科。

（5）应用各种分类标准的可能性（例如，美国的 Omniclass、英国的 Uniclass 或挪威的 NS-3451）。

3.4 结论与展望

BIM 代表了 AECO 行业一场真正的革命，它对整个价值链在工作方法和可用工具方面具有重要影响，为人工智能和自动化（机器人、数字制造、3D 打印、激光雷达、无人机等）的使用铺平了道路。

BIM 作为新建筑 4.0 框架的主要支柱，允许从数字表示演变为虚拟创作，从而增强每个项目的协同、创造力和知识共享。首先，BIM 改变了资产的设计方式。BIM 的相关设计由数据和验证驱动，成为真正的合作行为，并让我们可以探索和测试更多替代方案且预测错误。在施工阶段，BIM 能够规划、更好地评估时间和成本并监控项目进度。BIM 还能够远程工作和简化校正流程，并使用扩展现实（XR）来匹配现实和数字世界之间的进度。在运营和管理阶段，以真实孪生数据为基础的 BIM 数字模型实现了优化和预见性维护。

多项研究表明，BIM 有助于显著提高效率、降低成本、减少出错、加快交付、减少沟通不畅、减少不准确性和延误、增加商机以及降低项目生命周期中的碳排放和各种浪费。在建筑项目中运用 BIM 可以将总成本降低约 7%。BIM 带来的效益主要集中在施工阶段，但也可以在其他阶段实现，例如节省 15% 的规划、风险评估、安全和保障成本，减少高达 15% 的废物产生，以及减少高达 57% 的建筑废物处理成本（ECSO, 2021）。

与 CAD 不同，BIM 不仅是一种数字工具，而是代表了一个虚拟的创造过程，将计算机科学、材料技术、建筑物理、设计和构图等学科融合在一起。因此，BIM 学习需要大量的工作，这必须得到所有其他专业教学的支持、指导和协调。BIM 学习必须与其他学科的学习同步进行，做到互相支持。不仅仅是获得计算机知识，它还涉及不同思维和工作方式，即一种面向 BIM 的方法，必须从一开始获得才能掌握。这种学习路径虽然肯定比学习 CAD 更长、更复杂，但可以在项目质量及其表现方面取得明显的优势。

事实上，一方面，参数化设计进一步增强了 BIM 的使用，可以加快项目变更和图纸（平面图、剖面图、立面图）的制作。另一方面，通过 BIM 虚拟创建建筑物能够探索和优化设计备选方案的更大可能性（通过使用人工智能和虚拟现实进一步放大可能性），并从整体上加深对项目和建筑的理解。BIM 可以充分开发从概念到施工的所有逻辑和物理步骤（几何建模、碰撞检测、材料选择、工程量、调度、成本、生命周期评估），同时在设计、材料和构件生产（数字制造）以及建筑工程（施工设计）之间建立更紧密的有益联系，确保项目正确并充分响应要求和需要。

BIM 应用的主要新兴趋势是与其他数字解决方案的结合。例如，BIM 模型可用于使用各种材料 3D 打印建筑部件（从设计到数字制造），或者可以与传感器收集来的信息进行集成，以在构建建筑元素之前将其可视化（虚拟现实和增强现实）。此外，GIS 和参数化/生成式设计可以链接到 BIM 模型以用于特殊用途。例如，GIS 可以将地理空间数据集成到 BIM 模型中，并且使用参数化和生成式设计能够实现实时自动更新和优化 BIM 设计。

未来的 BIM 发展将包括集成来自智慧建筑的实时传感器数据，以创建功能齐全的虚拟建筑生活模型，包括有关可能处于损坏和故障状态的信息（数字孪生），这也为基于 BIM 的运营管理带来了极大的发展（BIM 7D）。

第 4 章

建筑性能模拟工具

4.1 建筑性能模拟的基本原理

建筑或其部件性能的数字模拟（建筑性能模拟，BPS）现在已成为整体建筑过程中的一项基本活动，贯穿其全生命周期（从设计到运营），从技术、环境、经济和社会等方面实现最高质量的建筑工作（Chang, Yang, Yamagata 等, 2020; Clarke, Hensen, 2015; Hensen, Lamberts, 2011）。

BPS 的兴起直接源于建筑信息模型（BIM）的广泛传播和 BPS 软件工具的更广泛的可用性，这些软件工具在过去几十年中不断发展，现已达到成熟、灵活和易于使用的水平，使之能够完全集成到建筑、工程、施工和运营（AECO）领域。事实上，基于模型的设计（如 BIM）需要创建一个数字表示系统，该系统能够快速分析和比较设计备选方案、信息的交流和可视化、易于更改和变更管理。

3D BIM 模型及其相关信息和数据可轻松用于模拟和分析，旨在验证和优化设计与运营选择（6D 和 7D BIM）对性能的影响。

BPS 将建筑物的特征作为输入，其中可能包括几何形状、建筑朝向、建筑材料、机电系统、水加热配置和可再生能源发电系统，以及插塞载荷、照明、供暖、通风和空调（HVAC）系统的占用时间和运作模式。然后将建筑系统的物理方程与室外天气条件相结合，输出所需指标的数值，这些指标可能与建筑的能量流和能源消耗、峰值负荷、碳排放、能源产生、采光可用性或居住者的舒适度等有关。

必须特别注意与用户的居住、行为和偏好相关的输入参数的选择，这些值可能会极大地影响建筑物的实际性能。主要输入和输出数据见表 4.1-1 和表 4.1-2。

建筑性能模拟的主要输入参数　　　　　　　　表 4.1-1

领域	输入参数
气候环境	环境空气温度、湿度、直接和散射太阳辐射、风速和风向、年雨雪指数
建筑工地	建筑位置和朝向、地形阴影、周围建筑和植被、地面特性
几何形状	建筑形状和区域布局，在软件中建模或从二维 CAD 或三维 BIM 模型导入
材料	每个表面和层的施工特点、窗户性能、热桥
活动和居住	建筑物的预期用途、人员居住、衣服和活动、光密度、插塞载荷、气体载荷（烹饪等）、蒸汽载荷、用水设备、通风要求、渗透
HVAC	热、冷和冷凝水系统、通风系统、区域级加热和冷却、锅炉和冷却水储存的规格
照明	电气照明灯具、窗户参数、遮阳装置
建筑自动化系统（BAS）	用于 HVAC、温度设定点、窗户打开、配有传感器和执行器的遮阳设备的控制系统和逻辑

建筑性能模拟的主要输出参数 表 4.1-2

领域	输出参数
热平衡	区域、表面、建筑层或双层玻璃幕墙的温度趋势,热水或冷水供应,整体建筑、单间或区域的热平衡,或单个工厂组件,内部增益
室内环境质量(IEQ)	温度分布曲线、预测平均投票数(PMV)/预期不满率(PPD)、辐射温度不对称、CO_2、湿度、欠热和过热时间分布曲线
能源负荷和消耗概况	供暖和制冷的能源需求负载曲线、HVAC的电力曲线、设备、照明、辅助系统、需求/响应模拟、现场发电
采光	外部条件可变下不同时间点的采光情况,照度和眩光计算,人工照明计算
计算流体动力学(CFD)	自然/人工通风、风力荷载、压力和流线可视化、污染物分布
建筑系统设计	暖通空调、光伏、热力系统自动调整大小和设计支持
交通和行人模式	室内外交通和行人模拟、紧急出口路线、房间和走廊尺寸
生命周期成本	全生命周期成本计算,包括燃料升级率和通货膨胀、资本、反复出现的运营和维护(O 和 M)、救援和更换成本
规范合规性	基于绩效的建筑规范或可持续发展计划规范合规性验证、纳税申报表/奖励资格检查

在过去十年中,除了更巩固的基于物理的 BPS 之外,还研究了基于统计和算法的工具,以提出一种替代方法来预测建筑物在设计和运营阶段的未来行为。这些方法利用建筑设计和运营(大数据)的大量数据以及先进的人工智能(AI)和机器学习(ML)技术来绘制项目投入与预期运营绩效之间的相关性,并从大型数据库中提取相互关系和利益模式。在设计开发过程中,尽管统计方法具有较好的准确性,但其实用性仍然存在争议,因为其缺乏单个输入和输出之间的分析相关性,因此与传统的基于物理的 BPS 工具相比,统计方法的可扩展性较差。例如,在进行灵敏度分析时,特定的设计选择会影响确定的建筑指标。

4.1.1 建筑性能指标

从早期阶段开始使用能够评估和控制设计解决方案的重要性能指标,是确保任何建筑项目最终质量的基本要素(O'Brien 等, 2017)。

绩效指标可以与单个空间或整体建筑相关,既可以指操作模式(能源消耗、污染排放、成本等),也可以指居住者的室内环境质量(IEQ),即以居住者为中心的指标(热和视觉舒适度、噪声等)。为了进行基准测试,通常会使用建筑相关的参量对运营中的建筑性能进行标准化,例如建筑的总体积,净、总建筑面积或处理过的建筑面积或建筑外立面。

以下是 BPS 软件通常可以提供的主要建筑性能指标的摘要,可当作设计阶段的 KPI(表 4.1-3)。

建筑性能的主要指标 表 4.1-3

建筑性能	指标	单位
能源需求	能源使用强度(EUI)	$kWh/(m^2 \cdot a)$
	峰值加热/冷却负荷	kW
	年度运营成本(AOC)	美元/a 或美元/$(m^2 \cdot a)$
CO_2排放量	年 CO_2 排放量(ACE)	$CO_2/(m^2 \cdot a)$
热舒适度	预测平均投票数(PMV)	PMV 指标,介于 −3~3
	预期不满率(PPD)	%

续表

建筑性能	指标	单位
视觉舒适度	均匀度（UR）	%
	有效日光照度（UDI）	%
	空间日光自治（SDA）	%
	年度阳光曝光（ASE）	%
	眩光发生概率（DGP）	%

4.1.1.1 建筑能源性能和碳排放指标

能源使用强度（EUI）表示建筑物每单位面积的年能源使用量，通常以 $kWh/(m^2 \cdot a)$ 为单位。EUI 是一个基线和广泛使用的基准，可以一目了然地比较不同大小、类型和位置的建筑物的性能，并被大多数建筑规范和可持续发展计划所引用，不同的建筑类型有特定的 EUI 指标。作为性能指标，EUI 可用于设定设计目标，并通过模拟了解建筑物的性能相对于目标或其他类似建筑物的好坏。EUI 可以计算建筑物的边界，而不考虑与电力和化石燃料（EUIsite）的创建、运输和分配相关的低效率，或者包括这些额外的能源过程（主要能源强度或 EUIsource）。后一个指标是定义零能耗建筑（ZEB）规范时通常引用的指标。

年碳排放量可以衡量与建筑物能源消耗相关的碳排放量，以 $CO_2/(m^2 \cdot a)$ 计算。然而，碳计算取决于每种燃料的碳强度，对电力来说，碳强度是指一个地区的能源组合。其他非碳温室气体（例如甲烷）被指定为标准碳当量，因此最终结果以碳为单位。一些规范和标准使用零碳指标，而不是零能源指标。年碳排放量可用于设计，以快速了解设计方案与类似 EUI 的其他设计方案之间的比较。

年度运营成本是指运营建筑物所产生的年度公用事业成本，包括电力、燃料和水，以散装或按建筑面积计算。该指标对于评估能效措施的投资回收期以及计算投资回报率（ROI）和生命周期成本（LCC）非常重要，对于希望降低运营成本的业主来说也意义重大。可以模拟或计算运营成本以展示不同设计方案和优化的好处，并且一些 BPS 工具使用响应曲线来确定最小化运营成本的策略。

在这些指标中，EUI 是设计团队最熟悉的，也通常是特定建筑目标的基准。但是，要理解 EUI，就有必要更深入地研究能源使用数据以确定它的驱动因素，并且始终将 EUI 与其他指标进行比较以了解整体情况是非常重要的，因为较低的 EUI 值并不总是意味着更低的成本、排放或更好的舒适条件。尤其是运营成本和碳排放与现场使用的燃料（例如燃气或电力）的价格和碳强度密切相关。因此，以 $h/(m^2 \cdot a)$ 或 $CO_2/(m^2 \cdot a)$ 计，稍高一点的 EUI 的解决方案可能会同时带来更低的成本和排放。此外，EUI 是按单位建筑面积计算的，因此它本质上倾向于将相同的能源使用分散到更大区域的解决方案，例如流通或支持空间（浴室、走廊等）的未优化布局。即使相关的 EUI 略高，具有更高建筑节能率（净可出租面积与总建筑面积的比值）的建筑解决方案可以节省前期资本成本和持续的能源成本。

另一个重要的能源性能指标是峰值加热/冷却负载，它表示在一年的跨度内保持最恶劣条件下的预期温度需要增加到空间或从空间中去除的热量，以千瓦为单位。峰值加热/冷却负载通常规定了 HVAC 系统的大小，因此降低该指标可以实现更小、更廉价的 HVAC 系统，可出租更大的建筑面积，以及具有更多的系统选择选项。峰值负载可用作预测系统大小和成本的早期指标，并作为被动式设计策略（例如遮阳设备）有效性的指示。

4.1.1.2 以居住者为中心的性能指标

如前所述，以居住者为中心的建筑性能指标有效地补充了传统的建筑性能指标，并为居住者的未来满意度和福祉提供了思路和指导，这反过来又决定了建筑过程的质量和成功（表4.1-3）。

居住者的热舒适度传统上难以凭经验量化，因为它主要通过主观评价（例如居住者调查）进行评估。在实践中，基于物理上可观察的质量，经验模型用于预测人类对热舒适的感知。最常用的方法是20世纪70年代引入的Fanger热舒适模型，该模型根据稳态热平衡原理来表达基于环境（气温、辐射温度、空气流速、湿度）和个人（代谢率、衣物绝缘）因素的人体热感觉（Azar等，2020）。热舒适度通过预测平均投票数（PMV）和预期不满率（PPD）指数来表示，这些指数可以对世界范围内的人体热感觉作出预测，以及揭示人群对室内环境条件的接受度。通过方程式确定的PMV/PPD指数可以由大多数现代BPS工具提供，这基于这样一个假设：主体环境的运行状态相对稳定因为其与活动水平（METs）和运行温度高度相关。然而，PMV—PPD模型在预测热舒适度方面的准确性受到了对真实建筑物的实地研究以及实验室研究的质疑，得出的结论是，可接受的室内温度经常被低估（Cheung, Schiavon, Parkinson等，2019），需要大量能源来维持有限的温度时效。

自适应舒适模型提出了另一种方法，该模型根据当时的室外温度表示可接受的室内温度，同时考虑到人类适应自然条件下建筑物中可变环境条件的能力。自适应舒适模型适用于支持被动式设计策略或混合模式操作，通常具有比PMV/PPD模型可接受的更广的温度范围。

4.1.2 BPS的应用

BPS可以应用于从构想到拆除的整个建筑全生命周期中，虽然目前它主要的范围是为建筑的设计，以及在使用阶段为建筑的运行和维护提供更好的帮助（Hensen, Lamberts, 2011）。

4.1.2.1 早期模拟

设计的第一阶段目前在BPS使用工作流程中的代表性不足，并且仍然依赖于直觉式决策。然而，在早期设计阶段支持决策制订并引导设计实现建筑高性能至关重要，因为在早期设计阶段决策对建筑最终性能和成本的影响最大。事实上，减小早期决策的影响非常重要，因为不知情的决策可能会减少剩余的设计空间，并使高性能目标变得更加难以实现（Østergård, Jensen, Maagaard, 2016）。

使用BPS，在正确的时间进行正确的分析可以提供关键见解并及时反馈性能影响。该阶段的模拟结果应该是主动的，而不仅仅是评估性的，也就是说，需要对多个设计变体进行比较和排序，以了解并建议如何引导设计决策。尽管整合的BPS软件复杂、准确，并且能够评估各种不同的性能指标，但它通常最适合规范合规性、基准测试和质量控制。因此，针对早期设计支持（Trimble Sefaira、Autodesk Insight、Cove.tool等）开发了特定用途的BPS工具，通常作为主要3D草图、体量和概念建模工具或BIM开发软件（例如Revit、SketchUp、ArchiCAD或Rhinoceros）的集成或可用插件。

在开始实际的建筑设计之前，有关该项目的可用信息（例如其场地、规划、区域、可能的楼层数量），可以为建筑可能如何运行提供有价值的见解。了解早期设计思维的最简单方法是从具有合适的建筑面积、空间使用和位置的基础用户盒子开始，在此基础上进行初步能量分析。首次分析结果有助于了解建筑物可能的负载情况，无论是由照明和设备等内部负载主导，还是由太阳能增益或传导损耗等外部负载主导，或者取暖或制冷哪一个更为重要。这些信息开始用来表明哪些设计策略可能最具影响力，并且可以帮助形成早期的设计概念。

以下是通过方案设计和性能报告对不同体量选项、设计概念或立面变化进行的评估：能源、日光、舒适度或成本预测的比较可以帮助设计团队了解每个概念的优点和倾向，将设计引向正确的方向（图 4.1-1）。在这个阶段，参数化设计可以有效地与建筑性能分析程序相结合，能够快速测试多个设计变量而无须过度改造，从而创建一个更有凝聚力的有效设计过程（Aksamija, 2018）。应仔细确定要提取和比较的建筑性能指标，因为许多因素可以推动设计决策，了解为什么某些选项的性能比其他选项更差，以及如何在后续设计活动中解决这些问题，这是知情决策的关键部分，并有助于避免以后出现成本更高的问题。特别是该设计阶段可以最有效地集成被动式设计方案，即使用简单的 3D 研究模型，也可以研究自然通风条件、活动式玻璃的比率、遮阳和 WWR 比率对全年舒适条件的影响以及其他几个问题，获得关于被动式设计决策的早期建议。

在该阶段同样重要的是有机会开始减少建筑物的峰值加热和/或冷却负荷，目的是减小项目机械系统的尺寸和成本，并扩展项目可用的系统选项。峰值负载分析可以帮助确定最低峰值负载的位置、日期和原因，从而可以精细地解决这些问题。此外，在许多类型的建筑物中，某些对整体能源使用影响很小的围护结构改进可能对峰值负荷产生很大影响。程式化的 HVAC 选项可以集成到研究模型中，以了解不同系统如何与减载策略相互作用，从而实现最佳的 HVAC 和围护结构组合。

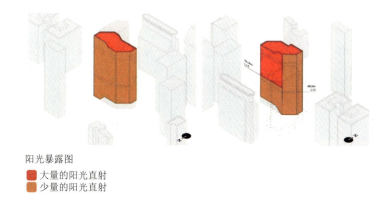

图 4.1-1　阳光暴露研究（图源自 UN 工作室）

Edge APP 或 RET Screen 等比较分析软件可用于计算节能措施与基本案例的成本效益。这些软件工具适用于早期建模以测试不同的建筑设计概念，并且可以评估默认能源效率措施在能源和用水以及隐含碳排放方面的生态和经济节约。仪表板显示了在全球多个地点环保建设的额外成本以及通过节省运营成本来赚钱所需的时间。

早期模拟的一个具体应用涉及对地区和全市范围内干预措施所要求的城市微气候影响的调查。过去几十年计算资源的重大进步极大地促进了数值模拟方法的应用，包括计算流体动力学（CFD）和热能平衡模型，以评估城市结构（即建筑物和地面）和当地气候参数之间复杂的相互作用。此类模型将理想地考虑直射、漫射和反射的太阳辐射、气流模式、从城市表面到空气的热传递、热岛效应、植被以及交通和空调废热散发的人为热量。

CFD 尤其可以在进行干预的地区有效地分析当前风的运动,并预测这些风运动将如何影响和受早期设计阶段考虑的各种解决方案的影响,而不是诉诸昂贵且耗时的试验方法(现场测量和隧道测试)。事实上,提前预测实际风荷载和建筑性能将确保结构和形状的选择以最小的成本保障人们的舒适和安全。CFD 工具,例如基于云的 SimScale,不仅可以评估建筑物上的风流动,还可以评估结构上的弯曲和扭曲现象(图 4.1-2)。此外,这些 CFD 工具使得行人风环境模拟成为城市设计中的一个关键因素,有助于确保当今复杂城市结构中行人区的整体幸福感、安全和舒适。

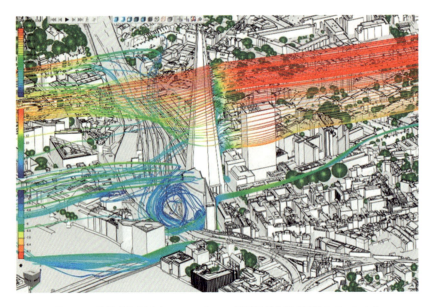

图 4.1-2　伦敦碎片大厦(The Shard)CFD 局部风场分析(图源自 SimScale)

用于微气候分析的使用最广泛的动态模拟工具之一是 ENVI-met 模型(Tsoka, Tsikaloudaki, Theodosiou, 2018),该程序可以模拟城市环境中的气候并评估大气、植被、土壤、建筑和材料的影响(图 4.1-3)。

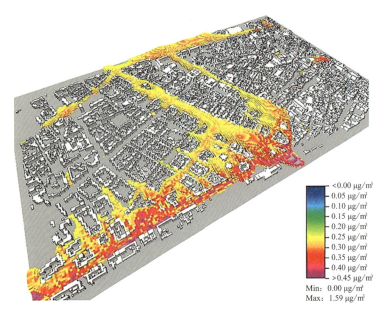

图 4.1-3　臭氧浓度分析(图源自 ENVI-met)

从 ENVI-met 模拟中获得的主要结果包括太阳分析（日照和阴影时间，玻璃分析，阴影投射，太阳能增益），空气污染物扩散（颗粒和气体的排放和传输，NO_x、臭氧和挥发性有机化合物（VOC）之间的化学反应，沉积植物和表面，交通排放曲线），建筑物理指标（立面温度，与植物墙的交换过程，室外微气候与室内气候之间的相互作用，植物墙系统的水和能量平衡），绿色和蓝色技术（立面和屋顶绿化效果，绿地和水体的影响，模拟生活墙，喷水空气冷却），风流动（复杂环境中的风场类型，建筑物和树木周围的风速，风舒适度），室外热舒适度指标（气温，周围表面的辐射温度，身体附近的空气流动，相对湿度），植被（植物生长条件分析，风应力和树木损坏的模拟，用水量模拟）。

4.1.2.2 系统规模调整

BPS 工具通常每年预测建筑物的能源性能。然而，专注于系统规模的软件，尤其是 HVAC，会根据最坏的情况进行计算，以选择 HVAC 设备尺寸（设计工具），然后相应地设计相关的 MEP 系统。通常情况下，HVAC 设备的大小是根据夏季和冬季的设计天数，由静态计算确定，这些天数定义了建筑物的极端条件。

传统的年度模拟工具（Trnsys、EnergyPlus）可预测建筑物及其 HVAC 系统的年度能源性能，并且通常包括尺寸调整功能。这些软件的简化程度较低，可能需要额外的专业知识并经过一些试验和错误才能获得模拟结果，但可以预测不同设计方案的能耗差异，通常包括基于各种热力学方程的动态计算。

总体而言，用于系统规模调整的 BPS 工作流程遵循以下两个级别的模拟细节：

（1）级别Ⅰ：主要模拟建筑围护结构，简化有关 HVAC 设备运行的假设；

（2）级别Ⅱ：建筑围护结构和暖通空调设备及其控制的详细瞬态模拟。

由于复杂性增加以及需要额外的性能和控制系统数据，大多数设计人员采用第一种方法；但是，"典型日运行"的模拟应交给先进的 HVAC 控制系统建模，以便对不同解决方案的年度供暖和制冷能源成本进行真实预测。

一种常见的方法是根据既定的行业标准（如 DIN 4701）对基础 HVAC 设备进行初始尺寸调整，然后对建筑物的实际形状和围护结构进行初步的Ⅰ级模拟。这会产生加热和冷却峰值负载，可以一目了然地将其与预定规模的工厂进行比较。除了峰值负荷之外，研究制冷和制热季节负荷的瞬态变化也很有用：通过检查整个季节的负荷趋势，可以确定发生了多少高负荷实例，哪些因素驱动它们，并制订设计上的变更以减少这些高负荷。例如，通过最大限度地减少室外空气的比率，关闭无人空间的空调，或改变围护结构或遮阳装置。

Ⅱ级模拟需要更完善的 HVAC 系统，因此可以在其所有组件（锅炉/冷水机、冷却和加热系统、控制设置、通风策略、送风机、管道系统和管道）中调整和配置。Ⅱ级模拟可以很容易地用于加热设备尺寸优化，例如，在每年、每月甚至每小时的能源负载中准确地将尺寸过小、尺寸合适和尺寸过大的发电机的性能和成本联系起来。根据经验，建筑 HVAC 系统的设计人员倾向于加大设备尺寸，这种做法会降低运营以及安装和维护成本。"Ⅱ级"系统模拟能够优化设备尺寸，并准确估计包括加热和冷却负载峰值的故障发生率（Zogou, Stamatelos, 2009）。

除了这些迭代的 HVAC 规模调整工作流程之外，Carrier HAP 或 TRACE 3D1 等 BPS 工具使用基于系统的方法进行设计计算，该方法可以定制选型程序并报告正在设计的特定类型的系统，例如可变制冷剂流量（VRF）、中央空气处理机组（AHU）、循环风机盘管、地源热泵（GSHP）、水源热泵（WSHP）等。与负载计算程序相比，这种方法操作简便，而前者需要工程师将计算结果应用于估算系统组件的尺寸。这些程序的特点可用于快速设计 VRF、风机盘管、WSHP 和 GSHP 系统，在单个报告中对多个区域终端的选型结果进行分批处理，并根据特定系统类型计算所需的空间、区域和系统气流速率，甚至计算组件负载、每小时负荷分布、每小时性能数据和湿度图表。

这些工具提供的预配置的建筑主题以及预加载和可扩展的库和模板，通常来自不同的制造商，并且通常具有向导程序以示意性地配置系统和设施。更多升级的产品具有基于系统知识的内置验证和智能以发现早期检测设计中的潜在问题，并将默认值预编程到软件中以减少错误并节省设计时间。

最简单的工作是从软件提供的预定义原型系统开始，这些原型系统可根据区域和系统级设备与控制元件自动调整其大小。两个 BPS 级别都需要按顺序完全自动调整系统大小，并有机会在两者之间进行用户干预，并且还可以应用于用户修改的原型系统变体。

最后，有一些专门工具可针对某些 HVAC 和 MEP 应用（例如光伏和太阳能热系统、管道、管道系统或地热回路设计）。

4.1.2.3 生命周期分析

生命周期分析（LCA）是 ISO 14040 规定的一种方法框架，用于预测和评估环境对产品生命周期的影响，包括原材料采购、制造、分销、运输和报废处置。将 LCA 应用于建筑业，可以帮助了解与建筑全生命周期阶段相关的能源使用和环境带来的其他影响：采购、施工、运营和拆除。

LCA 可用于建筑决策的所有阶段，从城市规划到建筑设计、结构设计、建筑试运行，再到运营阶段以及建筑停用和拆除。它可用于设定影响目标，验证过程后的结果，并从过去的案例中学习。关于设计过程，LCA 可以应用于从编程、概念设计到详细开发的任何阶段，且对支持以下活动大有裨益：

（1）选择建筑设计备选方案和各种建筑结构系统、组件和产品；
（2）识别对整体环境影响最大和最小的产品、组件或建筑生命周期的不同阶段；
（3）减轻针对特定环境问题的影响。

特别是在规划和早期设计期间，LCA 可以协助定义项目想要达成的环境目标。LCA 可用于预估多个选项中的建筑占地面积，或指导结构系统的基本决策，评估建设阶段和运营阶段的影响之间的权衡以选择装配类型。在方案设计阶段，LCA 可以帮助选择建筑产品和组件以及评估节能措施和环境负荷。最后，在详细设计中，LCA 可以帮助评估拟定的照明和 HVAC 系统的长期影响或比较材料饰面。可以根据环境影响确定系统生命周期中最关键的阶段，并建议对系统设计进行适当的修改。

在欧盟建筑业中，对 LCA 的具体要求见 CEN 标准系列中的 TC/350：建筑工程的可持续性以及 EN 15978：建筑工程可持续——建筑环境性能评估——计算方法。此外，欧洲和欧洲以外的几乎所有绿色建筑认证体系都使用 EN 15978 标准，包括 LEED（美国）、Green Star（澳大利亚）和 Konut（土耳其）。此外，目前建筑和土木工程的 ISO 21930 可持续性标准与 EN 标准保持一致。

根据 EN 15978，建筑物的生命周期可分为五个主要阶段（表 4.1-4）：产品阶段（A1～A3）；建筑施工阶段（A4～A5）；使用阶段（B1～B7）；使用周期结束阶段（C1～C4），以及超出系统边界的收益和负载阶段（D）。

产品阶段（A1~A3）包括原材料的提取、材料到制造地点的运输、成品或中间材料的制造、建筑制品的制造、包装和分销。

建筑施工阶段（A4~A5）涵盖从不同建筑产品出厂到建筑工程实际完工的过程。通常，此阶段包括以下活动：将材料和产品运输到项目现场、在建筑物施工期间使用电动工具和设备、现场制造以及用于现场工作的能源。

建筑生命周期的不同阶段　　　　　　　　　　　表 4.1-4

生命周期的阶段	详细分段
产品阶段	A1：原料供应、提取、加工 A2：运输 A3：制造
建筑施工阶段	A4：从大门到建筑工地的运输 A5：施工—安装
使用阶段	B1：使用 B2：维护 B3：维修 B4：更换 B5：翻修 B6：运行能耗 B7：运行水消耗
使用周期结束阶段	C1：建筑解构与拆除 C2：运输 C3：废物处理 C4：处置
超出系统边界的收益和负载阶段	再利用—回收—再循环潜力

使用阶段（B1~B7）涵盖从建筑工程实际完工到建筑物解构/拆除的时间点。系统边界包括建筑集成技术系统在建筑运行过程中使用的能源；建筑物正常运行期间（不包括维护、修理、更换和翻新期间）的所有用水及用水处理（使用前和使用后）；使用建筑产品和服务来保护、保存、调节或控制建筑物；清洁、操作和更换机器等维护场景；建筑集成技术系统和与建筑相关的家具、固定装置和配件的影响及相关方面。

使用周期结束阶段（C1~C4）从建筑物停用且不打算进一步使用时开始。这时，建筑物的拆除/解构可以被认为是一个多输出过程，它输出的材料产品和建筑元素将被丢弃、回收或利用。使用周期结束阶段包括由于建筑拆除和将材料处理至垃圾填埋场以及因废弃建筑材料运输而产生的能源消耗和环境废物。根据可用数据，也可被列入生命周期临终阶段与拆除废物相关的回收和再利用活动。

阶段 D 量化了来自系统边界的材料净流量和输出能源的再利用、回收和能源回收带来的净环境效益或负荷。

根据 ISO 14040，LCA 方法由四个部分或步骤组成：目标定义和范围界定、生命周期清单（LCI）、生命周期影响评估（LCIA）和生命周期解释。

在目标和范围定义阶段，定义要评估的产品或服务、功能单元和所需的详细程度以及确定分析类型、要评估的影响类别和需要收集的数据集。系统边界和功能单元定义是该部分的重要元素。功能单元代表着对待评估产品或系统的描述，其定义非常明确，因此可以将得到的 LCA 与类似产品或系统的 LCA 进行一对一的比较。例如，对于建筑物 LCA，功能单元可能是"从设计到拆除保持 50 年使用寿命的整体建筑物"，或者它可能按每平方英尺计算并限制在一个生命周期阶段内（例如施工）。系统边界决定了提出的 LCA 的广度和深度。例如，若 LCA 是在建筑围护系统上完成的，那么系统边界可能会排除支撑立面的主要建筑结构。评估可能包括也可能不包括用于将立面连接到建筑物的夹子、支架和楣梁。如果预计会有可比较的 LCA，那么对于被比较的系统以相同的方式建立系统边界就至关重要。

在 LCI 步骤中，生产系统的所有输入和输出的清单都已备好：对每个过程使用的能源和原材料，对大气、水和土壤的排放以及不同类型的土地利用进行量化，然后组合成一个工艺流程图并与基础功能相关联。可以根据 LCI 结果对产品和流程进行比较和评估。如果 LCI 的结果是一致的，即产品在所有环境负荷中表现良好或较差，则无须进行 LCIA 步骤。但若 LCI 结果不一致，则 LCIA 步骤将必不可少。在清单分析阶段，软件工具和数据库至关重要。每次进行 LCA 时，不可能从头开始分析每种单独的材料和工艺。相反，使用具有丰富产品和过程数据库的软件工具来完成清单分析。最简单的软件工具是电子表格，可以在其中输入材料数量。更复杂的工具更像成本估算软件，因此可以在表面单元的基础上完成来自组件的材料数量的自动制表。

在 LCIA 步骤中，给定产品或过程的输入和输出被转化为对人类和陆地生态系统的不同影响。有几种方法可以将 LCI 分析结果（使用的材料和能源总量以及由此产生的排放量）转化为环境影响。几种常用的方法是 Eco-indicator 99、EDIP1997 和 IMPACT20021、CML、TRACI 和 ReCiPe。

为了加深对这些影响的理解，资源使用与排放带来的影响被分门别类，并量化为有限数量的影响类别，使用潜在影响的具体指标，然后对重要性进行权衡（表 4.1-5）。

最后，在生命周期信息步骤中，LCA 结果以尽可能提供最多信息的方式报告，并系统地评估了由于产品或服务影响环境而导致减少的需求和机会。LCA 结果可以通过表格或图表的形式呈现，这在比较两个相互竞争的设计方案或产品时特别有用。与任何其他设计反馈工具一样，LCA 是一个迭代过程。对 LCA 的解释可能导致提议的设计发生变更，然后在此过程中又回到 LCI。在此过程中也可以进行结果验证（与其他 LCA 的结果进行比较）和敏感性分析（检查 LCA 变量的可靠性）。

LCA 的主要环境影响类别和指标　　　　表 4.1-5

影响类别	影响类别指标
气候变化	kg CO_2 当量
臭氧耗竭	kg CFC-11 当量
淡水水生动物生态毒性	CTUe（生态系统毒性比较单位）
人类毒性（癌症效应）	CTUh（人类毒性比较单位）
人类毒性（非癌症效应）	CTUh（人类毒性比较单位）
颗粒物质/呼吸性无机物	kg $PM_{2.5}$ 当量
电离辐射（对人体健康的影响）	kg U^{235} 当量（对空气）
光化学臭氧形成	kg NMVOC 当量
酸化	mol H + eq
富营养化（陆地）	mol N eq
富营养化（水生）	淡水：kg P 当量；海洋：kg N 当量
资源枯竭（水）	与当地缺水有关的用水量
资源枯竭（矿物、化石）	kg 锑（Sb）当量
土地改造	kg（亏空）

LCA 所需的主要工作通常与清单分析有关，包括对材料和活动进行分析，并累积它们的排放量。一些组织和 LCA 工具供应商开发了 LCI 数据库，其中包含常用产品和流程的材料、能源使用和排放数据。这些数据库包含了一个产品系统的每个加工单元的基本流程（输入和输出），并且是针对国家和国家内部地区的，因为能源燃料组合和生产方法往往因地区而异。然而，这些模块并不包含描述具体产品全生命周期的数据，但一般都是指明原材料的提取、到制造单位的运输过程、制造过程以及包装和分销。知名的 LCI 数据库有 EcoInvent 数据库，其包括了全球、欧洲和瑞士的数据集，以及由美国国家可再生能源实验室管理的美国 LCI 数据库，它提供了针对在美国生产某种材料、部件或组件所产生的能源材料的流入、流出的"从门到门""从摇篮到门"和"从摇篮到坟墓"的单独计算。LCI 数据库要么与 LCA 工具集成，要么导入 LCA 工具。

数据可以从行业平均水平推断出来，也可以是针对供应商的。在规格定制和采购阶段，如果有供应商的具体数据，就可以利用 LCA 为特定产品选择对环境最敏感的供应商。

根据不同的目标，在建筑领域，LCA 可以应用于建筑生产层面、装配层面和整体建筑层面，其范围可以扩展到生命周期的各个阶段和过程（"从摇篮到坟墓""从摇篮到门""从摇篮到摇篮"或"从门到门"）（表 4.1-6）。

为了得出可靠和一致的结果，正确选择软件工具成为 LCA 的一个重要方面。

现在，市场上有 50 多个 LCA 软件工具，有些适用于从头开始的任何工业产品或工艺（GaBi、SimaPro、OpenLCA、Umberto 等），而另一些则适用于建筑业（BEES、Athena Impact Estimator、Tally、One Click LCA、EToolLCD 等）。一些软件工具使用专有的数据集，另一些则依赖外部数据库。表 4.1-7 中列出了市场上最知名和最常用的软件。

为建筑业优化的 LCA 工具可以根据以下内容进行分类：

（1）LCA 的应用水平：产品、建筑装配和整体建筑 LCA 工具。
（2）用户需要的技能：为 LCA 从业者提供的工具和为建筑师等普通用户提供的工具。
（3）数据位置：包含特定国家或地区 LCI 数据的工具。
（4）可使用该工具进行评估的生命周期阶段。
（5）设计阶段的应用。

生命周期分析（LCA）范围　　　　表 4.1-6

LCA 范围	描述
从门到门（仅一个阶段）	从门到门是一种局部的 LCA，它只考察整个生产链中的一个增值过程，例如，通过评估建筑物的施工阶段对环境的影响
从摇篮到门（A1~A3）	"从摇篮到门"是对产品生命周期的评估，从资源提取（摇篮）到工厂大门（即在它被运输到消费者之前）。在这个系统边界中，只有在提取资源、将获取的材料运输到工厂和制造过程中的过程被纳入分析。"从摇篮到门"的评估有时是环境产品声明（EPD）的基础
从摇篮到坟墓（A1~C4）	"从摇篮到坟墓"是指从资源提取（摇篮）到建筑处理阶段（坟墓）的完整 LCA。除了（从摇篮到门）边界所包含的过程，"从摇篮到坟墓"还考虑到产品制造和建筑的施工、使用和拆除阶段所产生的环境影响
从摇篮到摇篮（A1~D）	除了"从摇篮到坟墓"边界所包含的过程，"从摇篮到摇篮"的 LCA 还考虑了被处理材料对环境产生的积极或消极影响。"从摇篮到摇篮"通常意味着大量回收待分析产品，从而减小首次使用该产品的影响

LCA 软件工具 表 4.1-7

LCA 软件工具	整体建筑	装配	产品	所需用户技能
Athena EcoCalculator		■		普通用户
Athena Impact Estimator①	■	■		普通用户
BEES②	■		■	普通用户
Boustead			■	LCA 从业者
CAALA③	■			普通用户
ECO-BAT 4.0	■	■	■	普通用户
Eco-Quantum	■			普通用户
Envest[b]	■			普通用户
EQUER	■			普通用户
EToolLCD	■			普通用户
GaBi			■	LCA 从业者
LCAid	■	■	■	普通用户
LCAit			■	LCA 从业者
LEGEP[b]	■	■		LCA 从业者
LISA	■			普通用户
One Click LCA[b]	■	■	■	LCA 从业者
OpenLCA[a]			■	LCA 从业者
PEMS			■	LCA 从业者
SBi LCA tool			■	LCA 从业者
SimaPro			■	LCA 从业者
Tally[c]	■	■		普通用户
TEAM			■	LCA 从业者
Umberto			■	LCA 从业者

注：a 同时也是生命周期成本分析工具；
　　b 开源；
　　c 插件。

最基础的 LCA 工具通过材料统计（面积或体积）的形式输入并将其转换为质量。然后将此质量值附加到可用的 LCI 数据中，从而得出产品系统的输入和输出数量。输入和输出可能包括资源的使用以及与系统相关的空气、水和土地的排放。图 4.1-4 描述了一个整体建筑 LCA 工具的基本配置。

① 开放源。
② 生命周期成本分析的另一工具。
③ 插件。

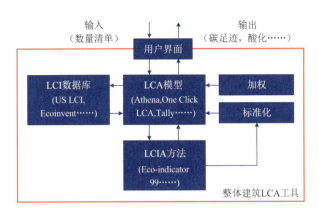

图 4.1-4　典型整体建筑 LCA 工具的配置

主要数据以电子表格格式输入，也可以通过几何计算机模型输入。基于几何的输入使用 3D 模型软件平台来提取有关建筑物材料和数量的信息。One Click LCA 和 Tally 等工具使用 Revit 3D 模型平台，而 CAALA 为 SketchUp 和 Rhino 开发了插件。尽管 EToolLCD 试图开发 Revit 插件，但 EToolLCD 与 Athena 都不支持 3D 模型。对于 Athena，所有数据都必须手动输入，并且材料体积由程序根据假设计算。通常，LCA 软件不会自行计算建筑物的运行能耗，用户输入此能耗信息，以及电力和燃料网特性。CAALA 软件能够根据 DIN V18599 估算公寓楼或独院住宅的最终和主要运行能源需求。但是，由于它计算的是运行能量，因此在评估时还考虑了许多其他变量，例如材料的热性能、热桥、气密性、气候带，以及遮阳装置和现场遮阳障碍物。

4.1.2.4　规范合规性验证

建筑能源规范合规性是实际节能效果与能源规范规定的效率之间的关键环节，因为除非建筑物的建造或改造完全符合标准要求，否则无法实现严格能源规范的节能效果。尽管在过去的几十年里，全球范围内的有效节能在严格的能源要求下已经开展，但建筑的不合规性是发达国家和发展中国家仍然面临的问题（Xie 等，2020）。

BPS 在世界各地的大规模推广计划和立法中越来越得到认可，例如，美国的 LEED（能源与环境设计先锋）和 EPAct（能源政策法案），以及欧洲的 EPBD（欧盟建筑能效指令）。因此，模型和工具的开发、评估、实践使用和标准化变得越来越重要（Djunaedy 等，2006）。同时，重点关注制定新的改良的建筑规范和标准，以应对当前建筑设计方面的挑战。随着规范和法规愈来愈严格、精确，并且除了遵守规定条款之外，还以实际建筑性能为导向，要求手动检查变得更加困难、更加耗时且容易出错。因此，具有集成性能模拟引擎、能够自动检查规范和标准的能源规范合规工具对于成功的设计交付至关重要（Maile, Haves, See, 2015）。例如，美国能源规范基于 DOE-2 建筑能效模拟软件，可能遵循常规规定的要求或替代基于性能的合规路径，近年来后者呈现上升趋势。愈加严格的规定路径被认为是基于性能的合规趋势背后的关键驱动因素，越来越多的项目利用绩效路径权衡利弊，而非满足一些规定性要求：例如许多项目追求达成一种绩效路径，使开窗面积超过规定范围（一些州规定WWR最大为30%），并接受较差的不透明围护结构，或者不符合 ERV 和照明功率密度要求。在这些情况下，基于性能的合规性能够利用现场可再生能源或热电联产系统来弥补性能不佳的围护结构、过多的玻璃窗和增加的照明功率密度（Karpman, 2016）。

今天，大多数能源和可持续性认证，无论是强制性的还是自愿性的（例如 LEED、BREEAM、ESTIDAMA 等），都只能通过经认证符合相关计算方法的 BPS 工具来获得。例如，在美国通过规范或 LEED 认证的整体建筑 BPS 程序应符合 ASHRAE 标准 90.1—2010 的附录 G，其中包括以下最低建模要求：

（1）每年 8760h；
（2）占用率、照明功率、杂项设备功率、恒温器设定点和 HVAC 的每小时变化；
（3）系统运行，分别定义为一周和节假日的每一天；
（4）热质量效应；
（5）十个及以上感热区；
（6）机械设备的部分负荷性能曲线；
（7）机械加热和冷却设备的容量和效率校正曲线；
（8）带集成控制的空气侧节能装置（ANSI, ASHRAE, IES, 2019）。

然而，无论执行的具体能源规范或标准如何，大多数现有工具面临的挑战是其有限的数据交换能力，这就需要将项目数据重新输入到模拟引擎，因此需要更多的必要准备时间并会产生更高的错误率。同时，这不利于在设计过程的早期阶段进行代码合规性验证，并且通常将其推迟到最终交付阶段，而最终的合规性问题可能需要进行高成本且耗时的重新设计（图 4.1-5、表 4.1-8）。

近期美国能源部资助的一项研究预估，50%~60%的 LEED 模型是使用 eQUEST 或 Trane/Trace 开发的（Barbour, Zogg, Cross 等, 2016）。

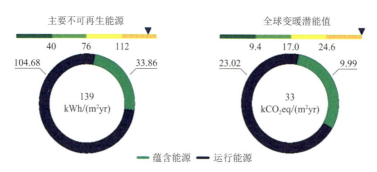

(a) CAALA 中体现和运营影响的份额

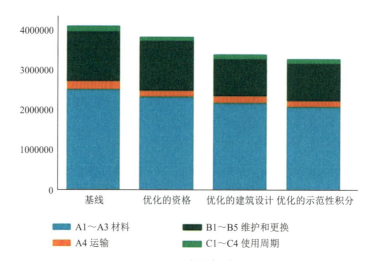

(b) One Click LCA 中设计方案的对比

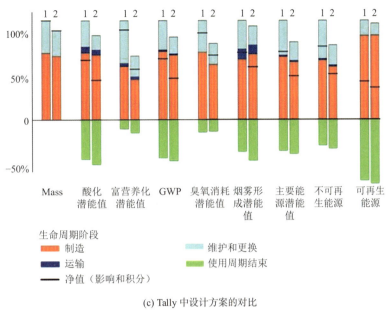

(c) Tally 中设计方案的对比

图 4.1-5　图形输出表示示例

整体建筑 LCA 结果（示例源于 Athena 影响评估器的 LEED 报告）　　表 4.1-8

生命周期评估影响措施	系统边界：从摇篮到坟墓（从 A 到 C 阶段）			
	基准建筑	拟建建筑	单位	误差（%）
全球变暖潜能值	157343.34	118007.50	kg CO_2 当量	（−）25.0
平流层臭氧耗竭	0.00	0.00	kg CFC-11 当量	—
土地和水的酸化	910.67	796.16	kg SO_2 当量	（−）12.5
富营养化	77.10	72.47	kg N 当量	（−）6.0
对流层臭氧形成	13789.23	11307.16	kg O_3 当量	（−）18.0
不可再生能源的枯竭	1987895.78	1441224.46	MJ 当量	（−）27.5
至少减少 10% 的措施数量（负值对应数量的减少）				4

4.1.2.5　交通和行人模拟

用于设计目的的人员行为模拟一直是城市规划和基础设施设计的主要内容，多年来开发了多种交通模拟工具和软件，应用于高速公路、地方道路、铁路设计、机场或海港布局或物流中心规划。

当前的软件工具（如 Bentley Cube）能够支持多种交通方式，实施一种能够考虑不同交通方式（行人、自行车、小汽车、货运、公共汽车、快速公交系统、铁路、航空、水路等）之间相互作用的多模式方法，根据具体应用，无论是宏观的还是微观的，通常需要不同级别的模拟。

宏观层面的模拟（大规模群体）用于战略和多模式规划，通常用于研究主要道路网络和公共交通系统。宏观模型将起点和目的地之间的全部交通量视为一个单元，以探索聚合交通量的最低成本路径，并在战略层面上计算拥挤效应，使用流量比并估计交通流速。

相反，微观模拟（小规模群体）对每个目标（车辆或行人）进行显式建模，捕获详细的移动和交互，例如车辆加速和车道合并。目前已有的大多数微观交通模拟器都是基于汽车跟随、车道变换和可接受间隙模型等来模拟车辆的行为。这种更高层次的细节适用于研究基础设施几何、交通控制系统和泊车，或研究多模式项目，例如行人和车流之间的相互作用。微观模型的目的是模拟整条街道的流动和相互作用，包括车辆穿过该区域，汽车来回穿梭与泊车，卡车停靠卸货交付，公交车、轨道车辆和循环器适当停靠和抢占交通控制，以及自行车和行人与所有其他车辆和环境互动。

一些软件还声称其可以在中间级别运行，称之为细观模型，它能够根据高速公路最大通行量对道路级项目进行建模和模拟，并应用动态交通分配法来了解交通如何随一天中的时间和以可能比宏观模型更高的分辨率而变化。

交通建模软件可用于分析新项目和新政策对城市交通网络、土地利用和人口的影响。作为城市数字孪生的一部分，它们可用于开发和应用预测性多式联运模型，以模拟基础设施、运营、技术和人口统计的变化将如何影响给定区域的移动及其易于进入性。

与车辆交通模拟类似，行人或人群模拟在过去几年中取得了显著的发展，有几种专用软件（Oasys MassMotion、Bentley Legion、Anylogic、InControl Pedestrian Dynamics、Vadere Crowd Simulation）可用于室外，尤其可用于室内人动态的微观模拟。人群模拟分析工具现在广泛用于设计决策以评估建筑性能，并有望提供相关信息，表明拥挤场景中的建筑行为（Boje, Li, 2018）。

这些工具特别适用于设计和改进用户流量较大的公共设施，包括购物中心、机场、火车站和地铁站、体育场馆和主题公园、博物馆或酒店大堂。特别是通过运行人群模拟，可以探索行人和人群如何与基础设施互动，主要目标如下：

（1）优化电梯、坡道和楼梯的大小及位置；
（2）评估建筑物或房间容量；
（3）识别潜在的瓶颈，例如售货亭、收银员、售票大厅或安全检查；
（4）在多层建筑中，根据人们在紧急情况下的多样和复杂行为评估疏散计划；
（5）购物区顾客流量的可视化；
（6）评估停车场、道路和公共交通的可达性；
（7）准备紧急或有限运营计划表，将用户之间的距离最小化，例如流行病控制措施。

行人模拟工具是基于主体的，这意味着不是将模拟中的实体视为均质体（如CFD模拟中的粒子），而是将每个行人建模为个体，允许用户通过任何额外的明确设计行为来定制个性。行人模拟工具可以预先指定行人属性、偏好和状态。每个主体根据社会力模型移动，选择最短路线，通过分析当前环境避免与其他对象发生碰撞，并决策之后的行动。智能代理还可以对不断变化的运行条件和用户定义的触发器作出动态响应。驱动这些模拟器的算法通常是为了研究行人行为而开发的，包括用于收集经验人群数据的视频技术，然后对其进行系统分析并与数学建模相结合以创建模拟引擎。

业界领先的软件能够兼容一系列文件格式，包括行业基础类（IFC）转换的 AutoCAD、MicroStation、SketchUp、Rhino 或 Revit BIM 模型，并具有用于创建或编辑人们可在其空间内移动的建筑几何图形的内置 3D 建模功能。

可以创建不同的场景来测试不同需求情况下的设计，例如上下班高峰时间、一年中的某个时间、体育场比赛日，或者测试建筑平面图的不同变化以微调其布局。

4.1.2.6 建筑能源预测

除了支持建筑设计过程的所有阶段直至将项目交付给客户/承包商之外，BPS还在建筑的运营和管理阶段寻找应用的机会，作为改进建筑控制系统或评估其运营绩效的工具。

关于建筑控制，用于计算对建筑设计和合规性验证有用的性能指标的相同模拟工具实际上可以预测建筑物的日常供暖和制冷负荷，从而使 BAS 能够预测建筑物的能源需求，并相应地操作 HVAC 和能源系统。这种建筑控制方法被称为模型预测控制（MPC）（图 4.1-6）。与传统的建筑控制逻辑相反，其根据传感器测量的环境值规定纠正措施（例如，若房间内温度降低，则提高送风温度），MPC 旨在根据确定时间间隔预测的条件来执行先期控制措施。

MPC 控制器包含两种主要技术：预测模型和优化求解器，前者用来预测控制主体的动态行为，后者用来确定要设置的最佳控制输入以满足预期结果。预测模型预测系统输出的动态响应受可操控变量（温度设定点、HVAC 控制、窗户和遮阳执行器）和不受控输入（设计师设置的约束条件、天气预报、预期的居住者行为）的影响。然后，优化求解器确定实现预期目标（节能、热和视觉舒适度、降低成本）的最佳策略，该策略一直执行到开始下一轮预测（通常间隔 30min 或 1h）。MPC 采用与设计阶段相同的模拟引擎（如 EnergyPlus、DOE-2 等），这些引擎应用于建筑物的竣工模型，并可根据测量的运行值进一步校准。后面章节将对建筑控制系统尤其是 MPC 进行更详细的研究。

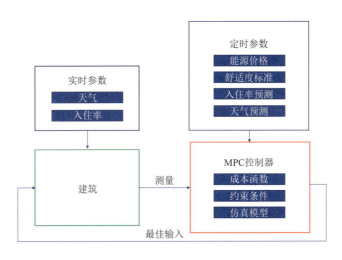

图 4.1-6　建筑 MPC 的基本原理

在建筑物运营中，BPS 可用于执行有益管理决策的假设分析情景，例如，在实际竣工之前评估建筑物内特定动作或修改的效果。当 BPS 工具应用于建筑物的数字孪生时，这一点尤其有效，即建筑物的虚拟结构模型会使用其传感器网络的实时数据不断进行更新，同时可以复制在建筑的真实结构上。一个成熟的建筑数字孪生提供了一个准确的测试平台，用于监控持续状态、识别建筑内部和外部复杂性、检测异常模式、反映系统性能、预测未来趋势以及优化运营。特别是，当与 BPS 工具配合使用时，数字孪生可以模拟在进行某些调整时可能会发生的情况，这些调整可能代价过高、危险或不确定而无法在现实世界中尝试。通过改变数字孪生的运行变量，便可以在数字世界中预测变化，不会产生任何成本或安全风险。

4.2　建筑性能模拟的数据和准确性——气象数据

BPS 强烈依赖边界条件来输入其数学/物理方程并驱动其模拟运行，而有关气象的数据是其在产生结果影响方面最重要的数据之一，因为它决定了如室外温度和湿度、风强度和风向、太阳辐射等模拟参数。同时，气候适应性建筑的概念正变得非常重要，迫切需要研究能够有效利用当地气候和气象特征的被动技术。出于模拟目的，根据模拟的预期用途，可以从内置和在线气象数据库或用户的本地数据收集中以不同程度的保真度、粒度和可靠性获取气象数据。

显然，为了确保最大的模拟精度，受当地条件的影响，理想情况下环境输入数据应该能够在项目现场准确地被观察到，并与正在进行的建模同步进行。同时，这样的活动需要付出相当大的努力，这可能与特定的应用程序不成比例，并且如果在不仔细的情况下进行，可能会大大降低模拟结果的质量。收集当地气象数据的推荐方法是投入使用一个或多个合理定位的气象站，配备传感器以获取以下最小参数：全球太阳辐射（W/m^2）、漫射太阳辐射（W/m^2）、气温（℃）、风速（m/s）、风向（°）、相对湿度（%）、降雨量（mm）和日照时间（h）。气象站配有环境数据记录器，用于启动读数、控制传感器并存储与观测范围相关的数据（通常为10min）。随后处理测量的气象数据以得到所需的输入参数（如每月平均值），接着在BPS工具子程序中执行（Ciobanua, Eftimie, Jaliu, 2014）。

在绝大多数用例中，用于模拟的气象数据资源由内置于所选BPS工具或在线文件存储库构成，可以从中为所选位置获取气象文件。从历史上看，大规模（国家）气象数据观测计划支持各种活动，如一般预报、航空和农业，尽管随着技术能够降低成本并提高数据观测、管理和建模的复杂性的情况正在改善，但对工程应用的考虑较为有限。传统上，用于模拟的气象数据在一年8760个小时的值文件中表示，这种详细程度能够得到手动观测并足够实用的报告周期，报告周期可以很短，去捕捉建筑物中感兴趣的行为也可以很长，以允许合理地模拟运行时间。当前的气象文件格式包括典型气象年（TMY）和Energy Plus Weather（.EPW）文件。

TMY文件是一组气象数据，其中包含给定地理位置一年中每小时的数据值，以逗号分隔的文本值或表格形式呈现报告。数据选自较长时间段（通常为10年或更长时间）的每小时数据，每个月都从被认为对该月最具代表性的年份中选择。例如，1月可能来自2007年，2月可能来自2012年，等等。允许从单年分析中估计长期（多年）绩效。上一版本的TMY文件，称为TMYx，是使用TMY2/ISO 15927-4: 2005方法从ISD（美国NOAA的综合地表数据库）中截至2017年的每小时天气数据得出的，并以更灵活的CSV文件格式提供。通常，TMY网格报告位置数据（城市、州、国家、纬度/经度、时区、海拔）以及表4.2-1中呈现的实际每小时环境数据。

TMY模拟文件中包含的信息　　　　　表4.2-1

元素	单位/数据
年	TMY/TGY/TDY2017 1998_2017
月	1~12
日	1~28，1~30或1~31
时	1~23
分	0
露点	℃
漫射水平辐照度（DHI）	W/m^2
直接法线辐照度（DNI）	W/m^2
全球水平辐照度（GHI）	W/m^2
温度	℃

续表

元素	单位/数据
压力	mbar
风向	°
风速	m/s
表面反照率	比率

进一步优化 EPW 格式的文件，使之能在 BPS 中使用，使其包含设计条件、极端周期序列和次小时数据，并且可以被 20 多个建筑模拟程序读取或翻译。气象数据文件通常指向机场或空军基地，这些场所通常远离建筑工地，与市中心相比可能会遇到不同的当地条件，特别是由于低地面粗糙度而增强的风和由于缺乏热岛效应而导致的低温现象。

TMY 和 EPW 文件最适合用于全空调建筑的能源设计和合规性分析。在此基线模拟应用程序中，通过比较设计变体和基准的结果得出节能信息。因此，几乎不需要绝对的准确度，因为误差会部分补偿，微小的不精确并不明显，机械 HVAC 系统将确保实际的建筑舒适度。类似的比较程序用于能源规范合规性和建筑标识项目。

但是，在 TMY 文件记录期间，在建筑模拟中使用 TMY 文件进行针对设计的"假设"分析或更具体的应用，仅返回建筑或设计策略对典型气候条件的响应数据。因此，典型气候模拟几乎没有提供关于建筑或设计策略对气候本身变化敏感性的信息（Rastogi, Andersen, 2015）。使用类似 TMY 的方法，考虑模拟极端年份文件，包括一年的气象数据文件，其中包括极端夏季（如设计夏季年[DSY]）或冬季（如极端寒冷年）或两者的组合（如极端气象年）。

TMY 文件尤其不适用于以下用例，这可能需要备选的气象数据进行更深入和更准确的调查：

（1）无空调或半空调建筑物的性能模拟，其中过热分析、被动式太阳能设计和其他问题涉及非平均气候条件。例如，没有机械制冷的建筑物舒适度模拟可能需要经过分析多年数据而选择的特别温暖的夏季气象数据。

（2）自然通风研究，其很大程度上取决于当地的风况，因此不能仅依靠机场站点的历史数据，而需要现场测量。

（3）确定 HVAC 尺寸的最大加热或冷却需求，这通常基于设计日或短期计算，使用 TMY 表中可能未出现的近极值条件。

（4）模型校准、控制优化、实际节省估算和涉及现有建筑物性能的其他应用，这些应用需要在研究期间在建筑工地或其附近观察到的气象数据。

（5）可再生能源系统的模拟，其中标准的每小时数据可能会对具有非线性特性的系统产生不可信的结果，例如光伏和风力涡轮机，其输出取决于入射辐射或风速（Crawley, Barnaby, 2019）。

除了建筑在能源效率、热和视觉舒适度方面的既定质量要求外，气候适应性建筑的概念在过去几年中开始出现，即用来应对极端或不可预见的气象条件的建筑，由于气候变化的干扰，预计这种建筑在未来几年将变得越来越普遍。对于气候适应性建筑，需要根据未来的气象数据进行模拟，以考虑可能的各种气候状况。在过去几年中，已经开发出几种方法来实现未来的气象文件/数据集（Ramon, Allacker, van Lipzig 等，2019）。第一种方法，称为模拟情景法，使用来自不同位置的气象文件，该位置当前具有与未来建筑物位置的预期相似的气候条件。第二种方法是从过去选择比正常温度高的一年来代表未来的气候。然而，在这两种方法中，太阳辐射使得很难找到合适的气象文件，因为气象文件在很大程度上取决于建筑物位置的纬度，并且其变化在当前气候变化情景中的代表性不足。

正在进行的用于建筑模拟的未来气象数据研究通常使用基于大气环流模型（GCM）的第三种方法来构建未来气候的可能轨迹。这些模型旨在模拟大气的状态和演变，包括辐射、热量和水分在内的大气环流和能量交换，以及与云的形成和降水有关的过程，并考虑与海洋和陆地的相互作用。GCM 提供全球范围内的气象信息，典型空间分辨率为 150~600km。因此，必须在地方层面缩小其规模，以考虑如城市热岛效应的特定地点因素（Jacob, Petersen, Eggert, 2014）。

4.3 与 BIM 集成

BIM 模型为进行 BPS 分析提供了一个极好的切入点，因为这些模型可以包含和集成有关建筑几何形状、围护结构组件、材料、成本、HVAC 系统、电气系统和材料热特性的信息（Kamel, Memari, 2019），并结合相关信息进行 LCA 和 LCC 研究。然而，目前的情况是，BIM 主要用于建筑和工程领域，作为加快 3D 几何模型开发、提高施工文件的准确性、确保设计和施工过程中各方之间的沟通以及减少现场协调的问题的一种手段。并且，BIM 在 BPS 应用程序中的实用性仍然仅限于项目数据的存储库，这些数据必须重新输入到能源模型中。尽管如此，BIM 和 BEM 的集成（称为 BIM-BEM）在研究领域和商业应用中都呈现出不断增长的趋势，其中有一些值得注意的举措，例如 IEA EBC Annex 60 项目，该项目将其活动（Activity）重点放在了具体问题上，即将建筑物及其 HVAC 系统从数字化模型转换为用于 BPS 的半自动生成模型（在本例中为 Modelica 代码）（Pinheiro, Wimmer, O'Donnell 等，2018）。

4.3.1 BIM-BEM 互操作性

BIM-BEM 集成提供了多种好处，极大地简化了数据处理，并能使能源建模自动化、更好地呈现输出且具有存储和组织新建筑数据的能力。事实上，通常情况下 BPS 所需的信息中有 70%以上已经存储在 BIM 模型中（Choi, Shin, Kim 等，2016）。BIM-BEM 互操作性的进一步提升将显著改善 BPS 的可用性，因为 BIM 和 BEM 之间的无缝数据迁移能节省时间和精力，减少人为错误，甚至向专业化程度较低的人员开放 BPS。

另一个额外的作用是，BIM 在早期阶段为建筑团队提供了大量信息，有利于从设计的第一阶段开始提高建筑性能，因为设计阶段项目的变更成本相对较低。实际上，理想情况下 BPS 的使用应该贯穿于整个设计过程，执行对应时期的不同任务，因为建筑和能源模型是从初步模型发展到详细模型。在概念设计阶段，粗制的能源模型只需要简单的感热区，并且已经可以评估设计概念，例如场地位置、建筑体量和围护结构、建筑朝向和可再生能源。尽管在这个阶段需要对能源模型作出大量假设（如所有设计备选方案的固定内部负载），但其确实有助于设计团队权衡不同设计备选方案的性能。随着设计阶段的推进，建筑信息变得更加详细，BPS 可以帮助设计团队选择最优的建筑布局、HVAC 系统、建造类别和基本建筑特征。设计和工程开发完成后，BPS 会根据更完善的能源模型对所选设计进行参数分析。这些模拟可以确定绝缘值或 HVAC 子系统和控制的相对影响（Gao, Koch, Wu, 2019）。BIM 和 BEM 之间实现的互操作性为这种基于性能的流程消除了主要障碍，即缺乏时间、资金和信息，导致 BPS 活动和结果总是滞后于决策制订的时间。

BIM-BEM 集成可以在不同层面上完成。常见的工作流程涉及三个主要步骤。首先，在 BIM

创作软件中简化了 BIM 模型，去除不必要的信息，并简化了建筑几何结构、内部负载和设备系统。其次，简化模型以易于互操作的格式导出，例如 gbXML 和 IFC。最后，这些 BIM 文件被导入到大多数 BPS 工具（用于 EnergyPlus 的 DesignBuilder 或 OpenStudio，用于 DOE-2 的 eQuest 或用于 Apachesim 的 IESVE）的建模器 GUI（图形用户界面）中，这些工具将其中的建筑信息转换为相应模拟引擎可用的数据。gbXML 和 IFC 格式都适用于 BEM，因为它们提供材料属性、HVAC 系统的有限数据和热区数据。在这二者中，IFC 在本质上更灵活，其也可以应用于建筑施工或建筑运营领域，而 gbXML 更适合能源模拟领域，例如其包含有关项目位置的数据。此外，IFC 是面向对象的自上而下的结构，所有信息都以有组织的方式说明，而 gbXML 是自下而上的结构，并且易于理解。总体而言，gbXML 被认为是更好的实施 BIM-BEM 集成性能的格式，据估计，支持将数据传输到 gbXML 的能源建模程序数量几乎是支持 IFC 的程序的五倍。理想情况下，BIM 模型应该成功地将以下数据传输到 BEM 软件：位置和气象文件、几何形状、建筑和材料、热区、HVAC 系统和入住率运营计划（Elnabawi, 2020）。

但是，通常 BIM 开发工具可能无法将所需数据正确传输到 BIM 文件，即使 BIM 文件携带所需信息，读取此类文件的 BEM 工具也可能无法正确检索这些数据，需要使用中间纠正工具来改进这个过程（Kamel, Memari, 2019）。常见的中间工具是空间边界工具（Space Boundary Tool），它通过生成模型中可能缺少的空间边界来简化 BIM 到 EnergyPlus 的传输，而这些空间边界对于 BPS 来说是必需的。

作为备选的集成路径，一些 BPS 工具（如 DesignBuilder 和 IESVE）除了能够以 gbXML 文件格式导入和导出外，还具有自己的 Revit 插件，可以简化和自动化 gbXML 导出过程，但这仍然会导致 BIM 和 BEM 之间的数据交换错误。尽管如此，研究表明，距离 BIM-BEM 工具的同步性达到让人满意的程度还有很远的路要走，两个程序之间的数据流动往往是单向的，这意味着 BEM 的任何改动都无法在 BIM 模型中识别。目前，仍然建议区分这两种方法的功能：BIM 工具不提供许多定制选项，例如运营计划或 HVAC，并且可能是对早期设计分析非常有用的工具，以支持包括建筑形式、体量、朝向和门窗布局等方面的决策，其中来源于 BIM 的几何形状和施工加速了这一部署，而 BEM 可能是在项目生命周期的后期阶段进行有效能源分析的最佳选择（Elnabawi, 2020）。

4.3.2 参数化能源建模

当前 BIM-BEM 互操作性问题的最新解决方案在于参数化设计。参数化设计包括将 BIM 或 3D 开发工具中确定的设计活动链接到用户定义的脚本，能够根据特定参数自动执行这些任务。这就能使这些琐碎的任务自动化完成（例如，以固定间隔在走廊中放置照明设备或门），但更重要的是，能够将设计动作与参数相关联，而这些参数又来自用户特定的方程或适当的性能模拟（例如，加装窗户或合适尺寸的遮阳篷，以确保日光要求）。此外，特定设计问题的参数化解决方法可以对由特定算法程序化生成的不同解决方案进行反复比较，从而使建模者能够评估众多的潜在设计，以形成设计团队可以使用的指导意见，作为设计过程中的良好起点。事实上，分析和模拟工作流程通常仍然围绕一个设定的过程：在软件中对建筑物的单一实例（即不改变参数）进行建模并在单独的程序中进行分析，这使得迭代评估变得烦琐且耗时。使用一个参数化、容易操作、响应迅速而非静态的模型基础进行分析/模拟，这大大简化了测试多种设计选择的效果（图 4.3-1）。此外，参数化建模能够评估每个系统对引入变量的补偿和响应能力（敏感性分析）：通过扰动模型的一个或多个参数，并保持其他参数不变，设计者可以了解目标性能指标是如何受每个设计因素影响的（例如，EUI 可能对 WWR 特别敏感，而非建筑朝向）（Samuelson, Claussnitzer, Goyal 等，2016）。在某些情况下，它能够自主地识别最佳的设计（生成式设计）。

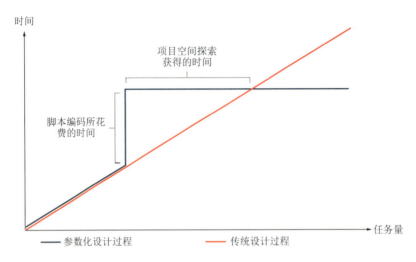

图 4.3-1 参数化模拟和传统模拟过程所用时间对比

用参数化设计增强三维和 BIM 建模的主要软件工具包括 Autodesk Dynamo（这是一个集成在 Revit 中的可视化编程环境），以及 Grasshopper（这是一个图形化算法编辑器，可以在 Rhinoceros 三维建模工具中实现参数化三维建模）。两者都具有可视化的编程界面，无须学习特殊的语法即可直观地编写设计参数脚本，并能促进模型和分析/结果之间的联系，使设计者能够不断操纵模型上的参数，直到达到预期的分析结果（Toutou, Fikry, Mohamed, 2018）。

参数化 BIM 或 3D 模型通过特定的中间设备工具与 BPS 软件（EnergyPlus、Radiance、Therm/Window 等）对接。其中，性能最好的是 Ladybug 工具套件，其与 Dynamo 和 Grasshopper 兼容，包括以下适用于不同应用程序的插件：瓢虫（Ladybug）、蜻蜓（Dragonfly）、蜜蜂（Honeybee）和蝴蝶（Butterfly）。

Ladybug 插件对气象数据进行分析，为环保设计生成特定的、交互式的可视化数据。它可以将标准的 EPW 文件导入 Grasshopper 和 Dynamo，并提供二维和三维交互式气象图形、太阳辐射研究、景观分析、日照时间建模，以支持设计早期阶段的决策。对参数化设计工具的集成能得到对设计修改的即时反馈和高度用户化。主要功能包括太阳图的绘制、阴影研究和遮光板、日光接入研究、湿度和适应性舒适度图表以及可再生能源的整合。Ladybug 是由 Dragonfly 应用程序集成的，该应用程序模拟了大规模的气候现象，如城市热岛、气候变化预测和当地地形对项目的影响。

另一个常见的 BPS 插件是 ClimateStudio，它将 Rhino/Grasshopper 与 EnergyPlus 和 Radiance 模拟引擎连接起来，直接在三维建模器中创建、模拟和可视化建筑模型的结果，让设计人员能够自由控制并得到即时程序内反馈的同时进行优化、敏感性分析和自动模型生成。在照明设计方面，ClimateStudio 提供太阳路径和阴影分析、符合 LEED 标准的 sDA 指标的日光照明、年度眩光计算、动态窗帘和智能窗模拟和调度，以及电动照明的选型。关于能源建模，该软件能够做到多区模拟、空间热舒适度图、自然通风模拟。

从设计过程的第一个阶段开始，BPS 和参数化工具的集成为规划和编程阶段指定的可量化目标提供了见解和指导。特别是，在 BIM 模型开发的每个设计步骤中，最好根据以下工作流程，采用不同的模拟和工具。

在预设计阶段，对应于 BIM 发展水平（LOD100），有可能对初步的聚集箱状形状进行温度校准和太阳辐射分析，以获得第一个能源预测并设定项目的可持续性目标。在这个阶段，BIM 开发软件中的工具（如 Autodesk Insight for Revit、Archicad Energy Evaluation）以及气候分析工具（如 Ladybug 插件）可能就能满足需求。

在初步设计阶段（LOD200），可以分析建筑物的体量和朝向，根据气象数据评估光伏和风力发电能力，并根据热特性、WWR、日光和热增益/损耗权衡来研究立面选项。分析结果支持空间配置、照明功率密度和 HVAC 类型方面的设计选择。此阶段合适的 BEM 软件包括能源和日光插件（如 Honeybee），此外，内置能源分析工具也有部分贡献。

在详细设计阶段（LOD300），对前一阶段确定的设计选择进行优化以得到具体目标。在空间几何形状固定的情况下，可以使用参数化和生成式方法优化围护结构参数，例如绝缘厚度、遮阳板、开窗几何形状和透明度，以确定节能、热和视觉舒适度以及 LCC 和可持续性方面的最佳解决方案。光伏系统可以在倾斜、朝向和布局方面进行优化，其容量、效率和投资回报是根据实际光伏模组、动态环境阴影和有效系统损耗因子计算的。可以考虑热区、入住率计划和活动来选择和优化 HVAC 选项（设施和房间单元、控制逻辑、传感器）。在这个阶段，参数化设计和能源模拟工具对于元素优化（配备 Dynamo/Grasshopper 的 Honeybee）是必要的，而 HVAC 选型、控制和规范合规性评估可能需要专用的 BEM 软件工具（DesignBuilder、IESVE 等），其中建筑模型通过 IFC 或 gbXML 文件格式进行交换。

最后，在项目交付阶段（LOD400，施工文件），收集并打包所有建筑信息并传输给客户和承包商，阐明玻璃和墙壁配置、照明设备、HVAC 设备特性等并将其与计划表文件集成。此外，还提供了空间和房间的计划表文件。在设计的最后阶段，只需要用到 BIM 开发软件（Revit、Archicad）。

4.3.3 BIM 与生命周期分析的集成

如前所述，LCA 正在成为整体设计中越来越重要的一部分，只有将其从早期阶段开始集成到设计过程中，才能确保将环境影响纳入所有决策过程中。然而，如果期望足够的准确性，LCA 过程以及 LCC 分析需要在材料和数量的数据收集上付出相当大的努力。在环境评估软件中重新输入数据的过程非常耗时，而且通常不是由参与创建 BIM 模型的专家完成，导致产生错误和误读，从而降低 LCA 的准确性（Naneva, Bonanomi, Hollberg 等，2020）。这使得无论何时作出设计选择，都很难有效地包含 LCA 迭代，尤其是在概念和初步设计阶段，应同时比较多种技术和几何解决方案。

在这种情况下，BIM-LCA 集成可以极大地促使可持续建筑的设计过程更加高效，并优化必要数据的管理，在短时间内提供与决策过程相兼容的 LCA 结果和见解。事实上，虽然传统的设计环境通常对初始设计决策可行性的可视化仅提供有限的支持，但将 BIM 模型与 LCA 工具联系起来可以在设计的早期阶段进行详细的环境妥协分析。由于 BIM 程序能够同时管理项目的图形和非图形部分，它们为设计人员提供了一种有效的工具来快速管理执行 LCA 分析所需的大量信息（Mora, Bolzonello, Cavalliere 等，2020）。

3D BIM 模型表示参数对象的存储库，这些参数对象由语义信息和数据改进，一旦提取出来，就可以用于分析模型。BIM 可以缩短 LCA 收集数据消耗的时间，因为 BIM 能够执行快速数量计算。理想情况下，BIM-LCA 集成将使设计人员能够在设计期间进行整体建筑的 LCA，并使用 LCA

数据对各种设计方案进行比较分析，以显示其不同的环境影响。

为了实现这一点，可以通过简化数据输入（BIM 信息提取）或将环境信息实现到数字模型本身（BIM 包含环境属性）来简化 BIM 和 LCA 工具之间的数据流。

第一种方法需要使用直接从 BIM 模型中提取信息的自动计算工具，使用 IFC 作为数据共享格式或将其转换为工程量清单（BoQ）以作为 xls 电子表格导入。通过将从 BIM 模型获得的工程量建筑数据与生命周期清单数据相结合来执行 LCA，以获得预期环境指标。这种方法避免了 LCA 工具中数据的重新输入，可用于实时评估和比较不同的备选方案，并具有足够的准确性。但是，由于 LCA 的性能并非在 BIM 软件内开发，对 BIM 模型的任何更改只能通过返回 BIM 软件，然后将模型重新导入 LCA 平台来进行。此外，BIM 模型和 LCA 工具之间的互操作性仍然不完善，因此提取的信息可能容易出现语义或阅读错误，从而影响 LCA 的准确性（Antón, Díaz, 2014）。

第二种方法旨在将 BIM 模型与存在于 LCA 数据库中的环境信息之间的链接自动化。通过这种方式，环境属性被纳入参数化 BIM 对象本身：当在 BIM 开发工具中对建筑物建模时，设计人员分配材料和数量来为建筑整体或组成部分创建物料清单。该物料清单会随着设计的变化而自动更新，从而可以实时查看设计选择对建筑物整体可持续性的影响。然而，由此产生的评估将主要以材料为导向，因为它涉及不同材料和组件的信息。一些研究认为这是对施工阶段使用物料清单的估计，而不是评估整个生命周期，因为考虑到每个项目的不同特点、位置和特征，计算和自动收录不同材料和构件运输到施工现场的相关信息的计算和自动收录仍未实现（Antón, Díaz, 2014）。这种方法也可能涉及使用 BIM 的 LCA 插件工具，以获得更大的使用便利。这些工具可以快速得到结果，但有一个限制，即在大多数情况下它们使用的是通用数据。因此，这些工具通常在早期设计阶段使用，以确定最重要的影响。

对于这两种方法，BIM LOD 是 BIM-LCA 集成的一个关键概念，并与案例研究设定的设计阶段密切相关。低水平的 LOD100 或 LOD200 能够在早期设计阶段预估环境影响，进而又可以从环境角度对不同的建筑设计方案进行有效对比，并可以为不同的建筑组件选择更多的可持续性材料，以及修改详细的建筑设计（LOD300 或以上）以减少对环境的影响，特别是在生产和施工阶段（A 阶段）。在 LOD300 或其以上的情况下，为了对整体建筑进行准确的 LCA 评估，必须考虑使用阶段（B 阶段）的评估（Mora 等, 2020）。

与 LCA 类似，基于网络的隐含碳排放计算器，如 EC3，能够从与 Autodesk BIM 360 建模软件及 Tally 对接的 BIM 模型中导入项目材料数量。EC3 具有自己的制造商提供的 EPD 数据库，给模型增添数据并计算项目的隐含碳排放。用户可以设定项目的具体减排目标，在产品采购完成后，选择使用的产品来记录相对目标减排量的项目实际减排量。项目的隐含碳排放基线估计、减排目标和竣工后的结果可以用桑基图（Sankey Diagram）的形式快速直观地表示出来。

4.4 结论与展望

在过去的二十年里，建筑物的性能模拟在设计过程中变得越来越重要，到今天由于准确、成熟、灵活和易于使用的软件工具广泛适用，建筑性能模拟已完全集成到设计工作流程中。的确，BPS 可以减少对环境的影响，提高室内质量和生产力，并促进未来的建筑创新和技术进步。BPS 借鉴了许多学科，包括物理学、数学、材料科学、生物物理学和人类行为、环境和计算科学。性能模拟本身在不断发展和成熟，因为模型鲁棒性和保真度不断得到提升，并且新的仿真领域（例如，体量、交通和行人模式，或生命周期成本计算）也在不断扩大。

从最初只专注于设计的最后阶段，以支持系统规模调整、规范合规性、基准测试或质量控制，到现在 BPS 已扩展到设计的早期阶段和施工后活动（例如，调试、运营和管理），其在从概念到拆除的建筑全生命周期中得到了充分的应用。

实际上，就总体而言，设计高性能建筑需要对能源需求、室内环境、材料、LCC 等诸多方面进行优化，而这些方面往往相互矛盾。只有将 BPS 集成到设计过程的所有阶段，从规划和编程，到早期决策，再到系统规模调整和能源规范合规性验证，才能运用基于性能的知情设计方法，从而优化所有因素和要求。

从这个意义上说，开发 BPS 和 BIM 的集成非常重要，这代表了当今研究和商业应用领域不断增长的趋势。BIM 模型实际上为进行 BPS 分析提供了极好的切入点，因为它们包含和整合了有关建筑几何形状、围护结构组件、材料、成本、HVAC 系统、电气系统和材料热特性的信息，并整合了相关信息用于 LCA 和 LCC 研究。

对于早期设计阶段，市场上有特定的 BPS 工具，通常将其集成到主要的 3D 草图、体量或概念建模工具中。比较分析软件可用于根据基本案例计算节能措施的成本效益，从而测试不同的建筑设计概念，并评估节能措施在能源和用水以及隐含碳排放方面的生态和经济节约。

BPS 还可以通过参数化设计得到进一步提升，参数化方法可以对由特定算法程序化生成的不同解决方案进行迭代比较，从而使设计人员能够快速比较和评估众多的潜在解决方案，以形成设计团队可以使用的指导意见，作为设计过程中的知情起点。

最后，为了使模拟结果与实际使用条件下测得的真实性能更好地保持一致，一个重要的研究趋势是将居住者行为模型整合到 BPS 工具中，这些模型可以更合理地表达居住模式，以及在考虑到居住者偏好和气候条件的基础上表达居住者与建筑之间的互动方式。在不同的 OB 方法中，协同仿真由于使不同的 OB 建模和 BPS 程序更具互操作，而受到了相当大的关注。

一旦建筑物投入使用，BPS 就会作为改进建筑控制系统或评估其运行性能的工具（MPC）而得到战略性应用。BPS 可以通过进行情景假设来支持管理决策，例如，在实际竣工之前评估建筑物内特定动作或修改的效果。当 BPS 应用于建筑物的数字孪生时，这一点尤其有效。

得益于物联网和 BAS 的广泛使用所提供的数据量不断增加，BPS 的未来趋势认为统计的发展和基于算法的工具是在设计的第一阶段预测建筑未来行为的替代方法，在这种情况下，传统的基于物理的模型在有限的项目价值中艰难挣扎。这种黑盒子方法利用了大量有关多个建筑的设计和运营的历史数据（大数据），以及先进的人工智能和机器学习（ML）技术，在项目输入和运营预期性能之间建立起关联，并从大型数据库中提取相互关系和兴趣模型。

第 3 部分

先进建筑材料和建筑施工方法

第 5 章

先进建筑材料

5.1 用于建筑 4.0 的先进材料

与功能相同的传统材料相比,高级材料是具有新的或改进的技术性能(结构或功能)或环境特征的材料(包括新材料和从现有材料改性而来的材料)(Featherston, O'Sullivan, 2014; Pacheco Torgal, Jalali, Labrincha 等, 2013b)。

建筑中的高级材料对外部刺激可以是固定的高性能的响应,也可以是动态的响应。后者就是应用于大量产品开发的智能材料,特别是在围护系统构件中,可以最大限度地利用其适应不同使用条件的特性(Addington, Schodek, 2005)。

这些新的或改进的性能是在纳米尺度(纳米材料)或更大尺度水平(微米材料或宏观材料)的项目实施过程中形成的(表 5.1-1)。

建筑高级材料:新的性能以及增强的性能(Casini, 2016b) 表 5.1-1

增强的性能	
耐腐蚀和抗氧化	快速压实和凝固时间
耐久性	流变性
导电性	抗震
储能	表面能
防火性能	热导率
硬度	热辐射反射率
绝缘特性	抵抗和控制紫外线
光透射或反射	防水性
机械电阻	焊接性
光电效应	可操作性
新性能	
空气净化	电磁辐射阻隔
防涂鸦和防污	发光
防结冰和防雾	实时结构健康监测
抗反射	抗划伤
杀菌活性	自愈
显色	形状记忆
易清洗	热致性

近年来,随着纳米材料和智能材料的快速发展,高级建筑材料更加循环、经济,其领域的研究越来越关注来源于动植物的天然材料以及基于生物物质制造材料(即生物基材料)的使用并将

其工程化。生物材料（即生物基材料）的特点是，整个生命周期对环境的影响较低，能够确保材料循环的闭合。

先进建筑材料领域的研究现在集中于开发以下建筑产品：

（1）更好的力学性能、自我修复、建筑物可 3D 打印和更长生命周期的先进混凝土；
（2）工程木材，用于可持续性更好的建筑和模块化的预制构件；
（3）高性能绝缘体和潜热蓄热产品，提高新建筑和现有建筑的能效和热舒适性；
（4）动态的窗户，可优化光照和太阳辐射，并将建筑围护结构与能源管理系统完美集成；
（5）用于新的和增强的建筑表面性能，包括自清洁、空气净化和抗菌的智能涂料；
（6）高效彩色和纹理的光伏模块，使可再生能源最大限度地集成在建筑围护结构中；
（7）用于监测和控制环境条件和材料/结构性能的嵌入式传感器和执行器。

关于后者，更多智能建筑的设计通过内部集成微型和纳米传感器，实现建筑构件的数字化，能够从周围环境收集刺激和信息，包括其热物理状态，并将其实时传输至建筑管理系统，以调节材料和能量流（自适应围护结构），并通过构建数字双系统进行维护或更换。

在新数字时代和自动化建筑趋势的浪潮中，材料科学目前也重点关注建筑材料在快速制造（AM）工艺中的可印刷性上，以拓宽 3D 和 4D 打印的潜在应用，提高整个建筑业的生产率。事实上，目前可用于建筑构件 AM 工艺的材料仍然有限，需要进一步开发，来克服特别是在结构强度和刚度方面的缺陷，以及克服材料的可挤压性对其强度快速增长的约束。

5.2 纳米材料

"纳米材料"包括所有至少具有一个维度在纳米尺度范围内的三维结构的材料，这些维度限制在 100nm 级范围内（纳米物体），以及那些具有纳米级内部或表面结构的材料（纳米结构材料或大块纳米材料），即使它们没有纳米级的三维结构（零维纳米材料）（表 5.2-1）（ISO/TS 80004-1: 2015, n.d.）。纳米材料不限于新发现的材料，还包括众所周知的纳米级材料，如金、银、铂、铁和其他材料。

纳米产品分类　　　　　　　　　　　　　　　　表 5.2-1

纳米材料	
ISO/TS 80004—1: 2015	
纳米物体	纳米结构材料
纳米尺度（1~100nm）中具有一维、二维或三维的材料	内部纳米结构或表面纳米结构的材料
3D：纳米颗粒 纳米物体的所有维度都在纳米尺度上，其最长轴和最短轴的长度没有显著差异（如量子点、纳米球、巴基球）。 2D：纳米纤维 纳米物体，其中两个外部维度在纳米尺度上，而第三个维度显著增大（如纳米棒、纳米线、单壁或多壁碳纳米管）。 1D：纳米板 纳米物体，其中一个外部维度在纳米尺度上，而另外两个外部维度显著增大（如石墨烯、单分子膜、薄膜）。	纳米结构粉末： 粉末包含纳米结构团聚体、纳米结构聚集体或其他纳米结构材料颗粒。 纳米复合材料： 由两种或多种相分离的材料的混合物组成的固体，其中一种或多种是纳米相。 固体纳米泡沫： 填充有第二种气态相的固体基质，通常产生密度低得多的材料，具有纳米结构基质，例如具有纳米级的支柱和壁，或由纳米级组成的气态纳米相，或两者都是。 纳米多孔材料： 具有纳米孔的固体材料。 流体纳米： 纳米物体或纳米相分散在不同组成的连续流体相中的非均质纳米材料

纳米技术无疑创新了建筑产品的开发和设计，因为其具有更高的机械、物理和化学性能，在所有技术要素中都有应用潜力，如从建筑结构到不透明和透明的封闭物、内部隔板，再到建筑系统和设备。

材料的整体属性（如强度、电学、化学和光学特性）小型化到纳米级时确实可能会发生巨大变化，并且可以生成不同的材料：在这个尺度（<100nm）下，它们不再只取决于化学成分，还取决于尺寸和形式。

例如，通常不透明的物质变成透明的（铜）；惰性材料变成催化剂（铂）；稳定的材料变成可燃的（铝）；固体在室温下变成液体（金）；绝缘体变成导体（硅）。

由陶瓷或金属纳米颗粒制成的复合材料可能会突然变得比现有宏观材料科学模型预测的要坚固得多：晶粒尺寸在10nm左右的金属比晶粒尺寸在数百纳米的普通金属坚硬7倍。

材料在纳米尺度上的性质可以是静态的（高性能固定反应），也可以是动态的（动态性能或智能行为）。在后一种情况下，纳米材料成为所谓智能材料的一部分，能够根据外部刺激（显色学、热致性等）改变自身的特性。

在建筑材料、构件和系统中，纳米材料可以以固体纳米复合材料、纳米涂层增强的固体材料或以纳米结构表面为特征的固体材料、纳米多孔材料（如气凝胶）和流体纳米（纳米涂料、纳米胶粘剂或纳米润滑剂）的形式集成。表 5.2-2 所示是关于通过纳米技术获取新的和增强混凝土性能的案例。

通过纳米技术增强的主要混凝土和新性能　　　　　表 5.2-2

混凝土性能	纳米技术
空气净化	二氧化钛颗粒
防涂鸦和防污	二氧化钛、二氧化硅涂层
凝固时间	二氧化钛、碳酸钙颗粒，水合硅酸钙（CSH）纳米晶体
耐久性	氧化铝、二氧化硅、纳米氧化锌颗粒
燃烧性能	二氧化钛颗粒
成型性	纳米聚合物
硬度（耐磨度）	碳纳米管（CNT），氧化亚铁
力学性能和裂纹预防	聚合物，二氧化硅、氧化亚铁、碳酸钙颗粒，碳纳米管
防潮	焦碳酸二乙酯颗粒
快速压实	二氧化钛颗粒，水合硅酸钙纳米晶体
实时结构健康监测	碳纳米管
自愈	纳米聚合物
防震	氧化铝颗粒
防水	二氧化硅颗粒

值得注意的是，纳米材料在建筑上的应用使得建筑技术有了重要的进步：

（1）通过轻质纳米复合建筑材料（CNT、金属基复合材料、纳米涂层轻质材料、超高性能混凝土、聚合物复合材料等），来提升结构承载性能；

（2）通过高性能纳米多孔隔热材料[气凝胶、真空隔热板（VIP）、透明隔热材料（TIM）]、高反射涂层（冷屋顶），以及低辐射、抗反射（AR）、被动和动态控制太阳能、自清洁纳米玻璃涂

层,实现热能和照明控制;

(3)通过应用特定的纳米涂层或纳米涂料(自愈合、空气净化、自清洁、抗菌、防涂鸦和防污、光致发光、防刮擦、防反射、防冰防雾、抗氧化和耐腐蚀、抗紫外线、耐火等),实现建筑构件的表面特性;

(4)更高效和更集成的可再生能源系统(聚合物、染料敏化、量子点、薄膜和多结光伏太阳能电池、燃料电池等);

(5)通过嵌入式纳米传感器、驱动和控制系统(NEMS)实现建筑物和环境监测。

最后,纳米技术可以引领3D打印技术的应用创新,有助于简化制造过程并增强产品的性能,特别是在制造复杂结构和复杂形状方面。在过去的几年里,纳米材料在增材制造中的各种应用取得了很多进展。纳米复合材料(如尼龙6、SiO_2和银纳米颗粒、碳纳米管、纳米黏土等)可用于生产具有许多改进特性的轻质产品(改进特性如机械、热和电性能、耐火性和生物相容性),所以纳米复合材料使用市场广阔。

5.3 智能材料

"智能材料"是一类新型高度创新的材料,能够感知外部环境的刺激并立即对其作出反应,以适应变化的环境条件(Addington, Schodek, 2005; Ritter, 2007; Schwartz, 2002; Schwartz, 2009; Shahinpoor, Schneider, 2007)。

根据对外部能量场的反应类型,智能材料通常分为改变属性的材料和交换能量的材料(表5.3-1)。

第一类包括为应对刺激,自主可逆地改变其机械、化学、光学、电、磁或热特性之一的材料。它们包括不同类型的材料,如发色或变色材料、相变材料(PCMs)、光催化材料、电流变材料和磁流变材料,以及形状记忆合金(SMAs)。

到目前为止,这些材料已经大量应用于建筑产品和建筑系统中,特别是在围护系统构件中,这些构件可以最大限度地利用其适应不同使用条件的特性。

改变属性的材料尤其适用于:

(1)动态控制太阳辐射的透明围护结构(发色材料);

(2)围护结构和内部隔板以增加其热惯性(PCMs);

(3)建筑物内外表面的砂浆、油漆或涂层,以实现自清洁,同时达到空气净化效果(光催化材料);

(4)集成结构健康监测(SHM)和振动控制(电流变和磁流变材料)的智能建筑传感器。

第二类智能材料能够根据热力学第一定律将输入能量或多或少且可逆地转换为另一种形式的能量。

它们包括光电、电致发光(LED、OLED)、光致发光、压电、热电和热释电、电致伸缩和磁致伸缩材料。

能量交换材料尤其适用于:

(1)提高能源效率和视觉舒适度的照明设备(电致发光材料);

(2)由太阳辐射产生电能的光伏(光电材料);

(3)光致发光的油漆和涂层(光致发光材料);

（4）建筑结构、安全和舒适性监测的集成智能传感器（压电、热和热电材料）。

在智能材料中，形状记忆材料（SMMs）和智能传感器是建筑 4.0 模型中最有前景的，因为它们在 AM（4D 打印）、集成到建筑管理系统中的智能对象上都开辟了新的有趣场景。

5.3.1 形状记忆材料

SMMs 是最有前途的建筑智能材料之一，因为它们能够根据外部刺激（热或电）以自主和可控的方式改变几何形状。

SMMs 可以被分类为形状记忆合金（SMAs）和形状记忆聚合物（SMPs），应用在建筑物、机械和建筑构件中且十分有趣。这些应用领域可以自适应于环境温度，或可以仅用电力或热量供应就能进行组装。

当 SMA 或 SMP 从初始形状变为新形状时，其将保持这一新的形状。然而，如果直接加热或通过电流加热到一定温度，它将在没有任何机械辅助的情况下恢复到其初始形状，就好像该材料记住了它的基本结构。

智能材料分类和主要建筑应用　　表 5.3-1

智能材料类型	环境刺激	反应/效果	建筑应用
性能变化材料			
热致变色	温差	颜色变化	热致变色玻璃
光致变色	紫外线辐射	颜色变化	光致变色玻璃
机械变色	变形	颜色变化	—
化学染色	化学浓度	颜色变化	气致变色玻璃
电致变色	电压	颜色变化	电致变色玻璃
液晶	电压	颜色变化	LCD 玻璃
悬浮颗粒	电压	颜色变化	SPD 玻璃
光催化	紫外线辐射	化学反应	自清洁和空气净化涂层
嗜热性	温差	相变	潜热蓄热产品（PCM）
电流变	电压	黏度变化	传感器和执行器
磁流变	磁场	黏度变化	传感器和执行器
形状记忆	温差	晶相相变	传感器和执行器，4D 材料
能量交换材料			
电致发光	电压	可见光辐射	LED、OLED 照明
光致发光	辐射	可见光辐射	荧光照明，发光油漆，发光太阳能集热器
化学发光	化学浓度	可见光辐射	—
热致发光	温差	可见光辐射	—
光伏	太阳辐射	电压	光伏电池
双向能量交换材料			
压电	变形	电压	传感器和执行器，用于路面的能量收集系统
热电	温差	电压	传感器和执行器
热释电	温差	电压	传感器和执行器

续表

智能材料类型	环境刺激	反应/效果	建筑应用
双向能量交换材料			
电化学	化学浓度	电压	—
电致伸缩	电压	变形	
磁致伸缩	磁场	变形	—
光纤	光线进入	光线进入	传感器和照明

SMPs 以刚性塑料或相对多孔的泡沫的形式进行开发，具有广泛的应用范围，包括自展开表面、医疗应用的自缚结或消费者定制的家具（Safranski, Griffis, 2017）。

SMPs 具有低密度和高生物相容性的特点，由化学键合的单体分子链组成，与 SMAs 一样，它们具有在基质中触发相变的能力。

目前在工业应用方面，SMMs，特别是 SMAs，应用于多个领域，包括生物医学、航空航天和汽车，并且主要用于制动器、分离释放机构或铰接组件，以减少对运动部件的需求并使其更小、更便宜和更可靠。关于在建筑中的应用方面，SMAs 在土木工程领域用于金属结构的维修和加固，其超弹性使金属极端变形（高达 8%）且不会产生任何后果（Casini, 2016b）。目前，SMMs 的应用主要局限于航空航天和医疗行业。

最近，SMMs 以其在 AM 工艺中开辟新视野而备受关注。3D 打印已经在包括建筑业在内的多个工业部门使用，因为它能够逐层打印复杂形状、可以使用的材料种类繁多以及在设计阶段提供极大的自由度来形成独特的形状和结构（Gao 等, 2015）。在使用 SMMs 打印制造后，新一代 3D 打印技术可以随时间改变形状，为打印过程有效地增加了第四维度（时间），从而促进 4D（四维）打印的发展。4D 打印允许基础材料随着时间的推移，在热或电等外部刺激下转变为预定的形状，这将提供无数新的可能性。与传统 AM 相比，4D 打印还拥有其他优点，包括减少装配时间、净成本、组件数量或故障率（Joshi 等, 2020）。

5.3.2 智能传感器

智能传感器采用一种或多种属于能量交换和能量产生类别的智能材料，主要有压电和热电材料、电流变和磁流变流体（MRFs）、光学纤维和 SMAs。

关于压电材料，它们的效应在于，一些晶体结构在受到机械变形（直接压电效应）时会极化产生电位差，同时在电流穿过时以弹性方式变形（逆压电效应）（Chen, Qiu, Han 等, 2019）。压电效应是单向的，与之相关的变形为纳米级的。许多常见的设备，包括门铃、扬声器和麦克风，或石英表，都是基于压电技术。压电元件也是最近提出的利用动应力从路面和人行道获取能量的关键。更有趣的是，压电材料能够将应变或振动转化为电流。例如，通过在施工阶段嵌入压电填料，并在运行后测量单个建筑构件的整体电性能，以跟踪其应变或振动，从而为民用建筑结构赋予自我监控能力（Song 等, 2017）。

与之类似，热释电材料基于晶体，由于具有固定偶极矩的排列分子而被赋予永久极化。当温度改变时，极化相应地改变，触发表面电荷，产生热释电电流。热释电效应通常用于入侵者探测系统和热成像中。热释电材料是一种廉价、小巧、有弹性的温度计替代品，它允许对大部分建筑围护结构以及建筑系统的较小部件进行扩散监测。

关于MRF和磁流变弹性体（MRE）以及电流变流体（ERF），它们的应用主要与高科技产业领域有关。在高科技产业领域，它们能够根据电或磁刺激改变刚度和黏度的特性，长期以来应用于汽车的主动悬挂系统或假肢中。特别是，MRE是由弹性非磁性基体和磁性颗粒组成的橡胶状材料，能改变其形状或机械特性。ERF是电绝缘流体中非常小的粒子的悬浮液，在电刺激下，可在电场的方向上迅速形成固体状结构，将液体变成凝胶，反之亦然。MRE和ERF与压电智能传感器一起用于建筑物中，用于减振器和调谐质量阻尼器（Bahl, Nagar, Singh等，2020）。

至于光纤，它们是通过玻璃或塑料拉制而成，直径略粗于人类头发，具有一定的柔韧性，并且能够以最小的信号损失在两端之间传输光。除在光纤通信中广泛应用外，近年来，它们又在建筑中作为可持续安全管理的微型传感器进行应用，主要采用光纤布拉格光栅（FBG）和光纤偏振传感器（FOPS）的形式，能测量机械和结构构件中的局部应变（Bahl等，2020）。在施工阶段将几微米直径的光纤传感器嵌入混凝土或复合材料结构中，通过检测跟踪光纤内光路的变化能够及时检测到裂缝或变形。光纤与水凝胶结合也可用于分布式湿度传感器，其中水的存在引起水凝胶组分的溶胀，可以通过测量光纤中的光衰减来检测（Bremer等，2016）。

最后，由于SMMs能够根据外部刺激在预定形状之间转换，因此非常适合生产执行器和传感器。事实上，它们的配置可以用于跟踪检测温度、电流，甚至在基于SMAs的镍锰合金（Ni Mn）或氧化铁SMPs的情况下，可对磁场跟踪检测。

5.4 生物基材料

在可持续建筑的概念中，在建筑的整个生命周期中，建筑材料在多个方面发挥着关键作用。事实上，建筑的整体寿命从提取生产建筑构件所需的原材料开始，然后将其运输到现场并用于建造、使用和维护建筑，最后以处理建筑废弃垃圾结束。

建筑产品中原材料的提取和加工意味着资源和能量的消耗，向环境中排污染物和废物，这些污染物和废物来自制造、运输和安装。

着眼于一个更可持续的和绿色的建筑领域，设计师和研究人员越来越注重推广使用来源于动植物的材料和产品，即所谓的生物基材料。其在整个生命周期中既对环境的影响较低，又与传统材料性能相同（表5.4-1）。

建筑材料的生命周期可持续性特征（Casini, 2020b） 表5.4-1

生命周期阶段/环境风险因素	建筑材料的可持续特征
原材料供应	专为资源和环境保护而设计
消耗不可再生的自然资源 土地恶化 运输污染	可再生或有大量可用的原材料 回收的原材料 环境和生物多样性保护 使用自然技术 经过认证的种植和提取系统
制造过程和分销	专为清洁生产和高效分销而设计
制造过程，运输和配送造成的能源消耗 空气、水和土壤污染 生产工人的健康风险	不使用有害的原材料 通过认证的环境管理系统（EMAS, ISO 14001, ISO 50001） 制造阶段能耗低 低污染物排放 生产工人没有风险 从施工现场到制造工厂的距离很短（零公里）

续表

生命周期阶段/环境风险因素	建筑材料的可持续特征
现场施工和安装	专为更轻松、更清洁地安装而设计
处理过程中的有害排放物 生产工艺废料和废物	不存在有害的排放危害 现场安装方便，可操作性强 有现场操作和安装说明
建筑施工	专为绿色使用和维护而设计
短期和长期有害排放物 性能耐久性低 对大气和生物制剂的抵抗力低	不存在有害的排放危害 高耐久性 高抵抗力

其目的是增加建筑领域对高性能材料的使用，因为这些材料可再生度高、消耗能源量较低、易于回收或由回收天然材料组成、不含有害物质，并且其获取资源的渠道、生产和处置周期对环境的影响较低（Khatib，2016）。

事实上，除了减少对原材料开采和提取过程的需求外，生物基材料还提供了一种替代性的建筑产品，通常这种产品在使用寿命结束时可生物降解，有助于自然系统的再生。此外，生物基材料通常在生长过程中吸收排放的 CO_2，起到碳储存的作用，并有助于在两次种植之间再生土壤。

此外，生物基材料还是一种循环、经济的解决方案，通过将农业废物转化为生产新建筑产品的资源以满足对即时可用建筑材料的需求。生物材料也完全兼容新的先进施工方法，即场外预制、模块化施工、机器人组装和三维打印。生物基材料的可持续性效益在当地使用时能得到最佳利用，因为特定气候的可再生材料可以在气候响应设计中提供有效的性能，并能改善当地经济收入和就业。此外，使用当地材料可以降低与运输相关的能源成本和碳成本，并最终帮助建筑业应对由于全球建筑矿物稀缺而导致的价格通胀。

生物基材料和建筑产品还可以在空气质量、温度控制和湿度调节方面改善室内舒适度和健康状况。例如，用于生物材料制造的生物树脂，如菌丝体，可以取代合成胶水和树脂以及其他可能释放挥发性有机化合物（VOCs）和其他有害物质的潜在有毒化学物质。然而，生物基材料在建筑业的广泛采用仍然受到各种因素的阻碍，包括社会接受度。除了担心耐久性和对化学及生物攻击（来自昆虫、啮齿动物或霉菌）的抵抗性，当地的生物材料和设计往往不受欢迎或"过时"，不能反映现代或当代的生活方式，而后者更多地与混凝土、钢和玻璃联系在一起（United Nations Environment Programme，2020）。

与自然生长、收获或来自工业副产品和废物流的生物基材料一样，生物技术、合成生物学和基因工程的进步也带来了全新的材料制造方法，包括由多种野生型生物和工程微生物在受控条件下分层复制产生的活材料，以获得具有特定特性的工程生物材料（ELMs）。ELMs 由活细胞组成，这些活细胞形成或组装成材料本身，并且可以在制造后被灭活以将性能设置在期望水平，或者在生产后保持"活性"以调节材料的性能。活性材料在建筑中的主要应用涉及惰性、失活的大宗产品，如由菌丝体生长的砖，以及活性活体材料，如自愈和生物水泥混凝土。生物体作为电化学生物传感器的进一步发展可以带来先进的应用，如活体壁纸（如细菌色素、导电细菌显示器）、室内环境质量传感器和指示器（如湿度、温度、CO_2、CO 和有害 VOCs）以及用于 SHM 的活性生物电子。

除了木材，建筑业最有趣的生物基材料还有竹子、软木、纸板、纤维素纤维、大麻、亚麻、稻草、玉米淀粉、麦秆、羊毛、海藻、蘑菇和家禽羽毛。

它们在建筑中的应用涉及所有的建筑元素，从结构、砌体到隔热或饰面制品（抹灰和油漆）。主要生物基建筑产品包括：

（1）工程大型木材产品（CLT、LVL、Glulam 等）和工程竹制品（LBL、Glubam），用于替代钢和混凝土结构，甚至用于高层建筑；

（2）用稻草、大麻、木纤维制成的生态型砌块或砖，可替代水泥或黏土或作为它们的添加剂；

（3）通过微生物活性剂制成或直接由真菌菌丝体制成的生物砖（工程生活建筑材料，ELBMs）；

（4）用于干墙施工的生物基面板，如竹纤维和粉末制成的纤维板或刨花板（Nguyen, Grillet, Bui 等，2018）、木丝、椰子壳、薰衣草茎、向日葵髓、米糠，均用环保胶粘剂（骨胶、神经胶、木质素）粘合；

（5）用于建筑 AM 的生物基材料，如用于 3D 打印的建筑生物塑料组件或生物混凝土材料。

考虑到可持续性，在选择生物建筑构件时，必须区分材料和建筑产品。后者通常由多种材料制成，其组装可能会降低产品整体环保性。例如，接缝、胶粘剂、涂层或其他处理材料的存在可能损害产品的可回收性或释放对健康或环境有害的物质。

此外，需要强调的是没有绝对的生态材料，因为建筑构件的寿命与建筑本身的寿命有着千丝万缕的联系，影响着建筑本身，反过来又受到建筑本身的影响。因此，建筑材料生命周期的总体可持续性取决于制造地点和安装地点之间的距离（因此，在可能的情况下优先考虑所谓的当地材料），将要进行干预的环境特征，产品在建筑物中的应用方法、使用条件和处置方法。

除了最终建筑产品外，生物基材料的另一个重要应用领域是生物聚合物的生产，取代通常在水泥生产中用作添加剂的合成聚合物，以提高其可加工性、强度和耐久性（三聚氰胺、萘缩合物或聚羧酸酯共聚物），或用于隔热、用作密封剂、胶粘剂、混凝土接缝和保护涂层的聚氨酯（异氰酸酯）的生产。

关于混凝土，目前正在研究以木质素磺酸盐、淀粉、壳聚糖、松根提取物、蛋白质水解物甚至植物油等可再生原料为基础的新型可生物降解聚合物，以生产生物基外加剂和生物增强混凝土添加剂。近五年来，在聚氨酯方面，许多研究者致力于通过生物质资源酸液化开发生物基聚氨酯泡沫，如淀粉、大豆、海藻酸、棕榈、甘蔗渣、木质素、软木或咖啡渣（Pacheco-Torgal, Ivanov, Tsang, 2020）。聚苯乙烯可以通过在基因工程中大肠杆菌产生的生物苯乙烯中添加交联剂来制备（Srubar, 2020）。

此外，纳米技术的最新进展以及对纤维素纳米晶体的研究（纤维素元素在 1~100nm 范围内至少有一个维度）为开发新的和改进的生物聚合物材料作出了重要贡献。可再生、可生物降解和碳中和的纤维素有可能以低成本进行工业规模的加工，从而开发出生态、高效的高性能材料。纤维素的有效应用涉及其在水泥工业中以纳米晶形式的应用以及作为纤维素气凝胶在建筑保温材料中的应用。

关于 3D 打印建筑，最近对植物纤维的使用进行了测试，将 25% 的土壤（30% 的黏土、40% 的淤泥和 30% 的砂子）、40% 的稻草碎末、25% 的稻壳和 10% 的水石灰混合，用 3D 打印整个居住单元，在此过程中没有环境影响且成本较低（Gaia 3D printed house by Wasp, 2018）。

5.4.1 生物基保温和相变材料

随着高科技保温产品的发展，生物基材料也越来越多。预计这些材料可快速再生，来源于动物或植物，这些材料可能是可回收或可再利用的（Casini, 2020b）。这一趋势涉及使用环保型建筑材料和产品的范围，以确保建筑工程、其材料及其部件在拆除后能再利用或可回收。主要环境建筑认证体系（能源与环境设计先锋（LEED）、英国建筑研究院环境评估方法（BREEAM）、生态建筑挑战等）也鼓励使用生物基保温材料。事实上，如果使用可再生、可循环、可回收材料或含有可回收成分的材料，这些认证体系会奖励该项目。使用这些产品旨在通过更大程度地节约资源，减少生产和处置过程中的能源消耗和污染物排放，减少整个生命周期的环境影响。

与人工合成保温材料、矿物来源保温材料和纤维增强气凝胶毡（FRABs）相比，生物基保温材料具有类似的性能，在其生命周期的每个阶段对环境的影响都较低，具有的能量值也较低（表5.4-2）。

保温材料主要环境危险因素的比较分析（Casini, 2020b） 表 5.4-2

生命周期阶段/环境风险因素	保温材料			
	有机合成	无机材料	生物基材料	纤维增强气凝胶毡
原材料来源				
化石资源的消耗	■■■	□	□	■
土地退化	■■	■■■	□	■■■
生产过程				
能源消耗	■■■	■■	■	■■■
温室效应	■■■	■■	■	■■■
臭氧消耗	■■	□	□	□
酸雨	■■	■	□	■
光化学烟雾	■■	■	□	■
生产工人的健康风险	■■■	■	■	■
现场施工及安装				
处理过程中的有害排放物	■	■■	□	■
建筑施工				
有害物质短期排放	■■	■■	□	■
性能耐久性低	■■■	■	■■	□
对大气和生物制剂的抵抗力低	■■	■	■■■	□
处理				
由于材料无法再利用、回收、再循环或重新将其引入环境，而导致自然资源部分或全部损失	■■■	■	■	■■■
空气、水和土壤污染处置	■■	□	□	■

说明：□无；■低；■■中；■■■高。

除了更传统的可再生隔热材料外，研究人员还开发了用真菌根、木材泡沫、海草或回收牛仔裤纤维制成的创新产品（表5.4-3）。蘑菇根（菌丝体）保温材料是从农业和食品废料中生长出来的，获得的材料具有良好的热性能、天然阻燃和长期稳定性，且不需要化学添加剂，但含有VOC排放物（图5.4-1）。木材泡沫是用于隔热的传统石油基泡沫的替代品，其制造方法是精细研磨含水量高的木材，用 CO_2 发泡得到纤维悬浮液，然后在干燥室中硬化，最终成为一种多孔绝缘材料。其重量、抗压强度和热阻值与聚苯乙烯泡沫相当，100%可再生，由木材自身粘合在一起，无须胶粘剂。海草保温产品来自海岸边的波西多尼亚海草的天然根茎，这些根茎不是在垃圾填埋场或堆肥中处理，而是从砂子中分离出来并切碎成纤维，用于隔热板或填充空腔。该材料具有不燃性、抗霉性、热容和保持蒸汽的优异特性（图 5.4-2）。

非常规生物基隔热材料的热性能（Asdrubali, D'Alessandro, Schiavoni, 2015） 表 5.4-3

保温材料	体积质量 kg/m³	导热率 [W/(m·K)]
甘蔗渣	70～350	0.046～0.055
香蒲	200～400	0.043～0.060
纤维素（回收）	28～60	0.037～0.038
棉花（再生牛仔布）	n.d.	0.036～0.038
棉花（秸秆）	150～450	0.059～0.082
棉花（回收）	25～45	0.039～0.044
枣椰树	187～389	0.072～0.085
榴莲	357～907	0.064～0.185
蘑菇	120	0.039
油棕	20～120	0.055～0.091
波西多尼亚海草	65～75	0.041～0.044
菠萝叶	178～232	0.035～0.042
芦苇	130～190	0.045～0.056
再生纺织品（商业）	30～80	0.036～0.042
再生纺织纤维（聚酯和聚氨酯）	440	0.044
再生纺织纤维（合成）	200～500	0.041～0.053
大米	154～168	0.046～0.566
向日葵（沥青）	36～152	0.039～0.050
稻草包	50～150	0.038～0.067
木材泡沫	40～280	0.040

图 5.4-1 菌丝体保温材料（照片由 Ecovative 提供）

图 5.4-2　藻类保温（照片由 Neptutherm GmbH 提供）

除木材外，在从回收的原材料或加工废料中提取的植物源保温材料中，特别有趣的是那些使用纺织纤维或回收纤维素的保温材料。回收的纤维素来自纸张加工的废料和副产品以及回收的报纸，主要通过吹入空心墙、屋顶和阁楼内，以薄片或填料的形式应用。纤维素中通常加入15%的石灰或生石灰，以保护其免受霉菌、啮齿动物和昆虫的侵害，并改善防火性能。回收的纺织隔热材料也引起了人们的关注，特别是在消费前（生产中的废物）或消费后（牛仔布隔热材料）回收的牛仔裤纤维（图 5.4-3）。至于羊毛，用于建筑的羊毛来自于肉用和乳用的羊群，而不是纺织工业用途的羊群，否则这些羊毛就会被浪费。

图 5.4-3　回收的牛仔裤保温材料（照片由作者提供）

生产过程对环境的影响通常极低甚至为零，但那些需要热处理的保温材料，如矿化木纤维和膨胀软木除外。特别是，矿化木纤维板有很大的消耗，这是由用于制造板材的硅酸盐水泥胶粘剂的生产决定的，约占板重量的50%（生产过程需要将杉木纤维与水泥混合，然后进行干燥）。

就操作阶段而言，健康风险可能来自粉末和纤维的排放，或者由于使用胶粘剂而产生的任何有毒物质（软木、木纤维）的释放。此外，对于某些材料来说，在集约化种植和养殖（亚麻、大麻、绵羊毛）中使用的残留杀虫剂或农药、在长途运输中保护材料的防腐处理（椰子、黄麻）可能是一个问题。羊毛纤维中所含的物质反而能够吸收室内污染物，如甲醛、VOCs、氮氧化物（NO_x）和硫氧化物（SO_x）。这是由于角蛋白的存在，角蛋白是构成羊毛的白蛋白的基础成分：来自羊毛氨基酸侧基的分子可以与污染物结合，并将其降解为无害物质。

在处置阶段之后，关于材料的回收或再利用，如果存在胶粘剂（矿化木纤维）、添加剂（添加合成纤维）、防火或抗寄生虫处理（羊绒）或用于安装的胶水或胶粘剂（软木和木纤维），这可能会成问题。

寻找更环保保温材料的解决方案也涉及 PCMs，这是一类创新的智能材料，由于内部发生的固液可逆相变（潜热），能够在不提高自身温度的情况下储存大量热能。PCMs 被用于建筑系统的热能储存（TES）解决方案中，最有趣的是，在建筑围护结构中，它们允许以低质量和低厚度大大增加热惯性，甚至在轻质建筑系统中也能防止夏季过热现象。商业产品中最常用的 PCMs 是无机盐水合物、有机石蜡和有机脂肪酸。脂肪酸由于其潜在的较低环境影响、较高的生物降解性、可回收性和无毒性近年来受到人们的关注。事实上，脂肪酸及其衍生物（醇、胺和酯）或化合物可以从可再生的培养菌或农业和畜牧业的副产品（生物基 PCMs）中提取出来，而石蜡来自化石，水合盐的制造需要挖掘矿物和盐（Naresh, Parameshwaran, Vinayaka Ram, 2020）。具体而言，生物基 PCMs 可从植物（椰子油和脂肪、棕榈油和蜡、大豆油和蜡）、动物（蜂蜡、动物脂肪）、糖（多元醇）中提取，聚乙二醇是性能最好的 PCMs 之一（Liu 等, 2020），如果其来源于玉米淀粉而不是化石，也可以被视为生物基。

5.4.2 生物砖

尽管传统黏土砖在建筑中得到了广泛的应用，但由于不可再生的原材料消耗以及制造过程中所需的大量能源和 CO_2 排放，传统黏土砖在整个生命周期中对环境有很大影响。在开发更多可持续建筑材料的趋势下，采用生物基材料替代黏土或作为添加剂，设计了替代砖（Harries, Sharma, 2016; Pacheco Torgal, Lourenço, Labrincha 等, 2015）。

主要应用包括：

（1）用不同百分比的再生生物质（纸浆或农业废弃物）制造的烧结黏土砖；

（2）大麻水泥砖；

（3）通过微生物活性使砂子胶结而成的生物砖，或直接由真菌菌丝体（ELBMs）制成的生物砖。

大麻芯具有天然的高二氧化硅含量，使其与水和石灰完美结合，以制造在市场上有良好口碑的非承重砌块（图5.4-4）。大麻生长迅速，容易种植，与大麦或黑麦等其他栽培品种交替种植，能提高土壤质量，而且不需要除草剂或杀虫剂。虽然大麻外层纤维用于纺织工业，但其内芯实际上可以作为石灰胶粘剂的添加剂，以获得具有良好机械和隔热特性的建筑材料。与传统混凝土相比，所谓的大麻混凝土具有约 1/20 的抗压强度和15%的密度，传热系数高达 0.08W/(m·K)，足以达到良好的热阻值而不需要额外的隔热层。它重量轻的特性还可以通过减少与运输和安装相关的排放来削减建筑的隐含能耗（Yadav, Agarwal, 2021）。最后，将石灰的蒸汽渗透性与大麻黄的蒸汽储存能力相结合，大麻混凝土具耐火性且不需要阻燃物质，不吸引害虫且具有优异的吸湿性能。这能大大减弱对环境的影响，每

图 5.4-4　混凝土砌块墙体组件（照片由作者提供）

吨大麻吸收 1.7～1.9t CO_2，并且每吨大麻混凝土在其 100 年生命周期内吸收额外的 249kg CO_2。

同样有趣的是 ELBM 的创新方法，它将工程进展与最先进的生物技术结合起来。采用纽约初创企业 Ecovative 的制造工艺，并在纽约的 Hi-Fi 大楼上演示，利用玉米壳和真菌菌丝体的组合制造了特殊的生物砖（图 5.4-5）。每种有机砖都是从真菌菌丝体提供的活性原料开始"种植"，然后用玉米壳干燥。这种组合产生的材料具有优良的导热性，非常适合绿色建筑，无 VOC、阻燃，且 100%生态（图 5.4-6）。

图 5.4-5　Hy-Fi，The Living，纽约（照片由 Ecovative 公司提供）

图 5.4-6　菌丝砖制备（照片由 Ecovative 提供）

此外，由于其简单性、材料的低能耗性和可扩展性，使用天然微生物工艺制造砌块具有巨大的潜力。这些真菌菌丝体利用微生物诱导方解石沉淀（MICP），这是一种生物砖制造技术，通过混合骨料和细菌将化合物成型，并向其添加含有营养素的水溶液，使预制材料有效生长。细菌以营养物质为食，并将其转化为碳酸钙，粘合骨料，使砖硬化到规范要求。整个固化过程在常温下进行，因为它不消耗自然资源，无污染，并且不排放任何温室气体，是一种可持续和环境友好的方法，且使用不同的细菌和营养素可获得各种 MICP 形式。

一种常见的方法是使用天然土壤细菌来代谢尿素，促进矿物沉淀。尿素天然存在于各种土壤中，甚至可以从尿液中提取（Randall, Naidoo, 2018）。特别是高尿素酶阳性细菌（巴氏生孢八叠球菌，*Sporosarcina pasteurii*）在尿素—钙培养基中能有效沉淀方解石，所述尿素—钙培养基可由尿素、氯化钙以及含有牛肉提取物和蛋白胨的营养肉汤组成，以使细菌能够在砖模内繁殖（Bernardi 等, 2014）。用该方法获得的砂砖证明其抗压强度超过 2MPa（比土坯和夯土砖更高），从而适合于非承重墙。化合物中沉淀的水泥越多，生长时间越长，力学性能越好。

然而，尿素分解细菌在严酷的水泥环境、高酸碱环境中的寿命有限，而长生长期则为生物混凝土提供了持续自愈特性的可能性。这些替代的 ELBMs 可以通过将砂子与溶解的明胶培养基和聚球藻（一种能够产生 MICP 的强大的光合蓝藻）接种在一起，获得一种活性水凝胶，作为支架，在脱水过程中通过物理交联得到加强。聚球藻利用加氧酶（Rubisco）通过光合作用将 CO_2 转化为糖。在低 CO_2 介质中，O_2 竞争性结合酶活性位点，降低 CO_2 羧化效率。聚球藻通过将培养基中的 HCO_3^- 浓缩到其细胞内的 CO_2 中，并将 OH^- 输出到细胞外，从而增加局部 pH 值并促进 $CaCO_3$ 沉淀，从而克服了这一限制（Heveran 等, 2019）。用该方法得到的 ELBM 砖抗压强度达到 3.6MPa。在建筑中的应用并不局限于砖和砌块，通过利用沙子和明胶的惰性制造梁柱结构，细菌可以矿化和增韧，然后在适当的环境条件下再生。

细菌生长的水泥也用于制造各种用途的砖瓦。bioMason 就是这样，它是一家总部位于美国的一家提供用于室内外地板、墙壁安装的混凝土瓷砖供应商。这些水泥由 85% 的废骨料和 15% 的生物水泥生产，声称比市场上的其他水泥产品少 99% 的碳足迹，并符合生态建筑挑战标准。

5.5 高级建筑产品

5.5.1 高级混凝土

混凝土的消耗量约为 $10km^3/a$，是地球上用量最大的建材（相比之下，建筑中使用的烧制黏土、木材和钢材的数量分别约为 2、1.3 和 $0.1km^3/a$）（Flatt, Roussel, Cheeseman, 2012; Pacheco-Torgal 等, 2019）。

由于使用了大量的混凝土，生产硅酸盐水泥（混凝土的主要胶粘剂）所产生的二氧化碳占全球 CO_2 排放量的 5%~8%。如今，生产 1t 水泥平均产生约 $0.6t\ CO_2$，其中三分之二是由所用原材料释放的碳。化石燃料（主要是煤炭和一些石油焦）所产生的热能占总需求的 90%（IEA, 2021）。混凝土废物也占据了建筑和拆除废物的三分之二以上，目前只有 5% 的废物被回收（ECORYS, 2014; UNEP United Nations Environment Programme, 2012）。

一定程度上，天然骨料的使用和水的消耗对混凝土的可持续性产生负面影响。

因此，在过去 20 年里，研究了实现环保混凝土的几项战略，总结如下（De Brito, Agrela, 2019; Nazari, Sanjayan, 2017; Pacheco-Torgal, Jalali, Labrincha 等, 2013a; Siddique, Cachim, 2018）：

（1）通过使用辅助水泥材料（SCMs）减少硅酸盐水泥的含量，转向使用掺合水泥，该辅助材料包括工业过程的副产品，如粉煤灰和磨细高炉矿渣（GGBFS）（de Carvalho 等, 2019），以及砖和混凝土粉末（Silva, Kim, Aguilar 等, 2020）；

（2）使用再生材料代替自然资源：由于骨料约占混凝土体积的 70%，一种有效的策略是用来自拆迁和挖掘废弃物、废弃玻璃（Stefaniuk, Sadowski, 2020）、废旧轮胎和塑料等再生骨料替代原始自然材料，特别是选择那些运输距离最短以控制运输排放，并且能够改善力学特性以减少材料用量的再生骨料（Dixit, Du, Pang, 2021）；

（3）洗涤水的再利用和减少用水量（洗涤水的再循环在实践中很容易实现，并且在一些国家已经出具法律要求）；

（4）改善混凝土性能，如力学性能和耐久性，从而减少施工和维护/更换所需的材料，延长其使用寿命（Pellegrino, Faleschini, Meyer, 2019）。

5.5.1.1 纳米复合混凝土

纳米技术在混凝土工业中的应用使产品在力学性能和耐久性方面具有前所未有的性能，同时改善了施工过程（易于混合、凝固速度、可加工性等），并减少了水泥制造的碳排放（降低加工过程中的窑炉温度和持续时间）（Kaizar, Shaik, 2015; Leone, 2011; Liew, Nguyen Tri, Nguyen 等, 2020）。

纳米增强混凝土产品属于纳米复合材料范畴，水泥混合物直接添加了各种纳米颗粒以增强其性能。

适于添加到混凝土混合物中的纳米材料包括二氧化硅、二氧化钛、碳纳米管、石墨烯/石墨烯氧化物、碳酸钙、黏土/高岭土和纳米金属氧化物，如氧化铝、氧化锆、氧化镁、氧化铁和三氧化铬（Hanif, 2019）。

纳米复合混凝土可以通过添加无机溶液而变得不可渗透。在固化过程中，无机溶液用纳米晶体填充其毛细空隙，并且由于硅酸盐水合物纳米颗粒可以加速水化过程，而无须热蒸汽或危险添加剂等高能量处理，因此可以更快地固化。

加入廉价的纳米黏土（蒙脱石、膨润土、高岭石、锂蒙脱石和白云石）提高了抗压/抗弯强度并加速了固化，同时还增加了电阻率，从而降低了混凝土的渗透性（Jamshidi, Kurumisawa, White 等, 2019）。添加 TiO_2 纳米颗粒使混凝土具有光催化作用，可以提高耐久性、自清洁作用，甚至具有空气净化效果，同时还可以提高防火性能。随着时间的推移，纳米 TiO_2 添加剂也被证明能有效提高水泥从大气中吸收 CO_2 的能力（Moro, Francioso, velay Lizancos, 2021）。

关于力学性能的改善，添加了金属和氧化硅纳米颗粒的当前可用的超高性能混凝土（UHPC），与传统产品相比，需要更少的材料来实现相同的结构强度，从而大大减少了对环境的影响，原材料减少了 6 倍，温室气体（GHG）排放减少了 50%，制造能源减少了 40%。水泥混合物中包含相对便宜的氧化石墨烯，可提高抗压、抗拉和抗弯强度，并改善应变硬化行为和韧性（Hanif, 2019），同时正在研究添加 CNT，将使材料使用量减少 90%。

作为一个试点项目，石墨烯增强混凝土（"concretene"）被用来为英格兰巨石阵附近的新南区体育馆浇筑混凝土楼板：曼彻斯特大学（University of Manchester）和 National Engineering 建筑公司的科学家向水和水泥中添加了微量石墨烯，在这种情况下，石墨烯既起到机械支撑作用，又为将混合物转化为混凝土浆的化学反应提供了额外的催化剂表面，从而在微观层面上改善了粘合性，混凝土强度提高了 30%（Greener 和 cheaper: Graphene@Manchester solves concrete's big problem）。

最后，在水泥混合物中掺入比例低至 4% 的纳米炭黑可以赋予混凝土显著的导电性，因此可用于开发焦耳加热的建筑物和基础设施。小到 5V 的电压足以将混凝土样品的表面温度提高到约 41℃，在室外（如机场跑道的除冰表面）和室内的辐射加热中都有潜在的应用（Soliman, Chanut, Deman 等）。

5.5.1.2 纤维混凝土

混凝土强度和耐久性也可以通过与纤维添加剂混合来改善，其主要目的是弥合混凝土在受力时内部形成的基体裂缝，从而增加开裂后的延展性和韧性，同时随着时间的推移提高耐久性，因为裂缝是水或其他腐蚀剂的主要通道。

钢筋混凝土中使用的大多数纤维由钢、玻璃、聚丙烯—聚乙烯、碳或两种或多种组合制成，长度为几厘米，直径为几分之一毫米（超细纤维）。随着更具可持续性的混凝土工业的发展，植物纤维，如木材、小麦、稻壳或甘蔗渣中的纤维素最近作为水泥添加剂受到了关注（Benaimeche, Seghir, Sadowski 等，2020; Rodier, Correia, Savastano, 2020）。事实上，纤维素在纳米和微米尺度上对水泥进行有效的混合增强，将纳米纤维素与基体、更长的纤维素浆相结合并机械锚定（Correia, Santos, Tonol 等，2020）。环境问题也促进了废物处理中的纤维回收，包括包装中的 PET 塑料和玻璃、废轮胎中的橡胶和钢、消费前后的纺织品（Merli, Preziosi, Acampora, 2020）。

纤维添加到水泥混合物中，其体积通常低于 1%，因为它们会降低混凝土的和易性并且会不均匀地结块，所以需要特别注意。与普通混凝土混合料相比，纤维增强混凝土韧性更好，即使在基体中产生裂纹仍能保持其承载能力、更好的抗冲击性和减少由于干燥及塑性收缩产生的裂纹现象。

在过去的几年中，已经开发出了更复杂的纤维增强应用，其混合物结合了更大的纤维含量（体积高达 2.5%）、更小的粗骨料或没有结合粗骨料，以及较低的水胶比。这些高性能材料的特征在于非常高的强度值（抗压强度超过 180MPa，抗弯强度超过 60MPa）和随时间推移仍出色的抗渗性和耐久性。鉴于其在生产、放置和固化过程中的高成本和严格的质量控制，这些产品主要是利基应用，如桥梁、梁或柱的结构修复或隧道截面等专业预制构件（Plizzari, Mindess, 2019）。

5.5.1.3 自愈混凝土

如前所述，提高混凝土耐久性是减少其环境影响的关键，以确保混凝土结构的耐久性，从而减少维护干预。这对于桥梁、高架桥和隧道等混凝土基础设施尤为重要，尤其是在高盐或高浓度酸环境中，因为其维护在人力和材料方面成本高昂，如果忽视，可能会导致严重后果。特别是随着时间的推移，混凝土本身会形成小裂缝，这阻碍了其抗水性、抗冻融循环性，会让水分和氧气到达混凝土内部的钢筋。

赋予混凝土自愈能力的主要方法是将化学试剂（矿物或合成试剂或细菌）混合在一起，目的是沉淀或产生能够填充荷载产生的裂缝的物质（通常是碳酸钙）（Wang 等，2019）。

关于矿物试剂，合适的物质包括硅氧化物，如硅酸钠、胶态二氧化硅和硅酸乙酯，它们与水泥基基体中存在的硅酸盐反应以形成过量的硅酸钙水化物（水泥基体本身的主要成分）。在液体状态下可以封装在玻璃瓶中，当水泥开裂时，玻璃瓶破裂，从而释放愈合剂（Kanellopoulos, Qureshi, Al-Tabbaa, 2015）。另一种解决方案是氧化镁，它是一种粉末，与水接触水化生成水镁石，水镁石是一种膨胀的结晶相，它进一步与水和二氧化碳反应，沉淀出碳酸镁来填补水泥裂缝。然而，氧化镁需要单独的胶囊在水中破裂以触发化学反应，这一缺点会危及愈合剂在裂纹内的良好分散。

生物基自愈混凝土利用生物功能而不是化学反应，在水泥混合物中嵌入细菌孢子，能够在需要时激活，并修复随着时间的推移可能形成的裂缝和洞（图 5.5-1）。

图 5.5-1　生物基自愈合混凝土（亨德里克·琼克斯（Hendrik Jonkers）发明）

另一种自愈的方法是在混凝土中加入 SMA 钢筋或 SMP 钢筋束，当受到外部热或电刺激时，能够通过收缩混凝土来闭合拉伸的裂缝（Nassiri Monfared, Baghani, Zakerzadeh 等, 2018; Teall 等, 2018）。

5.5.1.4　集成混凝土传感器

传感器和执行器越来越多地用于建筑物中以监测和控制环境条件和材料/结构性能。在过去的几年里，利用纳米技术和智能材料领域的优势已经将其尺寸缩小到纳米级，允许在施工过程中将其嵌入任何结构和建筑元素。

最具前景的应用之一是它们与建筑结构材料（尤其是钢筋和混凝土）的集成，在其中它们可以执行多种功能（Atwa 等, 2015）。在混凝土浇筑阶段，集成传感器能从材料内部准确地监测水泥混合物的水化和固化步骤，使其能够在必要时用添加剂进行校正或准确预测未来性能，以及实现所需的强度阈值，以更好地规划后续处理，从而最大限度地减少现场停机时间。一旦达到完全成熟，传感器可进一步用于连续监测结构构件，记录冲击和载荷，并能安排有针对性的维修和安全预测最终坍塌风险。

大多数使用的结构传感器由光纤组成（例如，FBG 和 FOPS），其被嵌入混凝土中，以跟踪光纤内的光路变化，即时检测裂缝或变形。

纳米机电系统（NEMS）有望实现更小的尺寸，更好地与混凝土集成。这些传感器通常采用智能纳米材料，这些材料具有压电性等特性，也就是将应变转换为电信号的能力，或改善导电性。当纳米复合混凝土受力和变形时，填料和基体之间的接触受到影响，从而影响混凝土构件的电阻率。这样，纳米复合材料可以用来感测结构参数和环境参数，如应力（或力）、应变（或变形）、裂纹、损伤、温度和湿度（Zheng 等, 2019）。

虽然普通水泥浆有压电性，但其容量不足以用于自供电传感的能量收集，因此有必要优化压电性。增强水泥浆体潜力的添加剂包括碳纤维（水泥质量的 1% 以上）、钢纤维和锆钛酸铅和聚偏氟乙烯（PVDF）（Chen 等, 2019）。特别有趣的是，混凝土浆中包含了多壁 CNT，它可以将整个混凝土块转化为导电的压电传感器，在振动测试过程中可以获得电信号，以评估其结构完整性（Rao, Sasmal, 2020）。

5.5.1.5　3D 可打印混凝土

3D 打印可与多种材料兼容（从聚合物、塑料到金属），但对于建筑应用而言，由于其刚浇筑后的可加工性、已经凝固的力学性能以及可承受的价格，所以目前最常见的打印材料是混凝土（Sanjayan 等，2019）。

在 3D 打印混凝土结构的过程中，最基本的步骤是通过输送系统将混合材料输送到喷嘴，然后进行沉积，以逐层的方式构建实体，无须任何模板（图 5.5-2、图 5.5-3）。在输送过程中，要求材料具有良好的可泵性且能轻易输送。然而，在沉积过程中，要求材料具有良好的可建造性，这反过来表明材料可以稳定地堆叠。可泵性和可建造性都与材料的流变性能密切相关，即静态/动态屈服应力和塑性黏度。特别是良好的可泵性要求低塑性黏度，可建造性要求高屈服应力（Weng 等，2018）。

图 5.5-2　3D 打印混凝土喷嘴（照片由里根·莫顿（Regan Morton）摄影，艾肯公司（ICON）提供）

图 5.5-3　3D 打印混凝土墙（照片由 COBOD 提供）

在为 3D 打印设计混凝土混合物时，考虑到挤出的必要性、对和易性的影响、混凝土凝固前的时间以及硬化水泥的抗压强度和抗弯强度，应注意砂浆在新拌合硬化阶段都符合性能假设。3D 打印混凝土特别要考虑的主要性能是可挤出性、可泵送性、可加工性、打印形状的保持、早期稳健性、适当的粘合时间、构建另一层的可能性、成品构件的耐久性（Pacewicz 等，2018）。

所有这些性能均由水泥材料的配合比设计决定，即分别调整胶粘剂（主要是硅酸盐水泥或石灰石）、骨料（各种级配的砂子、工业副产品如粉煤灰、回收碎片、从现场提取的土壤，直至回收的农业废物）和组成混凝土混合物的添加剂的类型和百分比（图 5.5-4）。

3D 混凝土打印的一个最微妙的方面是平衡挤压阶段之前和期间的可加工性，一旦沉积就能快速凝固，以便每一层都能支撑其上层并允许更高层施工的自我可持续性。一种新的解决方案是积极控制新鲜胶凝材料的流变性和硬化，正如目前在欧洲研究理事会（ERC）高级资助项目"SmartCast"中所研究的那样，在混凝土浆体中添加磁性颗粒并用磁场控制这些颗粒。这些反应灵敏的成分通过将自身与磁力线对齐，形成更为刚性或缠结的结构，从而提高浆料的刚度。对于磁性颗粒，刚性网络结构有望促进浆料的剪切阻力，使得这种粒子场组合方法成为阻止浆料流动的主要方法（De Schutter 等，2018）。

图 5.5-4　带有土壤、石灰石和农业废弃物的 GAIA 3D 打印房屋（由 WASP 提供）

5.5.2　工程大型木结构

在过去的 20 年中，为减少建筑构件（尤其是钢和水泥）生产和安装阶段的能源消耗和二氧化碳排放，在开发适合结构应用的工程大型木材产品方面取得了重要进展。

通过工业工艺获得的新型工程木制品（EWP），旨在提高其在力学强度、耐久性和环境可持续性方面的性能，使今天使用的木材没有尺寸限制，具有良好的质量均匀性和性能，是钢材和混凝土的有效替代品，甚至可用于多层建筑，提高木结构的竞争力并为设计师打开新的视角。在 2008 年至 2020 年间，使用工程木材的现代建筑的最大高度从伦敦 9 层 29m 高的 Stadhaus 建筑增加到 18 层 854m 高的 Mjøsa 湖之塔，该建筑位于挪威布鲁蒙达尔，由 Voll Arkitekter 设计，被高层建筑和城市人居委员会认证为世界上最高的木结构建筑。同期，在欧洲，交叉层压木材（CLT）、层压单板木材（LVL）、胶合层压木材（Glulam）和木纤维隔热板的年增长率在 2.5%～15% 之间（Winchester, Reilly, 2020）。

新法规的采用及其技术能力（包括防火和抗震性能）、成本竞争力，与矿物基建筑材料相比对环境的影响更低，推动了新型工程木制品（EWP）的使用。关于后者，据加拿大木材理事会（Canadian Wood Council）称，"与木材设计相比，钢铁和混凝土设计的能耗分别增加了 26% 和 57%，温室气体排放量分别增加了 34% 和 81%，污染物排放量分别增加了 24% 和 47%，水污染排放量分别增加了 400% 和 350%，固体废物产生量分别增加了 8% 和 23%，资源使用量分别增加了 11% 和 81%（从加权资源使用角度来看）"（Canadian Wood Council, 2013）。

EWPs 通常由木屑、薄片、单板或锯木节段的粘合和/或木材节段的机械紧固以形成较大的节段、梁、面板或其他结构构件。这些材料包括由实木层通过交替 90°方向堆叠制成的 CLT、由薄木片基质制成的 LSL 和由薄木层压板制成的 LVL，其类似于胶合板，但规模上大得多。梁柱产品有结构工字梁、平行股材（PSL）和胶合层压板（胶合木）（表 5.5-1）。

结构用工程木产品　　　　表 5.5-1

工程木产品	组成	抵抗力	用途
交叉层压木材（CLT）	木板	双向	板坯、墙壁
胶合层压木材（Glulam）	木板	单向	梁、柱
层压单板木材（LVL）	贴面板	单向	梁、柱
层压木片胶合木（LSL）	木长条	单向/双向	梁、柱/面板
平行股材（PSL）	贴面板	单向	梁、柱

这些木质复合材料的优点包括更高的强度、重量比，增强的尺寸稳定性，减少自然缺陷（例如节子）的影响，更均匀的力学性能，更高的耐久性，因此可以形成更大和更复杂的结构。

与锯材相比，EWPs 具有通过其他材料（有限数量的钢和包括碳、芳纶和玻璃在内的外来纤维）增强的能力，以获得更高的功效，同时还能够在较低应力水平的情况下使用低级木材纤维。

5.5.2.1　交叉层压木材

自 21 世纪初以来，在市场上的不同工程木结构系统中，由于该系统在力学性能、灵活性、能耗、经济性、耐久性、舒适性和环境可持续性方面具有许多优势，因此人们对交叉层压木材承重板的建筑系统（称为 CLT 系统）产生了特别的兴趣，并在全球范围内进行了推广（Harte, 2017）。

全球越来越多建筑师使用 CLT。建筑师 Møller 最近完成了瑞典最轻的木结构建筑，Voll Arkitekter 在挪威建造了世界上最高的木结构塔，3XN 建筑事务所设计了北美"最高的木结构办公楼"。

CLT 板由指结实木板组合而成，这些实木板形成单层平面元件，交叉并用胶水固定在一起。构成单个面板的重叠层的数量从 3 到 9 不等（图 5.5-5）。

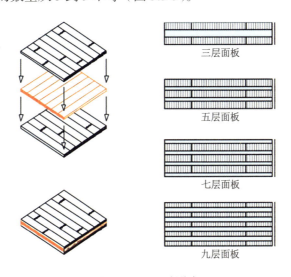

图 5.5-5　CLT 面板总成

面板的密度在 450～500kg/m³ 之间，并且根据构成面板的交叉层的数量，面板可以长达 24m、宽达 4m、厚 6～37cm。为满足与运输有关的需要，面板通常采用不超过 4m × 16m 的尺寸。最常用的树种是冷杉、松树、道格拉斯冷杉和落叶松。

CLT 面板的导热系数 λ 为 0.13W/(m·K)，允许获得 1.3（面板厚度 10cm）和 0.35（面板厚度 37cm）W/(m²·K) 之间的低热透射率 U 值。

CLT 系统能建造非常坚固和有效的抗震结构，同时提供良好能源和声学性能的建筑围护结构。它的灵活性也保证了模块化的形成，并且由于结构厚度的减小，在净可用表面方面具有很大的优势。CLT 面板还非常适合用作住宅建筑（包括多层建筑）、公共建筑（包括学校）以及高度模块化的商业、办公和物流建筑中的墙壁、阁楼和屋顶构件（图 5.5-6）。

面板通过连接件连接在一起，以防止倾覆和滑动，特别是墙与墙基、墙与楼板、楼板与楼板和墙与墙的连接。面板之间的连接系统完全由钢制成，包括木螺钉、可伸缩支架、压紧装置（防倾翻保护）、角支架（滑动保护）和穿孔带。

图 5.5-6　CLT 建筑结构装配（由爱德华·威廉姆斯建筑事务所（Edward Williams Architects）、坎杜奇集团（Canducci Group）、摄影师阿格尼塞·桑维托（Agnese Sanvito）提供）

面板之间的接头可以有三种类型：头—头接头、LVL 接头和半木接头。LVL 连接需要在面板上进行铣削，用作 LVL 板的护盖，铣削通常与面板外层的纤维方向平行。内部单/双接头需要更精确的剖面和现场装配，但其具有双剪切连接的优势，并且更能抵抗正常荷载和平面外荷载。最后，在半木接缝中，凹槽的延伸深度通常等于面板厚度的一半，宽度可变（图 5.5-7）。

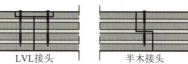

图 5.5-7　CLT 接头类型

为了保证接头之间的密封性，根据制造商提供的应用说明，建议使用可压缩护套、密封泡沫、胶带或橡胶密封件。为了减少相邻居住单元之间和相邻墙壁之间的噪声传递，可以在面板之间插入保护条和垫圈。

必须特别注意接地连接，以防止木材受潮。为此，墙板通常在由防水木材（落叶松）、金属或混凝土制成的路缘石上铺设防水条，并通过角钢和压具固定在地面上。

由于高度的预制化，CLT 系统能进行快速和高精度组装，减少意外事件。采用机器人和计算机辅助设计（CAD）或计算机辅助制造工具（CAM）使生产过程高度工程化，能制造已经配备了开口的结构件，并能为电气和水系统网络提供外壳。建筑信息模型（BIM）集成还能模拟装配操作和检查材料供应，将废物和废料减少到最低限度，最大限度地保证施工阶段安全（图 5.5-8）。

CLT 的另一个有前途的发展是销钉层压木材（DLT），旨在解决与 CLT 制造过程中连接不同木板使用的胶粘剂相关的问题，这些问题影响其可持续性、可回收性，产生更广泛的环境影响。特别是，脲醛（UF）等胶粘剂在高温条件和相对湿度变化下使用时会释放甲醛和 VOCs 等有毒气体，对环境有

图 5.5-8　预制 CLT 面板（照片由作者提供）

害。DLT 木板也称为"brettstapel"或"dowellam",由沿纵向、横向和对角线方向层压的软木板制成,并通过硬木销钉连接,无须使用钉子或螺钉等金属紧固件,可大大提高可回收性,并能进行一定程度的现场制作。DLT 制造传统上采用由含水量为 8% 的硬木(山毛榉、黄桦木、糖枫)制成的榫钉,这些榫钉被打入木板中。当软木木板的含水量为 12%～15% 时,硬木销钉膨胀以找到平衡,无须胶水就能将板固定牢固(Ramage 等,2017)。层压木板也可以通过高速旋转焊接,用硬木销钉固定,利用销钉和薄片之间的摩擦来提高温度,从而软化木质素并在销钉和木板之间形成粘结(Sotayo 等,2020)。

5.5.2.2 工程结构竹

如今,工程竹产品是一种很有前景的替代木材的建筑结构材料。

利用工业化制造工艺,最近几十年出现了几种不同类型的竹复合材料或工程竹,在结构应用中代替木材。它们包括层压竹材(LBL)、胶合竹材和最近的交叉层压竹材(表 5.5-2)。

主要工程木材和工程竹制品的力学性能(Sun 等,2020) 表 5.5-2

类型	密度	顺纹抗压强度	径向抗压强度	顺纹抗拉强度	横向抗拉强度	顺纹剪切	径向剪切	抗弯强度	弹性模量
	kg/m³	MPa	MPa	MPa	MPa	MPa	MPa	MPa	MPa
胶合木	484.00	26.10	2.60	53.00	2.10	6.20	—	42.93	12200.00
增强胶合木	503.60							48.45	12440.00
交叉层压木材(CLT)	492.00	18.30	14.40				1.63	22.42	11670.00
层压竹材	646.00	77.00	22.00	90.00	2.00	16.00		80.00	12000.00
胶合竹材	890.00	51.00	26.50	82.00		4.60	16.00	99.00	10400.00

工程竹产品主要在当地有竹资源的地区制造,包括南美、非洲和东南亚。中国目前是世界上最大的竹材出口国,占全球贸易的一半以上(David 等,2020)。制造工艺根据具体的工程竹材而变化,但通常包括劈裂、胶合和压制以及后处理。在劈开步骤中,竹子被劈成"对半劈开的竹秆"、丝和条状。在胶合和压制步骤中,使用树脂基体将这些随机混合的竹丝或竹条胶合,并压制成片材、木材和其他工程竹制品。纵向纤维被保持并沿同一方向定向,保证了原竹的固有强度。最后,需要进行包括加热或切割在内的后处理步骤,以形成形状规则、性能更稳定的工程竹产品。

胶合竹结构构件通过层压胶合竹板制成,胶合竹板通常厚 2040mm,采用改良的竹单板(plybamboo)生产工艺。

胶合竹板的生产有六个步骤:选择生竹、劈开竹条、编成竹帘或竹席、用胶粘剂粘合、热压、后处理(Sharma, Van der Vegte, 2020; Xiao, 2020)。

在这一过程中,除了最后一步外,所有步骤的目标都是生产长度为 2440mm、宽度为 1220mm、厚度为 30mm 的标准胶板。根据特定结构的设计,对胶板进行成形和层压,以形成最终的结构构件。典型的胶合竹结构构件是用竹条排列的板材,纵向排列 80%,横向排列 20%,称为 4∶1 板材。通常有 15 层或更少的竹窗层,每层厚度约为 2mm。

总的来说,与一些木材物种(特别是软木)相比,层压竹的点火温度、有效热惯性和热响应参数呈现相似值(Chen 等,2019)。

无论如何,使用竹子作为建筑材料必须进行初步的保存处理,因为竹子天生容易受到白蚁和真菌的攻击。在建筑中，竹子通常使用硼砂硼酸溶液通过几种技术进行保存，例如浸渍、重力或垂直浸泡扩散，以及使用压缩机进行注射。硼砂硼酸已被证明能有效延长竹子的寿命（Nurdiah，2016）。然而，在保存过程中，使用化学品引起了人们对废水造成环境影响的担忧。因此，人们开展了几项利用有机成分对竹子进行保存的研究，试图找到更环保的保存方法。

5.5.3 高性能保温材料

为了达成建筑高能效（其特点是年能耗非常低或几乎为零）的目标，必须使用特定的保温材料对新建筑和现有建筑的不透明封闭部分进行充分的隔热，以减少冬季的热量损失和夏季的热量增益（Casini，2020a）。然而，随着建筑节能标准变得越来越严格，使用传统保温材料通常意味着必须在墙壁、地板和屋顶铺上越来越厚的隔热层。在改造项目中，如果要增加保温层厚度，通常需要在美学和功能上作出重大妥协，以便在建筑围护结构的内部或外部安装更多保温层（Casini，2016a）。

因此，很明显，传统材料、产品和技术往往不足以应对提高建筑能效的挑战。相反，真正需要的是能够将能源性能与建筑质量和最佳舒适度结合起来的高级解决方案，确保实现最佳成本效益比。

5.5.3.1 超级保温材料

保温材料发展的最新进展使人们能够获得导热系数低于 0.02W/(m·K)的高性能保温材料（SIMs），而传统保温材料的平均值在 0.025~0.040W/(m·K)范围内（表 5.5-3）。

主要保温材料的导热系数　　　　表 5.5-3

保温材料	导热系数 λ [m·W/(m·K)]	实现厚度（mm）$U = 0.25W/(m^2 \cdot K)$
超级保温材料		
真空纳米多孔保温板	8	30
纤维增强气凝胶毯	13~14	50~55
透明气凝胶保温材料	—	70
常规保温材料		
酚醛泡沫体	20~25	75~95
聚异氰脲酸酯	22~28	80~105
聚氨酯	22~38	75~145
挤塑聚苯乙烯泡沫	25~37	95~140
聚苯乙烯泡沫	30~45	115~165
岩棉	34~40	150~170
软木	41~55	155~200
木纤维	39~61	145~225

在纳米多孔材料中，高孔隙率降低了通过固体的热传导，而小尺寸的孔隙降低了气体中的辐射和传导。将孔径减小到纳米级水平实际上增加了气体分子和孔壁之间的碰撞，从而抑制了气体传导（克努森效应）（图 5.5-9）。

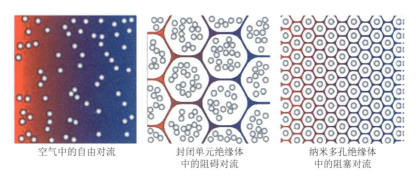

空气中的自由对流　　封闭单元绝缘体　　纳米多孔绝缘体
中的阻碍对流　　中的阻塞对流

图 5.5-9　纳米多孔保温材料中的克努森效应

由于纳米多孔材料的导热系数较低，因此可以通过极薄的保温层获得建筑围护结构的高热阻值，使这些产品特别适合现有建筑的能源改造。

目前，市场上可用的纳米多孔保温材料，由于其多孔结构的纳米尺寸，也被定义为纳米保温材料，包括添加二氧化硅气凝胶的纤维毡（FRABs）；具有二氧化硅纳米多孔芯的真空保温板（真空纳米多孔保温板）；透明板或玻璃板，其空腔填充有气凝胶（TIMs）等纳米多孔材料。

这些纳米多孔保温产品由气凝胶（空气加凝胶）制成，气凝胶可以由不同性质的无机或有机材料制成的凝胶衍生而来，包括二氧化硅、碳、金属氧化物、石墨烯、黏土、淀粉和纤维素，有多种用途，如保温材料、传感器、执行器、电极、热电器件或捕捉空间灰尘颗粒（Achary 等，2013）。

在各种气凝胶中，基于二氧化硅的气凝胶（称为二氧化硅气凝胶）由于其自身特性以及相对简单且成熟的制备方法而被广泛地应用于保温。气凝胶由 90% 以上的空气组成，是密度最低的固体物质之一（二氧化硅气凝胶可达到 $3kg/m^3$）（Sun 等，2013），其纳米多孔结构的特征是互连孔径，孔尺寸通常在 5～100nm 之间，平均孔径在 20～40nm 之间（图 5.5-10）（Aegerter 等，2011）。

为了用作建筑保温产品，二氧化硅气凝胶以颗粒形式混合在砂浆、石膏和混凝土中，但主要集成在纤维支撑结构中，可获得保温垫，由 40%～55% 的二氧化硅、20%～45% 的 PET/玻璃纤维和 0%～15% 的添加剂组成（FRAB）（图 5.5-11）。

图 5.5-10　整体硅气凝胶（由 Aspen Aerogels 提供）　　图 5.5-11　FRAB（由 Ama Composites 提供）

FRABs 具有非常低的导热性［$\lambda = 0.015W/(m \cdot K)$］，在跨度较大的工作温度（从 −200～+1200℃）下具有恒定的热性能，具有良好的隔声性能和良好的耐火性，从带有 PET 纤维基体 FRAB 的欧洲 C 级到仅带有玻璃纤维基体 FRAB 的 A2 级。FRABs 还显示出高疏水性，同时保持高水蒸气渗透性，并表现出优异的耐老化性，确保使用期无须维护和产品进一步重复使用的可能性（O'Connor，2015）。

图 5.5-12　真空保温板芯和外壳
（由 va-Q-tec AG 提供）

VIPs 是复合纳米保温材料，由开孔结构材料的内芯构成，内芯封闭在多层密闭的塑料或铝制外壳中，里面的空气被抽成真空，内部压力值为 0.1～5mbar（图 5.5-12）。VIPs 有 1050mm 厚的面板，如今依然保持着隔热记录：热阻值低至 0.002～0.005W/(m·K)（Kalnæs，Jelle，2014）。

关于面板芯，市面上使用纳米多孔材料（例如热解或气相二氧化硅）作内芯。其在高达 50mbar 的工作压力下的热导率为 0.003W/(m·K)，在破裂或气体泄漏后的大气压下达到了 0.02W/(m·K) 的良好值，使用寿命良好［30 年后的热导率为 0.008W/(m·K)］。至于面板外壳，其功能是在搬运和安装过程起保护作用，尤其是尽可能减缓空气和蒸汽进入内芯，确保长期的最佳性能。

FRAB 和 VIPs 产品适用于任何类型的建筑（无论是新建的还是正在翻新的建筑），但特别适用于翻新或改造建筑的外部和/或内部维修，尤其是受限制的历史建筑。并且，在所有情况下都需要在尽可能小的空间内提高能效和生活舒适度。

与 FRAB 等气凝胶保温产品相比，VIP 表现出更强的导热性能［其额定值 λ 为 0.007～0.008W/(m·K)，其他的气凝胶保温产品为 0.015W/(m·K)］。另外，FRAB 在安装和使用时都不麻烦，可以在现场轻松调整，并且不会随着时间的推移出现性能下降。现场灵活性和低厚度使气凝胶毡成为新建筑甚至现有建筑中校正热桥的备选方案。因为仅结构热桥就可能占建筑物能耗的 30% 以上，并且通常导致局部冷凝、衰变和霉菌生长。如果希望建筑围护结构具有一定程度的透气性，VIP 固有的水蒸气不渗透性也会成为限制因素。

纳米多孔保温材料开始进入市场，具有各种不同的应用领域。气凝胶（TIMs）进一步应用的主要障碍是成本仍然比传统保温材料高出大约 10 倍，全球市场在 2003—2019 年期间增长了十倍；尽管如此，气凝胶的成本在过去几年中一直在稳步下降（Berardi，2019）。对于 VIPs，还存在缺乏多功能性的担忧，因为它们必须按尺寸制造，并且在安装过程中无法进行调整。

5.5.3.2　相变材料

热能储存系统（TES）正变得越来越有吸引力，并且已被若干国家和国际机构视为减少能量消耗和改变气体排放的有效手段。

PCMs 是一种性能可变的智能材料，利用相变现象吸收或释放热量（称为潜热），而不增加其温度。在相变过程中，向材料提供或从材料中减去的能量实际上用于破坏或形成化学键，同时保持物体的动能恒定，从而保持其温度稳定。通过这种方式，可以将热容量与质量分开，以便用更轻的材料和显著减小的厚度获得同样的效果。

PCMs 的使用能降低房间中的空气温度波动，这种能力并不依赖于传统的热容量，即在不迅速变暖的情况下积累外部感知热量（显热储存），而是取决于材料以潜热形式积累外部热量进行相变的能力。在相变过程中，相变材料能够以潜热的形式积累 100～250kJ/kg 的热能，而建筑材料的比热容从最大 1.5～2kJ/kg（木材和致密塑料）到最小 0.3～0.8kJ/kg（砖块和金属）。

最终，通过使用相变材料，建筑围护结构往往更具有人体皮肤的特征，人体维持恒定体温的主要调节机制正是通过蒸发和出汗将热量作为潜热减去。白天，当空气温度超过某个值（所谓的工作温度，即 PCM 开始相变的温度，通常在 23~26℃之间）时，PCM 利用多余的热量进行相变（例如从固态到液态），从而从环境中减去余热。在夜间，当温度下降到设定值以下时，PCM 将积累的热量返回到环境中进行反向相变（液态—固态）（图 5.5-13）。这样，可以抑制室内环境的温度振荡并保持舒适状态。显然，为了使 PCM 发挥其功能，每天的温度必须超过熔点进行相变，然后降至熔点以下，以便第二天开始新的循环。如果环境温度条件不允许，则应使用包含 PCM 的系统，通过强制通风或使用面板集成冷却盘管进行冷却。

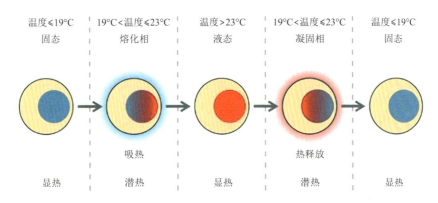

图 5.5-13　PCM 操作

具有不同工作温度的 PCMs 可作为附加组件应用于任何建筑构件、围护结构或隔断中，或直接集成在建筑材料中，从而增强新的或现有建筑围护结构的储能能力，尤其是在轻质结构中，能以薄厚度和低质量获得高性能。PCM 还作为蓄冷器应用在冷却系统中（工作温度为 5~18℃）、作为蓄热器应用在加热系统中（温度约为 55~60℃）或作为太阳能冷却应用的高温蓄能器（超过 80℃），以及与可再生能源系统集成，例如，从光伏板中去除多余的热量或储存太阳能热以备随后释放，从而防止过热导致的性能下降，尤其是在组件通风可能更困难的光伏建筑一体化（BIPV）安装中（Kant 等，2020）。试验表明，在集成了大胶囊石蜡（PCM）后，光伏组件的峰值温度延迟了 2h，降低了 90℃（Curpek, Cekon, 2020）。

尽管固液相变的潜热交换量低于液气相变中可实现的潜热交换，但建筑施工中使用的相变材料通常是固液相变，因为它涉及较小的体积变化，从而使存储管理系统更简单，价格更实惠。

在建筑应用中，PCM 产品通常封装在特定的密封包装内，将液态和固态材料进行密封以防止其化学成分发生变化，避免与环境相互作用，增加与周围材料的兼容性，以及改进其操作性并减少可能的体积变化。

大囊化封装是将 PCMs 封装在容器（如管、球体、面板和其他外壳）中，这些容器可以直接用作热交换器，也可以反过来并入其他元件中（图 5.5-14）。它是最常用的封装形式，包括大于 1cm 的容器。微胶囊化方法，使构成 PCM 核心的单个固体颗粒或液滴被具有高分子量的聚合物材料的连续膜（外壳）包围或涂覆，从而获得微米至毫米范围内的微胶囊（图 5.5-15）。另一种封装方法是所谓的形状稳定的 PCMs，其中有代表性的材料，如高密度聚乙烯（HDPE），与石蜡等 PCM 复合。

由于微胶囊化提供了各种可能性，PCM 产品现在可以以不同的方式使用，集成在建筑材料中，或作为附加建筑组件应用于墙壁、顶棚、地板、玻璃和 HVAC 系统。尤其是集成在建筑材料中的 PCM 包括混凝土混合物和预拌石膏混合物、干墙（石膏板）和复合板、顶棚和地板砖（微胶囊或复合板）、保温材料（微囊化、形状稳定的宏囊化）、混凝土砖、结构性混凝土、窗户和玻璃砖。PCM建筑部件包括袋装垫子、面板、粗糙垫、袋子和砌块。SIMs和PCMs在内部隔热应用中可以在降低厚度的情况下提高隔热效果，具有高保温性。

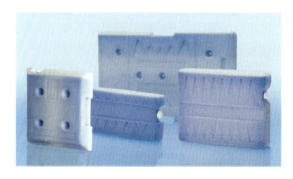

图 5.5-14　PCM 微胶囊化（由 va-Q-tec AG 提供）

图 5.5-15　BASF 公司微胶囊 PCM 微米化（照片由作者提供）

虽然在建筑物中使用 PCMs 的原理相对简单，但 PCMs 的效果取决于多个参数，包括太阳辐射和环境温度等气候条件；室内热负荷；建筑用途和特点；设计选择，例如遮阳组件的存在；选择的 PCM 的类型和数量及其在建筑物内的配置、方向和位置。在这种情况下，很明显，高效的 PCM 应用需要进行统筹规划，通过 EnergyPlus、ESP-r 和 TRNSYS 等软件，特别是针对其多功能性和可靠性而推荐的软件，在预期使用条件下对建筑物热行为进行详细动态模拟（Casini, 2016b）。

5.5.4　动态窗户

在过去的 20 年中，随着建筑智能化和绿色化目标的实现，透明的封闭式建筑已成为建筑业的主要研究内容之一。其目标是获得新一代先进窗户，能够动态地完全适应环境条件以确保与建筑系统和设备充分协同，能根据气候、用户行为和能源市场条件，对所有物质（空气和蒸汽）和能量流（热量和太阳辐射）进行高效、连续和自动管理。

新一代玻璃已进入市场，利用纳米材料或智能材料等先进关键技术，不仅能够提供比传统解决方案更好的性能，而且能够实现发电、自清洁、自加热等新功能，以及光线和辐射动态控制（动态玻璃或可切换玻璃）。

由于与内部显色层的集成，动态玻璃可制成控制太阳辐射的智能窗户，以保证最大的视觉舒适度，并在炎热和寒冷季节管理最佳的太阳能增益。

动态玻璃是新建筑和现有建筑翻修的最佳解决方案，如果与照明和空调控制系统集成良好，则可以提供更好的视觉舒适度并实现显著的能源和环境节约。

根据其操作情况，动态玻璃窗可以区分为被动调节系统和主动调节系统（Rezaei, Shannigrahi, Ramakrishna, 2017; Tällberg, Jelle, loonen 等, 2019）。

被动系统自动响应自然刺激，如光（光致变色玻璃）或热（热致变色玻璃），而没有任何外部指令输入。这一特点使得安装更容易，可靠性好，但用户无法根据需要直接控制它们（Granqvist 等, 2010; Saeli, Piccirillo, Parkin 等, 2010）。

相反，主动系统可以通过改变其光学特性来响应外部刺激，应对内部和外部环境条件的变化以满足用户的需求。

主动系统可以直接控制或连接到建筑物管理系统，以便响应外部气候（温度、太阳辐射）或内部环境（温度、人工和自然光照水平、热增益、人的存在）的变化或用户的需要，允许调节穿透性可见光和红外辐射的强度，显著降低空调和照明的能耗（预计节省 20%以上）。

主动动态窗户在先进的建筑围护结构中起着关键作用，使建筑设计更加自由、视觉和热舒适性更好、能效更高，使适应气候性建筑外壳能够根据天气条件或用户偏好进行调整［DOE（United States Department of Energy）, 2014］。

市场上主要的电控有源系统包括电致变色（EC）玻璃、悬浮粒子器件（SPD）和液晶器件（LC/PDLC）。

上述每种技术具有不同的特点、性能和成本。只有 EC 完全适用于建筑围护结构；而 SPDs 通常用于车辆；PDLCs 主要用于室内的隐私玻璃，由于其液晶混合物中包含染料分子，最近也应用于太阳能控制玻璃（Licrivision）（IEA SHC TASK 56, 2019）。

EC 玻璃（图 5.5-16）是目前最成熟和最有效的建筑主动式动态玻璃技术，也是经验证耐久性最好的玻璃技术。自 2000 年年初以来，安装的系统仍在全面运行，商业产品提供 10 年保修，理论使用寿命是 30 年（Sageglass, 2017）到 50 年（View Dynamic Glass, 2017）。

图 5.5-16　电致变色窗（由 EControl-Glass 企业提供）

目前，正在研究和开发的新兴技术，旨在提高 EC 设备的性能、经济性和耐用性，方法是改进现有技术，例如，将纳米技术应用于电化学操作（纳米晶体复合材料）；或采用替代方法，例如使用化学变色玻璃（气致变色玻璃）；基于偏振粒子（电动像素）；机电（弹性体变形窗）或纯机械（液体填充窗）。

5.5.4.1 热致变色玻璃

在被动动态玻璃中,热致变色玻璃(Pleotint、Ravenwindow、Solarsmart 等)是市场上最有趣的(Aburasa 等,2019)。

热致变色玻璃能够根据外表面温度自主地改变其光学性质,这涉及两种不同状态之间的化学反应或相变。因此,当温度低于转变温度时,材料保持透明,当温度较高时,材料变暗(图 5.5-17)。转变温度的间隔通常在 10℃(最大透明度)和 65℃(最小透明度)之间。热致变色特性可以在各种有机化合物和无机化合物中观察到,也可以在金属氧化物薄膜中观察到,如氧化钒(VO_2)从半导体状态切换到金属状态时,表现出对红外区高度灵敏的反射特征。

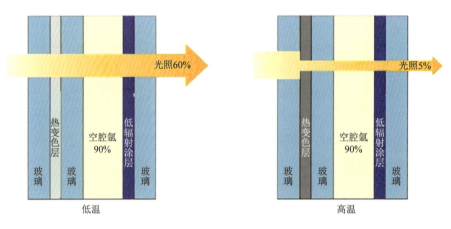

图 5.5-17　热致变色玻璃操作方案

目前研究的重点是提高 VO_2 的性能,因为 VO_2 是最常用的热致变色窗材料。这包括使用单斜晶形式的二氧化钒(VO_2(M))(Kim, Roh, Jung 等,2019),添加二氧化铈(Saini, Dehiya, Umar, 2020)或进一步掺杂钨离子,然后添加二氧化钛,以提高性能并获得光催化性能(Salamati, Kamyabjou, Mohamadi 等,2019),使 VO_2 受到氧等离子体轰击(Jin 等,2019),或添加二氧化硅纳米颗粒(Schläefer 等,2019)。

目前,制造热致变色玻璃最可靠的技术是将热致变色材料直接插入厚度为 1.2mm 的聚乙烯醇缩丁醛(PVB)塑料薄膜中,该塑料薄膜于 2010 年年底首次上市。

由于 PVB 是夹层安全玻璃或隔声玻璃生产中使用最多的材料之一,因此可以在制造过程中实现最佳集成,并有可能以较低的成本提供更高质量的产品。颜色切换时间大约为几分钟,对应于透明和暗淡状态的可见光透射率(VLT)和太阳热增益系数(SHGC)的典型范围如表 5.5-4 所示。缺点是,除了用户不能控制之外,热致变色玻璃窗,即使在有太阳辐射的情况下,也可能达不到切换温度,玻璃不能变暗,也不能消除用户的眩光。优点是,至少可以保证 20 年的运行时间,并且比主动控制动态系统便宜(ROI < 4 年)。

市场上主要的热致变色玻璃　　　　表 5.5-4

温度	VLT	SHGC	U_g	VLT	SHGC	U_g	VLT	SHGC	U_g
	透明玻璃			创新玻璃			玻璃		
低	60%	0.37	1.36 氩	57%	0.37	1.36 氩	33%	0.28	1.36 氩
高	13%	0.17		12%	0.18		5%	0.18	

目前，正在研究寻找其他热致变色窗户应用的候选材料，包括钙钛矿（Zhang 等，2019）、无色染料或嵌入聚合物基质的染料、量子点和等离子体激元等纳米材料、光子晶体、共轭聚合物、席夫碱或液晶（Garshasbi, Santamouris, 2019）。

5.5.4.2 电致变色玻璃

EC 材料是属性可变的智能材料，能够通过氧化或还原反应自主可逆地改变颜色，作为对外部电刺激的响应。因此，使用这些显色材料的玻璃可以根据用户的需要改变其光学特性（透明度、对太阳辐射的吸收），同时减少通过窗户的 VLT 和近红外线（NIR）透射（Cannavale, Ayr, Fiorito 等，2020）。

EC 器件的中心区域是施加在玻璃板上的五层涂层（图 5.5-18），由电子积聚层（反电极，$Li_xV_2O_5$）、离子导体层（或电解质，通常为 $LiAlF_4$）、电极层[通常为三氧化钨（WO_3）或五氧化铌（Nb_2O_5）]和两个由透明导电氧化物（TCO）制成的外层组成。

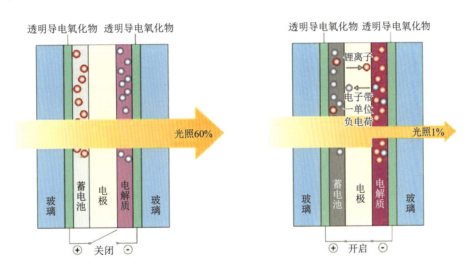

图 5.5-18 电致变色玻璃操作方案

当施加电压时，锂离子从积聚层传递到电极，根据所使用的 EC 材料，确定电极层（阴极着色）或积聚层（阳极着色）或两者中颜色从透明到深色的变化。通过关闭电刺激，触发离子从电极返回到积聚层，该装置再次变得透明。

市场上的 EC 产品有各种不同形状的玻璃窗尺寸，在同一窗格上有多达三个控制区的独立调节（Sageglass Lightzone）或窗格渐变色调过渡（Sageglass Harmony）。它们可以由应用于窗户边缘（Conver Light AW）的光伏电池系统自供电，无须电源线，尤其是在更换现有窗户时，安装更为方便。一个很有前景的做法是通过卷对卷网涂层将 EC 涂层应用于柔性 PET 基材上，其目的是获得可直接层压到玻璃上的廉价 EC 箔，并进一步可能将其中两种重叠以实现更低的有色状态透射率（Granqvist，2019）。

市场上的 EC 玻璃窗的颜色通常是蓝色的，这是由于 WO_3 通常被用作 EC 材料，在中间控制状态（通常为四种）下透明度从透明（设备关闭）调制到深色（设备开启）（SBAR, Podbelski, Yang 等，2012）。SHGC 通常在完全透明状态下为 0.49，完全着色时为 0.09，VLT 变化范围为 1%～60%（图 5.5-19、图 5.5-20、表 5.5-5）。

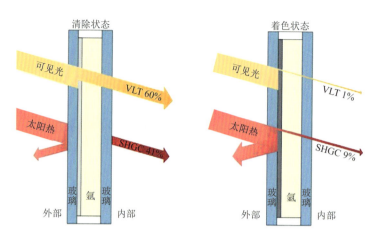

图 5.5-19 电致变色玻璃控制状态

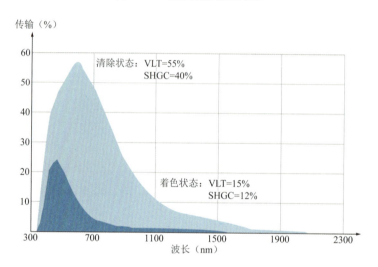

图 5.5-20 电致变色玻璃在不同色调状态下的光谱透射（EControl-Glass）

市场上主要电致变色产品　　　　表 5.5-5

有色状态	SGG Sageglass			View Dynamic Glass		
	VLT	SHGC	U_g	VLT	SHGC	U_g
0	60%	0.41	1.64	58%	0.41	1.59
1/3	18%	0.15		40%	0.28	
2/3	6%	0.10		6%	0.11	
3/3	1%	0.09		1%	0.09	
有色状态	EControl-Glass			Conver Light		
	VLT	SHGC	U_g	VLT	SHGC	U_g
0	56%	0.42	1.10（Low-E）	67%	0.46	1.12（Low-E）
1/3	n/d	n/d		n/d	n/d	
2/3	n/d	n/d		n/d	n/d	
3/3	10%	0.10		36%	0.25	

由于 EC 材料的双稳态结构特性,在不同的控制状态之间切换只需要极少的电量($2.5Wp/m^2$),而维持所需的着色状态(小于 $0.4W/m^2$)所需的电量甚至更少。

自 2000 年首次应用以来,相关项目在使用主动动态玻璃(尤其是 ECs)方面显示了许多优势,例如节省了高达 60%的人工照明需求,减少了高达 20%的冷却负荷和高达 26%的峰值功率,并有可能采用较小尺寸的设备。此外,由于减少了眩光、反光和窗户附近的不适感,用户对这项技术的接受度也很高(Casini, 2018)。

然而,由于技术和经济上的一些缺陷,EC 的广泛推广仍然缓慢,其操作的多功能性也有进一步改进的空间。特别是,最佳的多功能性窗户要求对 VLT 和 NIR 的透光率进行单独控制,而 EC 仍然只能同时控制它们,即透射高可见光的同时阻挡不需要的 NIR 辐射。

主动动态玻璃窗应用中的主要问题是产品成本高以及设计师、行业专业人士和用户之间技术信息仍然有限。就成本而言,目前在住宅和商业建筑中的大规模应用成本仍然很高。与传统的中空玻璃单元相比,EC 窗户的额外成本约为 215 欧元/m^2,住宅建筑的投资回收期约为 30 年,商业建筑的投资回收期约为 60 年。

5.5.5 智能涂层

先进涂料在建筑中的应用,如透明或不透明涂料和薄膜,可以通过赋予建筑材料和构件新的性能来改善它们的机械、物理和化学性能,这些新性能包括固定性能(抗反射、耐刮擦、抗紫外线、耐水性等)和动态性能(显色性、自清洁性、自愈合性、发光性、抗菌性等)。

由于在施工阶段对建筑构件进行特殊的表面处理,如今实际上可以:

(1)使表面具有活性,有助于维护卫生和健康要求(空气净化、自清洁、抗菌);

(2)改善建筑物围护结构的热性能,使表面反射太阳辐射或内部红外辐射(热响应);

(3)使表面在光的辐射中具有活性(光致发光);

(4)改善表面对外部环境磨损的反应,使其更耐腐蚀、磨损、冲击和划痕、太阳紫外线辐射、水和火,甚至能够自我修复(自愈)。

5.5.5.1 空气净化涂料

建筑物的内表面和外表面(包括外部铺砌区域)可以通过去除直接接触的大气中的污染物来改善空气质量。

这可以通过使用具有空气净化特性的产品,并将其应用于建筑构件的表面或直接嵌入材料混合物(地砖、面板或固定装置、水泥等)中来实现。

在光催化建筑和建筑材料中,二氧化钛(TiO_2)是使用最广泛的光催化剂。TiO_2 是一种常见的半导体材料,长期以来作为白色颜料应用在油漆、化妆品和食品中。在自然界 TiO_2 存在的三种晶型(锐钛矿、金红石和布鲁克石)中,锐钛矿类型因其较高的光活性而得到最广泛的应用。TiO_2 在光催化建筑材料中的广泛应用是由于它具有许多优点(1977 年首次使用 TiO_2 分解污染的报道):它具有化学稳定、安全、来源广泛和相对便宜的特点;与其他金属氧化物光催化剂相比,它具有更高的光催化活性;它与大多数传统建筑材料(如水泥)兼容,而不改变任何原有性能;在大气环境中的弱太阳辐射下同样表现出良好的效果。

在紫外光照射(波长小于 385nm)下使用 TiO_2 进行光化学催化的一般机制遵循几个阶段,这些阶段有助于形成高活性试剂,能够分解有机(苯、二噁英)和无机(NO_x、SO_x、CO、NH_3)物质、杀虫剂、致癌物颗粒和空气中的细菌，并将它们转化为无害的产品，如硝酸钠（$NaNO_3$）、硝酸钙（$CaNO_3$）或碳酸钙（$CaCO_3$）（图 5.5-21）。这些特性及其光诱导超亲水性使 TiO_2 光催化材料表面基本上具有自清洁性和无霉菌性。

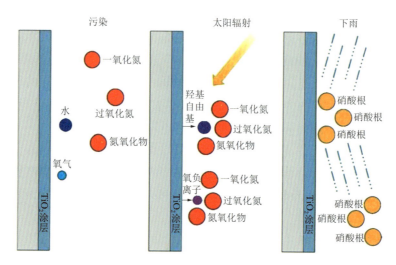

图 5.5-21 涂有光催化涂料的墙壁的净化效果

由于大多数光催化过程仅由紫外线光波激活，因此研究的重点是将这些效应扩展到更宽的阳光光谱，以提高光催化功效，并使光催化作用也能在夜间或缺乏日光的室内进行。鉴于 TiO_2 对有机化合物的侵蚀行为，塑料等聚合物表面的 TiO_2 涂层需要无机阻挡层来保护基底免受氧化。

TiO_2 的缺点是需要紫外光对有机污染物进行氧化反应，因此在室内应用中，TiO_2 仅限于有透明窗户且自然光和紫外光足够的房间，或通过提供人造紫外光进行氧化反应，因此可以理解夜间没有光催化效应。作为光催化产品的替代品，适合室内应用的是石膏基饰面材料，如石膏、干墙和嵌入沸石的假顶棚（Knauf Cleaneo, Gyproc Activ'air）。基于其纳米结构，这种天然矿物具有高吸附和离子交换能力，并已被证明在降低室内污染物浓度和去除异味、减少诸如病态建筑综合症等疾病方面是有效的，例如甲醛在 CO_2 和水中分解。沸石发生空气净化作用时不需要任何光线，但建议充分通风，每立方米房间的覆盖率至少为 $0.3m^2$，以最大限度地提高效果。多孔石膏沸石材料能够处理大多数室内空气污染物。

5.5.5.2 自清洁涂层

建筑表面的美观程度随着时间的推移而逐渐衰退，这是一种普遍现象。建筑表面不断被油脂和黏性沉积物弄脏，导致了主要由大气气溶胶污染物产生的复合材料强烈黏附。因此，视觉外观受到表面积聚污垢的影响。如果没有持续和适当的维护，可能很难恢复建筑物的美学特性。

由于这些原因，人们越来越关注所谓的自清洁表面，它们声称具有优异的防污和防水特性，在某些情况下甚至具有空气净化和污染物中和特性。通过表面固化、涂料或嵌入建筑材料的化学物质实现自清洁特性，在提高能源效率、减少维护成本和环境影响以及改善室内外空气质量方面具有优势。

灰尘积聚会导致性能变差，但自清洁表面确保了建筑构件（如冷屋顶和热反射涂层）的最佳运行，受到的维护干预较少，减少与清洁相关的建筑停用时间，减少操作员和设备的费用（洗涤剂、脚手架）；防止大量洗涤剂扩散在环境中，甚至有助于空气净化和减少污染物。

表面的自清洁性能源于其与水的结合能力（表面的润湿性），可以通过两个相反的过程获得：一个基于表面疏水性（疏水作用），另一个基于其亲水性（吸水作用）。

使其表面自清洁的两种主要方法是，要么防止灰尘和水附着到玻璃表面（疏水作用），要么降解有机和无机污垢并使其被雨水冲走（吸水作用）。根据这两种主要工艺，市场上的自清洁产品可分为两种，即开发具有超疏水或超亲水特性的涂层（水接触角分别大于120°或小于60°）（图5.5-22）。

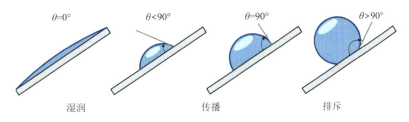

图5.5-22　表面润湿性和接触角θ

对于超亲水特性，TiO_2诱导光催化也是一种很有前景的自清洁应用技术。除了光催化性能外，TiO_2还具有光诱导表面超亲水性。事实上，与其他光催化材料不同，当水被紫外线照射在这种半导体材料上时，它扩散形成薄膜，而不是聚集成水滴。当水冲洗表面时，油等污染物可以被冲走。

TiO_2的自清洁效果是由于光诱导超亲水性和光催化降解有机沉积物的综合协同效应，这使得表面不需要任何化学洗涤剂即可防沾污和防油污（图5.5-23）。

最后，亲水涂层本身具有抗静电性，因为其导电金属氧化物提供了一个低电阻路径，以耗散静电并防止带电尘埃粒子被吸附。

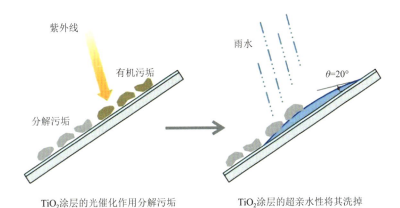

图5.5-23　TiO_2的自清洁效果

除TiO_2表面外，另一种超亲水自清洁解决方案（尽管效果较差）是在外层加入二氧化硅纳米颗粒：空气中的水分子被吸附到墙壁上形成水分子膜，污垢附着在该膜上而不会污染下面的油漆层，并可通过雨水轻松清除（Nichiha Nichiguard）。水膜也具有导电性，在防止灰尘附着方面起着抗静电层的作用。然而，这种溶液对藻类和真菌的防护有限，需要额外的保护剂来防止其生长。此外，这些涂层在重污染区或针对锈蚀或黏性污垢的作用有限，需要经常清洁。

关于超疏水行为，它可以通过低表面能材料来实现，如聚四氟乙烯（Teflon）等氟化聚合物使其接触角高达120°，也可以通过非常高的纳米级粗糙度来实现，能将空气困在水滴下面，防止它们黏附在表面上，从而实现高达 150°接触角（图 5.5-24）。

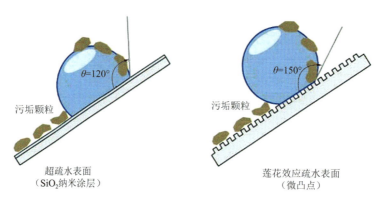

图 5.5-24　不同表面材料的水接触角

后一种方法是仿生学的一个案例，因为自 20 世纪 70 年代以来就在荷叶中观察到了这种行为；荷叶呈现出一个由大小为 20~50μm 的细胞组成的微隆起表面，上面覆盖着 0.53μm 的疏水蜡晶体；事实上，这种现象被称为"荷叶效应"。

通过沉积由亲水聚合物或二氧化硅纳米颗粒制成的粉末，可以实现微观结构表面的荷叶效应。市场上可用的产品包括陶瓷屋面瓦片或外墙涂料，如 StoColor Lotusan 对藻类和真菌生长具有很高的抵抗力。

为了防止木材受潮，BASF 公司开发了一种疏水涂层，通过加入二氧化硅和氧化铝纳米颗粒以及疏水聚合物，可获得荷叶效应。

织物表面（如伸缩式遮阳篷）也可实现部分自清洁，织物表面有细毛或尖刺以防止水或污垢直接接触表面，从而易于通过雨水去除污垢（Markilux Sunsily SNC）。

考虑到其几何诱导特性，莲花效应的表面通常对可能改变其微观结构的机械载荷很敏感，这与能够持续再生的真实荷叶不同。此外，肥皂或其他洗涤剂等张力剂通过降低水表面张力暂时抑制疏水性，从而使拥有荷叶效应的表面不适合浴室设施应用。脂肪也会破坏疏水性，所以一个指纹就足以留下痕迹。

另一种超疏水性的方法可以通过纳米颗粒或萤石涂层使表面光滑。一方面，其接触角比莲花效应的接触角小一些，另一方面，这些表面还排斥脂肪（Ultratech Everdry, Dow Corning Z-6689, Nanoseal Vision Protect）。它们被称为"易于清洁"的涂层，通常由用氟化合物改性的硅烷溶液制成，以进一步降低表面能。在应用过程中，这些溶液会经历溶胶—凝胶过程，因为纳米颗粒会在致密的网状凝胶中凝聚，并饱和处理表面的所有微凹凸不平，一旦蒸发完成，就会形成致密层。

由于溶胶甚至可以在室温下干燥，因此消费者也可以直接进行疏水处理，并且一些涂料有 DIY 套件，消费者可以自行喷涂。

然而，易于清洁的涂层耐久性低，并且必须在一定时间后重复处理。

关于玻璃，虽然其本身具有疏水性，但其表面仍然粗糙，微观上多孔，因此容易产生污垢和细菌沉积。超疏水涂层采用纳米聚合物或 SiO_2 纳米颗粒填充微凹凸并形成完美光滑的表面。这样，水滴接触角（θ）高达 180°并被瞬间冲走，冲走时携带污垢颗粒而不留下任何痕迹。

在玻璃板制造过程中，超疏水涂层很难应用，其他物理处理方法（如离子蚀刻和聚合物珠压缩）或化学方法（如等离子化学粗糙化）仍然会导致产品变得模糊和易碎。现场涂覆则很简单（其中一些涂层采用 DOY 套件，用于所需表面的自固化），但主要缺点是疏水效应的持续时间有限，可能需要在不到一年后重新涂覆。目前，有几种基于纳米技术的疏水涂料（纳米技术涂料、Balconano、Diamond Fusion），也可用于镜子、瓷砖、厨房台面等。

最后，超疏水涂层在防涂鸦和防沾污表面处理方面也有重要的应用。涂鸦实际上是传统建筑材料面临的重大挑战。涂鸦会影响各种各样的表面，清洗成本很高，而且通常渗入基材的孔隙里对涂漆表面产生不可逆转的影响。事实上，丙烯酸涂料很容易附着在混凝土、天然石材和石膏等多孔表面，并且很难去除，需要大量的水和对环境有害的洗涤剂。

通过将 SiO_2 或分散在水或酒精介质中的聚合物纳米颗粒功能化，形成同时拒水拒油的涂层，即开发出了抗涂鸦涂层。这样涂层表面黏性变低且易于清洁，并且无惧重复涂鸦。

为了能够无障碍地清洁基底，可以将氟化剂迁移到涂层表面来降低涂层的表面能。这提供了良好的疏水性，减少了染色剂对基底的黏附。此外，通过使用它，还实现了优异的热稳定性和氧化稳定性、低摩擦系数和良好的耐化学性。由于主链或侧链中氟原子的高电负性和低极化性，在由氟原子合成的涂层中具有疏水和疏油性，因此含氟聚合物表现出大量的疏油、疏水性。此外，大多数市售的防涂鸦涂料是硅氧烷/硅氧烷基配方。它们排斥大多数水基涂料和标记物，也可用于塑料、复合材料、木材和金属等基材。

5.5.5.3 抗菌涂料

近年来，由于需要消毒或防止细菌等生物制剂在建筑物表面和与人接触的物体上生长，消毒剂的大量使用引起了人们的担忧，这主要是由于相关的成本和环境影响，最令人担忧的是越来越多的细菌对抗生素产生耐药性。因此，具有杀死或抑制细菌繁殖能力的表面涂层（称为"抗菌"或"抗菌剂"），由于其能抵抗污染、变色、染色或气味等产生的有害影响，而变得非常受欢迎，并且在过去十年中一直是大量研究和开发的主题。

抗菌涂层用于中和细菌和其他生物试剂，主要机理如下：

（1）光催化反应产生具有侵蚀性的活性氧（ROS），最常见的是 OH·、O^{2-}·和 H_2O_2，氧化细胞膜，导致细胞膜破裂并攻击细胞内部成分（Gardini, Lüscher, Struve 等, 2018）。

（2）通过攻击或修改其 DNA、结合其酶/蛋白质或中断跨膜电子/离子传输、中断细胞呼吸来对细菌进行生物攻击。

（3）直接机械作用，通过刺穿细菌细胞壁并导致细胞质泄漏来杀死细菌。

表现出光催化特性的材料包括 ZnO 和常用到的 TiO_2 金属氧化物，其强烈的氧化作用具有破坏细菌、病毒和霉菌的能力。事实上，一些研究表明，经紫外线照射的二氧化钛可以有效地杀死大肠杆菌等细菌。这种抗菌作用主要是由于合成的高侵蚀性羟基自由基 OH·所致。通过将 TiO_2 与其他半导体和防污材料（如 Cu_2O 和 ZnO）结合，可以进一步改善 TiO_2 的光催化性能，并通过减少带隙来增强其抗菌性能。TiO_2 生物杀灭效应还可用于控制阳光照射下混凝土表面的生物生长，避免在经常潮湿的区域生成难看的污渍，并防止混凝土表面的化学降解。由于光合藻类生长在阳光充足的地方，光催化技术是一种有效的解决方案。光催化涂层的一个缺点是它们依赖于紫外射线（由太阳光或紫外线灯提供），因此在夜间或在有人工照明的室内，生物杀伤力会大大降低。

相反，在几种金属中已证明有通过生物攻击杀死细菌的潜力，并且由于接触面积的增加，当这些金属以纳米颗粒的形式出现时，这种潜力得到了极大的提高（Ogunsona, Muthuraj, Ojogbo 等,

2020）。在这种形式下，金属纳米颗粒可以作为化学活性成分（AI）集成在涂料和建筑材料中，以提供抗菌特性。有几种产品属于 AI 组，使用了铜、铁、钨（Matharu, Ciric, Ren 等，2020），但主要是银和氧化银纳米颗粒，因为它们对 640 多种微生物（细菌、病毒和真菌）具有生物杀灭作用。这些可供室内和室外使用，并以涂料、油漆（Sigmaresists Immun）或瓷砖（Casagrande Padana Bios）的形式出现。银纳米粒子可分散在涂层中或嵌入铝硅酸盐沸石载体（AgION）中。超细银离子的连续浸出通过阻止细菌能量代谢和电解质转运、减慢或停止 DNA 复制，或与细菌细胞壁结合导致其塌陷或破裂来抑制细菌。因此，银离子对多种革兰氏阳性和革兰氏阴性细菌具有活性，细菌耐药性风险低，并且在低浓度下有效。然而，与细菌相比，对真菌的活性显著降低。

最后，机械抗菌作用要求对聚合物进行特殊设计，改变表面特性，使其无法受到微生物生长的影响。

AM 技术微观清洁保护同样在涂层固化过程中开发了"纳米技术倒钩线"，这得益于结合剂的双重聚合过程。一旦接触到涂层，微生物的细胞壁将被带电表面电击并刺穿，进而杀死它们。

与大多数表面抗生素处理相比，机械作用具有对细菌产生的耐药性免疫的优点。然而，死亡的微生物可能会沉积在表面，形成肥沃的生物膜并使细菌繁殖，因此需要定期清洁。

本文所述的所有涂层都表现出连续的杀菌活性，在没有有害细菌的情况下，这可能不是必需的。此外，在某些情况下，持续的活动可能会导致杀菌剂对周围环境产生不利影响。目前的研究重点是设计智能杀菌涂层，这种涂层只有在需要时才表现出活性，例如在存在大量细菌定植的情况下。这种涂层可通过应用微囊化杀生物剂或杀菌剂，如抗生素、抗菌肽（AMP）、金属（或金属氧化物）纳米颗粒（NPs）、季铵化合物（QAC）、阳离子树状大分子和过氧化氢，来实现这一目标，并触发其释放到外部刺激（主要是 pH 值、温度、光、磁场、电场、机械力、超声波、离子强度和生化剂浓度）中，从而发出感染信号（Mitra, Kang, Neoh, 2020）。

5.5.5.4　热响应表面

建筑不透明封闭物（如屋顶和墙壁）的热性能可以通过应用先进的涂层或油漆来提高，这些涂层或油漆能够使表面反射红外辐射（热反射表面）或提高其热容量（潜热存储表面）。

热反射表面是指通过反射一些与外界交换的热量来改善建筑物的隔热性能（图 5.5-25）。一方面，当应用于内表面时，它们通过将温暖物体和加热系统（IR 热辐射）辐射的热量反射回室内而减少冬季的热量损失，否则这些热量无法保留在建筑物内。另一方面，外部应用可以反射一部分进入的太阳热量（NIR 辐射），在夏季保持建筑凉爽，并减少人口密集地区典型的城市热岛效应（冷涂层）。

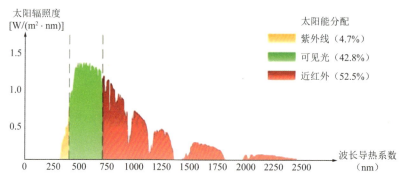

图 5.5-25　标准太阳光谱能量分布

特别是在夏季，若太阳辐射值高（冷屋顶），太阳热反射涂层可以有效地改善建筑物表面（特别是屋顶）的隔热性能。事实上，很明显，暴露在阳光下的表面的吸收系数越高，进入的热流就越大，这可能导致明显的内部过热现象。在温暖的气候条件下，热反射涂层在降低夏季制冷能耗方面取得的效益实际上是巨大的（低隔热屋顶高达 25%），加上合理的维护成本，使这些投资即使在短期内（许多情况下不到一年）也具有成本效益。

由于新的先进冷色技术，传统颜色的建筑材料如灰色或砖红色，太阳反射率值可达到 0.4~0.5，普通彩色产品的反射率值不超过 0.1~0.2，而白色的反射率值在 0.8 左右（图 5.5-26）。

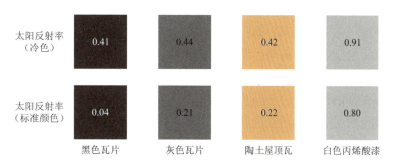

图 5.5-26 冷颜色和常规颜色太阳反射率值

事实上，冷色涂料在可见光范围（400~700nm 之间的波长）内实现了与传统材料（如赤陶瓦）相同的光谱响应，这是表面颜色响应的特征。同时，它们能够在近红外波段（约 700~2500nm）反射更多能量，其中包括超过 52% 的太阳辐射能量。

市场上的大多数产品都是通过利用一种涂层，该涂层能够反射所需颜色的可见部分，但对其他波长无效，因此红外线可以到达先前设置的具有高红外反射率的基板，然后被反射到大气中（图 5.5-27）。

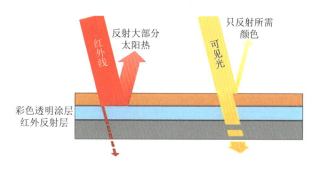

图 5.5-27 冷色涂层

目前，市场上的 NIR 反射产品主要包括基于二氧化钛的有机（尤其是丙烯酸）涂料，可用作简单涂层，或具有亮白色（Derbigum Derbibrite）面漆的片状防水屋面产品，或也可以单独应用于白色表面的气凝胶涂层（Ama Thermogel）。最好的白色冷屋顶涂层的太阳反射率为 90% 左右，热辐射率为 95% 左右，它们的漫反射外观减少了不必要的眩光现象。目前，辐射冷却的记录值来自普渡大学（Purdue University）的研究人员在 2020 年开发的硫酸钡（$BaSO_4$）纳米复合膜和丙烯酸涂料，其太阳反射率为 98.1%，天空窗口发射率为 0.95。在现场测试中，$BaSO_4$ 薄膜比环境温度低 4.5℃以上，平均冷却功率为 117W/m^2（Li, Peoples, Yao 等，2021）。

NIR 透明着色层通常含有纳米颗粒形式的颜料，这些颜料基于聚偏二氟乙烯（PVDF）、硅酸盐聚酯或含氧化硅的丙烯酸树脂（Cooltile IR 和 BASF Xfast），或通过在普通涂料中加入基于尖晶石（蓝黑色染料）和金红石（黄橙色染料）的特定无机颜料获得，这些颜料由 Heubach、Altiris 或 Asahi Kasei 等公司生产，确保在各种色调，即使是较深的色调（冷色）中都有高水平的反射率和热发射率。

有趣的是，热致变色技术在冷屋顶的应用，使得油漆和涂料能够根据温度改变其颜色和反射性能，从而将夏季的热负荷减少与冬季的热增益结合起来。

市场上可获得的热致变色油漆和涂料通常是三种元素组成的有机无色染料混合物：第一种成分是环酯，它决定处于着色状态的产品的最终颜色；第二种是显色剂，一种赋予热致变色材料可逆颜色变化并负责颜色强度的弱酸；第三种是具有固定熔点的醇或酯，能控制颜色转变温度。当温度升高时，热致变色层变得半透明，露出下面透明、高反射的 TiO_2 层。热致变色混合物被微胶囊化，并与涂料基底和胶粘剂隔离，以便随时间保持其性能。

雅典大学（Athens University）的研究人员比较了几种颜色的传统"冷屋顶"和热致变色涂料的夏季性能；用黑色涂料时，热致变色涂料的表面温度比传统涂料低 15.3℃，比"冷色"涂料低 8.3℃（Karlessi, Santamouris, Synnefa, 2009）。

此外，由 MIT 毕业生获得专利的热致变色屋顶瓦 Thermeleon 是基于深色吸热基材上的相变聚合物凝胶层。在较低的温度下，溶液清澈无色，黑色背衬吸收大部分太阳辐射。

当温度上升到一个固定的设定点以上，在 0~100℃ 的范围内，聚合物相与凝胶分离，使溶液变成具有不同折射率的聚合物和溶剂的混合物，同时瓷砖变白且出现光散射。

试验表明，该瓷砖在冬季模式下能吸收 70% 的太阳辐射，在夏季模式下能反射 80% 的太阳辐射。

冷屋顶涂层还可以利用 PCMs 提供的额外蓄热潜力，在保持室内环境的热舒适性和温度稳定性方面发挥有益的作用（Kalaiselvam, Parameshwaran, 2014）。

粒径在 1720μm 范围内的微胶囊化 PCM 颜料，含有潜热为 170~180kJ/kg 的石蜡，可与任何彩色油漆混合。与相同色调的常规彩色涂料相比，这些 PCM 彩色涂料的应用可有效降低 7~8℃ 的表面温度，其性能略高于相应的冷色涂料。因此，PCM 涂料可以被认为是一种可行的方法，即使在屋顶表面也可以加入潜热储存系统。

PCM 涂层也可以应用于内墙和屋顶表面，以吸收内部热量，提高室内舒适性。Winco Thermo Confort 等产品专为几毫米的超薄应用而设计。该涂层含有 75% 的微胶囊化生物基 PCM，焓为 184kJ/kg，吸热范围为 23~26℃，凝固时释放热量为 18~22℃。

最后，内表面的隔热还可以利用红外辐射反射涂层来实现，该涂层是在涂料混合物中加入陶瓷空心微球（Insuladd, Nanoceramix, Thermoshield, Thermodry）或玻璃（3M 玻璃气泡），纳米氢氧化钠分子（Nansulate）或气凝胶颗粒（Ama Thermogel），具有额外的防腐蚀、防锈和防霉的好处。

5.5.5.5 发光涂层

为了从环境中获取能源并减少用于照明的化石燃料消耗，人们开发了光致发光涂料，使建筑材料在夜间发光，而无须使用电能。

光致发光材料能自动进行能量交换，能够吸收太阳光并在可见光谱中以不同波长重新发射。当吸收和发射之间的时间延迟在几分之一秒时，发光效应称为荧光；而当时间延迟更长，并且在去除激发源后仍有衰减的余辉时，该效应称为磷光。通过改变光致发光材料的性质，特别是其嵌入的杂质，可以获得各种颜色的发射光。

荧光效应通常用于荧光照明，其中荧光剂（三种或三种以上卤代磷酸盐的化合物）吸收电致发光气体（氖、氩、氙、氪）发出的紫外线辐射，并在可见光范围内重新发射。

光致发光材料广泛应用于室内装饰（磷光或荧光涂料）和建筑材料领域，例如含有磷光晶体的玻璃砖（TGP Veluna, Seves Luminescent Glass Block），该材料能够在黑暗中发光。至于磷光材料，特别令人感兴趣的是英国 Pro-Teq 公司开发的 Starpath Spray On，它可以应用于任何混凝土、沥青或木材路面的表面，使其发光而无须电能。这种特殊的涂层在白天吸收光辐射，在晚上释放。该涂层也是防滑和防水的，目前正在英国剑桥中央公园进行测试，已在总面积为 150m² 的区域进行了喷涂（涂敷时间仅为 30min，约 4h 后即可使用）。该涂层也是抗反射的，有 11 种不同的颜色可供选择。

这一概念得到了进一步发展，从而推出了 Starpath Pro，该产品放弃了喷涂应用，获得了更安全、更环保的解决方案，即使用光致混合石材骨料。安装只需将骨料与特定的双组分聚氨酯树脂胶粘剂混合 3min，一旦摊铺和整平，4h 内即可通行。该产品只能用于混凝土或柏油路面等硬质基材。该材料使用后，在白天是一条自然外观的道路，在夜间发出柔和的蓝光（图 5.5-28）。

图 5.5-28　光致发光路面（由 Pro-Teq Surfacing Ltd.提供）

5.5.5.6　自愈表面

自愈特性或表面在没有任何外部维护的情况下具有自身修复的能力，这在许多涂层中是非常理想的特性，（无论是美观的油漆、清漆或更耐用的涂层），以保护底层材料（例如木材、钢、混凝土和塑料）免受恶劣环境的影响。它们是为航空航天、船舶工业、桥梁或风力涡轮机转子等高端应用而开发的，它们也被用于建筑业，以保护恶劣环境中的钢和混凝土结构。

其可获得的效益是减少了普通建筑物和基础设施的维修费用和不良环境影响；然而，通过防止腐蚀和氧化经裂纹进入基材，自愈合材料甚至可以用于新的、极限工程。

用于自愈合的主要机制是将两种类型的微胶囊分别集成在涂层中或直接集成在材料中，这两种微胶囊分别含有愈合剂及其催化剂（图 5.5-29）。当涂层出现裂纹、划痕或磨损时，该区域中的胶囊破裂，释放愈合剂和催化剂。当它们混合时，就会发生聚合反应，以填充受损区域并防止裂纹扩展或对基底的损坏。微胶囊直径和壳壁厚度也因应用情况而有差异；然而，微胶囊的尺寸（高达 100μm）也使他们无法满足审美要求，例如薄而有光泽的涂层，这将导致触感呈颗粒状。在设计和制造微胶囊时必须非常小心，因为它们必须对溶剂有抵抗力，能够分散或喷涂，在储存中稳定，能够与分散基质形成复合物，并且在涂层破裂时必须开裂。

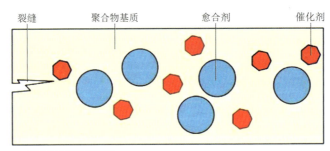

1.聚合物涂层开始开裂

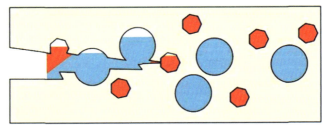

2.当裂纹穿透涂层时,它会使微胶囊破裂,从而释放出愈合剂和催化剂

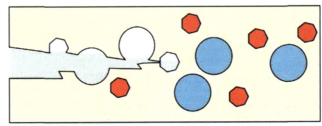

3.固化剂和催化剂混合物,引发聚合反应,使裂缝面闭合

图 5.5-29　自愈涂层操作

有许多不同的解决方案可以为不同的涂层材料提供自愈合的特性,其中主要有以下两种方法。第一种方法使用微胶囊,里面填充了双环戊二烯(一种相对便宜的单体)和钌基催化剂。

第二种方法被称为"自主材料自愈技术",它基于聚二甲基硅氧烷(PDMS),可用于弹性体涂层[如聚氨酯和有机硅涂层(微胶囊乙烯基端基 PDMS 树脂)],热固性涂层[如环氧树脂和乙烯基酯(微胶囊羟基封端 PDMS、甲硅烷基醚和黏度调节剂)]或紫外线固化粉末涂料(PDMS 树脂的微胶囊共混物),每种方法都与相应的催化剂结合在一起。

应用这些技术的一个限制性因素是需要形成裂缝,以拦截愈合剂和催化剂胶囊,从而启动愈合反应。这反过来又要求两者均匀且密集分布,而催化剂胶囊自然倾向于分离,而不是均匀分散。此外,微胶囊中储存的数量有限,可能不足以填充较大的裂缝。解决最后这些问题的方案是使用空心微管代替微胶囊,以提供更多的愈合剂,并帮助阻止破裂。

与双组分愈合剂相关的主要问题,即微胶囊在整个涂层中的不均匀分布和催化剂的高成本,引发了对单组分可聚合愈合剂的研究。有望使用的是异氰酸酯和硅烷,它们能够在有水的情况下进行聚合,因此适用于多种涂层的应用,尤其是在防腐方面(Zhang 等,2018)。另一个有趣的提议是,拟用自组装氧化石墨烯微胶囊封装亚麻籽油,以在水性聚氨酯涂料中获得自愈效果(Li 等,2017),同时还可增强涂层表面的润滑性能(Li, Cui, Wang 等,2017)。

聚合物表面已开发出其他自愈方法,包括在较硬的热固性塑料基底上添加热塑性愈合剂。如果提供热量，热塑性夹杂物会改变黏度，并能够应对小裂纹和破裂。一些材料也可能经历可逆聚合过程，这包括混合和加热所需的单体，然后慢慢冷却，允许发展可逆的狄尔斯—阿尔德（Diels-Alder）聚合反应，形成交联材料，其强度与传统的结构性环氧树脂相当（Zhu, Liu, Gan 等，2020）。破裂后，材料被夹紧并加热，发生反向聚合过程，修补裂纹。然而，其致命缺点是愈合过程需要热量，在某些情况下温度需高达 120℃；这与大多数建筑应用不兼容，可能适用于高温应用，如热管排气系统。

此外，表面裂缝能让水穿透混凝土，并在混凝土随温度变化而膨胀和收缩时将其破坏。混凝土专用自愈涂层也在研究中，可能对道路和路面非常有用。

韩国延世大学（Yonsie University）的科学家开发了一种由阳光激活的无催化剂自愈涂层，该涂层由愈合剂（MAT-PDMS）和安息香异丁基醚光引发剂组成。其被封装在 UF 聚合物胶囊中，并通过溶胶—凝胶反应应用到混凝土表面。当表面破裂时，愈合剂从破裂的微胶囊中释放并填充受损区域。在太阳光引发的光聚合作用下，形成了一层防止水和氯离子渗透的保护层。涂层应用也使混凝土具有疏水性。研究人员声称，这种涂层既便宜（因为不需要催化剂就可以轻松制备），又环保（因为它可以减少道路、桥梁和其他混凝土结构的维护）。

5.5.6 光伏模拟

作为光伏技术的一种应用，光伏建筑一体化（BIPV）系统在过去十年中得到越来越多的关注。它被证明是一种可行的就地可再生发电技术，可以满足新建筑和现有建筑的能源需求。因此，多年来，光伏与建筑之间的关系通过逐步地创新发展，促使光伏技术在建筑技术要素中产生技术转移，从只是简单地将光伏技术运用到现有要素中（建筑应用光伏 BAPV，如光伏屋顶发电），到建筑表皮层的活动部件，这些活动部件可以将能源生产与提供其他主要功能相结合，如隔声和隔热、挡雨和太阳辐射防护。

如今，市场上可用的主要 BIPV 产品包括太阳能屋顶瓦或太阳能屋顶、挡雨幕墙、窗户和玻璃、天窗、用于屋顶和外墙的柔性光伏板（Jelle, 2016; SolarPower Europe, 2019; SUPSI, 2017）。

光伏在建筑领域的大规模使用，将需要不仅从技术角度，也需要从美学角度，对太阳能外壳进行重新设想。

在这种情况下，BIPV 元素的美学外观和颜色的修改及优化正引起越来越多的关注。由于 BIPV 模块决定了整个建筑的美观性，因此外观对于 BIPV 应用起着重要的作用。到目前为止，光伏的着色和纹理，即对光伏的"修饰"或"设计"，已经被认为是市场接受光伏外墙的基本要求（表 5.5-6）。

BIPV 的价值不仅是功能上替代建筑表皮的一个元素，现在其主要价值是"隐形"的能力，其制造方式与现有建筑构件尽可能相似，在不引人注意的情况下能满足功能要求（图 5.5-30、图 5.5-31）。

这一战略目标加强了 BIPV 的研究和开发，旨在创造各种颜色和尺寸的模拟 BIPV 产品，同时尽可能地接近现有的建筑构件，接近构件要求和建筑业的考虑方式。

实验室的光伏组件最佳效率（Green 等，2021） 表 5.5-6

光伏技术	模块尺寸	效率（%）	生产商
单晶硅	13177	24.4	Kaneka
多晶硅	>14000	20.4	Hanwha Q-cell
铜铟镓硒	841	19.2	Solar Frontier

续表

光伏技术	模块尺寸	效率（%）	生产商
碲化镉	7039	19.0	First Solar
钙钛矿	804	17.9	Panasonic
双结非晶硅	>14000	12.3	Tel Solar
有机	200800	11.7	Zae Bayern

图 5.5-30　历史中心模拟光伏屋顶（图片由 Solaxess 提供）

图 5.5-31　庞贝考古公园模拟光伏屋瓦（图片由 Daqua 提供）

模拟 BIPV 的方法可以适应如今城市中心可以看到的各种材料、颜色和形状，那里不同时代的各种建筑和建筑解决方案相互共存，因此模拟 BIPV 解决方案在复杂城市环境中保护文化遗产建筑潜力巨大。历史上，例如 2018 年在意大利庞贝考古公园安装 Dyaqua（"隐形太阳能"）光伏瓦片（图 5.5-31），或者在没有足够屋顶面积来满足能源性能要求的多层建筑外墙上应用（如高层建筑或住宅区。在高层建筑上，屋顶空间通常太小，屋顶的一部分通常被用于其他用途，如技术安装，也越来越多地被用于植被）。

最先进的模拟 BIPV 产品的市场概况表明，对于 BIPV 模块的所有部分（光伏活性层、封装层、玻璃），都有可用于着色或纹理的技术解决方案，从而改变美学效果（IEA PVPS Task 15, 2019）。

主要解决方案包括：

（1）彩色和纹理光伏电池和模块用于太阳能屋顶瓦、太阳能屋顶和挡雨幕墙；

（2）半透明及彩色光伏薄膜，用于窗户及玻璃幕墙、天窗、遮阳结构、遮阳装置、阳台玻璃；

（3）窗户、天窗和顶棚的隐形光伏太阳能系统。

5.5.6.1 彩色纹理建筑集成光伏组件

由于薄膜技术，尤其是 CIGS 技术在能量转换效率方面的巨大进步，如今可以实现光伏模块的首次美学集成。

由于其单片"全黑"沉积，薄膜组件实际上可以在屋顶和外墙应用中与无框组件轻松结合，而无须任何可见的连接单元，就能将它们无缝地融入挡雨幕墙和室外装饰中。

一方面，彩色的薄膜组件也可以通过在前面的玻璃元件上进行丝网印刷或控制光反射来获得。另一方面，传统的晶体硅（c-Si）组件的外观可以通过用小条纹覆盖前面的带子来改善（Ertex Solar）或通过采用背接触技术完全消除它们来改善。

例如，使用金属包裹结构，电池不再在连接点上焊接，而是用导电胶粘在导电背板上，作为正负极触点来接触、连接，实现无间隙和无连接的外观（Trienergia, Invent）（Slooff 等，2017）。

除了薄膜光伏，在当前实践和未来发展中可以确定不同的定制技术，使传统的 c-Si 太阳能电池获得彩色或纹理的 BIPV 模块。

它们包括：

（1）c-Si 太阳电池的抗反射涂层；

（2）特殊的太阳能滤光片，如带有颜色或图案的层、涂层或夹层；

（3）通过印刷、涂层或其他加工方式对遮光玻璃进行改造。

1. 太阳能电池（c-Si）上有彩色防反射涂层的产品

由于裸 c-Si 具有高反射率值（约 30%），因此单晶硅和多晶硅光伏电池的表面都有 AR 涂层，经过优化的涂层厚度提高了转换效率，并使电池呈现经典的蓝色。

通过改变 AR 涂层厚度，使反射最小值移到近红外范围并增强可见光谱的反射，可以获得不同的颜色，如蓝色、绿色、黄色、橙色和粉色。但是，缺点是光伏电池的能量产出较低，由于颜色较浅（Lofsolar、SUNERG X、VGS、Azimut），效率降低 7.5%～12.8%，性能较差（Røyset, Kolås, Jelle, 2020）。

这种解决方案在坡屋顶上得到了广泛的应用。坡屋顶可以最大限度地减少标准瓷砖或瓦附近光伏电站的视觉影响，也可以用于天窗的玻璃。

另一种即将推出的调整标准 c-Si 太阳能电池颜色的是等离子体着色。通过脉冲溅射在标准 c-Si 太阳能电池的表面上产生直径在 50～150nm 的 8nm 厚的银（Ag）纳米颗粒层，在 450～550nm 附近诱导等离子体光散射，并引起颜色由蓝变绿。涂层前后 c-Si 太阳能电池的性能分析表明，采用纳米涂层后电池的功率下降不到 10%。通过改变纳米颗粒材料（例如，使用金代替银将导致红色）或溅射时间（影响纳米颗粒直径，从而影响反射光谱）来获得其他颜色（Peharz 等，2017）。

2. 带有彩色/图案夹层和/或特殊太阳能滤光片的产品

为了改变光伏板的外观，可以在模块内部层压具有特定颜色/图案的夹层，作为额外的封装板或作为封装本身。

为了获得所需的图案，可以使用来自图文业的常规薄膜印刷技术或光能通过的半透明油墨。利用这种技术，用特殊墨水打印在薄膜上的高分辨率图像被层压在电池和盖板玻璃之间。模块层压后，表面只能看到印刷图像，而看不见后面的太阳能电池（Kaleo Solar, Iloxs）（图 5.5-32）。其他制造商提供美观的覆盖层以直接应用于太阳能模块，类似于有封面的黑胶唱片（Solar Skin）。

图 5.5-32　印刷夹层光伏组件（图片由 Kaleo Solar 发明）

有趣的是由瑞士 CSEM 公司开发并由 Solaxess 公司进行商业化的技术。该技术允许制造各种颜色的光伏模块（包括白色），没有电池和连接件，从而在建筑中实现更好的美学集成（图 5.5-33）。

图 5.5-33　隐形光伏（图片由 Solaxess 提供）

这要归功于一种选择性和扩散性的纳米技术薄膜，它在玻璃盖板前面的 ETFE 保护板下层叠，能够扩散整个太阳辐射的可见光谱，而不影响红外线成分的传输，红外线成分可以通过下面的光伏电池转换为电能（图 5.5-34）。这种散射性的选择性滤光器通常由具有不同折射率的多个透明电介质层组成，这些透明电介质层相互叠加。

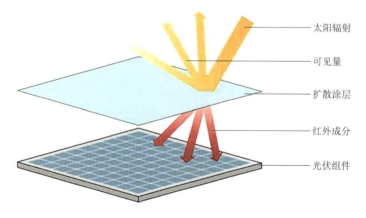

图 5.5-34　白色光伏

因此，任何基于晶体硅的光伏技术都可用于实现白色或彩色模块。尽管异质结晶体硅太阳能电池是首选，因为它们与标准硅太阳能电池相比具有更高的开路电压（730mV，而不是630mV），在太阳光谱的红外部分具有出色的响应。白色异质结晶体太阳能模块的性能在AM1.5光谱下测量达到11.4%，与具有通常外观的相同电池技术相比，效率损失38%。

作为一种轻质、柔性薄膜（147μm厚、203g/m² 面积密度），该项技术可以集成到平面或曲面上的新面板制造过程中。此外，这些模块的白色表面能使太阳能电池在比传统电池板低15～20℃的温度下工作，大大提高了它们的效率(光伏电输出随着温度的降低，每摄氏度下降0.3%～0.5%)。白色太阳能电池板也可以作为冷屋顶应用，在建筑中节省能源，同时保持室内凉爽，从而降低空调成本。

3. 带涂层、印刷、特殊加工或彩色前玻璃盖的产品

前玻璃盖使用不同的表面处理方式是新的趋势，这在建筑业中很常见。这些方法包括在玻璃上应用特殊的光谱选择性涂层或陶瓷印刷盖，用于掩盖模块的底层光伏组件或引入新的设计元素。

诸如物理气相沉积（PVD）和化学气相沉积（CVD）等薄膜技术允许采用一种新的方法，生成具有高色彩饱和度和均匀性以及低功率影响的光伏模块干涉涂层颜色。这两种技术已经广泛用于上釉行业，以及用于其他类型的涂层。

SwissINSO SA采用溅射工艺生产用于BIPV模块的经过颜色处理的前玻璃。Kromatix技术由SwissINSO SA 与瑞士理工学院（EPFL）合作开发，将玻璃内侧的多层反射涂层与外侧的漫射表面处理相结合，增强了彩色滤光片的掩蔽效果并防止眩光效应（图5.5-35）。通过在玻璃板的内表面进行低压溅射纳米沉积来创建干涉反射涂层，而通过在外表面蚀刻微米级（高度为10μm，横跨100μm）来实现光散射处理。用漫反射代替通常的镜面反射并提高内部的太阳透射率，同时提供令人愉悦的衬垫外观（Jolissaint 等, 2017）。带有白色前玻璃光伏组件的转换效率为11.4%，而标准组件的转换效率为19.1%（IEA PVPS Task 15, 2019）。同时，也可以拥有不同的颜色，如灰色、赤土色、蓝色、蓝绿色、绿色和黄色（图5.5-36）。丹麦的哥本哈根安装着最大的Kromatix玻璃组件，独联体建筑的外立面覆盖着70×70块不同深浅的蓝色太阳能电池板（图5.5-37）。

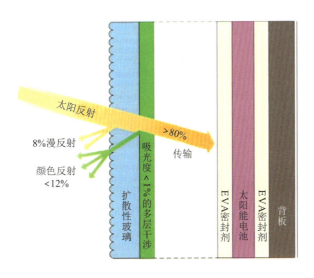

图 5.5-35　Kromat 彩色光伏运行

图 5.5-36　Kromatix 调色板（图片由 SwissINSO SA 提供）

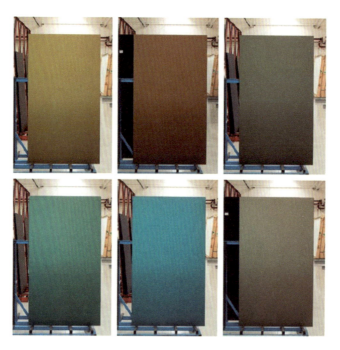

图 5.5-37　哥本哈根国际学校 Kromatix 光伏板（图片由作者提供）

弗劳恩霍夫协会的研究人员利用 3D 光子结构为光伏模块设计了一种 AR 彩色前玻璃，这是一个基于大闪蝶翅膀的仿生学例子。这些昆虫所特有的蓝色和绿色微光不是色素沉淀的产物，而是翅膀表面的 3D 纳米结构产生的，其中薄膜干涉效应和结构效应相互作用（光子结构）。通过结构化和溅射涂层的组合，在前玻璃背面施加多层布拉格堆叠，在粗糙的基材上交替使用高和低折射率的电介质层，从而仿制了这种效果。通过这种方式实现了具有饱和色彩的均匀外观，这种外观可以通过在正面应用纹理来进一步增强，以提高颜色容差并抑制眩光效应。与未镀膜玻璃盖的模块相比，绿色、红色和蓝色太阳能模块的功率损失为 7%。混合三原色模式可以由红色、绿色和蓝色的功能层组成（Bläsi 等，2017）。

另一种处理 BIPV 模块的方法是将陶瓷材料应用到前玻璃基板上（陶瓷熔块），以掩盖模块的底层光伏组件或引入新的设计元素（Colorblast, Heliartec Pixasolar, Ertex Solar）。这样就有可能在颜色或图像再现方面获得更大的自由度，以及获得全彩、大理石、木材（图 5.5-38）、砖块或图形效果，但会牺牲对光伏电池的透光率，并最终牺牲能源产量。陶瓷应用的常规方法包括数字印刷、丝网印刷、滚涂、帘涂和喷涂，其中数字印刷提供最佳图像保真度，丝网印刷是最常用的。

图 5.5-38　压电陶瓷喷墨印刷光伏模块（图片由 Heliartec Pixasolar 提供）

数字印刷与传统喷墨印刷基本相似，可使用一层薄薄的陶瓷熔块油墨来获得半透明外观，在印刷方向上几乎看不到条纹。在烧结技术中图像质量是最好的，可实现全彩摄影或矢量图形，分辨率高达 720dpi。

在丝网印刷方法中，将含有陶瓷颜料和基体颗粒的浆料分布在带框的丝网上，并通过该丝网压在玻璃板上。构成丝网的网眼的几何参数和浆料的黏度决定了所涂涂层的厚度。印刷丝网可以被遮蔽，从而可以实现部分图案的印刷，如斑点、条纹或自由形式。干燥后，搪瓷涂层通过在熔炉中烧制，熔融到玻璃基板上，这是玻璃基板热钢化工艺的一个步骤。根据工艺参数，丝网印刷烧结（或搪瓷）涂层的厚度通常在 25～35μm 之间（Kanellopoulos 等，2015）。使用此过程，可以印出几种颜色（Wilson, Elstner, 2018）。

在光伏模块中，搪瓷涂层通常位于玻璃盖板的内表面，与电池封装层相邻。其外表面为无涂层玻璃，比搪瓷表面更易清洁，但易产生眩光现象。一些制造商提供一种漫射的、丝质饰面的外部玻璃，以更好地模仿传统建筑材料的质地。

烧结/搪瓷表面的颜色由陶瓷涂层中颜料颗粒的尺寸、类型和光密度决定。白色二氧化钛颗粒在整个太阳光谱范围内散射辐射，没有显著吸收；而彩色颜料吸收部分可见光谱，并反射剩余波长；最后黑色颜料在光谱的可见光范围内强烈吸收，这可能会提高模块的工作温度（Kutter 等，2018）。同时，由于大多数面板是黑色或深色的，与深色的相比，浅色的表面可能需要更多的颜料颗粒，导致深色的比浅色具有更高的性能。由于陶瓷涂层中的反射或吸收会损失一些辐射，因此与无涂层玻璃盖的相同电池相比，光伏发电量将减少。就 40% 的印刷面积覆盖率而言，相对于未印刷的玻璃基板，在空气中测量得玻璃基板的透光率损失为 33%，而短路电流的减少仅为 18%。

5.5.6.2　半透明彩色薄膜光伏玻璃

在将光伏技术集成到建筑围护结构中的不同方法中，与玻璃组件相关的方法尤其有趣，因为它可以将能源生产、太阳辐射防护、采光控制和颜色质量相结合。

除了通过在两块玻璃窗内插入晶体电池来制造传统的玻璃光伏系统，现在还可以使用基于无机（a-Si、CdTe、CIGS）或有机（OPV，染料敏化太阳能电池-DSSC）材料半透明薄膜的光伏技术来制造透明和彩色外壳的光伏系统。

薄膜技术现在可以实现半透明光伏薄膜，其活性材料的厚度从几纳米到几十微米不等。在基板上沉积薄膜的技术有很多，如化学浴沉积（CBD）、PVD或溅射、电沉积、丝网印刷、脉冲激光沉积以及喷涂和原子层沉积（ALD）（Husain等，2018）。薄膜可以涂覆在两块玻璃内部或双层或三层玻璃的外部玻璃内侧。这种半透明薄膜除了产生电能外，阳光也能进入，这样就能避免紫外线和红外辐射，而且能透视。根据所需的防晒或透光程度，可以选择不同的透明度（通常为10%、20%或30%，直至完全不透明）。玻璃可以具有任何形状（圆形、梯形、三角形）并且也可以具有曲线轮廓。

半透明无机薄膜技术通常基于非晶硅（a-Si）或碲化镉（CdTe）（Alrashidi等，2020）。CIGS技术在薄膜领域保持了效率方面的最高纪录（NREL集中器电池的效率为23.3%），但半透明应用仍在研究中。该模块的功率取决于所使用的技术，它决定了太阳辐射的转换效率；也取决于薄膜的透明程度，透明度的增加会降低电力。

光伏层的半透明性可以通过激光处理活性层来获得，例如对非晶硅光伏组件而言，活性层被部分移除，以增加光的透明度。对于CIGS太阳能电池，半透明应用的研究解决方案包括部分去除半导体层、在多孔基板上沉积或在透明导电电极上沉积纳米薄膜。Solibro Research试验了以丝网印刷作掩模，通过喷水抛光和干式喷砂部分去除半导体层，发现后一种方法性能更好。可以达到40%的半透明，而由于去除后的额外边缘效应，光伏组件效率降低了45%~50%。所开发的干式喷砂去除工艺用途广泛，只要半导体连接到电流可以通过的位置，几乎可以产生任何图案。CIGS半透明应用的另一种方法是在亚毫米孔装图形钼导电基底上共电沉积铜铟镓混合氧化物，然后热还原为金属合金和硒化。这种选择性沉积技术仅在钼覆盖区域生长薄膜，根据穿孔程度保持装置的透明度（Sidali等，2018）。最后一种方法是用透明的掺氟氧化锡涂层玻璃代替不透明的钼导电基板，在该玻璃上沉积厚度约为200nm的超薄CIGS吸收层，而传统值大于1μm，获得的VLT值和转化效率值分别为18.59%和6.46%（Shin等，2019）。

半透明薄膜技术可以成功地与彩色PVB相结合作为封底材料，从而获得不同透明度的光伏彩色玻璃（Onyx Solar, SolTech Energy）。制造商提供定制和标准的光伏玻璃产品，具有不同的机械、热、光学和电气特性，可用于天窗、外墙、天篷、地板和走道。由于光伏薄膜在生产过程中溅射到前玻璃盖上，因此其能量输出不受其后面的彩色密封物的影响。

作为彩色聚合物膜的替代品，大量彩色玻璃可用于任何玻璃光伏技术的后盖，从而产生不同大小和颜色的半透明BIPV模块。颜色和透明度的设计可以优化太阳能系数，提高建筑内部的热舒适度。

今天，基于OPV电池或DSSC模块的光伏组件提供了另一个机会。由于这些将太阳能转换为电能的新材料，可以获得不同颜色和透明度的模块，因而有多家制造商提供材料（用于DSSC的H.Glass和Solaronix）或即用型模块（用于OPVs的海亮泰克公司（Heliatek）和Opvious）。

OPV电池由两块金属电极之间的一层或多层光活性聚合物构成。这些材料的特点是高吸光率，适用于非常薄的柔性薄膜，也适用于塑料基板并可安装在布料、窗帘、天篷或家具元件上（图5.5-39）。经济、高产量的生产工艺，如卷对卷的制造是可行的、喷涂应用也是可行的，与无机光伏技术相比，有望实现更低的生产成本。然而，转换效率仍然限制在11.7%，OPV模块暴露于紫外线下的耐久性仍然是一个问题。

DSSCs，根据其发明者的名字也被称为格兰泽尔（Gratzel）电池，属于混合太阳能电池的范畴，因为它们同时含有有机和无机成分。通常，这些电池采用一层浸渍有无机或有机光敏颜料（染料敏化）的微孔 TiO_2。

最常用的无机染料是钌；有机染料通常由植物衍生的花青素或动物衍生的卟啉组成。它们由两个 TCO 层包围，这两个 TCO 层可以作为涂层直接集成在支撑玻璃上（图 5.5-40）。由于使用液体电解质，DSSC 存在热稳定性问题：在低温下，电解质可能冻结，阻碍电力生产并可能造成物理损坏；而在高温下，液体膨胀使模块难以密封。DSSC 电池建筑一体化的一个典型案例是位于洛桑市（Lausanne）洛桑联邦理工学院（Ecole Polytechnique Fédérale）的瑞士科技会展中心（图 5.5-41）。

图 5.5-39　OPV 太阳能电池
（图片由作者提供）

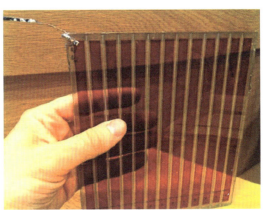

图 5.5-40　染料敏化太阳能电池
（图片由作者提供）

图 5.5-41　日内瓦，瑞士科技会展中心 DSSC BIPV 面（由 Solaronix SA 发明）

特别是在过去二十年中，DSSCs 的效率一直在稳步增长（从 7% 增长到 14%）。虽然与硅太阳能电池相比效率仍然较低，但使用天然颜料的有机染料敏化太阳能电池具有若干优点，例如颜色和透明色调选择范围广，发电对入射角和阳光强度的依赖性较低，制造工艺更简单、更便宜，重量轻且灵活性高（Lee, Yoon, 2018）。DSSCs 的潜力使其适用于多种应用，如太阳能控制翅片和百叶窗、遮阳篷、幕墙和后通风外墙装饰、半透明窗、滑动百叶窗或街道家具。

5.5.6.3　窗户、天窗和天篷的隐形光伏太阳能系统

发光太阳能聚光器（LSC）在实现太阳能建筑组件的无缝整合方面前景广阔，因为它们既能产生可再生能源，又能够采光（保持玻璃表面的透明度）。

LSCs 是一种透明板，能够吸收不可见光谱中特定的紫外线和红外线波长，然后通过发光效应将它们重新发射出来，成为波长更长的不可见红外线。由于聚合物板的高折射率，部分重新发射的辐射被全内反射捕获，从而被引向面板框架，在那里，传统光伏的薄条将它们转换成电能（图 5.5-42 和图 5.5-43）。落在可见光范围内的太阳辐射几乎保持不变，使 LSC 的透明度高达 90%。即使不透明的 LSCs 也是可行的。

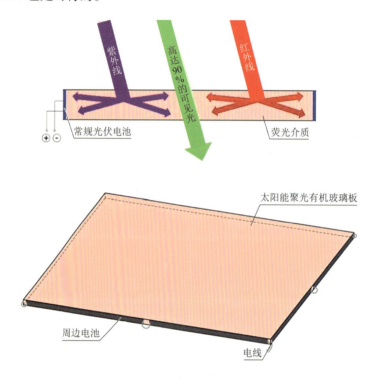

图 5.5-42　透明发光太阳能集热器

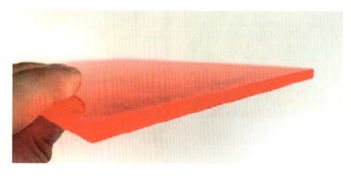

图 5.5-43　LSC 面板（图片由作者提供）

适用于 LSCs 的材料包括有机盐（Zhao, Meek, Levine 等，2014）以及玻璃质或聚合物玻璃材料，如掺有微量荧光染料的有机玻璃（Aste 等，2019）。

与 LSCs 类似，荧光下转移材料（LDS）吸收紫外线区域（200～400nm）内的漫射光和直射光，并将其重新辐射到 500～700nm 范围内的调谐波长带。LDS 板包裹着一个横跨整个窗玻璃的传统半透明光伏电池，该光伏电池接收重新发射的光以提高其效率。虽然与 LSCs 相比，LDS 更容易合并到窗户中，但直接在电池中加入 LDS 层导致的损耗仍然会削弱 LDSs 的性能（Bonato 等，2019）。

5.6　结论与展望

高级材料的推广大大提高了建筑业的生产率，同时也提高了建筑在舒适性、安全性、能源效率和环境质量方面的性能。

三大趋势推动了高级材料在建筑中的开发和采用。首先是数控机床、机器人技术和 3D 打印等数字制造工艺的发展，旨在减少时间和成本，实现性能/材料配比优化的状态，并在建筑解决方案中实现高度自由，这些都需要适合自动化施工的新型原材料。

第二个目标是设计更加智能、安全、舒适和经济的建筑。这就要求材料具有增强的、新的特性，能够实现自动化的、预防性维修的、动态的、发电的建筑围护结构。

第三，必须通过制造工艺和材料来促进建筑业可持续发展，以减少建筑物在整个生命周期中的环境影响，这需要材料适合循环经济的要求。

今天，纳米技术和智能材料科学、生物技术、增材制造和高级数字设计工具（这些工具通过人工智能和机器学习得以提高）的巨大进步就可以证明这些趋势，最终开始将建筑业推向一个新时代。

纳米技术无疑为创新建筑产品的开发和设计提供了必要的平台。这些产品具有更高的机械、物理和化学特性且在所有技术要素中都具有应用潜力，从建筑结构到不透明和透明的封闭物、内部隔墙，再到建筑系统和设备。新型智能材料在许多建筑产品和系统中得到了应用，特别是在建筑围护结构构件中，这些构件能最大限度地利用其适应不同使用条件的特性。开发新一代多功能纳米和智能涂料是目前提高所有建筑表面性能的热门技术课题，包括建筑表面的其耐久性、安全性和健康性，以及对气候的缓解影响和自我修复能力。数字制造技术的进步在很多方面也显示出巨大的潜力，包括新的建筑可能性、精确的材料加工、结构上有效的形状和分级装配以及降低建筑的环境足迹。

目前，最先进的研究活动集中在 SMM 上，用于 4D 打印动态响应的建筑围护结构或自组装元件，也集中在生物和技术的交叉领域，以便通过生物物质（如细菌或真菌）创造具有自我再生特性的可持续组件。

第 6 章

数字化施工管理工具及方法

6.1 数字建筑管理

为符合法规要求，达成项目目标、预期时间与成本，以及出于对保护环境、保障住户健康和工人安全的考虑，建筑施工的实际操作是一个特别重要和精细的阶段。在实操中，施工现场的管理除了明确的施工作业外，还涉及许多其他事项以及与多个公有或私有主体的交互，这些主体在实现项目目标方面发挥着各种作用（表 6.1-1）。此外，施工现场往往有许多以往从未合作过的分包商和工人。

建筑管理的主要活动和科目　　　　　　表 6.1-1

建筑管理活动	涉及的对象
许可和授权管理	客户
管理与公共管理和控制机构的关系	总承包商
管理与当地社区的关系	项目经理
物流（材料的运输和储存）	工程监督员
建筑工地废物管理	劳动
车辆维修	工匠
采购/供应商管理	H&S 监督员
对分包商的管理	分包商
人事管理	供应商
会计	设计师
活动安排	当地社区
生产	公共机构
与客户/设计组的关系	公用事业公司
工人 H&S 管理	控制机构
施工场地的连接和公用设施	技术测试员
监视工作	能源认证人
文件管理	

因此，建筑项目的执行是一个重大的管理挑战，事实上，行业通常难以按预算和时间交付项目。目前，管理现场工作的方法通常导致成本超支、资金周转错误、计划时长不理想、事故风险以及质量和操作性问题（McKinsey，2017）。

为了提高生产率和工作质量，有效控制上市时间并优化收益，则必须确定高效、关联的工作流程，以协调团队之间的任务，并保持信息和系统同步。通过采用精益和现代化的施工方法，利用通用数据环境，让团队能够获取实时信息。施工管理（Construction management, CM）可以通过从生产系统工程的角度来进行，这样一来，工作流程会更加明确和标准化，材料库存能得到优化和进一步控制，劳动力可以得到更有效的分配。然而，这一切需要转变对待施工现场管理的方式，并建立一个有效的框架以了解吞吐量、变量、库存和产量（Autodesk, 2021; McKinsey, 2018）。

在建筑业中，施工预算和进度计划在其精确度和时效性方面都是一项挑战，需谨慎对待。在任何场地，要做到施工有效，可靠的计划是先决条件。数据管理和烦琐流程应尽可能自动化，并做到多个系统相互连接。事实上，最佳经验表明，一个项目约25%的成本应该花费于施工规划上。在任何建筑项目中，管理和跟踪建筑资产同样重要，因为及时、正确应用移动设备、建筑材料和其他资产，能确保重要建筑部分的安装，并成功交付项目。

总的来说，不论对成本估算和进度计划出现偏差，还是因为对这些偏差发现太晚，建筑工程都会受到影响。如不理想的土壤条件或工作场地的可施工性较差等琐碎原因，都可能产生严重的影响，因为意识滞后限制了公司及时采取缓和措施或修改合同的能力，而这些往往会给财政和声誉方面带来严重后果。

因此，从建立初级模型到最终交付给客户，施工现场的管理，特别是大型和复杂的现场，需要通过专用的软件提供足够的信息技术（IT）支持，这些软件甚至能够远程管理与建筑工程有关的所有方面。如今，这些程序还必须确保能够在执行过程中轻松管理项目的变化，并兼容协同工作空间。

事实上，现在传统的施工管理方法越来越不能满足当代的生产力目标，由于人为错误频发以及整体效率低，这些方法已不适用。并且由于传统方法是手动操作，因此需要更多时间和人力资源来运行，这就将大部分预算用在了本来可以通过自动化完成的任务上。

目前，建筑业的项目监督往往只对成本超支和施工延误的情况作事后记录。然而，监督工作应该具有实时性和前瞻性，以提供及时的数据，并能立即应用于实操，以减轻或预测未知状况和问题。

现场的每个工程都应该由具体的关键绩效指标（KPIs）来监控，这些指标涵盖了安全、进度、成本和质量等方面，并保存在一个中央共享库中以供人查阅。这样一来，就可以及时看到项目结果，其细节程度详略得当，从而能够形成"计划—执行—检查—建设"的整个流程。对于每个项目工程，应该定期举行会议，让工程师和监督人员分析关键绩效指标，并讨论哪里需要改变（Stanitsas, Kirytopoulos, Leopoulos, 2021）。

建筑信息模型（BIM）在构建施工管理活动中发挥着重要作用，因为它包括资产图形模型以及之后的施工顺序信息（4D建筑信息模型）和成本信息（5D建筑信息模型），为工程规划和监测工作提供了基准（Demirkesen, Ozorhon, 2017; Souad, Lalmi, 2021）。

此外，数字测量和监测设备能让公司更严格且安全地跟踪施工进程和活动。定期的激光雷达扫描和3D图片重建可以人工操作，也可以利用无人机和机器人自动化进行，将竣工成品与设计的模型进行比较，及时发现偏差，尽量减少返工。无人机和远程摄像头可以勘察施工现场，而物联网系统可以传输多种机械参数的数据，如监测燃料消耗以优化运输管理，管理施工工人以保障其安全并安排工作。公司可以通过利用5G移动和增强现实（AR）与现场工人进行实时沟通，以提供信息和指示，并跟踪最新进展。

最后，数据可以应用先进的分析方法，以优化施工人员和设备的分配，进一步加强决策，发现并消除浪费现象，并预测瓶颈工段和其他可能发生的问题。

6.1.1 施工管理软件

开发 CM 软件工具是为了简化项目完成的重要施工环节,如施工时间、项目交付、项目成本和流程自动化的服务质量。

从可操作的角度来看,CM 项目可以为所有利益相关者(从现场工人到项目首席执行官)创建唯一的可视窗口,使其更容易跟踪项目支出,在紧急问题发生时加以解决,减少因不可知错误而导致的工期延误。管理人员可以将项目和任务及时分配给工人,让他们提前知道自己的日常工作,减少疑虑,同时当某个工程阶段没有实现或某个任务没有在规定的期限内完成时,也可以自动通知他们。

CM 解决方案主要基于云计算平台,这增强了其功能的可及性,并提高了整个项目的可视性。当在现场作业时,这一点特别有帮助。有了这种类型的技术,建筑专业人士可以更容易地访问和管理项目的各个方面,如订单、材料采购、设备及其他资源、文件、工作成本、项目时间等。承包商、建筑商和建筑业主可以登录账户,检查各施工现场,不必亲自前往,也可以查看财务状况,看到每个现场的照片和视频资料。他们可以在软件上与客户沟通,并向他们展示实时进度报告。

在建筑业的项目管理方面,云端协作具有巨大的潜力,其优势主要有减少信息延迟,提供现场的实时信息到总部,防止数据重复输入导致生产力的重大损失,整理各项目信息,提供各个关键绩效指标的数据驱动分析,总体上提高项目在时间和预算内交付的可靠性。

不同 CM 软件的具体功能有所不同,但通常包括以下核心功能:
(1)项目管理;
(2)排程工具,包括员工安排和生产日程表;
(3)质量和安全管理;
(4)会计和财务工具;
(5)劳动力管理;
(6)预算追踪和工作成本账户;
(7)库存和设备管理;
(8)实时工程进度报告;
(9)项目业绩表;
(10)文件管理和工程进度图片采集;
(11)员工间及时沟通;
(12)投标管理和资本规划;
(13)合同管理。

市场上的主要 CM 软件包括 AccuLynx、BIM 360、Bluebeam、ViewPoint Team 等。每个工具通常都专研一个特定的领域,并经常与其他相关应用程序进行整合。因此,找到一个可以提供所有所需功能的单一程序是很困难的。

随着建筑业的数字化发展,CM 软件正从以下方向扩展其功能:
(1)互操作:利用标准化界面和流程与不同的软件之间共享数据的能力;
(2)BIM 集成:结合计算机辅助设计(CAD)图纸和 3D BIM 模型集成,用于虚拟检查、设计审查和工程量计算;
(3)虚拟设计和施工:利用 BIM 模型和生产过程中产生的虚拟信息和指标,对施工进度(4D)

和成本（5D）进行实时模拟，实现可视化；

（4）实时数据收集：与成像工具和物联网设备直接进行实时连接，用以收集施工现场的数据，并利用与遥感和三维点云相关的 4D BIM 自动跟进施工进度；

（5）人工智能（AI）和增强分析：利用人工智能（AI）和机器学习（ML）进行高级分析、优化管理，提高预测能力（AI、大数据和增强分析）。

值得一提的是，基于人工智能的软件正大力增强最新的 CM 工具的功能，最先进的系统已经整合了先进的数据分析和人工智能能力，不仅可以实时收集多个来源的数据，还可以提供有价值的商业洞察分析。内置的机器学习和人工智能算法可以帮助高层管理人员发现其流程中的问题，寻找更好的方法，并改善人员日志、项目计费和工作估算等工作。

CM 的另一项创新是可穿戴设备，且越来越多的承包商开始应用这些设备。这些可穿戴设备（如智能眼镜、智能夹克和安装在工人服上的传感器）有助于收集工人的施工和状态数据，并与施工管理软件实时共享，以分析工作条件和衡量工作人员的表现，从而尽可能减少停机时间，检查设备，规避风险，确保工人安全等。

6.1.2 虚拟设计和虚拟施工

最新的 CM 软件（Autodesk BIM 360、TeamSystem Construction Project Management）与项目的 BIM 模型集成是最有意义的创新，可实现虚拟检查、设计审查、工程量计算、规划和管理施工进程、确定执行时间（4D），以及监督施工成本和收益（5D）。

这种集成采用了所谓的虚拟设计和施工方法（VDC），VDC 概念是由斯坦福大学整合设施工程中心（CIFE）在 2001 年首次提出的，可以实现多个学科的团体在虚拟环境中合作，为每个人提供最新的设计信息，并加强场外协调，让建筑师、工程师和承包商在动工前从头到尾分析施工计划。VDC 在综合的同步工程会议中进行，其中不同的团队在实时协作显示技术的帮助下同时进行设计工作。参与者使用投影仪和大型触摸屏来共享 BIM 模型和项目数据，并在此基础上分析问题且当场讨论解决方案。

VDC 技术利用三维 BIM 模型以及其他信息，数字化地规划建设项目的各个方面：从成本预算到进度安排和风险管理，可以实现项目的虚拟建造，从而追踪施工进展，优化施工流程，减少资源浪费，并保证设备设施符合标准。

如果应用得当，VDC 技术可以帮助降低施工成本，减少施工时间，从而提供更精确的施工前成本分析，优化细节以获得更准确的投标和估算。施工前的建模和项目可视化有助于资金合理分配到重要的施工环节，减少现场错误，发现问题并进行评估，及时消除危险隐患。

为了实现 VDC 技术，需要一个开发水平（LOD）为 400 的 BIM 模型，即所谓的 4D-ready 或 Ready for Construction 模型。在这样的开发水平下，模型包括特定的系统信息，所有的建筑元素都以其制造所需的细节和精度来进行建模。该模型包含图形和非图形信息，用于指导制造、装配和安装过程，可从模型中导出预制表和切割清单，也可订购部件。该 LOD 级别的模型就可以投入施工和制造。LOD400 通常与外墙细工、工料测量师、采购和成本控制会计、项目经理、起重机供应商、现场安全顾问、钢筋细工、屋顶承包商、质量控制员、安装团队、项目调度员、木匠、模板承包商、混凝土承包商、窗户制造商、MEP 制造商和安装商以及照明供应商的工作有关。

6.1.2.1 基于模型的设计施工审查和远程现场监察

CM 中的 BIM 集成允许在任何时间和任何地点访问项目文件，以便咨询和核实信息，对图纸或模型进行测量以支持量化和可施工性,通过在图纸和模型上添加照片、图形或文本标记与团队沟通,创建和分配票据和信息请求(RFI)以解决项目问题或遗漏。尤其信息管理是一个项目成功的重要因素,如何更快地去优先关闭信息请求通常是一个成功项目的特征。通过使用 BIM360、Procore、Structionsite、Holobuilder 和 Openspace 等系统,建筑模型的操作可以在不同的设备上共享。

BIM360 中的 RFI 风险因素卡等高级功能可以利用机器学习分析和识别 RFIs,将每个根本原因分类,例如,对工程成本或进度构成较大威胁的高风险 RFI、MEP 和结构性 RFI,或由设计协调、文档错误或代码合规性等方面引起的 RFI。一个有效的 RFI 管理工具可以对需要采取行动的 RFI 进行优先排序,尽早发现设计问题和风险,防止下游工程返工,预防安全问题和许可方面的阻碍。在跨多个项目时利用 RFI 风险因素卡也有其他好处:根据观察到的趋势,项目经理可以主动作出决策,甚至在问题出现之前就降低未来项目中 RFI 的数量。

高级项目管理软件还可进行虚拟走查,并对观察结果进行注释,这些观察结果可以标记为现有的或新的 RFI,而无须走查现场、拍摄照片、手动标记。该软件可以参考 RFI 和会议记录的报告单独创建文件,并将其发送给所有的利益相关者,如果这个过程的任何一个环节失败,就有可能追踪不了问题所在。

Holobuilder、Structionsite 和 Openspace 工具可以通过安全帽连接的硬件被动创建和分享建筑的 360°视图,用照片记录施工进度,一目了然,为项目移交创造竣工条件。它们可以与 BIM360 集成,通过相同的云界面对数字模型和竣工条件进行远程并排比较(图 6.1-1~图 6.1-3)。

图 6.1-1　基于辅助工具的 360°施工现场视图(资料由 Structionsite 公司提供)

图 6.1-2　现场 360°视图和 BIM 设计模型之间的对比(资料由 Openspace 公司提供)

图 6.1-3 用于施工进度追踪的多设备系统（资料由 Holobuilder 公司提供）

6.1.2.2 工程量计算

与 BIM 的集成还可以从计划和竣工模型中自动提取按类型划分的不同材料的数量，以便在任一加工阶段快速进行高度精确的估算（工程量计算）。因为它们是直接从 BIM 设计中获得的，在图纸修订的情况下，可以自动更新为最新测量值。这种集成还可以根据类别和测量对象设置计算规则，以优化度量。将价格表与测量对象联系起来，可以同时确定项目的每个元素以及整个工作的价值。

6.1.2.3 4D 模拟

4D 施工进度模块，如 Navisworks（图 6.1-4）、Synchro Pro 和 Fuzor（图 6.1-5），可以进行动画演示和互动，以展示工程模型的装配、操作、拆卸，并将这些模拟与施工进度联系起来。该模块可以创建一个建筑工程的 3D 动画，并将其完成状态逐一可视化，突出已创建或仍在建设中的对象，检查每个操作环节。在动画演示时，还可以选择甘特图中的指定项目或工作分解结构（WBS）功能，查看 3D 中的相应部分，或者反过来从模型中选择一个或多个对象，查看相关的项目或 WBS，增加或减少资源，或快速作出改变以优化进度。该模块还提供与其他常见的项目管理软件（Microsoft Project、Oracle Primavera P6）的集成，并且能够以可互操作的格式导出甘特图。

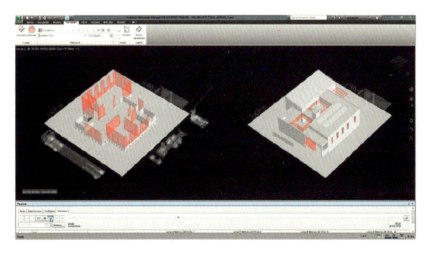

图 6.1-4 用 Navisworks 进行装配的 4D 调度（资料由本书作者提供）

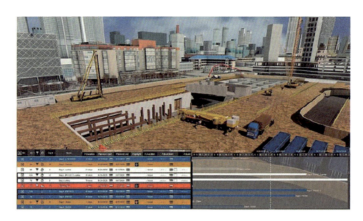

图 6.1-5　用 Fuzor 对施工现场进行 4D 模拟（资料由 Kalloc Studios 公司提供）

4D 模型有助于识别工程规划中的错误和遗漏的信息，以优化施工进度。工程动画演示可以提前识别物体动态碰撞。例如，起重机在转弯时穿过了建筑物，卡车和施工队相撞，以及其他潜在的危险（碰撞检测）（图 6.1-6）（Li, Xu, Zhang, 2017）。

图 6.1-6　用 Fuzor 模拟施工作业（资料由 Kalloc Studios 公司提供）

4D 模型还可以改善计划与整个施工团队的交流。总的来说，4D 建模的主要优势包括：提高进度表的可视化；识别施工过程中潜在的空间和时间冲突；支持对设备、施工现场和资源三者的规划分析；支持工作速率的排序和优化；减少计划变更对可视化造成的干扰；增进所有项目利益相关者之间的集成和沟通（Brito, Ferreira, 2015; Jupp, 2017; Tak, Taghaddos, Mousaei 等, 2021）。

6.1.2.4　5D 模拟

5D CM 模块、工程动画和项目甘特图，可以整体展示项目的成本和收入曲线，在预测报告和最终报告中都可以管理和跟踪所有相关的技术和经济信息（Jiang Xu, 2017）。

通过价格和成本分析，可以为项目的 WBS 生成交互式预算视图，并创建高级商业智能报告。

通过 5D BIM 管理软件，可以根据产品类别、计划数量、成本、时间和订购数量快速评估需求，并直接从行政管理部门提交采购请求。通过挣值管理的概念，5D 数字模型可以进行计算以及实现绩效指标可视化，如进度绩效指数和成本绩效指数，让管理人员了解他们为何花费多、花费在哪，或者哪里落后于进度。在时间方面，还可以使用其他基于"挣得"的方法，如"挣得预定"的概念，这样可以更精确地掌握工程延误。

此外，5D 技术可以通过有效地管理员工的日程安排，合理分配不同任务给他们，预测劳动力需求并作出相应的调整，从而优化生产力。施工作业也可以受益于先进的 CM 技术，如精益建造（LC），它可以通过 LPS（末位计划系统）"及时"（逐周）进行重新规划或促进，比如利用 LBS（位置服务系统），在同一天同一个结构的几个点上铺设半成品。最后，利用人工智能分析，可以预测、避免与代码、建筑组件或文档错误有关的设计问题，且可以查看任何逾期的 RFI 或审查结果。

6.1.3 BIM 和精益建造

精益生产或精益制造的概念最初从 20 世纪中叶开始应用于汽车行业，是一种旨在消除浪费和不经济现象的管理方法，特别是在一些关键问题上，包括无价值的生产活动、物流效率低下、过度浪费和返工、生产停滞、库存和生产过剩等方面。在这种情况下，有五个解决问题的指导原则：客户定义价值、消除浪费、不间断的作业流动、仅在需要时作业以及流程和产品的持续改进。

随着建筑业和制造业更为紧密地结合，这些精益模式也开始进入建筑操作、流程和项目。精益建造被定义为"以尊重和关系为导向的，生产管理为基础的项目交付方式（设计和建造资本设施的新的变革方式）"（Seed, 2017）。在有了制造设计、供应和装配方面的实质性飞跃之后，应用于建筑或基础设施设计、供应和施工的精益生产管理目前正在改变整个项目交付过程中的工作方式。

事实证明，精益生产管理方法能够提高项目的成功交付率和预算，以及利益相关者的满意度和建筑公司的声誉，这都归功于高生产率和员工积极参与。通过让员工从头到尾都参与其中，可以更好地让他们自己了解对项目成功所作的贡献，也可以营造一个促使其更高效投入工作的环境。

尽管由于应用场景、运营状况、公司规模，甚至应用地点的不同，从精益建造方法中可以获得的好处也有所不同，但最明显的优势有：更高的产出和运营质量，安全性增强和风险减少，更强的成本控制、计划和调度完善以及客户和员工满意度提高（表 6.1-2）。此外，减少资源消耗，提高质量和减少返工、浪费、能源、水消耗和污染成本等精益概念也为可持续性目标打下了基础。反之，大多数可持续的做法已经支持各种精益转型的目标（Aslam 等, 2021）。

LC 方法可实现的主要效益（Autodesk, 2021）　　表 6.1-2

质量	时间表
减少了施工过程中的返工 减少了利益相关者之间的纠纷 减少了现场设计问题	减少延误 改善计划与实际的比率，减少日程安排的冲突 改善日程 改善资源规划和协调
安全问题	工作效益更多
减少了现场可能发生事故的工人总数 通过自动和人工审查，最大限度地减少错误，降低事故发生率	成功项目的数量增加 改善各级利益相关者的参与情况
费用	环境
改善计划与实际的比率，减少浪费的劳动力和材料 改善成本控制，提高利润率	减少废物 资源保护

根据精益建造技术对建筑流程进行标准化可以通过协作提高生产力并节约成本。研究表明，（与更传统的合同结构相比）协同合作能使生产力提高 9%，成本多节约 7%（McKinsey, 2017）。

精益建造方法使团队能监测进度，识别潜在的风险，并尽快采取应对措施，从而让决策者迅速解决可能对项目产生持久影响的任何问题，进而减少整体的商业风险。通过人工审查和自动审查技术来降低事故发生频率。通过精益建造，减少了现场浪费，提高了项目效率，也带来了更高的利润率。此外，精益建造方法还减少了低效率的流程，从而降低了等待材料、设备和信息的时间。做好预备工作可以防止材料浪费，达到材料最大化利用。

精益建造有赖于合作和责任。在这个行业中，业主、设计师和承包商之间的关系对立是正常的，而精益建造要求所有的利益相关者都有共同的建造目标，对彼此给予极大的信任，并建立起合作关系。在精益建造中，整个项目团队使用协作流程、工具和技术来抬高价值，持续完善方法，和消除浪费现象。

事实上，施工作业人员和承包商之间的沟通往往开始于建筑工程的后期，最终达成的效果不尽如人意，应该尽早进行沟通。精益建造解决了这一问题，也就是通过在设计—建造阶段的意见和反馈来选择承包商，而不仅仅是基于成本来选择。

目前，全球只有大约一半的承包商对精益建造流程有中等了解或更深了解（Autodesk，2021）。通常情况下，建筑业的规划流程是线性的：它们从设计和施工前开始，随着建造过程中问题的产生，不断调整工期。这样的规划方法虽然在行业内很流行，但有很大的弊端，经常导致返工、利润率低、遇到阻碍、员工倦怠和低生产率的现象。

值得注意的是，生产力效率低的最大原因之一是工人工作安排不到位。员工往往在狭小的空间工作，无法高效施工，甚至在无处落脚的地方工作。这类问题可以通过拉动式计划的方式来解决，也就是说，让项目的每个关键利益相关者合作，从最后一道工序开始，向上一道工序逐个传递信息，最后再到采购。由于时间是向上一层级规划的，因此可以提前发现和解决潜在问题，这样就符合了最终的生产期限。项目组成员从确定项目的最终期限开始，然后反向决定关键的目标、最后期限、项目阶段和交接工作。这样就可以优先完成关键任务，发现工序之间是否相互影响。每周举行计划会议，来监测最后期限之前的工作，可以发现与时间表和预算不符的潜在风险。

精益建造的目标是消除生产系统中所有不增值的环节。时间是最稀缺和最宝贵的资源之一，因此，减少时间浪费应该是工程优化的首要议题之一。总的来说，生产链中任何不增值的工序都可以认为是浪费时间。为了在不影响质量的情况下降低成本，建筑公司应减少在施工现场花费的总时间。通常发生时间浪费的主要来源包括：

（1）非可利用或需要货物的超量生产。
（2）等待暂无库存的所需资源。
（3）需要返工的不合格施工。
（4）非必要加工、技术不适当或缺乏明确指令。
（5）不必要的运输和搬运。例如，将材料仓库放置在远离工作站的地方。
（6）库存冗余，需要拓展空间以及库存清理。

造成时间浪费的项目优化应该从早期的设计和规划阶段就开始，直到施工阶段和项目交付。建筑业的精益原则要求为每个工序都分配到所需的资源，不存在资源利用不足或过度的问题。

不同的精益技术都可以应用到生产系统流程中，例如，简化系统，采用平行处理，即可以用优良的技术方法同时进行多个任务。常见的精益建造方法包括：准时生产（JIT）方法、并行工程和LPS（末位计划系统）等。

在施工现场，采用JIT方法可以保证资源能在正确的时间得到恰当利用，而不是在规定时间之前或之后才获得资源，该方法的目的就是减少施工作业中的等待时间。例如，施工现场预制混凝土的JIT交付往往对节省项目完成的时间至关重要，因此在施工过程中需要合理规划。有一种方法能实现准时生产且不需要库存堆积就能维持正常施工，那就是看板管理（Kanban system）。在这种管理系统中，当材料需要从其他地方运到现场时，需要传递信号给供应商，让其生产并交付新的货物。在整个补货周期中，通过 RFID 和条形码阅读器，该信号受到追踪，供应商、消费者和买方都可见。当材料不在现场制作，预制后再送到现场的情况下，JIT 和看板管理的方法都特别方便。

并行工程力求通过全面了解客户需求，缩短交付项目的周期，形成强大的团队，在团队中能进行充分沟通的情况下，同时进行所下达的任务。在施工现场，平行化作业减少了施工所需总时间。

LPS 是在建筑业精益建造中的另一个主要应用，这种方法说明了在实际工作开始之前，施工过程要有协作良好的组织，也说明了在此过程中出现干扰因素时如何控制系统。

在 LPS 中，工程持续时间长短的计算是基于团队（最后计划者）执行该工作的能力。因此，不是由施工现场负责人决定一项工序应该持续多长时间，而是由每个具体小组的组长来传达执行该具体工序需要多长时间。LPS 的目的是根据资源本身的需要，优化可用于执行特定任务的资源。LPS 通常有以下四个规划层次：

（1）主要拉动式计划——工作计划的总体情况，包括主要的工作阶段和里程碑（重要分项工程），并决定了在该时间范围内应该做什么工作；

（2）未来工作计划——45 周的期限，用于控制工作流，并决定可以完成的工作；

（3）每周工作计划（WWP）——决定下周将进行的工作，每周根据项目经理、承包商及商人之间的会议更新工作进度；

（4）每日工作计划（如有必要）——当该项目需要使用大量预备材料，且要准确了解这些材料的供应时间以及生产时间时，则该方法适用。

末位计划系统有监测功能，可以发现最终规划还存在的问题，并持续改进。计划工作完成百分比（PPC）指标，是指一周内已完成工作量与计划工作量之间的比率，用于跟踪工作 100% 完成的情况。团队可以在每周的工作计划会议上观察 PPC 趋势、进展和风险隐患，以减少项目延误、资源浪费，避免延期。每当计划工作未完成时，相关人员应交代未完成的原因，负责人进行分析，了解之后采取改进措施［即根本原因分析（RCA）］。

LPS 的主要特征如下：

（1）生产具有可靠性，因为日常生产与预期交付紧密相关；

（2）促进工程项目中不同团队和部门间的合作；

（3）采用拉动式计划，给作业人员提供正确指令，例如，在指定工程完成后开始后续天花板工作；

（4）完成工作安排，保证团队可以随时不受限地执行工作；

（5）PPC，即计划工作完成百分比，可以跟踪计划工作的进展；

（6）RCA，即根本原因分析，可以发现计划延误的原因，并采取解决措施以防二次出现；

（7）适用于不同阶段的计划，即主要拉动式计划、未来工作计划和每周工作计划。

考虑到上述所有情况，显而易见的是，精益建造的基本原则和流程不仅与 BIM 的使用兼容，而且 BIM 是实现这些目标最有效的工具。事实上，BIM 已经可以通过解决冲突，减少返工，可视化和协调部门，减少错误和遗漏，提高生产力，加强调度、安全、成本和质量管理，为项目和施工过程提供支持。由于其参数化和自动化的性质，BIM 也适用于更复杂的工程和运算，从而简化了可持续的评估过程，在早期阶段就能实现更一致的决策。

在建筑业中，BIM 集成可以确保信息从设计者到施工者，再到之后的业主和运营商都能得到充分的传递，并促进所有参与者从早期设计阶段就开始参与，以确保不同的利益相关者之间更好地合作和综合项目的交付。BIM 确保了团队成员能明确信息，其中包括任何可能变更的信息，降低了因信息错误而造成返工的可能性。设计方案的 3D BIM 可视化让整个团队有了清晰的设计理解，让那些没有接触过该技术但仍然是项目团队成员的人也能理解，如项目客户和未来运营商，这样一来他们就能够相互沟通，清晰明了，减少误解（Heigermoser, de Soto, Abbott 等, 2019）。

除了在设计阶段使用 BIM 的既定优势外，在施工阶段，BIM 模型与 CM 软件的集成可以考虑 VDC（虚拟设计和施工），由扩展现实技术驱动，从而实现虚拟检查、设计审查、工程量计算、规划和管理施工过程和时间次序（4D BIM），以及施工成本和收益（5D BIM）。这在增进团队协作、降低施工成本、减少时间浪费、变量控制、连续工作流和整体生产力方面有着巨大优势。此外，灵活的 BIM 接口提高了施工的透明度，更易理解，形成了一个综合的工作平台，使整个项目周期生产出正确的材料和部件，消除生产和环境浪费，减少能源消耗，降低港口排放和资源消耗。

尽管人们对 BIM 技术和精益管理理念结合的兴趣越来越大，但大多数组织和公司仍处于学习起点。精益管理和 BIM 同时运用的前景无量，因为它使得生产过程更加可视化，沟通更清晰、信息流更快，风险最小化，实现设备维护，减少人为错误，促进知情决策。精益建造（LC）有利于消除浪费、提升价值、鼓励流动以及拉动生产，可以与 BIM 互补使用。然而，基于 BIM 的 LC 工具需要有经验的、训练有素的和参与度高的利益相关者，实时互操作的综合信息系统，对设备和技术的投资，以及利于用户使用的接口。

尽管如此，要充分获得 BIM-LC 集成的优势，还必须对施工的所有方面有深刻的理解，而且 BIM 功能与精益建造原则之间的联系必须循序渐进。为了达到更高的成就，整个建筑业应该在知识管理上用心，比如进行全体教育、培训和研究，以及在技术工艺方面实现更加绿色的创新，比如 LC 和 BIM 技术。

6.1.4 建造施工数字孪生

CM 有一个很好的创新是利用 BIM 信息和来自堆场的图像数据，建立施工现场的真实数字孪生模型，即对实体对象及其所有工作过程和元素的数字表示，通过用户输入、传感器和监测设备进行实时更新。数字孪生在工业设计、制造、维护和操作中得到了广泛的应用，现实世界中的实体与它的数字孪生紧密联系，其数字孪生不断接收客观对象上传感器的数据来建立虚拟物体。这种真实的数字表现可用于可视化、建模、数据分析、模拟和工作进一步的规划，得到决策的反馈和工作流的变化，影响真实物体系统的控制过程。

如果将数字孪生技术应用于 CM，那么正在建设阶段的建筑的数字孪生允许访问竣工和设计模型，这些模型不断实时同步，使项目团队能够持续监测进展，并根据不同施工行为的提前模拟，作出决策。

借助施工现场的多模态传感器数据和基于计算机视觉技术与深层神经机器学习（ML）的 AI 算法，可以精确地重建正在施工场地的数字孪生。这些工具接收来自于各种类型的传感器，现已越来越多地用在施工现场上，如标准化图片、摄像机到无人机、可穿戴设备、激光扫描仪（LiDARs）、雷达和热成像工具。而且，施工人员和巡检员的手机所拍摄的日常施工作业照片有足够的分辨率和清晰度，也能用来重建施工环境，跟踪施工现场的人员、设备和材料。延时摄影机、闭路电视和网络摄像头，越来越多地应用在现代建筑工地上，也为进度跟踪和工作比较提供了宝贵的资源。

可穿戴设备，如头戴式或身穿式摄像机，在作业现场也越来越受欢迎，可以为正在进行的工程提供一个特殊的第二视角。最后，建筑负责人可以利用无人机和机器人对内部和外部场地进行自动视觉性检查，这常与数据管理平台相结合，可以进行测量、绘图、3D重建，以及使用成像、热成像技术和雷达传感器进行体积测量。

所有这些原始图像数据都必须进行处理和分析，以提取建立、补充和更新施工现场的数字孪生结构所需资料。由于计算能力、图形处理器（GPUs）、大量数据库和深度机器学习算法的进步，以及在自驾车技术的研究和开发的推动下，高比率地生成数据要求更高的数据处理率和全自动化管道，现在这些都有可能实现。从起重机或无人机等高空拍摄的图像可以简单地对齐、校正和拼接在一起，以获得有价值的拍摄测量数据，而地面图像则通过运动结构（SfM）算法并行处理，生成精确的点云，从而实现三维重建。人工智能引擎使用ML进行训练，然后分析图像，通过物体识别和人脸识别，跟踪现场不同物体和人员的位置、速度和动态行为。最后，配备LiDAR的无人机和机器人可以对施工现场进行分析，通过3D扫描其周围的环境，并通过同时定位和建图（SLAM）来跟踪其位置，以便准确地确定物体。

一旦构建并补充了所需数据，数字孪生模型就以现实世界中不可及的方式进行共享、检查和操作。将建筑或结构的竣工状态与4D BIM中的计划模型进行比较，发现偏差并采取相应的纠正措施。这通常是通过重建建筑的几何形状来实现的，主要是通过LiDAR或3D摄影测量重建3D点云，以IFC文件格式上传至BIM云环境中，再将其记录到模型坐标系中。施工现场整体操作的事件日志也可以丰富IFC文件内容。已完成的IFC文件和与施工阶段的日常操作相关的事件日志可以与形状和对象物体层面上的计划模型进行比较，以检查工程进度和质量。更有趣的是，几何数据和事件数据都可以用数据挖掘和ML工具进行调查，汲取有用的建议，评估工人的生产力，发现瓶颈工序（Pan, Zhang, 2021a）。

建筑物的当前状态可用于基于多种模拟的运营预测控制操作，分析不同的行动路径，估计概率和成本，以确定下一步的最优化决策，以及假设场景模拟可能的结果并作相应的准备。竣工模型的变化可以每周、每天，甚至每小时进行跟踪，尽早发现差异，以尽量减少返工或补救措施，因为这些补救措施在之后应用中价格不菲。若有必要，对历史建模数据进行详细分析是很容易的，这为进一步的决策补充了额外信息：错误的行动过程可以重建，未来的工作计划也可以作出调整，避免二次发生。

此外，准确的数字孪生能够自动地监测资源分配和跟踪浪费现象，为资源管理提供预见性和精益化方法，还可以知道每件设备或机器使用了多少次，在建筑工地的什么地方，以及在什么类型的工作上，以便更合理地管理，尽早将未使用的工具分配给其他需要使用这些工具的工地。

最后，数字孪生可以跟踪施工人员和场地人员的位置和行踪，对其位置进行数字记录，通过人脸识别和进出登记系统进行双重检查，还可以对工人进行监测和跟踪，以便在事故发生时快速实施救援，防止他们误入危险区域，并监测人际接触，跟踪疾病的潜在传播。

6.1.5 智能合约和区块链

尽管建筑业的大多数新技术，以及BIM等先进工艺，旨在通过提高建筑项目的生产力来改善其盈利能力，但有一个仍然被忽视的核心领域可以直接改善该问题，即减少建筑业行政、财务流程或实现其自动化。事实上，建筑业有几个关乎声誉的问题，如缺乏信任，对分包商不公平，以及与其他行业相比，变化速度缓慢。因此，参与建筑业的所有行为者之间的交易仍然依赖于中介、经纪人以及中间人的网络，这些人的工作就是通过收集信息和开发专业网络来验证和担保另一方是信赖方（Dakhli, Lafhaj, Mossman, 2019）。

尽管如此，这个行业还是有很多法律纠纷，这些纠纷是由多种问题引起的，如模棱两可的合同条款、支付延期、项目移交延迟或不理想等（Shojaei, Flood, Moud 等, 2020）。导致这种僵局的一个主要因素是法规，这些法规导致公司并不注重提高生产力，而是简化法规遵从性和法规满意度。虽然这种规定对工人的安全和保障有很大的好处，但它仍然把时间和预算从提高生产力转移到以较低的成本实现更快的建设上。

智能合约是改善建筑业金融或法律环境的拟议解决方案之一。1994 年，尼克·萨博（Nick Szabo）首次提出了"智能合约"这一术语，可以看作一种计算机程序，它可以保障、执行和实施人际和组织之间的记录协议，其程序结构为如果/那么，从而管理合同条款（Mohanta, Panda, Jena, 2018）。因此，它的作用是协调协议的谈判和定性。一旦一方执行了相应指令，该程序就会请求检查，经核实后，自动发出付款指令。这样一个系统的优势在于它的程序透明，可执行性高，让合同顺利执行，大幅减少纠纷。通常，智能合约设计的目标是满足大部分合同条件（如支付条款、扣押权、保密性，甚至强制执行），并极大地减少中间人介入。而相关的经济目标有降低欺诈损失、仲裁和执行成本，以及其他交易成本。

由于智能合约缺乏灵活性，在建筑领域拓展该技术具有很大的挑战性。由于建筑项目中存在许多固有的不确定性，目前的智能合约还不适用于复杂合同。此外，目前提出的智能合约是短期执行和即时生效的，这与建筑项目的复杂和长期运行的性质不相符（Sawhney, Riley, Irizarry, 2020）。然而，为建筑所服务的智能合约已经涵盖了多个部分，包括合同自动化、合同执行、编程、支付和认证。在这种情况下，由于其数据密集的性质和在适当的模型中呈现的细节水平，BIM 被认为是将建筑工作的不同部分与智能合约联系起来的绝佳方式。在 BIM 系统中，模型本身可以作为业主、总承包商（GC）和分包商之间的合同。实际施工需要与合同中的 BIM 模型相匹配。如果它偏离了模型，承包商可能会被要求退回并修复。另一方面，如果模型有冲突或错误，承包商可以提出变更单。承包商在确认完成工作后获得报酬，这通常由顾问或 GC 通过确认测量和与 BIM 模型的比较来验证。

然而，BIM 集成很难应用于支付阶段，在这个阶段，由于人们认为模型与现实世界的对应物缺乏可靠性和安全性，因此在整个建筑业，信任执行仍具有挑战性。通常情况下，项目的里程碑是在投标和施工计划期间由政府官员和客户协商决定的，以确定进一步投入资金的时间点：在工程进展过程中，客户会收到顾问的核查报告，检查里程碑是否已经实现，通知财务并发放工程款。更细化的里程碑也是由负责的分包商向总承包商持有的，当他们完成这些任务时，也会有类似的过程。很明显，这种付款管理过程既费时又昂贵，并且需要大量的文书工作。此外，项目的完成和预算支出只能从分类账和付款登记中推断出来，而不是与项目 BIM 模型挂钩。

确保各方信任的一个方法是将区块链技术与基于 BIM 的建筑智能合约集成。区块链是一种数据库技术，提供智能和编码方案来验证和存储整个通信链上的交易。区块链是一种分布式账本技术（DLT），它是一个交易数据库，在网络的许多节点上复制并定期同步，使系统随时保持最新，而不是像集中式账本或数据库那样保存在单一服务器上。区块链中的记录称为"区块"，每个区块都包含一个时间戳、交易数据和前一个区块的加密哈希值，因此形成了"链"，以便对区块进行更改时，整个区块链保持同步，每个用户的区块链副本都会实时更新（Marr, 2020）。区块链的去中心化性质也意味着数据在一个点对点的系统中可以通过用户共识来验证，而不是由一个中央管理员来处理和控制，因为中央管理员本质上容易产生错误、受到恶意攻击。相关各方只能通过拥有改变文件所需的密码学密钥来访问存储在区块中的信息，并编辑区块链的部分内容，每次改变都会被永久记录。因此，区块链网络是安全的，因为它使用密码学来存储和传输整个去中心化网络的所有交易，并且由于是共识系统和链状数据序列，所以数据是防篡改的。

每个信息块都存储在数以千计的节点中，基本上不可能在不通知网络其他成员的情况下改变或修改它，从而确保了所有存储数据的永久性和不可更改性。这些特质使区块链成为确保所有利益相关者通过智能合约进行简化和富有成效的合作的理想选择，因为它是超安全的、去中心化的、不可改变的、透明的、中立的、可追踪的和开源的。

通过使用区块链基础设施，合同中的 BIM 模型、竣工模型和客户、总承包商和分包商的虚拟钱包可以在一个可信、透明、安全和自动化的网络中联系起来，其中每一个变化、修改和交易都被共享并保存在一个防篡改记录中。每当一项工作执行并更新到建成的 BIM 模型或正在进行的数字孪生中时，区块链网络就会自动发出完成操作的信号，生成发票并触发从客户到总承包商虚拟钱包或从总承包商到分包商或供应商的资金交易，有效地执行从 DLT 中提取可信、透明数据而达成的智能合同。数据的绝对可靠性意味着它不需要中间人介入，有效地从流程中消除了第三方验证造成的瓶颈。

区块链网络的一个自然延伸是在供应链的上游，这样它就可以跟踪一个部件何时在工厂生产，何时被运走，何时到达施工现场，何时得到最终安装。事实上，基于区块链的供应链管理可以确保更大的支付安全性，确保产品的合规性和真实性，实现高效的支付，降低财务成本，增进供应商和客户之间的信任，让审计工作更加透明（Perera, Nanayakkara, Rodrigo 等, 2020）。

为了进一步简化 CM 流程，还可以通过跟踪 RFID 标签、扫描二维码或在安装的建筑部件中嵌入物联网设备来监测工作进度，使建筑工地的数字孪生通过区块链自动更新可信数据，不再需要检查顾问和会计。这样一来，区块链可以用来创建一个完全可追溯的、可信的问责制，跟踪、记录建筑施工期间发生的所有事情，在客户、设计团队、总承包商、供应商和顾问之间共享，包括 H&S 报告、决策和工程事故。区块链在设计阶段也能得到应用，有助于明确模型和 BIM 的所有权，并可靠地跟踪项目进展，通过减少腐败现象、低效和合同纠纷的机会使利益相关者受益（Sawhney et al., 2020）。最后，它的可靠性和不变性在项目收尾和移交期间也是可以利用的，因为区块链提供了一个建筑数字孪生，含有结构中使用的每个部件的永久记录，在建筑生命周期中可以进一步更新，但不会改变其历史记录。

6.2　无人机在建筑业中的应用

无人驾驶飞行器（UAVs），也称为无人机，从规划阶段为规划者和房地产开发商提供实地信息，到其施工和随后的运营，提供测量数据、照片、评估和影响报告（表 6.2-1）。无人机可以通过勘察现场的进展，核实承包商的报告，发现差异，并协助确认是否符合法规来提高效率和生产力，例如，关于工人安全、材料储存和建筑拆除等问题。

建筑生命周期中无人机的主要用途　　　　　　　　　　表 6.2-1

建筑寿命周期阶段	主要用途
施工前	建筑地段测量 地形图绘制 来自 LiDAR 的 3D 点云和照片重建 红外测绘以识别能源改造中的热桥

续表

建筑寿命周期阶段	主要用途
建筑阶段	通过图像、视频和3D模型监测施工进度 测量切割和填充量 准确的资产建构模型 安全监控 现场健康和安全监测 现场交通管理 检测火灾隐患和气体泄漏 工具和材料运送 实际的施工活动（例如：油漆） 工程的质量控制
操作和维护	用于宣传和房地产的建筑文件 对难以触及的地方（屋顶、外墙、桥梁）进行视觉和功能检查 大型基础设施（电力线、石油管道、水坝和水道）的视觉和功能检查 检测系统的故障和功能障碍 检测火灾隐患和气体泄漏
拆除工作	对资产进行精确的三维建模，以规划其拆除工作 对再利用/再循环的材料进行调查和清点 对拆除工程进行监测

具体来说，无人机可以称得上是以精确的坐标和数值绘制任何建筑工地的最有效和最便宜的方式。与其他测量技术相比，无人机提供的鸟瞰图可以很容易捕获信息并将其转换为三维模型，而且速度更快，成本更低，同时也降低了测量人员的风险。这样就可以根据无人机上安装的传感器类型，对施工现场进行精确的、多模式的数字描述：高倍率相机、用于热成像的红外传感器、用于三维扫描的激光雷达等（表6.2-2）。无人机的价值还体现在它能进入某些区域，如屋顶、升降吊架、桥梁、塔楼或电缆塔上，这些区域对传统机械来说很有挑战，也很危险。无人机还可以通过提供精确的实时数据来改善沟通和管理活动，这些数据可以在不同的行为者之间进行交流，从而减少实施过程中的变化和评估工作进展所需的时间。

建筑业的主要无人机设备　　　　表6.2-2

装备	主要用途
高分辨率摄像机	建筑物和基础设施的高清图片和视频 精确到厘米的地理坐标正射照片 来自三维照片重建的三维点云，精度为厘米
LiDAR扫描器	精度为厘米的三维点云
红外摄像机	建筑物和地形的热成像 探测故障、火灾和泄漏 搜索和救援行动 植被健康监测
光学气体成像（OGI）	气体泄漏检测
麦克风/扬声器	与工人和用户的互动

6.2.1 无人机

目前，全世界有超过100家无人机制造商，包括军用供应商。大多数军用承包商位于美国和以色列，而民用无人机市场则由中国公司主导（仅DJI制造商在2018年就拥有74%的市场份额）。

无人机的既定民用用途包括空中摄影、空中作物调查、搜索和救援、检查电力线和管道、野生动物监测、紧急运送医疗用品、森林火灾探测、监视、烟雾监测、灾后调查和人群监测。无人机在建筑业，特别是在工地管理方面也显示出其实用性，在土地测量、工地监督以及建筑物和基础设施的检查方面具有重要优势。

6.2.2 地形测量

无人机最广泛的用途，也可以说是用途最广的一种，就是在其上安装摄像头，从高空捕捉数据，无论是视频还是高分辨率的图片，而不需要借助于成本更高的载人飞机或卫星图像。这使得它们成为进行勘测的特殊工具，这是每个城市规划和建设活动的基本要素，包括精确科学地确定二维和三维空间中的点的位置和它们之间的距离。准确勘测施工现场对作出明智的决策至关重要，包括设计选择、施工现场的规划、设计和基础设施的维护，以及地籍财产边界的划分。因此，无人机已经成功地融入测量工作流程，进行土地测量、摄影测量、三维制图和地形测量，因为它们擅长从人类无法到达的有利位置快速获取数据。无人机对测量的贡献是双重的：一方面，在测量复杂地形时，无人机的应用让操作员不再需要亲自进入危险或难以到达的地点进行测量；另一方面，虽然传统的测量方法需要细致的测量、准备和规划，但无人机可以在大大缩短的时间范围内捕获类似的数据。

无人机勘测工作流程通常从通过无人机自己的应用程序或特定的软件规划飞行路径开始，优化航点，从而以所需的图像重叠覆盖目标区域。然后，无人机启动，并自主地沿着规定的路径飞行并获取所需的信息，若有需要，可以手动控制，当电池更换或充电时，它可以自动暂停和恢复操作。飞行结束后，收集到的数据传输到一个专门的软件，进行后期处理，形成可用的数据集。摄影测量软件可以进行飞行前的计划和飞行后的图像处理，最常用的程序是 3DR Sitescan、Pix4D、DroneDeploy、delair.ai、Bentley ContextCapture、Simactive 或 Agisoft PhotoScan（图 6.2-1）。

图 6.2-1　无人机飞行计划路径及其控制（资料由 Pix4D SA 提供）

根据无人机上安装的传感器和用于组织收集数据的测量软件，无人机测量可以产生以下主要的交付物：

（1）通过拼接无人机相机拍摄的最低点（垂直方向）和倾斜的数字图片制作出二维或三维正位图；

（2）测量现场特定目标的三维模型；

（3）由 LiDAR 传感器获得的高密度点云；

（4）多功能的超出可见光光谱的多光谱数据，包括热成像。

尤其二维正位图是一种具有高细节度和高分辨率的大型地图级图像，由许多较小的图像（称为正射影像）组合而成，而正射影像又是经过镜头畸变、相机倾斜、透视和地形起伏校正的航空照片，以获得整个图像的统一比例。正射影像图的分辨率取决于调查期间的飞行高度。较低的飞行高度将需要更长的时间，但会提高地图的分辨率。地图分辨率被称为地面采样距离（GSD），以"每像素厘米"来衡量，即空中照片中一像素包含多少厘米的地面信息。为了制作三维地图，摄影测量学将多个有利位置拍摄的包含地面同一点的图像结合起来：传统的平行飞行模式升级为棋盘式模式，有效地将飞行时间加倍，但可以在相机稍微倾斜的情况下捕捉建筑物或山脊侧面的细节。在坚硬的表面上，整体 GSD 可高达 1cm 水平方向和 23cm 仰角（垂直方向）。

通过将无人机的最低点和倾斜图像与 SfM 算法相结合，可以生成特定目标或建筑物的精确三维模型（Sun, Zhang, 2018）。摄影测量软件，如 Agisoft Photoscan、Pix4D 和 DroneDeploy，也可以通过三角测量从二维图像中得到像素并在三维模型中定位来生成三维点云，该模型可以导出到 CAD 或 Rhino3D 应用程序。经验证明，10001300 张照片才能获得满意的三维重建（Rakha, Gorodetsky, 2018）。

激光雷达（LiDAR）成像是指"光探测和测距（Light Detection and Ranging）"，在传感器基础上工作，该传感器发出激光脉冲，并测量它们从地面反弹时返回所需的确切时间以及反射强度。振镜被用来在多方向发射激光脉冲，以在无人机前进时生成一片宽的光带，提供比图像摄影测量更精确的地形和地面点的读数。越来越多的公司正在部署无人机装载激光雷达系统作为一体化 3D 地图设备，如 DJI Zenmuse L1（图 6.2-2）和 Delair DT26e 激光雷达（图 6.2-3），这降低了成本和重量，保证了测量水平的准确性。

图 6.2-2　在 Matrice v300 无人机上安装的 DJI Zenmuse L1 LiDAR 传感器（资料由大疆公司提供）

图 6.2-3　带有 LiDAR 有效载荷的 Delair DT26e 无人机（资料由 Delair 提供）

最后，多光谱成像使无人机能够获得正常可见光光谱以外的视觉数据，甚至有红外和紫外波长的特殊用途。一些无人机相机，如 DJI 的 Zenmuse XT2，Parrot 的 ANAFI USA，或 Autel 的 EVO II Dual，都配备了专门用于可见光成像的高分辨率传感器与红外传感器，可以在正常视觉信息上叠加热数据，以方便导航和图像阅读。无人机多光谱成像的一个延伸应用是绘制归一化差异植被指数（NDVI），它将像素级光谱反射率与可见红光和近红外光相比较，以评估林业和农业监测中植被的健康状况。

无人机调查的准确性取决于收集数据的质量和数量，以及是否有配套的系统，而这又反映了飞行设置、图像记录和数据软件后期处理所需的时间和工作量。对于某些应用只要求相对较低的精度，如消费级无人机所能提供的精度就足够了。相反，当需要高的绝对精度时，配备具备实时动态定位（RTK）和后处理动态法（PPK）功能的专业无人机更适合，在地面控制点（GCP）的支持下，可以获得最精确的数据（表 6.2-3）。无人机上的 RTK 处理记录了 GNSS 信息，并在飞行过程中给拍摄的每张图像上贴上地理标签，记录图像中心的 GNSS 位置，而已知的地面站作为第二参考位置，将其 GNSS 数据发送到无人机上。无人机的机载 GNSS 将自己的观测数据与该地面数据结合起来，实时准确地校正其位置。然而，RTK 无人机在收集 GNSS 信息时必须始终与基站保持连接，一旦信号丢失，数据就会不准确。PPK 通过在飞行后进行所有的 GNSS 数据处理来解决这一短板。GPS 日志存储在无人机上，通过 PPK 软件进行飞行后的计算，将飞机数据和基站数据结合起来，根据时间戳将拍摄的每张照片与它的准确位置相匹配。最后，GCPs 是放置在调查区域的选定点，从这些点进行独立的地面测量，通常使用高精度的 GNSS 设备确定其位置和海拔高度。这些已知的基点使用高对比度的标记突出显示，以便无人机拍摄的航空图像由后处理软件识别。这样一来，就可以将校正后的点与这些 GCPs 的位置进行比较，确定图像校正过程的准确性。如果误差太大，则在迭代过程中重新计算参数，直到达到一个可接受的误差范围。为了获得最佳效果，5～10 个 GCPs 应该均匀地分布在地面上，相互之间相隔 50～100m，在地形不平坦的情况下改变不同的海拔高度。GCP 辅助的无人机勘测提供了最好的精度，但由于在现场放置标记需要额外的工作，因此价格更加昂贵，人力需求更大。

土地调查技术的比较　　　　　　表 6.2-3

	纯地面测量	没有 RTK/PPK 的无人机	带有 RTK 的无人机	带有 RTK 和 GCP 的无人机	带有 PPK 的无人机	带有 PPK 和 GCP 的无人机
准确度	高	低	中等	高	高	最高
速度	低	高	高	高	高	高
费用	最高	低	低	中等	低	中等

测量中所使用的无人机类型，包括多旋翼无人机、固定翼无人机以及混合翼无人机，每一种都有相应的特定用途。

6.2.3　工地监督和建筑检查

6.2.3.1　施工现场的无人机巡查

无人机在实际施工阶段以及建筑维护和管理中的使用方式多种多样：从监测现场的施工进度，测量挖填土方体积，到进行竣工调查，生成地理上精确的三维模型，然后近距离检查屋顶、外墙、基础设施和输电线（图 6.2-4）。

图 6.2-4　2020 年世博会阿联酋馆的无人机巡查（资料由 Santiago Calatrava llc 提供）

现场无人机勘测提供了高分辨率、精确的施工区域快照，与传统的视觉勘测相比，时间和成本降到最低，可以进行常规，甚至每天的检查。其数字输出可用于评估工地随时间变化的情况，从而更好地管理车辆、设备和临时库存等资源。数字化的成果包括：

（1）彩色点云；

（2）点云分类；

（3）正位影像拼接软件；

（4）数字表面模型（DSM）；

（5）数字高程模型；

（6）等高线；

（7）外观 DSM；

（8）外观正射影像；

（9）三维纹理网格；

（10）数字化矢量；

（11）索引图；

（12）热图像。

专业的无人机可以迅速收集所有需要的数据，生成高度精确的三维建筑模型（包括颜色、屋顶、外部区域等），该模型可以用来更新施工现场的数字孪生图像，并与项目的 BIM 模型进行比较，以有效识别项目当前的建成状况，识别建成效果和计划效果之间的差距，并协助作出纠正措施。航空照片可以每天叠加在设计图上，以便一目了然地检查施工现场的进展情况，并尽量减少返工工作（图 6.2-5）。可以模拟真实世界的场景，以发现差异，如果以后才发现这些差异，那么代价就会很高，例如起重机的定位和操作会受到影响。

与传统的工地检查相比，无人机巡查的其他优势是快速部署，而且不影响正在进行的工作（Freimuth, König, 2018）。此外，配备 LiDAR 的无人机甚至可以在正在建设的结构内进行工地检查，因为它们的传感器可以作为碰撞检测工具，进行同时定位和建图（SLAM），为承包商提供 3D 检查数据，同时也使无人机能够实现半自动或全自动运行。无人机也特别适合进行土方工程，因为传统的方法很难准确地测量：对挖方和填方场地进行定期无人机航拍，能产生准确、最新的三维模型，从中可以很容易地估计挖掘和储存的泥土，以便计划后续工程，安排运输和授权付款。

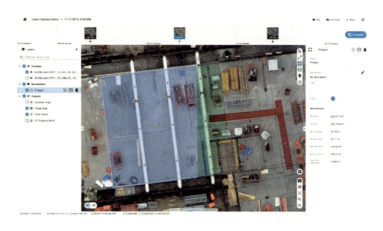

图 6.2-5　无人机测量和规划（资料由 Pix4D SA 提供）

无人机对改善建筑工地的健康与安全（H&S）监测非常有帮助，建筑工地是整个行业最危险的工作场所之一。为了进行风险评估和预防，健康与安全主管可以在施工环境中操控无人机，收集有关人员和工具位置、危险材料、移动设备以及施工现场盲点的实时信息，以便在事故发生之前预防不安全状况，并对任何建筑项目从工地准备到项目完成的风险情况发出警告（Dastgheibifard, Asnafi, 2018）。

无人机航拍提供的图像可以传输到特定的安全监控应用程序，如 Smartvid.io，它采用人工智能以及照片和视频 ML 来汇总、组织和分析数据，自动检测物体、材料和安全隐患。将其与历史项目数据和事故报告进行比较，以准确预测安全事故。

无人机在管理现场运输和减少运输干扰方面也有巨大作用。在一般的施工现场，无人机健康与安全监测有以下监测范围：

（1）合适的废物储存与收容，防止雨淋或用帆布覆盖；

（2）保护建筑材料不受雨淋，如钢筋等建材用帆布覆盖；

（3）工人正确穿戴防护设备（安全帽、安全靴、规定工服以及高空作业的个人防坠设施）；

（4）安全平台不超载（污物、碎石、人员、设备、工具），底层空间充足，并安装在建筑物的周边；

（5）脚手架上的安全防护（如安全护栏、安全网、救生索、扶手和趾板）；

（6）屋顶或最后建造的地板上的工人防坠设施（个人防坠系统，安全带连接生命线或护栏，有安全网）；

（7）用起重机、卷扬机或卡车装卸材料的区域，要用警告标志进行隔离和划定；

（8）仅允许作业人员进入施工现场；

（9）施工现场内设备、材料和人员的安全交通路线（Santos de Melo, Costa, Álvares 等, 2017）。

配备热像仪的无人机也可以尽早发现火灾隐患，特别是在大型建筑工地或火灾风险较大的地方，如石油和天然气行业。在实际灭火过程中，华科尔公司（Walkers）的 ZHUN 准等灭火无人机可以在人类无法干预或风险太大、难以到达的地方控制火势，而红外成像可以帮助监测钢结构件的健康状况，以便在坍塌前疏散消防人员（Pecho, Magdolenová, Bugaj, 2019）。

6.2.3.2　建筑物和基础设施无人机巡查

建筑物和基础设施，如桥梁、大坝或工业设施的有效运行、维护和安全都列在定期的检查清单中，这些检查传统上是耗时的、昂贵的，而且往往是危险的。无人机提供了一种独特、高效和安全的方法来检查这些场地，生成便于协同工作和随时间比较的数字数据集。尤其无人机是一个很好的工具，它可以用来绘制和检查难以监测的线性设施，如道路、管道、电力线、铁路路线或水路。用无人机记录这些设施比通过地面测量方法要快得多，而且成本通常比雇用载人飞机服务要低得多。2016 年，无人机用来检查美国的特拉华纪念大桥（Delaware Memorial Bridge），与传统方法相比无人机的使用减少了许多干扰，因为传统方法需要关闭车道，需要检查人员用绳索爬到桥的边缘进行检查（Sawhney 等, 2020）。其他著名的无人机检查案例还有，美国明尼阿波利斯（Minneapolis），由詹姆斯·希尔（James J. Hill）主持修建的石头拱桥（Stone Arch Bridge），和美国明尼苏达州杜鲁斯（Duluth, Minnesota）与威斯康星州苏必利尔（Superior, Wisconsin）之间的布鲁克林桥（Brooklyn Bridge）（Rubenstone, 2021）。尽管无人机的使用受到恶劣天气、飞行控制规定或空间的限制，但无人机的桥梁检查已经证明可以做到与传统检查一样完整的报告，甚至更详细（Seo, Duque, Wacker, 2018）。通过无人机进行摄影测量检查，可以尽可能地接近目标部件，例如近距离拍摄裂缝或表面损伤的细节，或对单个部件进行精确的激光扫描。关键部件的详细三维模型可以从配备了摄影测量有效载荷的无人机上获得，这些无人机在目标物体周围活动，在不同的位置和方向上拍摄图像，以确保充分观察整个物体表面，以便通过 SfM 算法或 LiDAR 传感器进行重建。该工作流程采用高分辨率无人机拍摄的待检结构照片，并将其拼接成由数千万或数亿个多边形组成的"现实网格"三维模型，其中包含的信息远远多于普通三维模型中的信息。这个网格可以在电脑或平板电脑上查看，也可以使用 AR 或 VR 头戴式显示器（HMD）查看，可以放大桌面查看以及采用 1∶1 的比例检查模型。尽管由于图像副仪表的影响，如环境光线水平、运动模糊和焦距模糊，其精度仍然比不上毫米级的实验室级检查，但这些检查可以清楚地观察到性能或损坏指标，并在适当时安排更深入的调查。例如，无人机对风力涡轮机的检查可以检测到叶片的损坏，可以在纹理三维重建剖面图中发现叶片损伤，如边缘破碎、表面缺陷或早期前缘侵蚀等。配备长焦镜头的无人机甚至可以在难以到达的地方读取显示器或仪表数据，以便在无法获得远程数据的情况下对工厂的运行进行即时反馈。在建筑维护中，无人机可以对外部进行定期航拍检查，以评估屋顶、外观或窗户等元素，或者快速部署，对倒塌的设施、漏水的窗户、受阻的入口或出口进行现场检查，或者检查屋顶上的植物，而不需要任何外部的空中平台脚手架，也不会像倾斜的屋顶结构那样造成安全问题。

多光谱相机使无人机能够在视觉检查的基础上进行功能检查，特别是通过配备红外敏感传感器（图 6.2-6）。大规模的热成像可以快速识别任何异常的热信号，并准确定位电力线和电力设备、工业用地或光伏工厂的潜在故障，而在这种情况下，让专业检查员进行传统的测量将非常耗时（Kumar, Sudhakar, Samykano 等, 2018）。在建筑规模上，红外感应无人机的航拍产生了一个带有纹理网格的三维模型，显示逐点温度并突出热桥、不完善的隔热层、空气泄漏以及水渗透，有助于对现有建筑进行能源审计。相反，在城市范围内，红外成像可以跟踪屋顶、人行道、道路和绿地的表面温度，获得相应的热反射率、热惯性（通过测量一天中的温度波动）的信息，以及通过 *NDVI* 指数估计植被健康状况，为对比城市热岛（UHI）效应提供有用的参考（Gaitani, Burud, Thiis 等, 2017）。

最后，光学气体成像（OGI）摄像机能够识别不可见的气体泄漏，并在镜头中以烟的形式显示，使用一种特殊的红外滤光片，只让窄带的中波红外光通过传感器，被碳氢化合物气体所吸收。检测到的物质包括甲烷、六氟化硫和其他构成毒害、腐蚀或爆炸风险的工业气体，以及一氧化碳和二氧化碳或 R-124 制冷剂。通过无人机（如 Viper Vantage OGI）进行大规模的气体泄漏检测，比以前依靠"气体嗅探器"的猜测和检查定位泄漏的方法要有效得多，后者需要放置在离气体几英寸的范围内进行检测，这会给检测人员带来危险，并且需要通过停机来关闭系统（Ravikumar, Wang, Brandt, 2017）。

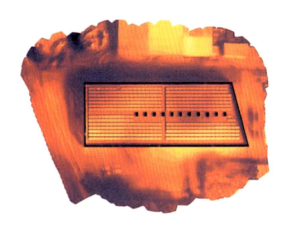

图 6.2-6　来自无人机巡查的建筑热成像（资料由 Pix4D SA 提供）

6.3　建筑业中的可穿戴设备

物联网（IoT）的快速发展、传感器技术的创新以及超宽带无线电技术和蓝牙等短程通信技术的进步，使得可以作为服装或配件嵌入个人身体的紧凑型电子和计算设备得以出现，其目的是监测用户的个人信息，如生命体征、位置、周围环境和行动。

6.3.1　用途和益处

可穿戴设备的使用也能为建筑业带来巨大的好处，长期以来，建筑业事故发生率高，建筑工地的工人处在不断变化和难以预见风险的工作场所，因为随着施工的进行，边界条件不断变化，不同施工过程之间存在着许多干扰。

气候条件、与大气介质直接接触、灰尘或化学品、危险工具和机械使用、车辆行驶、有害材料、高空作业、身心劳累和重复操作、远距离和高空环境噪声只是建筑工地的部分风险因素，除此之外，还要考虑工人的身体和精神健康状况、疲劳程度、培训水平以及能否正确使用个人防护设备。

在施工现场，智能可穿戴设备促进了员工之间的沟通，可以实时获取或监测工人和正在进行的活动状态的一系列数据和信息，可以主动作出高效决策，以改善工人的健康、安全和满意度，提振士气，提高生产力，同时减少保险费的支出。根据美国商会的一份报告，预计到 2021 年，23% 的承包商将在现场使用建筑可穿戴设备，而 2018 年仅为 6%（The Usg Corporation, United States Chamber of Commerce Commercial Construction Index Q42018, 2021）。

特别是，可穿戴设备可以监测生理数据（心率、呼吸率、血压等）、危险运动（身体姿势、速度和加速度）、环境数据、工人的位置、安全距离和冲击，可以实时了解位置、工人健康状况、接触的危险物质、与潜在危险的距离、发生冲击或跌倒等行为（表 6.3-1）。收集到的数据可以触发工人的实时警报，如声音或振动，或者可以发出向救援队求助的请求，以作出紧急反应。例如，安装在背心或头盔中的可穿戴 RFID 检测系统，如 Scan-Link Armor，可以在工人和车辆操作人员之间进行无源通信，提醒他们各自的位置（图 6.3-1）。这样一来，操作员就会知道附近有人，而不是普通的障碍物，确保该情况得到关注，不会出错，也不会造成不必要的风险。通过对智能可穿戴设备收集的数据进行后续分析，利用新兴的行为互联网（IoB）技术，可以确定有可能增加受伤风险的具体区域，并在事故发生前整改，或对人们的工作行为产生积极影响。例如，重复的小事故可以揭示正在发生的危险，如工人跳入坑中而不使用梯子。

通过分析人员的日常行动数据，可以优化材料和设备的位置，以减少不必要通勤。同时，精确跟踪工人的路径可以在出现风险的情况下实施社会疏导措施，例如，在施工场地清除障碍物或全面提供服务。

此外，可穿戴设备可以自动计算现场人员人数，简化了对时间表和考勤的控制，并可以提供有关每个员工的培训和认证的额外信息，以确保准确实施各任务。最后，可穿戴设备的使用可以向有关工人发送具有针对性的通信数据，从而改善紧急情况下的疏散时间管理。

施工现场的安全监测、衡量标准和仪器　　　　表 6.3-1

环境和个人监测	度量衡	器械
生理监测	心率、心率变异性、呼吸频率、身体姿势、身体速度、身体加速度、身体旋转和方向、角速度、血氧、血压、体温、用户活动水平、卡路里消耗和步行步数	陀螺仪、加速计、磁力计、红外线、雷达、热敏电阻、超声波、GSR、ECG、EMG、EEG、血压传感器、脉搏血氧仪
环境传感	环境温度、环境压力、湿度、噪声水平、光线强度、空气质量	湿度传感器、光线传感器、噪声传感器、压力传感器、温度传感器、烟雾传感器、气体传感器
近距离探测	物体检测、导航、距离测量和接近检测	RFID、UWB、红外线、雷达、蓝牙、GNSS
位置跟踪	工人位置追踪、材料追踪和车辆/设备位置追踪	RFID、UWB、红外线、雷达、蓝牙、GNSS

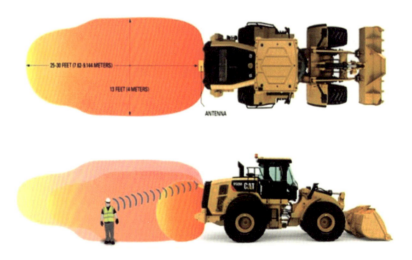

图 6.3-1　RFID 安全检测系统（资料由 Scan-Link 提供）

6.3.2　市场上的可穿戴设备

市场上用于建筑业的可穿戴设备在类型、尺寸和重量、电源、计算能力、特殊传感器的位置和安装以及无线通信范围方面有不同的规格。

可穿戴设备结合了不同的技术，如射频识别（RFID）、磁场检测、雷达、超宽频带、声纳、蓝牙、GNSS、激光、视频和静态相机、心电图（ECG/EKG）和肌电图传感器。电流皮肤反应、加速度计、陀螺仪和磁网计等传感器构成了人体传感器网络。数据传输过程可以使用任何可用的标准通信协议，包括 Wi-Fi、蓝牙、ANT + 和 ZigBee。原始和处理过的数据也可以通过任何一种协议传输，储存在云端，便于访问。

现有的主要产品包括智能手表、可听戴设备、靴子、头盔、眼镜、T恤（安全背心、衬衫等）、无线黏性电极、臂带和腕带（表 6.3-2）。

市场上主要的建筑用智能可穿戴设备　　　　　表 6.3-2

可穿戴建筑类型学	职能
智能手表	活动监测； 坠落检测和警报发布； 在工作中更容易和更安全的沟通； 健康监测（温度、心率、血氧率）
耳戴式、可听式设备	跟踪心率、步幅或距离免提电话或语音指令； 语音激活的虚拟助理
靴子	检测冲击和跌落的压力感知位置； 通过步行充电
头盔	监测疲劳、大脑健康统计，防止微睡眠； 检测碰撞、接近检测，位置跟踪
AR 眼镜	检测前缘识别危险材料； 显示有用的信息（装配说明、工具规格、安全协议）
安全背心和衬衫传感器	追踪核心体温，检测有害气体，改善接触追踪、接近检测
臂章	健康监测（温度、心率、血氧率）
腕带和可穿戴标签	位置跟踪、访问控制、警报发布 接近监测、检测，有害气体接触追踪
徽章	访问控制、接近检测

6.3.2.1 智能手表

在建筑工地上，智能手表也有一些实用的应用。它可以持续监测心率和血氧等生命信号，以防止过度劳累，如果检测到心房颤动或呼吸系统缺陷，就会发出警报。智能手表还能够检测到高空坠落，并自动启动紧急服务，以更快地救援工人。最后，智能手表能够在使用工具或设备时实现免提通信。

6.3.2.2 可听戴设备

在建筑业，可听戴设备可以实现工人和管理人员之间的免提沟通，更容易咨询通用或特定的虚拟助手，以及在整个建筑工地对作业人员进行准确的健康跟踪。

6.3.2.3 智能安全鞋

建筑业中使用的安全鞋和靴子是物联网集成的可行候选物（Janson, Newman, Dhokia, 2019）。总部设在美国的 SolePower 公司在其安全鞋中整合了物联网设备，通过由能量鞋垫驱动的传感器和发射器，为员工提供实时位置和健康数据跟踪。连接的鞋子可以通过员工的步态和其他参数的变化来预先识别疲劳的员工，从而随着疲劳的增加，可以按任务制定生产力测量，校准收益递减点。工人的数据也可用于发现日程安排的冲突、延误和影响。

6.3.2.4 智能头盔

头盔是任何建筑工地上的强制性安全设备,因此建筑工地也是全体员工都应佩戴连接设备的合适场所。安全帽可以嵌入 GNSS 接收器和感应器,以跟踪和监测员工的状况、位置和行动。在智能帽中,与生物数据相关的功能可以监测佩戴者的温度、呼吸、汗液以及通过 EEG 的脑电活动,以确定每个工人的疲劳程度和健康状况。例如,SmartCap 的 Life 模式是一个固定在头盔内缘的汗巾传感器阵列,能够监测脑电波活动,以防止发生阵发性昏睡(图 6.3-2)。对于起重机和大型设备操作员或卡车司机来说,突然的睡意尤其危险。帽子可以振动或发出听觉警报,通知用户应该处理的情况,例如,表明员工需要休息。相关数据可以通过无线局域网发送到一个网关,从那里可以分发给管理人员,进行存档和汇总,以辨别和预测趋势并指导之后的实践。

同样,WakeCap 是一种智能安全帽监测装置,可以固定在任何帽子上,取代其标准棘轮,并能实时跟踪佩戴者以及显示建筑工人之间的距离(图 6.3-3)。WakeCap 没有采用耗能的 GNSS 天线,而是采用了一个专门的现场网络,即使是在室内空间,也能通过在整个施工现场放置特定的接收器来实现精确和一致的跟踪。人力地理定位能够按行业、工作小组和工地区域对劳动力工作流程和生产力进行分析和洞察。此外,近距离跟踪对于控制现场的感染或污染危险是非常有用的,它可以强制要求工人保持距离,并在工人被感染的情况下快速准确地追踪接触者。特别是,可以追踪与被感染者接触过的工人,包括那些与他们在一起时间较长、风险较大的工人,确定受影响的分包商和工匠,以计划替换和预测项目延误,还可以追踪工人去过的地方,以进行彻底的消毒。

图 6.3-2 SmartCap Life 智能带
(资料由 SmartCap 提供)

图 6.3-3 WakeCap 接收器和安全帽监测装置
(资料由 WakeCap 提供)

WorkerSense 系统同样以安装在安全帽上的传感器吊舱为中心,能够捕捉运动和环境数据,包括 GNSS、9 轴运动、温度、湿度和光线,通过 LTE 连接到一个中央仪表板,以显示整个员工的生产力和环境、健康与安全数据(图 6.3-4)。该系统由简单、廉价的快速部署标签组成,这些标签可以放置在建筑工地的各个角落,为传感器吊舱提供环境背景,标记出具有风险因素的区域、个人防护装备和认证要求、成本代码、活动 ID 等。这样,工作现场的真实客观区域可以与位置、生产和健康与安全数据相关联,并且可以实时跟踪工人的遵守情况。

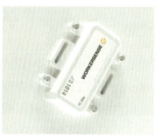

图 6.3-4 WorkerSense 安全帽传感器和标签(资料由 WorkerSense 提供)

6.3.2.5 智能眼镜

智能眼镜是在传统的保护镜基础上,增加了摄像头、微型电话、扬声器和平视显示器等连接功能。Epson Moverio 和 Vuzix Blade 等智能眼镜也可以用第一人称视角进行无人机驾驶。

6.3.2.6 可穿戴徽章

除了集成在传统工作服或个人防护设备中的可穿戴设备外,在建筑工地上,通过为工人提供互联徽章或夹式设备,物联网也可以在建筑工地上轻易得到应用,上面配备了所有重要硬件(如传感器、接收器等),可以放在口袋里或固定在衬衫、背心或腰带上,而不需要购买额外的工作服或扔掉与之集成的配件(例如,需要每年更换的安全鞋)。这些设备中的大多数都能借助实时定位系统(RTLS)来跟踪工人的移动、活动和状况,以评估其生产力,优化物流,并提高工作安全性。追踪系统(如 Triax Spot-r(图 6.3-5)和 Redpoint RTLS),由标牌组成,这些标牌可以固定在特定的位置,由人员佩戴或放置在设备和车辆上,并由均匀分布在工作场所的锚(接收器)来创建一个自组织的网状网络。这些共同构成了一个虚拟的、无线的、地理隔离的环境,并提供位置和数据服务,以实现与网络上任何设备的双向通信。

图 6.3-5　Spot-r 可穿戴标牌(左)和网关锚(右)(资料由 Triax 技术公司提供)

工作人员徽章或标牌通常具有向服务器发送紧急信息的多功能呼叫按钮以及提供状态和用户警报功能的 RGB LED、还配备了汇报安全或危险情况和传入信息的板载蜂鸣器和振动警报,以及用于运动感应和电源管理的 6 轴 IMU,并通过 LTE、Wi-Fi、蓝牙低能耗或近场通信(NFC-A)协议进行通信。更高级的徽章采用电子显示屏,使佩戴者能够接收和确认信息,接收警报,并显示具体的危险物。

追踪的细节收集在一个中央服务器上,并通过仪表盘提供给项目经理,以显示工作场所的图表和实时可视化,利用热图和复式线路图来追踪路径和可视化活动、路障、互动和险情,并可以搜索和定位个人或设备,或管理位置数据、警报和事件。在健康与安全管理方面,RTLS 系统能够实时地发出对工人产生的伤害、事故和危险警报,减少现场的疏散时间,并识别在特定区域、禁区和密闭空间的工人,以及认证管理人员,以确保现场安全合规。在工地出现传染病或感染风险的情况下,也可以轻松实现密接追踪。

特定的 RTLS 徽章,如 Blackline 的 G7,可以集成可更换的气体探测器,对硫化氢(H_2S)、爆炸性气体(LEL)、一氧化碳(CO)、氧气(O_2)、二氧化硫(SO_2)、耐氢一氧化碳(CO-H)以及氨气(NH_3)的存在进行实时警告。在检测到气体的情况下,徽章会向中央安全网络发出警报,以便在几秒钟内启动应急响应,与受影响的工人建立联系,同时提醒附近的团队成员进行疏散,如果配备了呼吸器,则进行救援行动。

6.4 建筑业中的扩展现实技术

扩展现实技术在施工阶段的应用越发有趣和重要,在施工过程和现场管理中,扩展现实带来了诸多好处,让所有利益相关者能更好地管理项目(Khan, Sepasgozar, Liu 等, 2021)。

6.4.1 建筑业中的虚拟现实技术

除了设计阶段,VR 在建筑工程和现场管理中的应用也十分有趣(Delgado, Oyedele, Demian 等, 2020)。特别指出,在现场使用 VR 可以实现:

(1)查看现场布局并作规划,选择合适的机械和路线(如起重机、路线等)(Getuli, Capone, Bruttini 等, 2020);

(2)项目经理和客户可以在 VR 中体验 4D/5D VDC;

(3)通过 360°照片远程监控施工现场,为项目经理和客户提供服务;

(4)即使是在协作环境中,也能身临其境地将三维设计或建造模型可视化,以便进行信息检索;

(5)有效地对工人进行程序、机器和设备的培训,提高生产力和安全性(Joshi et al., 2021; Li, Yi, Chi 等, 2018; Shi, Du, Ahn 等, 2019);

(6)客户可以在最后完工或购买前定制和查看房产。

6.4.2 建筑业中的增强现实技术

AR 是 XR 技术在现实世界场景中的应用,并在建筑活动中有相当大的用途,工人可以在现场通过可穿戴的 HMD 或配备摄像头的移动设备将数据叠加到现实世界的视图中(Behzadan, Dong, Kamat, 2015; Kwiatek, Sharif, Li 等, 2019)。借助其实时信息获取能力,AR 在行业内用来提高效率、改善安全、简化协作、管理成本,以及全面提升项目信心。AR 通过使用移动设备或 HMD 将 3D 图像投射到人们的客观环境中,将客观环境和数字合二为一。利用 GNSS 定位和摄像头,AR 装置能够在用户移动时,以地理空间的方式呈现实时数据,更新和显示重要信息,诸如时间表、操作细节和结构计划等数据都很容易获得,协助现场的知情决策。

例如,项目经理可以站在窗户前,在住宅内举着平板电脑,带客户看几个拟议的窗户设计,并将它们叠加在实际位置上。AR 技术还可以在二维平面图的基础上生成三维模型,使现场的建筑可视化更加准确。如 Trimble 公司的 SiteVision(图 6.4-1)和 GAMMA AR 等 AR 工具可以在移动设备上显示前方的景色,并以厘米级的精度叠加 3D 模型,以预览现场的建筑物、基础设施和公用设施。AR 眼镜还可以让佩戴者在现场与远程同事进行电话会议,为现场外的人员提供有效的地面视图,而不是依赖传统的通信方式。

关于建筑管理,大多数基于 BIM 的平台和移动现场应用已经使用户能够计划、更新和管理建筑工程,以及管理文件、可视化项目的 3D 模型和监控建筑项目的状态。此外,如 Dalux TwinBIM 和 Autodesk BIM 360 Docs,

图 6.4-1 Trimble SiteVision AR 系统
(资料由 Trimble 公司提供)

可以利用 AR，并与现场的 3D 模型和文件互动，以协助检查和报告问题，使用户能够通过 3D 模型获得最新的项目信息，并使用 AR 将其放入一个真实的视角。然而，这些在根据精益管理实践管理施工过程方面的能力仍然有限。除了三维可视化和导航之外，将 AR 与精益建筑管理更完美地结合在一起，将为用户提供关于当前进度、与预期进度相关的当前绩效、未完成的百分比、延迟指标、额外的努力、质量检查、施工错误以及预期的额外成本的感知信息（Ratajczak, Riedl, Matt, 2019）。

AR 在进度跟踪中也能得到应用。市场上有的方式是使用智能手机和平板电脑的 AR 功能来识别他们在平面图中的位置，并在每个捕获点自动拍照。这样做可以确保团队成员在一段时间内总是在完全相同的位置进行捕捉，从而提高进度捕捉的效率和准确性。

总的来说，在建筑领域，AR 技术有以下几个主要应用（Röltgen, Dumitrescu, 2020; Song, Koeck, Luo, 2021）：

（1）支持装配、拆卸工作：检索和显示相关的数字工作指示、文件协议和动画程序。与静态的纸质说明相比，AR 以一种对环境敏感和直观易懂的方式提供信息，从而实现高效率和更灵活的员工部署。

（2）数据可视化：通过在空间范围内显示数据，包括来自传感器、过程参数或聚合性能的可视化的实时数据。

（3）远程协作和援助：人们可以实时进行视听连接，在不同的地点和组织中都能获得专业知识。通过使用移动设备或智能眼镜，寻求帮助的人能求助同事和专家，使他们能够深入了解当地情况并提供口头和视觉帮助。

（4）质量控制：通过将虚拟信息定位在正确的位置，将建成后的配置与设计模型之间进行比较，并在单个部件上直接指出与检查有关的特征和偏差。

（5）施工过程规划：通过空间上可视化和虚拟测试不同的工序，包括起重机轨迹或机器运动，并评估手动工序顺序，如装配、拆卸顺序。

（6）三维建模：通过创建和修改虚拟几何形状，并将其与现实世界的物体和环境联系起来。这使得虚拟模型能够在实际操作环境中立即形成背景，并在早期阶段对关键方面进行评估，如空间要求、与邻近物体的潜在碰撞以及连接的可及性。

（7）通过使用 AR 眼镜或移动设备来扫描放置在特定区域或物体上的标签或标识，从而提高工作场所的安全性。然后，这些标签可以得到文字提示或 3D 模型，以传达特定的安全信息或危险信号。

6.4.3 建筑业中的混合现实

混合现实（MR）扩展了 AR 技术，可以在现实和虚拟之间进行更直接的互动切换，使用户能像在现实世界中一样操纵虚拟元素，而 3D 数字内容会作出相应的回应（Marr, 2020）。MR 护目镜，如微软 Hololens 或 Magic Leap 是先进的头戴式可穿戴设备，通过整合陀螺仪、加速计、Wi-Fi 天线、数字罗盘、GNSS、传统和深度传感相机，能够扫描和捕捉周围环境，并将它们与交互式虚拟数据叠加起来（Sawhney 等, 2020）。这个传感器阵列实时读取整个房间，了解角落、边缘和表面，并实现与周围环境的充分互动：数字内容在客观世界中根据观看者的位置和他们正在看的地方以适当的距离呈现出来。这样一来，MR 设备可以让人员无接触访问建筑计划，从周围的现场扫描生成结构模型，独立进行距离测量，并允许技术人员和设计师在现场进行修改。Hololens 套装在建筑业更受欢迎，因为它们已经认证为基本保护镜，并可集成到 Trimble XR10 等安全帽中（图 6.4-2）。

图 6.4-2　Trimble XR10 与微软 Hololens 2 MR 设备（资料由 Trimble 公司提供）

在施工规划中，MR 可以用来改善 BIM 模型的信息检索，从而减少相关任务的时间和错误。利用 MR 眼镜，项目组成员可以在施工现场行走，并以数字方式"标记"他们遇到的问题，如裂缝或错位的元素。每个标签都附着在空间的三维模型上，并包含嵌入链接，其可链接到多个 RFI、图纸细节、附加图像或预设标签，使工人在以后使用相同的眼镜来定位、诊断、跟踪，最终解决问题。

此外，MR 可以用来测量一个空间的客观属性，包括其高度、宽度和深度。建筑公司可以将这些数据纳入竣工模型，使其能够生成更精确的结构，并对项目的进展情况有一个更全面的了解。当佩戴 MR 装置时，工人们将能够自动对已建构件进行测量，并将其与建筑模型中指定的测量进行比较。这使工人能够发现结构中的差异，并迅速调整，以防止后续成本增加或延误（图 6.4-3）。

图 6.4-3　利用 Microsoft Hololens 2 和 Trimble XR10 实现 MR 与 BIM 模型的叠加和互动（资料由 Trimble 公司提供）

MR 的一个主要创新是用户能够直接在现场对建筑模型进行直观的修改。随着不同的 MR 系统和 BIM 系统之间的互操作性的完成，自动更新 BIM 模型和施工进度成为可能（Delgado et al., 2020）。工人们可以轻易地获得结构的内部和外部视图，并在保持一个视图完整性的情况下对虚拟计划进行修改。例如，在其支持 MR 的耳机或手机上拆除和重新定位墙壁或部件、修改布局。这使专家们能够在对客观结构进行修改之前对虚拟视图中的错误进行故障排除。由于这些数字数据是持续更新的，这减少了项目变化，同时改善了工作流程并防止材料浪费。

到目前为止，MR 的最有前途的特点是能够将所有的数字数据和文件与自己的客观视图结合起来：包括管道、墙壁、插座、开关和通风的位置在内的信息可以直接在现场分层访问，并且可以很容易地打开、关闭。将位置精确的 MEP 覆盖层叠加到实际施工现场，可以非常精确地指导后续工程。例如，承包商一直在使用机器人全站仪和 Hololens 来对地下管网进行可视化规划，并在现场直接标记所需的挖掘布局，从而最大限度地减少冗余和不必要的土方移动。MR 设备还可以通过突出显示所需工具和组件，或者叠加砖砌工作或电气安装的视觉指南，为当前的工作任务提供相关信息（Fazel, 2018），直至整个分步装配说明（图 6.4-4）。

图 6.4-4　使用 Hololens 的砌砖指导的 MR 叠加（资料由 G. Janh, Fologram 提供）

据观察，与传统的纸质文件相比，MR 模型更容易理解，可以更快地组装，并减少施工中的错误。

BIM 信息检索还可以让现场工作人员根据建筑计划有效地监控项目，并确保其顺利完成。MR 可以让用户在虚拟环境中观察建筑物随着建造进度发生的变化，为项目管理提供了额外的层面（图 6.4-5）。进度监测界面可以提供彩色编码的覆盖图，以方便识别施工现场提前或滞后的部分（Golparvar-Fard, Peña-Mora, Savarese, 2009）。

图 6.4-5　Fuzor VDC 与 Microsoft Hololens 的集成（资料由 Kalloc Studios, Inc.提供）

MR 可穿戴设备还可以实现不同专业人员之间协作工作空间：由于复杂的建筑项目需要多个团队之间的大量协作，包括设计师、经理、木匠、电工、水管工、焊工等，即使参与项目的所有工人不总是在工作现场，也需要随时进行协作。与其等待所有各方集合起来审查蓝图再进行修改，不如通过 MR 让用户对任何可疑的错误或设计问题进行记录、分享视频视图，并实时将信息发送给远程团队。现场和远程团队成员能够相互协商，并利用所需的信息开展工作，大大降低了团队之间作出决定所需的时间和成本。

在健康和安全方面，MR 设备关系到其改善现场安全风险识别，改善风险识别，加强施工经理和工人之间的实时沟通，以及支持安全培训和教育的能力。通过现场的 MR 设备和场外的平板电脑之间的视频共享，可以促进彼此间安全信息的交流，工人和安全协调员之间就工地上的潜在危险、违规行为和建议进行双向交流，以及可以在其数字空间位置和现实空间位置上标记并标注地理参考的注释和口头注释（Dai, Olorunfemi, Peng 等，2021）。随着像 Hololens 这样的 MR 眼镜和维护环境的 3D 地图的不断推出，它也有可能在建筑设施或工地上通过叠加的箭头、标记和信息面板提供场所定位和导航，并与大厅、出入口和设备精确对齐。

虽然到目前为止，只有大型建筑公司将 MR 投入规模化使用，但随着技术成本的下降，未来几年它将更加普及。许多顾问和供应商正在按项目推荐该技术，并提供免费试用，使建筑经理能够尝试这种新技术并将其应用于他们的业务。然而，尽管这项技术有潜力，但它仍在寻求广泛使用的动力。对于长时间佩戴 HMD 的用户来说，舒适和安全是主要要求。该设备通常容易受到恶劣天气条件的影响，需要在稳固的互联网连接和静态环境中才能发挥最佳功能，而这些因素往往与建筑工地不相容。

6.5 建筑工地相互关联

施工现场的所有活动每天都会产生大量与员工、机器、流程、材料和环境风险有关的数据和信息，如果加以适当地收集、组织和分析，将有可能为管理活动提供有价值的参考，以提高生产力、安全性，更加节约时间和成本。

如果用传统的人力方法收集这些数据是极其困难和繁重的，但现在由于物联网技术在施工现场的集成，即"由相互关联的物体、人、系统和信息资源组成的基础设施，加上智能服务，使它们能够处理客观和虚拟世界的信息并作出反应"（ISO/IEC 20924, 2021）。

随着物联网技术的发展，越来越多的建筑工地，特别是更大更复杂的工地，其建筑机械、设备、材料、结构和员工的网络相互连接，能够连续、综合地监测人员和资源的生产力和可靠性（建筑工地相互关联）。

将传感器和无线通信技术应用于物体、机器或人，可以获取其位置或身体状态的实时信息，收集这些信息可用于监测、控制、统计分析和决策支持，从而创造一个实际的智能空间。相关信息可以显示在移动设备上（图 6.5-1），或在网络仪表板上显示多个施工现场的实时数据、趋势和警报（图 6.5-2）。

信息共享也可以直接在机器与机器之间进行，使设备即使在没有人类干预的情况下也可以进行交流和互动（例如，根据设备的使用状态或性能自动编程进行维修或维护）。

建筑业特定的物联网设备包括连接的时间钟，如 Smart Barrel，它使雇主能够在不同的建筑工地之间实时监控工人、活动、时间表和工资，或连接的安全帽，如 WakeCap，它可以在生产区、后勤保障区和休息设施之间连续跟踪人力，以获得工作流程和生产力等信息。

图 6.5-1　建筑工地监控程序（资料由 Workersense 提供）

图 6.5-2　建筑工地网络仪表板（资料由 Workersense 提供）

Trimble CrewSight 等现场管理解决方案在工人和设备上部署了 RFID 标签，可以访问工作现场，减少设备失窃，在发生未经授权的访问时会收到警报，捕捉考勤并跟踪工人的工作时间。其安全功能体现在它可以发送有针对性的集体通信和记录工人的紧急联系信息。

分布在建筑工地的物联网设备可用于监测风险因素，如火灾、烟雾、振动和高噪声等。在紧急情况下，安全设备得以激活，提醒工地工人立即疏散。此外，物联网技术可以纳入可穿戴的个人设备，如头盔、夹克或其他物体，以识别和定位工人，并确定他们的行动轨迹和生命状态。在材料管理方面，物联网技术可以快速收集关于消耗和库存状态的信息，自动计算超量情况，发送采购通知，并控制材料交付时间。此外，传感器可以监测设备和车辆的位置和运行状况，监测异常情况，并提前发出警报，以便及时维修或维护。例如，像 Brokk Connect 这样的系统可以访问其拆除机器人车队的信息，包括工具使用时间和工作时间、位置、当前状态和服务等信息（图 6.5-3）。

图 6.5-3　用于远程车队管理的 Brokk Connect 程序（资料由 Brokk 公司提供）

物联网对于改善建筑和处理废物也很有用。它可以部署无线传感器网络来监测现场的废物储存，确定废物负荷在一年中的变化并防止废物堆积。可以优化废物收集路线，以减少回收和处理成本。实时废物管理数据可用于报告和改进实践，以及开发自动废物回收协议。

基于所有这些信息的统计分析可以优化工作流程，减少阻碍，检测偏差和异常，或识别潜在风险。预测分析引擎可以帮助预防设备和车辆故障，从而减少停机时间、燃料成本和维护费用。

例如，总部设在美国的 Uptake 公司提供了一个统一的可扩展平台，能够从单个或多个建筑工地无缝地摄取不同的实时和历史数据，通过数据分析和工作流程与 ML 算法的集成生成有价值的见解，特别侧重于车队管理和部署。其优点包括防止意外停机，延长机械的使用寿命，以及改善设备调度和规划。

更有意思的是，将物联网设备提供的信息与建筑的 BIM 模型相连接是可能做到的，这样就可以同时查看实时空间关系和实时状态。通过 BIM 和物联网的整合，可以拥有一个建筑项目的虚拟副本，其中物联网提供人、结构、资源和建筑状态的动态信息，BIM 模型为物联网信息提供结构，可以系统整合，进行空间展示，实现建筑工地的完整数字孪生。

建筑业物联网的一个关键步骤是将现在可用的几个解决方案整合到一个"计划好的物联网生态系统"中，即一个与关键决策活动相关的硬件、软件、连接和信息流的综合层。这一层可以比建筑业本身更广泛，可能包括在不断适应的建筑环境中发挥某种作用的所有其他部门（Woodhead, Stephenson, Morrey, 2018）。

最后，物联网可以利用区块链技术来创建一个可验证的、安全的、永久的数据记录方法。一些区块链供应商，如总部位于法国的 Kalima Systems，已经为工业应用中的物联网设备开发了嵌入式解决方案，其中信任和安全是最重要的，如在建筑工地。区块链事实上可以在一个透明、安全和方便的环境中保存物联网产生的数据，并与 BIM 整合，形成建筑项目数据数字化的基准工具（Hunhevicz, Hall, 2020）。

6.6　建筑业中的人工智能

在建筑管理中，人工智能可以在施工现场计划、活动安排、劳动力和分包商管理、车队管理、材料采购、安全和安保管理等方面体现其优势，包括优化资源和时间，识别当前或潜在的问题并根据优先级对其进行定性，预防工作场所事故，以及确定解决方案和战略以实施管理（Hong, Wang, Luo 等，2020; Pan 和 Zhang, 2021b; Yan, Yang, Peng 等，2020）。

一般来说，人工智能（AI）和机器学习（ML）可以用于数据分析，以从过去的经验中获取知识，也可以用于预测性建模，并应用于预测新的情况；还可以用于决策制定（McKinsey Global Institute, 2016）。

根据所需的输出类型，通过 ML 执行的任务一般分为三大类：分类、回归和聚类（Gambella, Ghaddar, Naoum-Sawaya, 2021）。选择采用哪种学习方法取决于问题的性质以及可用数据的类型和数量。

在分类问题中，目标是找到一个解决方案，该解决方案可以在已知类别的有限集合中预测新观察物属于哪个类别，从而相应地为其分配标签。具有已知类别（标记数据）的实例用作训练集输入。分类可以将单个标签或多个标签分配给观察物（多类分类）。分类问题的一个例子是对象识别，其中人工智能的任务是确定所呈现的项目属于什么类别的对象，以及字符识别或电子邮件分类问题（Soofi, Awan, 2017）。

回归问题也可以提供预测，但在分类方面有不同的任务，因为模型会产生一个数值而不是一个标签。预测房地产价格或电网中的电力使用是一些需要人工智能预测数值的例子。

而聚类的目的是根据观察结果的相似性或缺乏相似性将其分为同质的聚类。通过最大化类内相似性和最小化不同类之间的相似性来对数据实例进行聚类。与分类法不同的是，聚类的集合并不是先验的，而是由训练数据驱动的。其目的是根据可能出现的对象的特征来分配自主标签。聚类的应用包括异常检测，算法可以识别数据集中的异常数据点（这种能力对于识别故障产品、人为错误或欺诈活动特别有用）；还有关联挖掘，算法可以发现数据点之间的关联，例如，零售商可以利用这种能力来识别哪些产品经常一起购买。

施工管理人员一直在发掘人工智能和认知技术的价值，以帮助用来将许多乏味但又必不可少的运营任务自动化。无论是在员工层面还是在项目和材料方面，他们发现人工智能有助于安排相关任务，以防止延误、冲突和其他问题。

特别是大规模、多年的项目需要协调许多复杂的任务和活动部件，如设计和蓝图、许可证，以及意外延迟和变化，在没有技术帮助的情况下，这些很快就会变得难以控制。机器学习擅长发现这些数据中的合适模式和异常值。

事实上，一个典型的建筑项目在任何一天都可能有数以千计的问题、数以百计的 RFI 和无数的变更单。经过 ML 的训练，人工智能就像一个真实的智能助手，帮助管理者从建筑安全和质量的角度识别最关键的风险因素，自动将它们分类为可操作的类别，并对需要最快响应的最关键的事情加以提醒。

利用模式识别和历史数据，以及与调度系统和其他相关信息的连接，证明了人工智能有助于更好地管理时间表。使用 ML，人工智能工具能够比人类更快地发现和捕捉潜在的问题。当涉及日程安排时，人工智能的使用可以帮助防止在现场或在供应商和其他参与过程中出现代价高昂的延误。从天气和交通摄像头获取的数据可以帮助确定施工阶段的最佳时间。最后，建筑人工智能助理也可以主动执行多种任务，例如监测可用材料，并在资源耗尽的情况下发送通知。

建筑业的人工智能基本上可以通过使用特定平台提供的人工智能服务和工具（人工智能即服务），或使用市场上的人工智能软件（软件即服务）来加以利用。

6.6.1 人工智能即服务

如今，一些软件供应商提供了人工智能即服务平台（AIaaS）的访问权限，让专业人士和公司利用人工智能达成各种商业目的。知名的 AIaaS 类型包括：①认知计算 API；②AI 应用程序和代理；③ML 框架；④完全管理的 ML 服务。常见的人工智能云产品有亚马逊 AI、Azure AI、谷歌 AI 和 IBM Watson。

特别是 Azure AI 等 AIaaS 平台，它为 API 提供了几种选择（表 6.6-1），其中包括认知服务，以更快地作出更明智的决定，从非结构化文本中提取有意义的信息，将语音处理整合到应用程序和服务中，识别和分析图像、视频和文本中的内容，或在所有存储的文档、图像和媒体中提取关键字句和其他关键信息（知识挖掘）。

Azure 人工智能认知服务（Azure Cognitive Services） 表 6.6-1

AI 目标	AI 服务
更快作出更明智的决定	尽早发现潜在的问题。 监测指标并诊断问题。 为每个用户创造丰富的、个性化的体验
从非结构化文本中提取内容	利用视听提示帮助读者理解文本。 在应用程序、机器人和物联网设备中建立自然语言理解。 在你的数据上创建一个对话式的问答层。 检测情感、关键短语和命名实体。 检测和翻译 60 多种支持的语言
将语音处理整合到应用程序和服务中	将可听语音转录为可读、可搜索的文本。 将文本转换为生动的语音，使界面更加自然。 将实时语音翻译整合到你的应用程序中。 根据音频识别和验证说话的人
识别和分析图像和视频中的内容	分析图像和视频中的内容。 定制图像识别以适应业务需求。 检测和识别图像中的人和情感。 从文档中提取文本、键值对和表格。 分析视频的视觉和音频通道，并对其内容进行索引

例如，Azure 的计算机视觉功能内置的搜索范畴包括面部、颜色和其他内容，并可以使用自定义视觉 API 创建个性化模型。应用可以实时分析视频，用物体和概念类别标注内容，提取文本，生成图像描述，并了解人们在客观空间的运动。提取的信息包括建筑工地上物体的数量或者其中一堵墙壁是否已完工或仍在施工中（图 6.6-1）。

反过来，异常检测器 API 有监测工程车辆运行数据的能力，并识别可能导致故障的异常趋势，以便在停机之前快速识别和解决这些问题。这可以通过摄取所有类型的时间序列数据并选择最适合的检测模型来实现。

自然语言处理（NLP）API 允许代替搜索非结构化文本，以识别关键信息和实体，如人、地方和组织，以了解共同的主题、趋势和意图。它可以使用特定领域的预训练模型对建筑术语进行分类（Suna 等, 2020）（图 6.6-2）。

基于人工智能和算法的方法可以自动化和简化 CM 中的大多数工作流程，然而，适应建筑工程特定环境的用户界面是确保所有参与者能够充分发挥其潜力的关键。建筑文件和操作的数字化实际上产生了大量的数据，这些数据仍然需要处理，并进行适当询问，以提供有意义的参考，这种能力通常委托给 IT 技术人员和顾问，但可以通过聊天机器人和语音界面技术自动化，提供给所有利益相关者，以便轻松、快速和无障碍地使用。

图 6.6-1 施工现场的计算机视觉图像处理
（图片由作者提供）

图 6.6-2 用 NLP 从非结构化文本中提取数据
（图片由作者提供）

利用当今数字化建筑工地的庞大信息库，接收语音指令的人工智能可以快速搜索大量的数据集，进行即时分析，并提取所需要的信息或作出决定，而这些工作之前都需要人工花费更多的时间。可以执行的活动数量庞大，可以同时协助工程管理和实际操作。例如，一个语音辅助的 CM 系统将通过与分包商的对话收集和处理所需的信息，并自动生成和分享总承包商的每日报告（Cho, Lee, 2019）。当项目经理询问一个持续存在的问题时，聊天机器人或语音助手可以通过浏览数据库并找到相关数据和重复模式来生成临时报告，甚至可以根据其对类似记录事件的机器训练来提供临时的解决方案。随着物联网在电动工具、机器和设备中的不断集成，以及对现场监控数据的挖掘，聊天机器人能够访问机器上的任何信息（位置、使用情况、电池水平、手头工作的适用性），并向操作员提供即时反馈，包括建议采取何种行动。任何工人的任务和行踪都可以检索出来，并采取相应的行动，以确保团队的最佳生产力。语音识别技术可用于记录和更新工地材料日志以及跟踪和记录项目进展等任务（Akinosho et al., 2020）。工地工人应该能够通过简单的文字召唤人工智能助手来查询和搜索项目数据库和 BIM 模型中的实时信息，例如询问如何安装一个特定的组件，或库存的哪些材料符合设计规范。

最后，AIaaS 平台还提供 ML 框架工具，开发者可以用其来建立自己的 ML 模型。公司自己的数据或平台直接提供的数据集可用于训练、分发、自动化、管理和跟踪模型本身。微软 Azure 机器学习等服务为开发任何类型的机器学习提供了环境，从经典方法到深度学习（DL），无论是否有监督，并能够与最常见的开源 DL 和强化学习（RL）工具互动，如 PyTorch、TensorFlow、Scikit-Learn 和 Ray RLlib。

深度学习

今天，DL 构成了 ML 研究和发展的主导方法，并在一些先进的应用中产生了高度准确的结果，如计算机视觉、机器视觉、语音解释、模式识别、自然语言处理、音频识别、机器翻译、材料检测程序等。与传统的 ML 技术相比，DL 可以处理更广泛的数据资源，数据预处理需求更少，可以产生更准确的结果，在图像分类中错误率降低了 41%，在面部识别中降低了 27%，在语音识别问题中降低了 25%（Chui, Kamalnath, McCarthy, 2018）。相反，DL 通常需要较大的数据量才能完成此任务。

  DL 通常基于扩展的人工神经网络（ANN），其灵感来自于生物大脑的运作方式，由几层互连的基于软件的计算器组成，称为神经元（Afram, Janabi-Sharifi, Fung 等, 2017）。一个神经网络可以摄取大量的输入数据，并通过后续层来处理，以学习越来越复杂的数据特征和代表数据。该网络学习其输出的正确性，并相应地自我调整其结构，然后利用它所学到的知识对新的数据输入进行判断。ANN 和 DL 在后续章节中有更详细的阐述。深度学习算法包括卷积神经网络、递归神经网络、长短期记忆网络、生成对抗网络和深度信仰网络。尽管自 20 世纪 80 年代以来就有开发基于观测生物神经网络的人工智能的设想，但它们的计算复杂性在 20 世纪 90 年代末限制了它们的推广，直到 2012 年，DL 才在人工智能挑战中获得了真正的成功，如 ImageNet，它在计算机视觉任务中的表现超过了所有其他 ML 模型（Akinosho 等, 2020）。深度学习的发展和应用自那时以来取得了巨大的突破，这得益于算力的广泛普及，特别是适用于深度学习计算的成像处理单元（GPU）的价格大幅下降。近期，深度学习的发明在包括自然语言理解在内的多个领域的人工智能取得了重大成功。

  深度神经网络的分层结构在处理问题时，需要后续抽象层的帮助以产生更智能的结果，例如计算机视觉或语言识别。以人脸识别为例，唯一可用的数据是像素颜色。因此，问题分成两层，第一层处理图像以提取低级特征的数据，如颜色、对比度、边缘、线条，然后是形状，后续层则试图对这些处理过的信息进行分类以决定主体是什么（Taskirana, Kahramana, Erdemb, 2020）。这个过程也可以迁移学习，即重复使用训练好的神经网络的一部分来解决类似的问题，而不需要重新训练整个系统，该系统可能由数百层和数千个神经元组成，迁移学习在加快训练过程和减少所需的训练数据量方面带来了实质性的好处，因此增加了在更多项目中使用准确的 DL 模型的可能性（Wei, Kusiak, Li 等, 2015）。

  DL 驱动的人工智能在建筑领域有多种潜在的用途，可以利用其计算机视觉、模式识别以及语音识别的能力（Yan 等, 2020）。

  特别是计算机视觉，可以利用施工现场广泛采用的图像采集设备（固定摄像机、无人机、LiDAR 传感器、工人身上的摄像机和智能手机），将捕获的图像数据转换为可用于与其他 CM 工具对接有用的实际信息（Ekanayake, Wong, Fini 等, 2021）。

  DL 模型已用于改善工地的安全和健康监测，例如从工地的视频资料中检测出不安全行为（图 6.6-3）（Ding, Fang, Luo 等, 2018），或跟踪工人的疲劳状态，以确保生产力和人员生命健康（Akinosho 等, 2020）。物体识别也可以在计算机视觉程序中得到应用，用于自主车辆和机器人的现场导航，提高他们的准确性，也可以跟踪施工进度（例如，通过识别某些建筑元素已经到位）。图像数据也可用于自动化结构监测和检查活动，从参考图像中检测和评估缺陷、损坏和变化，如混凝土裂缝、钢筋腐蚀，而不需要求助于人工检查，因为人工比较费力、容易出错并且很危险（Spencer, Hoskere, Narazaki, 2019）。计算机视觉技术可以用来识别拆建废料（CDW）的类别，结合从光谱分析中提取的额外特征，以提高分类的准确性，如红外辐射光谱，它具有对所选材料进行分类的鉴别能力，并促进更安全的 CDW 回收工作环境和更高的回收质量（Hong 等, 2020）。

图 6.6-3　使用物体识别来检测 PPE 的符合情况（图片由作者提供）

在项目管理方面，DL 有卓越的模式识别能力，以及回归和分类能力，可以用来对项目和所有分包商的进展进行高级分析，根据甘特图和活动时间表跟踪项目里程碑和任务，以识别和优先处理时间、安全、质量和成本问题方面的主要风险，突出可能发生的问题。

DL 也可以在项目会计和现金流预测中得到应用，其中人工智能工具可以用与时间相关的现实世界数据进行训练，这些数据会有一定程度的不确定性和干扰，以便根据销售、劳动力成本、材料成本、分包商、保证金、保留和风险等决定性因素/变量对项目整体结果的影响，准确预测整个项目交付期的现金流。一个准确的预测有助于识别潜在的问题和自投标阶段以来的瓶颈，能够及时识别可能出现的问题，以及模拟其他的假设情况。除了现金流外，DL 也可以应用于建筑成本预测，这通常会受到一些无法估计的不确定性的影响，如工期、劳动力和设备、季节性变化以及经济变量和指数的变化（如流动性、批发价格指数、建筑服务指数），这些因素最终都会降低估计的准确性。这些额外的因素又可以通过在足够大的项目训练数据集上应用 DL 方法进行重构：例如，通过无监督 DL 从数据中提取相关特征，然后应用回归方法来进行更准确的成本预测（Rafiei, Adeli, 2018）。

6.6.2　基于人工智能的软件即服务

在人工智能基础上的软件即服务（SaaS）程序可以提供传统 SaaS 无法提供的独特功能，例如转录和操作以前计算机无法识别的新形式的数据（计算机视觉、NLP 和 NLG），或者操作一个没有人工智能就无法处理的复杂系统或任务（模式识别、预测分析、流程优化）。

例如，Pype 的 Smart Plans 利用 AI 来管理核心建筑文件，包括规格书和提交文件。这个基于人工智能的应用程序扫描规范手册，然后应用 NLP 和 ML 将其所有元素归类，从而实现自动创建申请表以及其他需要与利益相关者共享的文档。通过阅读非结构化的图纸和文件，可以提取合同合规性项目，确保没有遗漏要求。

建筑模拟平台（如 ALICE 技术），采用人工智能工具，支持建筑团队实时探索替代施工计划的能力，并及时回答"假设"情况，从而优化关键项目资源（如劳动力、设备、材料等），以尽量减少风险、成本和期限。这是通过首先捕获制约每个项目的一系列约束条件来实现的，然后将建筑方法、施工成本和生产率数字化，可以利用最佳做法并在各个项目中共享。该软件可用于探索整个施工过程或单个复杂瓶颈的最佳排序方案。基于 BIM 的生成性模拟也可以定义战略，以优化材料和劳动力来加快完成时间。

PAVE 是另一种基于人工智能的用于施工监控、问题和任务管理的工具，它通过使用人工智能和大数据分析实现施工文件、任务和问题管理的自动化，使整体施工成本降低 7%。第一步，客户使用 PAVE 应用程序访问数字施工计划或 BIM 模型，在上面发现不足，用语音转文字和图像进行描述，并直接发送给分包商。一旦 PAVE 收集并分析了足够多的数据，它就能够将这一过程自动化：用户只需拍摄一张问题照片，PAVE 就会自动添加所有的背景信息并进行处理，并通过自动向分包商发送缺陷通知等方式解决该问题。使用 PAVE 收集的所有建筑执行项目的历史数据，可以提前识别潜在的责任问题和法律索赔风险，以通知和警告用户（预测性分析）。除此之外，PAVE 详细的数据库和 ML 算法可以为用户提供项目期间的剩余时间和成本预测、分包商评级等。为了尽可能准确地保护和保障关键信息（不可更改的信息），PAVE 目前正在尝试使用不同的区块链技术，如 Ethereum。

越来越多的现代机器和设备都增加了各种传感器，以帮助完善整体功能和操作。这些传感器可以监测与建筑活动有关的各种不同条件，如温度、发动机状况和材料应用的各个方面。当与人工智能工具相结合时，这些数据可以进行实时分析，高度准确预测可能发生的问题、延误或故障。

例如，预测性软件可以分析公司在项目用品上的采购历史，并与实际使用的数量进行比较，为未来的项目生成更准确的订单，防止出现高额过剩。

通过将物联网与预测分析软件相结合，建筑经理可以建立更有效的供应链流程，并在此过程中节省资金。在物流方面，经理们已经开始为各单位配备网络连接的 ID 标签。这使得系统可以在任何时候快速计算、跟踪和绘制每个单位的数量和位置。有了准确的库存数字，项目经理可以向他们的预测分析软件提供更准确的库存数据，从而对未来的项目进行更好的估计。

在建筑领域，人工智能有一个有趣的应用，就是图像识别和计算机视觉。建筑工地上越来越多的传感器和成像设备的集成，包括 CCTV 监控摄像机、无人机、可穿戴设备，甚至是智能手机，一个中等规模的项目每周产生大约 50GB 的数据（Enterprise Photo&Video Management），这些数据实际上是一种未被充分利用的资源，通常难以用来支持工地管理。

通过人工智能可以快速、自动检查和分类这些视觉数据，以进行观察、监测和预测。

计算机视觉，也被称为机器视觉，指软件"看到"并解释它们周围的世界，面部识别（使用计算机视觉来识别人）就是一个主要的例子（Pan,Zhang, 2021b）。被分析的数据可以是以照片或视频的形式，也可以来自热像仪和红外相机以及其他视觉来源的图像。由 DL 和 ANN 驱动的人工智能在集中学习其他相关图像的特定数据后，采用模式识别来区分图像的内容。计算机视觉的准确率在不到十年的时间里从 50%进步到 99%，使现代软件在对视觉数据作出快速反应方面比人类更准确。

计算机视觉在施工现场有以下应用：

（1）通过识别个人防护设备和其他保护设备的使用方式，以及向最终不安全或有风险的工人行为发出信号，进行安全监测和执行；

（2）通过识别活动，预估进展，以及对比评估工人团队的绩效与计划进度来监测生产力；

（3）通过确定车辆和工具的位置以及跟踪建筑工地上储存的材料和废物的数量来进行后勤监测；

（4）通过检测人数、个人之间的距离以及计算等待、居住和工作时间，对劳动力进行监测；

（5）通过监测未经授权进入施工现场的情况，进行安全监督。

人工智能的监控系统最终可以帮助看管建筑工地，以增加安全级别，防止工地上的材料和机器被盗。建筑工地正在使用人工智能来自动监控安全录像，追踪任何可疑的活动。这些软件执行传统的分析，如提醒物体移动，以及观察进入画面的具体行动或图像。人工智能可以监测设备、工具和用品，如果有人试图从工地偷东西，就会发出警报。

6.7 现场机器人制造

6.7.1 单任务建造机器人

这些机器人可以应用于从场地调查和准备到建筑物维护和检查的建造过程的任何阶段（表 6.7-1）。

市场上主要的建筑机器人 表 6.7-1

建造阶段	建造活动	机器类型学	制造商	模型
场地准备	场地布局	单任务	美国 Dusty 机器人公司	Dusty
	拆除	单任务	Brokk、Aquajet	800、Aquacutter
	挖掘	自主车辆	Built Robotics	推土机、CTL、挖掘机
	土方运输	自主车辆	沃尔沃、卡特彼勒、小松	TA15、CAT 命令、AHS
	脚手架组装	单任务	Kewazo	智能机器人电梯
	地基奠定	3D 打印机	—	—
结构工程	混凝土浇筑	单任务	苏黎世联邦理工学院	原位制造
	混凝土模板	单任务	奥迪卡模板机器人公司	RHWC
	钢筋定位和绑扎	单任务	美国先进建造机器人公司	Tybot、Ironbot
	钢焊接	单任务	Welbot	自适应机器人焊机
建造	渲染	单任务	Anex 工业	自动渲染机
	分区布局	单任务	DPR（天宝公司）、Nextera Robotics	Project Lion、Oliver
	干墙铺设	人形	AIST	HRP-5P
	干墙平整	单任务	Canvas	干墙修整机器人
	砌砖	单任务	Construction Robotics，澳大利亚 Fastbrick Robotics 公司	MULE135、SAM100、Hadrian X
	抹灰	单任务	以色列 Okibo 公司	抹灰机器人
	墙体制造	3D 打印机	Icon、Wasp	Vulcan、Delta
	顶棚钻孔	单任务	喜利得公司	Jaibot
	喷涂	单任务	Welbot、MIST	墙面喷涂机器人
		自主车辆	美国 Apellix 公司	Worker Bee 喷涂无人机
	立面安装	单任务	Brunkeberg、Hephaestus	覆层系统、垂直栏杆
	铺设地砖	单任务	CBot	铺砖机器人
	所有活动	现场工厂	Mace 集团、日本清水建设株式会社（Shimz）	Rising Factory、SMART
劳动协助	材料运输	自主车辆	美国耶鲁物料搬运公司、Effidence、Intsite	叉车机器人、搬运车、Autosite 100
	工作压力的减轻	外骨骼	—	—
场地检查	目视检查	仿生	波士顿动力公司、Watertower Robotics、瑞士 ANYbotics 公司	Spot 机器人、WTR、ANYmal C 仿生四足机器人
	激光雷达扫描	单任务	西班牙 Scaled Robotics 公司、美国 Doxel 公司、Nextera Robotics	自主激光扫描仪、Oliver
	场地勘测	自主车辆	大疆创新（DJI）	"幽灵之眼"无人机（Phantom UAV）

续表

建造阶段	建造活动	机器类型学	制造商	模型
维护	管道清洁	单任务	芬兰丽风公司（LIFA）	管道清洁机器人
	光伏板清洁	单任务	Alion Energy	SPOT 面板清洁系统
	外立面清洁	单任务	Kite Robotics	擦窗机器人

此类机器人包括与工业制造机器人密切相关的自动化机器人系统，因为每个系统都是专门开发和优化的，以固定方式执行特定活动，就像不同工作站执行连续任务的传统装配线一样。

这种方法非常灵活，因为它可以轻易地与其他传统施工方法结合使用，尽管这可能会带来其他挑战，例如需要额外的健康和安全要求、难以平行作业和与工人活动整合，以及缺乏与下游和上游施工工序的整合（Delgado 等，2019）。

与工厂机器人不同，建造机器人所需的一个重要功能是它们能被部署在任何建筑工地，就意味着必须为其配备轮子或履带，或其结构必须足够紧凑，以便能在盒子或容器中移动。

STCR 的典型例子是脚手架集成机械臂、智能自主抹灰机器人、粉刷墙壁机器人系统、砌砖移动机械臂、铺设地砖自主轮式机器人、混凝土喷射机器人系统、焊接机器人和拆除机器人。

6.7.1.1 拆除机器人

STCR 非常适用于拆除工程，由于存在噪声、灰尘以及坍塌或爆炸的风险，STCR 可以让工人远离一些最危险的活动。目前，Brokk（图 6.7-1）、Aquajet 或 Husqvarna DXR 等系列产品仍采用人工遥控进行选择性建筑物拆除或拆卸，而完全自主性操作正在开发中（Corucci，Ruffaldi，2016）。这些机器人拥有履带和悬臂梁，可配备各种附件，用于不同材料的破碎、剪切、挖掘、铲、抓、表面去除和挖沟。几个拆除机器人采用高压水射流进行选择性水力清拆，能够拆除混凝土或停机坪，并在拆除后保持钢筋完好无损（图 6.7-2）。Omerh 的 ERO 是一款配备离心沉降机的自动化水力拆除机器人，能够吸出被水刀压碎的混凝土碎屑，分离混合废物并将清洁后的材料包装起来，以便在建筑业重复使用。

图 6.7-1 Brokk 遥控拆除机器人（图片源自 Brokk）

图 6.7-2 水力拆除机器人（Aquajet 系统作品）

6.7.1.2 结构工程机器人

STCR 也可以用于建筑施工的结构阶段，包括钢结构和钢筋混凝土结构。对钢结构通常具有一定程度的预加工，因为柱和梁等部件在工厂被切割成小块，然后运输到施工现场并通过螺母和螺栓或焊接头进行安装。Welbot 的自适应机器人焊机等焊接机器人使用与汽车制造业中非常相似的机械臂，但其尺寸更小，自由度和覆盖半径更大，满足施工现场所需的高度灵活性。由于其重量轻（11～28kg），这款六轴机械臂可以在 5min 内完成安装，以执行熟练的人工智能辅助焊接，包括质量可靠的多层焊接。装于台车上的机械臂能够完成特定的焊接任务，例如现场连接钻孔桩节段。

关于钢筋混凝土结构，机器人目前能够做到自动化模板准备、钢筋安装和绑扎以及混凝土浇筑动作。

机器人技术在模板中的应用尤为重要，它决定了混凝土浇筑结构的最终形状，因此是确定建筑设计的主要因素。混凝土，尤其是当代超高性能混凝土（UHPC），实际上在使用合适助剂的前提下可以浇筑成任何形状，而模板所需的主要工作量和成本取决于所需形式的复杂性。建筑业使用的普通模板系统只能产生简单的基本几何形状，并且允许厘米范围内的偏差，导致混凝土部件形状仅限于直线和矩形，几乎没有根据有效结构载荷进行优化的空间（Herrmann, Mainka, Lindemann 等，2018）。与这些标准不同的混凝土构件的生产往往需要通过手工施工或自动制造工艺来获得三维自由模板系统，如数控铣制的木制模板或环氧树脂涂层的发泡聚苯乙烯（EPS）。这些方法的特点是生产成本非常高，因为复杂的模板是非常耗费人力的，而自动铣削非常耗费时间，因为它依赖于从工作对象上逐步削减材料，在给定的表面上通常需要多次操作，从而导致每平方米需要超过 240 分钟的加工时间才能达到工业级的表面光滑度（Søndergaard, Feringa, Stan 等，2018），此外还有一个缺点是铣削材料的严重浪费。

为了克服这些限制，在过去几年中，机器人热切割（RHWC）和机器人磨料线切割（RAWC）已被应用于模板生产，由丹麦的奥迪卡模板机器人公司（Odico Formwork Robotics）率先推出（图 6.7-3）（Cardno, 2019）。从给定 CAD 模型的几何形状开始，RHWC 利用机器人控制的电热丝来切割 EPS 等泡沫，而 RAWC 则采用在电动飞轮上旋转的金刚石螺纹磨料丝来制作 EPS、木材、天然或人造石材和黏土模型。与传统的数控加工相比，RHWC 和 RAWC 只能生产单曲面和规则表面，对于双曲面形状则受到限制，但其核心优势是加工速度更快，可以在单次操作中达到产品表面，并且可以回收边角料作为新模板材料，实现完全可持续的生产周期。举例来说，一个 1000mm×1000mm×150mm 的曲面几何体，用数控铣削需要 4 个多小时，而用 RHWC 可以在 2min 内完成，用 RAWC 则不到 20s（Søndergaard 等，2018）。

 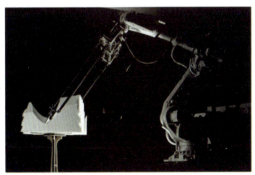

图 6.7-3　RHWC（左图）和 RAWC（右图）的模板生产（图片源自奥迪卡公司）

RHWC 模板被 Olafur Eliasson 工作室广泛地应用于位于丹麦瓦埃勒（Vejle）的 Kirk Kapital 总部大楼建设中，其中双曲面和抛物面承重混凝土结构需要设计和制造大约 3800 个不同的 EPS 模板单元（Søndergaard, Feringa, 2017）；其他使用过 RHWC 模板技术的建筑公司包括 SOM 建筑设计事务所、扎哈·哈迪德（Zaha Hadid）建筑事务所和3XN建筑设计事务所。

RHWC和RAWC都适合现场部署，主要归功于其设置简单和紧凑的尺寸。同时，相关工作可以由单个机械臂、可以放入一个标准的3m海运集装箱中的单个生产单元去完成。此外，其简化的用户界面可以由平板电脑操作。

另一种适合机器人自动化的混凝土施工作业是钢筋的定位和绑扎，其特点是重复性、劳动强度大，而是工人在不规则的钢筋网上行走时容易发生事故。在这些应用中，总部位于美国的先进建筑机器人公司（Advanced Construction Robotics, ACR）租用了一种安装在龙门吊上的自主机械臂TyBot，专门用于捆绑钢筋（Sawhney等，2020）。TyBot由人工智能算法控制，该算法能帮助TyBot通过识别钢筋交叉点和自我定位捆绑模块来自主操作，无须事先编程。经过1~4个小时的设置，TyBot每班可绑扎230m^2，与手工作业人员相比，生产率提高了20%~40%，并且只需要一名技术员负责监视性能，重新加载绑线轴，并确保机器人不妨碍现有的安全协议。ACR在2019年推出了IronBot，这是一款钢筋放置机器人，旨在提升、搬运和放置水平加固混凝土应用中的钢筋。众所周知，这项任务烦琐，需要密集劳动，并且体力消耗大。与TyBot类似，IronBot也配备了机器视觉功能，可以实时识别和纠正钢筋的位置以及钢筋的对齐工序。

更为通用的是苏黎世联邦理工学院开发的网眼模具金属工艺，其中一个名为原位数字制造［In-Situ Digital Fabricator（IF）］的特制建筑机器人，配备了轨道、视觉传感器和定制的末端执行器，可以将金属线弯曲并焊接成三维网状钢筋结构（图6.7-4）。作为DFAB HOUSE示范样机的一部分，机器人用335层6mm的金属丝和超过20000个焊接点制作了一个12m长、100t的承重混凝土弧形墙（Melenbrink, Werfel, Menges, 2020; Wangler等, 2016）。IF的主要功能特点是环境感知，即使机器人从一个建筑位置移动到另一个位置，它也能相对于全局参考坐标系提供1毫米的末端执行器定位精度。这使得它特别适合于经常变化且不受控制的建筑工地，从而避免依赖外部参考系统、繁琐的设置和冗长的校准过程（Sandy, Gifthaler, Dörfler等, 2016）。IF的其他应用包括砌砖和混凝土浇筑，这些应用也都具有机器人的精度，只需要切换不同的末端执行器。事实证明，在建造复杂的结构时，IF的生产效率比传统施工工艺更高，即使墙体几何形状的复杂性增加，也没有额外的成本。然而，在建造较简单的墙体时，传统的施工方法仍然优于机器人制造方法（de Soto等, 2018）。

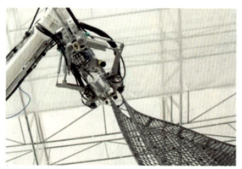

图6.7-4　网眼模具与原位制造机器人（图片源自苏黎世联邦理工学院科勒格拉马齐奥研究中心）

6.7.1.3　砌砖机器人

砌砖，无论是承重墙和非承重墙，还是砌砖立面，都是一种高度重复性、体力消耗很大的建造活动，因为它意味着要经常拿起重物，可能也需要工人在不安全的梯子或脚手架上长时间工作。同时，像劈砖和描画铅垂线这样的任务需要熟练的工匠。这些特点使这项建造工作非常适合现场自动化，好几个单一任务的机器人已经在过去几年中被开发并引入市场。

澳大利亚的 Fastbrick 机器人公司率先推出了 Hadrian X，这是一种安装在卡车上的独立机器人，可以方便地运输到施工现场（图 6.7-5）。该机器人配备了一个 30m 长的伸缩臂，用于输送定制的混凝土砌块（CMU），然后根据预定的计划使用快速凝固的聚合物胶粘剂进行堆叠。在作业之前，CMU 必须按照正确的顺序排列。该机器人还可以在需要时将砌块切成四分之一、一半或四分之三，并将其储存起来供后续使用。然后，将这些砌块送入吊杆运输系统，随后输送到铺设头，该铺设头根据逻辑和编程模式铺设砌块。为了确保所需精度，机器人会动态稳定其机械臂，以抵消风、振动和惯性带来的影响。机器人的控制系统软件将墙体结构的 CAD 模型转化为砖块元数据，将砖块分配到特定的嵌套模式中，并在算法的帮助下，根据模式和其他参数（如机器人铺设头的大小和抓取砖块的方式）确定如何铺设砖块，无须人工干预。

图 6.7-5　Hadrian X 砌砖机器人

美国的建筑机器人公司开发了一种用于现场和预制砌筑的砌砖机器人，名为 SAM100（半自动砌砖机器人），据称可将生产率提高 3～5 倍（Melenbrink 等，2020）。SAM 是可移动的，由一名工人引导，每天能够铺设 3000 块砖，这比传统方法快六倍。SAM 包括用于供应砖块的传送带、用于铺设砂浆的金属机械臂和用于将砖块铺成一排的激光制导系统。该机器人可用于在大型、无中断的墙面上工作，但在任何区域的前 1.5 米以及角落、窗户或门周围的区域，仍然需要人工铺砖填砂。即使是复杂和定制的模式，建筑商也可以使用 SAM 在施工场地以外筑墙，或将其带到现场以获得预制质量，同时降低运输成本。作为其控制系统的一部分，SAM 采集了几个数据点，包括每块砖的数量、尺寸和位置，以及日期、时间和温度，砂浆坍落度、砖面间隙和环境相对湿度，并提供实时反馈，可以通过详细的分析来监测每天的进展。此外，该软件自动纠正建造尺寸的任何变化，使工匠在开始作业之前就能解决问题。

建筑机器人公司的另一款砌砖机器人是 MULE135（材料单元升降机增强器），这是一个通用的升降辅助和精密放置臂，用于现场放置 CMU。这类机器人旨在与人类工匠一起工作，而非直接取代他们，并且其具有一系列为其他建筑应用设计的附加设备，确保比类似产品有更高的灵活性，更好地适应传统建造施工。具体而言，MULE 是一种物料提升机，能够通过一个带有两个支点的 3.6m 长的机械臂来提升、处理和放置重达 60kg 的砌块，承担大部分工作量，并将灵活性和精确度交给工匠来完成。

关于室内隔断布局，美国 DPR 建筑公司和天宝公司（Trimble）合作开发了 Project Lion，这是一个能够在地板上绘制室内布局的自主机器人。这种"布局机器人"应用了机器人全站仪（RTS）技术，帮助它于室内施工前在平板上画标记线，精度在 3mm 以内，速度高达 300m/h，远远快于经验丰富的石膏板砌筑工人，他们通常以 50m/h 的速度配合粉笔线和卷尺工作。布局机器人由直接来自 BIM 模型的标准 DXF 或 DWG 文件指引，这些文件被加载到其机载计算机上。安装在其拓扑结构上的棱镜接收来自 RTS 的信号，在机器人移动时对其进行引导。

Nextera Oliver 公司也提供类似的服务，声称可以根据三维模型绘制完整的楼层布局，其速度比人类快十倍，还可以同时添加墙体类型、门的样式等细节，以及其他详细的附加信息（水管、电线等）。该机器人有一个被安装在 1.5m 高度的激光雷达，可以 360°旋转，且在机器人前部和背面有额外的扫描器，以探测地标和避开障碍物进行导航。这使它能够自动地停止并扫描施工现场的不同位置，进行竣工模型的编译，这有利于施工质量和进度监测。

6.7.1.4 精加工机器人

在建筑施工所涉及的不同活动中，装修工作诸如抹灰、浇筑或涂层应用，在过去几年在现场自动化领域发展缓慢。虽然这些动作的最大特点是高度重复性，但也需要较强的能力来适应不同的场景，并克服以往施工活动中可能出现的差异或不精确（门窗洞口、柱子或凹槽、方形或弯曲的表面）。因此，行之有效的装修机器人通常配备有先进的 3D 扫描相机，以检测其周围情况并执行相应任务。对应地，以色列的 Okibo 公司开发了一款移动建造机器人，专门用于现场涂抹灰泥和油漆等湿材料（图 6.7-6）。

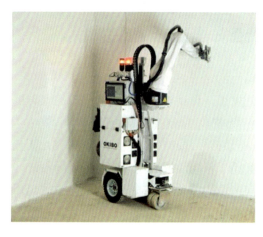

图 6.7-6　Okibo 公司墙面处理机器人（图片源自 Okibo 公司）

与 Okibo 类似，Canvas 是一款半自主机器人，结合移动底座、机械臂、多个末端执行器和计算机视觉，为石膏板墙提供 5 级精加工。但是其仍然需要操作员操作机器人到现场特定位置，并设置工作参数，接着 Canvas 机器人往墙壁和顶棚上喷涂石膏墙腻子，并利用机载除尘系统和打磨臂以减少清理现场的工作量。该机器人具有房间级的自主权，能够确定喷涂和打磨模式，然后按照操作员的指示在墙壁之间移动，而操作员可以同时监控多台机器。

6.7.1.5 顶部驱动钻孔机器人

其他体力需求高、重复性高的安装任务包括高空钻孔，很适合机器人自动化完成。特别是当机械、电气和管道装置需要大量钻孔时。建造工具制造商喜利得（Hilti）2020 年推出了 Jaibot 建造机器人，这种半自主的机器人能够毫不费力地在灰尘可控的情况下进行顶部钻孔，而且绝对精确。Jaibot 机器人配备了螺纹，由操作人员从一个工作区引导至另一个工作区，然后通过 BIM 使用全站仪对自身进行准确定位。Jaibot 机器人能够完成 BIM 模型中标明的任何钻孔，并通过内置的除尘系统吸附作业过程中产生的全部灰尘，反之还可以根据具体作业领域（机械、电气、管道或室内装修安装工作）用不同的颜色标记每个钻孔。制造商称，该机器人在两次充电之间可无线钻孔长达 8h，即使是不熟练的工人也能轻松操作。每个孔的位置、深度和直径都由钻孔计划确定，这样可以减少错误，提高精确度，使得钻孔更清洁。在标记和钻孔时，Jaibot 会与项目管理系统自动同步，做到实时跟踪项目最新状态，以便记录。

6.7.2 仿生机器人

与 STCR 相比，仿生机器人则代表了一种完全不同的施工现场自动化方法。虽然最终的目标是相同的，即在不同任务中帮助或替代人类劳动，以提高生产力，但它是通过复现人类或动物形状来开发机器以追求最大的操作灵活性，而非优化机器人配置，最后以最有效的方式执行单次操作。这样的机器人可以帮助建筑工人处理更多的常规任务，可以被视为通用任务型机器人（Pan, Linner, Pan 等, 2020）。事实上，人形或动物形机器人能够自主移动和保持平衡，并与为人类劳动设计的普通工具设备交互，这具有明显的优势，即几乎不需要准备或设置施工现场，也不需要或只需很少的额外编程。仿生机器人可以像人类一样在房屋中移动，跨越楼梯或其他障碍物，打开门，拿起和操作电动工具，并具有更高的安全性、可靠性、准确性和持久性。

与 STCR 相比，即使是配备了轮子或螺纹的 STCR 移动机器人，仿生机器人本质上也更注重自由运动，通常配备机器视觉相机或雷达/激光雷达传感器，以便追踪其周围环境并相应地规划路线；由陀螺仪和执行器控制的两条或四条完全铰接的机械腿调节平衡。而物体操作是用机器人的机械臂来完成的，它能够操作普通的电动工具，在使用四足仿生机器人时，它的手臂末端有一个夹具，能够操作门把手、杆和开关。

当前，尽管四足机器人占主要部分的第一批机器人已经进入市场，并已在建筑承包商和服务公司内提供服务，但大多数仿生机器人仍处于样机阶段，被用作试验台和演示器，以进一步发展机电一体化技术。

在四足机器人方面，最著名的产品之一是美国波士顿动力公司（Boston Dynamics）推出的 Spot 机器人，它是最早进入市场的产品之一，目前已有 100 多个在施工现场投入使用（图 6.7-7）。Spot 机器人可以以高达 1.6m/s 的速度在 30°的坡度和高度超过 30cm 的台阶上移动 90min，并具有内置立体照相机，可提供深度信息以生成 3D 点云，使机器人能够了解周围环境并避开障碍物。模块化配置能够添加全景和平移倾斜变焦相机或激光雷达传感器，以提供高清彩色图像或扩大的 3D 映射范围，可选择安装具有六个自由度的机械臂和一个夹具来打开门和橱柜并操纵物体。最近，爱立信还使用 5G 技术对 Spot 机器人进行了升级，以便为机场监控等特定应用提供更大的覆盖范围。

与 Spot 机器人类似，ANYmal C 是由瑞士 ANYbotics 公司开发的一款四足机器人，它是苏黎世联邦理工学院的衍生产品，与全系列传感器兼容，能够在远程操作、人工监督下或完全自主地在所有地形上完成预定义的一组任务（图 6.7-8）。ANYmal C 机器人还可以配备四个具有配套电动机的毂轮，这些轮子连接到机器人的每只机械足上，使其能够在平坦的地形上以高达 4m/s 的速度移动，并有选择地控制每个轮子的扭矩来制动且使用手柄完成正常的步态运动。意大利理工学院（IIT）目前正在开发其他四足机器人，该学院推出了 HyQReal，这是一款重型液压四足机器人能够拖动超过 3t 的重物；还有 HyQCentaur，其配备了两只具有 6 个自由度的液压驱动机械臂，以增加平衡能力并获得前所未有的操作能力。

图 6.7-7　Spot 仿生四足机器人
（图片源自波士顿动力公司）

图 6.7-8　ANYmal C 仿生四足机器人
（图片源自瑞士 ANYbotics 公司）

在 Spot 和 ANYmal C 等四足机器人的建造中，其主要应用是对建筑工地的自主调查，以通过摄像头记录、热检测或是激光扫描的方式记录和管理工地进度。常规现场扫描用于创建工作现场的数字孪生，自动更新并尽快识别返工。它们还常用于设备管理，远程读取仪表或显示器，检测水、蒸汽或气体泄漏，以及机器的异常运行噪声，以便安排预见性维护操作。例如，福斯特（Foster + Partners）建筑公司在其位于伦敦的巴特西屋顶花园（Battersea Roof Gardens）重建工地测试了配备激光雷达扫描仪的 Spot 仿生机器人，使其在施工过程中保持遵循预先绘制的路线，对施工现场进行连续扫描，以监督采购和物流以及评估进展。每周返回现场能让 Spot 机器人重新运行相同的任务，这一过程产生一系列高度可比、一致的模型。Spot 机器人还帮助构建了该公司位于伦敦的园区的数字孪生模型，它能在园区自动行走，从而帮助团队建立一个四维模型，展示空间随时间变化的情况。

相反，两足仿生机器人仍处于开发阶段，但由于其具有仿生形状，在包括驾驶工程车辆在内的多项任务中极有潜力来替代人工（Bock, 2007）。与四足机器人相比，两足仿生机器人需要更复杂的控制系统来保证在行走或执行预定任务时保持平衡，这引起了业界广泛的研究，最终形成波士顿动力公司演示的 Atlas 方案。这是一种由算法控制、配备 28 个液压关节的双足机器人，能够以 1.5m/s 的速度运行并进行跳跃与翻筋斗（图 6.7-9）（Ruggiero, Salvo, St. Laurent, 2016）。

图 6.7-9　Atlas 仿生四足机器人（图片源自瑞士 ANYbotics 公司）

Agility Robots 公司的 Atlas 或 Digit 等双足机器人的当前应用仅限于站点导航和材料搬运，因为这些机器人没有配备完全铰接的机械手来进行工具操作和物体操纵。更专注于建造任务的是日本国家先进工业科学技术研究所（National Institute of Advanced Industrial Science and Technology in Japan, AIST）推出的 HRP-5P 机器人，这是一个正在进行的第五代重体力劳动开发平台。该仿生机器人的身体有 37 个自由度，可以进行更接近人类运动的操作。HRP-5P 机器人具有两只机械手，使其能够拿起和处理大型且相对较重的物体，如石膏或胶合板，通过使用头戴式传感器，它不断获取周围环境的三维测量数据，存储和更新结果，即使视野被工作中使用的物体挡住也能执行其行走路线。

6.7.3　人体增强

将机器人和自动化技术整合到施工现场活动中，目的是提高生产力，减少时间、成本和工人的安全问题，但严格来说，这并不意味着取代人类劳动。相反，许多机器人和生物机械科学目前也被应用于缓和人类劳动的工作条件，通过称为外骨骼的可穿戴电子机械装置能直接提高工人的身体机能，从而增强人类的劳动力。虽然这些外骨骼可能不被认为是完备的机器人系统，因为它们并未取代人工，而只是在其任务中提供支持，但这些外骨骼拥有许多与机器人系统相同的技术，并代表了机器人、自动化系统和增强工人无缝协同工作的重要一步，这是在自动化建筑工地完全无人化之前的重要进展（Delgado 等，2019）。

外骨骼是一种可穿戴的机械装置，分为有源和无源的，旨在通过提供升降支撑、重量分配、姿势矫正和其他功能，最大限度地减少劳损和伤害。这些设备最初是为身体康复而设计的，现在正越来越多地被用于制造业、物流业以及最近也开始在建筑业中使用。外骨骼可以帮助工人举起重物，减少疲劳，方便在尴尬的位置使用工具等，减少每项任务对身体产生的影响，提高作业效率（Looze, Bosch, Krause 等，2015），从而使工人更健康，不容易出现严重的劳损、伤害和通常因任务高度重复、体力要求过高而造成的永久性残疾。外骨骼还可以让超龄工人继续他们的现场劳动，缓解建筑工人老龄化等相关问题。

尽管有以上这些好处，在广泛采用外骨骼之前，仍有几项难题需要解决。除了包括高成本、能源效率、安全和舒适等全行业面临的问题外，建筑行业中的外骨骼使用有以下几个问题（Kim 等，2019）：

（1）健康和安全方面的问题，如增加抓取、钩破和坠落的风险，卫生问题，以及虚幻的安全感；

（2）对外骨骼预期坚固性的有用性关注，以适应建筑工地的恶劣条件，同时保持使用舒适和安全；

（3）外骨骼与其他个人防护设备（PPE）相结合；

（4）采用外骨骼的初始成本很高；

（5）工人的接受度可能很低。

外骨骼的操作可以是纯机械式，也可以是机械和电力的混合操作。其骨架由金属和纤维增强塑料等坚硬材料组成，或根据其功能由布和纺织品等柔软材料组成。

纯粹的机械外骨骼通过从身体的特定区域（如手臂和肩膀）获取重量并将其重新分配到另一个区域（如核心部位和腰部）来减少压力和疲劳。这些外骨骼不使用电力，在现场拥有更长的使用寿命，因为它们不需要充电，使用者也不需要携带电源。

另一方面，部分或完全电动的外骨骼，通常比机械外骨骼功能更强大，可以处理更大的重量。

它们可以针对更具体的区域,并在需要的地方增加压力和力量,例如手部。然而,一旦电量耗尽,需要为其更换电池,或者给护甲充电以恢复动力。除了成本较高外,电池还增加了重量,可能会妨碍动力外骨骼的移动性,有时还需要等待护甲冷却后才能更换电池。

外骨骼的操作取决于它们所装备的身体部位和它们的动力方式。通常,机械外骨骼的目的是通过将负载从身体的一个部分转移到其他部分来减少对身体持续的压力并增强耐力,而动力外骨骼的目的是通过机载传感器检测使用者的运动并在需要时增加额外的力量来增强使用者的力量。

有几种类型的外骨骼专门帮助建筑工人(表 6.7-2)。根据其所支持的身体部位,可以分为:动力手套、手臂和肩部支撑、背部支撑、站立和蹲下支撑、全身护甲。除了增强人类能力,外骨骼还可用于通过 VR 远程控制移动机器人,让工人不在现场时也能操作现场机器人(虚拟外骨骼)。

建筑业使用的外骨骼主要类型　　　　　　表 6.7-2

身体部位	用途	优点	生产商及其产品
动力手套	抓取工具和材料	增强握力,提高灵活性	瑞典 Bioservo 公司的 Ironhand
手臂和肩部支撑	顶部作业与举起重物	重新分配肩部和手臂的重量,以减少压力	Ekso Bionics 公司的 Ekso Vest EVO; Levitate 科技公司的机身(Airframe)外骨骼; Suit X 公司的 Shoulder X 外骨骼; 喜利得公司的 EXO-01; 柯马(Comau)公司的 Mate
背部支撑	弯腰、举起或伸手	矫正姿势并减少背部压力	Strong Arm Tech 公司的 V22 Ergo Skeleton; Suit X 公司的 Back X 外骨骼
站立和蹲下支撑	钻孔等需要长时间站立的工作	重新分配腿部和膝部的重量并固定在原地以提供支撑	Noonee 公司的隐形椅 2.0 版(Chairless Chair); Suit X 公司的 Leg X 外骨骼
全身护甲	举起和搬运重型工具或物体	减轻了身体大部分的负担,增强了使用者的力量	萨尔科斯(Sarcos)机器人公司的全身动力外骨骼机器人(Guardian XO)
虚拟	遥控举起和搬运重型工具或物体	工人能在距离施工现场任意远处进行操作	萨尔科斯(Sarcos)机器人公司的倍增灵巧机器人(Guardian GT)

6.7.4 自动驾驶与遥控车辆

在过去十年里,自动驾驶车辆在矿产开采和农业领域得到了大量的研究、开发和应用,其已被证明是提高整体生产效率的关键因素。相反,尽管其数量不断增加,且越来越多的产品进入市场,但这项技术在建筑业中却推广较慢。在这些产品中,有的改造自其他应用程序,有的是专门开发的。

在现代建筑工地上,自主或遥控的地面设备和飞行器可用于多项任务,包括:

(1)自动化挖掘、拆除和土方运输;

(2)勘测和监测任务;

(3)材料和工具的运输;

(4)能够进入极端危险环境,能够将工人从高风险地区转移。

自动驾驶车辆尤其最适合应用于场地准备和道路平整或铺设活动,因为这些活动通常处于更大和更开放的环境,具有重复或循环性任务的特点。像卡特彼勒公司(CAT)、沃尔沃(Volvo)或小松（Komatsu）这样的老牌公司，以及像 Built Robotics 这样更具创新性的初创公司，一直在用基于人工智能算法并配备所需传感器的自主引导系统来升级传统工程车辆。用于建筑工地准备的主要自动驾驶车辆包括：

（1）紧凑型履带式装载机（CTL），即使在狭小的空间内也能进行小尺寸自主挖掘；

（2）推土机，可以针对不同土壤类型完成粗略平整和最后平整，以及摊铺、推动和履带行走；

（3）挖掘机，能够完成地基挖掘、挖沟和卡车装载工作；

（4）土方卡车，可以在中间位置运输挖掘材料。

这些车辆通常配备多层安全系统，使它们能够检测和避开人、动物和其他有人驾驶或无人驾驶车辆，可以对工作区域进行地理围栏，这意味着使用全球导航卫星系统（GNSS）将车辆移动限制在指定区域，以防止其往非工作区域偏离。更先进的车辆允许操作员设置现场周边环境并使用平板电脑或智能手机输入项目计划。在适当的条件下，即在结构良好、允许重复和循环性任务且变化很小的建筑工地中，自动驾驶车辆创造了高效安全的环境，只需要一个外部观察员来监测操作并通过远程停止操作以防紧急危险情况的发生。

著名的自动施工车辆包括 Built Robotics 公司的自动 CLT、推土机和挖掘机（图 6.7-10～图 6.7-12）和沃尔沃 TA15 自动搬运车，这使自动推土机成为人们关注的焦点，并获得了 2020 年红点设计奖。

图 6.7-10 Built Robotics 公司的自主挖掘机（图片源自 Built Robotics 公司）

图 6.7-11 Built Robotics 公司的自主推土机（图片源自 Built Robotics 公司）

图 6.7-12　Built Robotics 公司的自主紧凑型履带式装载机（CLT）（图片源自 Built Robotics 公司）

自动化土方运输系统，如小松自主运输系统（AHS）（Uhlemann, 2015）和 CAT 命令（CAT Command），虽然是为采矿业开发的，但其可以完全适应如基础设施工地等大型建筑工地。中国设备制造商徐工集团（XCMG）在中国建设一条新高速公路期间测试了能够在 2～3cm 精度内运行的自动沥青压实机和铺路机，由远程监控数据中心协调，该数据中心向自动车辆的车载控制系统提交指令。

总体而言，建筑业在土方设备自动化方面落后于采矿业，因为这些车辆非常适合采矿现场的结构化环境并能保持对地形的精确掌握，而传统的建筑工地准备条件在本质上更加混乱且不断变化（Melenbrink 等，2020）。

自动驾驶车辆在建筑业的普及更密切地依赖于消费级无人驾驶汽车/卡车和高级驾驶辅助系统（ADAS）领域的发展。与工业（采矿或农业）自主运动不同的是，这些系统经认证可以用于公共道路，关键是为所有等级和驾驶自动化水平（包括无人驾驶自动化）的车辆用户，以及摩托车手、骑自行车者和行人服务。

特别是，根据汽车工程师学会（SAE）国际 J3016 标准，道路驾驶自动化系统被分为 6 个级别，其自主性依次增强（表 6.7-3）。

SAE 国际道路车辆驾驶自动化水平　　　　　　表 6.7-3

SAE 水平	名称	叙事定义	转向和加速/减速的执行	驾驶环境监测	动态驾驶任务的回退性能	系统能力（驾驶模式）
人类驾驶员监控驾驶环境							
0	非自动化	人类驾驶员在动态驾驶任务各个方面的全时表现，即使通过警告或干预系统得到增强	人类驾驶员	人类驾驶员	人类驾驶员	n/a
1	驾驶员辅助	驾驶员辅助系统使用有关驾驶环境的信息执行转向和加速/减速的特定驾驶模式，并期望人类驾驶员执行动态驾驶任务的所有剩余方面	人类驾驶员和辅助系统	人类驾驶员	人类驾驶员	某些驾驶模式
2	部分自动化	一个或多个驾驶员辅助系统使用有关驾驶环境的信息执行转向和加速/减速的特定驾驶模式，并期望人类驾驶员执行动态驾驶任务的所有剩余方面	辅助系统	人类驾驶员	人类驾驶员	某些驾驶模式
自动驾驶系统（"系统"）监控驾驶环境							
3	条件自动化	自动驾驶系统在动态驾驶任务各个方面的特定模式驾驶性能，期望人类驾驶员对干预请求作出适当响应	自动驾驶系统	自动驾驶系统	人类驾驶员	某些驾驶模式

续表

SAE 水平	名称	叙事定义	转向和加速/减速的执行	驾驶环境监测	动态驾驶任务的回退性能	系统能力（驾驶模式）
自动驾驶系统（"系统"）监控驾驶环境						
4	高度自动化	自动驾驶系统在动态驾驶任务各个方面具有特定模式驾驶性能，即使人类驾驶员没有适当响应干预请求	自动驾驶系统	自动驾驶系统	自动驾驶系统	某些驾驶模式
5	全自动化	自动驾驶系统在人类驾驶员可以管理的所有道路和环境条件下对动态驾驶任务各个方面的全时性能	自动驾驶系统	自动驾驶系统	自动驾驶系统	全部驾驶模式

　　自动驾驶车辆根据收到的指令（甚至是以 CAD 图纸的形式）运行，并由已有的人工智能程序控制，数据由综合车载传感器组件收集。大多数自主车辆都配备了激光雷达、雷达和摄像头来扫描周围环境并生成地图来规划其运动，并由 GNSS 接收器接收。推土机、搬运车和挖掘机配备惯性测量单元（IMU），提高装卸货物时保持平衡的能力。此外，每辆车都与其他车辆和车队协调系统进行通信，该系统分析车流量、管理交叉路口的优先级，在需要时让行物流列车并向人类管理员发出警告。

　　除场地准备外，自动驾驶车辆在建筑工地的另一应用是工具和材料的运输。自动驾驶汽车在物流领域的应用已成为既定的现实，亚马逊等公司为其仓库配备了超过 45000 辆自动驾驶汽车。与土方车辆一样，将自动驾驶汽车作业从仓库的结构化环境（可以设计成范围并配备地板标记、贴纸或电线）转移到更具挑战性的建筑工地，需要对传感器和人工智能进行更大的投资包括更坚固的框架和合适的轮子或履带。

　　诸如 Effidence 之类的自主运输车辆既可以自主执行作业，将工具和建筑材料从仓库运送到指定装卸目的地，也可以半自主执行作业，方法是将其摄像头固定在工人身上同时由货物跟随。这种自主运输车辆最大可牵引 500kg 的拖车。在更大的建筑工地上，如美国耶鲁物料搬运公司（Yale）制造的自主叉车，可以在卸货和临时存储区之间将建筑材料或拆除碎片的滑轨或托盘移动到工作站点和存放区。

　　大多数建筑工地常用的塔式起重机具有巨大的自动化潜力。这些重型机器可能是建造过程的主要瓶颈，并且在单独或联合使用时会带来安全问题，存在手臂接触、货物掉落以及物体坠落的危险。Insite 等公司已经为塔式起重机配备了 ADAS 技术和基于人工智能的算法，实现最佳的运动性能，以确定最有效的运动轨迹并在必要时提供安全警报。AutoSite100 起重机配有安装在台车上的高分辨率摄像头，该系统能够实时检测工地上的所有固定和移动的物体（包括人），确定起重机最安全的作业轨迹并减少工地碰撞和事故。使用经过机器学习训练的 AI 处理视觉数据，可用于物体检测和分类。控制起重机的计算机通过识别起重机下面的地形与施工现场的哪一部分相匹配，以及两者的距离（高度），来确定台车与起重机臂的位置（Jackson, 2020）。在有利的位置能够看到完整的现场地图和起重机活动仪表板，能够实时了解工地所有区域的施工过程。

　　最终，单个建筑设备和车辆的自主性不断提高，未来将能够通过利用图像识别、认知/控制技术、自动驾驶系统、5G 远程控制、3D 无人机探测、精确的工作量估算以及分配和故障预测技术来实现整个工地的自动化，规划和协调整个车队的移动和运营。韩国斗山工程机械公司（Doosan Infracore）公布了其集成控制解决方案 Concept-X，该解决方案承诺能够通过 3D 无人机扫描测量现场地形，根据地形数据制订操作计划，无须人工干预即可操作施工设备，并能从任一远程控制中心对工作进度进行实时监控。

虽然自动驾驶车辆在建筑工地越来越普及，但设备的远程操作也得到了愈来愈多的应用，特别是在施工现场气候恶劣、天气条件差或出现危险情况时，车内即使没有操作员仍然能够正常工作。例如，中国工程车辆制造商三一重工（Sany）于 2019 年首次推出其 VR 无人控制程序包，其与挖掘机和起重机兼容，能够远程操作车辆，主要用于不稳定的地质环境中、存在有害物质的情况下以及高海拔或极端寒冷与高温的环境中的施工作业，而若操作员在这样的环境中上下车辆，就会是一个巨大的挑战，可能需要特殊的空调、暖气或驾驶室内氧气供应。操作员戴着 VR 眼镜能够再现工作区域的全貌，听到现场的任何声音以及音响警告，并使用与实际车辆上相同的控件，甚至当他们工作在数百公里之外，也确保能得到几乎与坐在车辆驾驶室中一样的体验。该系统还能让不同的操作员轮班工作（甚至在不同的时区）使用车辆，允许全天候运行以实现生产力最大化。

到目前为止，工业中使用最广泛的自动驾驶车辆是空中自动驾驶汽车，通常称为无人机。无人机已经广泛应用于房地产、农业和采矿业，但其在建筑业中的商用增长最快，从 2017 年到 2018 年，无人机的施工现场使用量增长了 1239%（DroneDeploy，2018）。

事实上，无人机帮助形成了一种快速低成本的解决方案，可以一目了然地勘测施工现场、识别安全问题、提供精确的地图和布局以及跟踪工作进度和数量评估。固定翼无人机特别适用于大型基础设施项目所需的大规模测量，而旋转叶片无人机更适合应用于较小的施工场地。目前，使用无人机进行遥感通常需要手动驾驶无人机，同时还要操作传感器/摄像头，因此通常需要辅助操作员。然而，与传统方法相比，手动驾驶一定程度上降低了无人机的效率，使完全自主的无人机操作成为实现全面检查概念的主要要求。现有的解决方案能够利用 BIM 数据的优势，自动形成无碰撞的无人机飞行路径，以到达预期中的兴趣地点（Freimuth，König，2018）。

无人机可以集成到建造过程每个阶段的施工流程中。在场地准备过程中，无人机扫描建筑工地以生成精确的 3D 模型，以提供给自动土方运输车辆，并实时跟踪其运行状况，从而在无须中断任何活动的情况下实现更高的精度、生产力和经济效益。土方工程完成后，最终的现场扫描能评估与规划性指导的一致性，然后再进行下一阶段的施工（Zhou，Gheisari，2018）。2018 年，小松集团和美国的 Skycatch 公司合作为本地数据处理和航空分析提供集成解决方案，适用于大多数土方活动的自动化。

一旦人工接手，则无人机为项目管理人员和工人之间的即时通信提供了有效的解决方案：配备摄像头和语音发射机的无人机能够使双方在任何距离进行直接交互并提供即时反馈或建议，从而最大限度地减少因误传或误解造成的错误。

无人机特别适合在施工和休息时段对建筑工地进行安全监控。与保安或闭路电视相比，无人机成本低得多，并且能够覆盖更广泛的巡逻区域。有线电源能够解决有限的电池寿命问题，若有两辆或更多安全车辆，可以协调充电或更换电池。除了高度可见的巡逻无人机的威慑作用外，运动探测器和红外摄像机在防止夜间盗窃或非法入侵方面特别有效。

关于建筑工地的健康和安全问题，无人机已证明是改善工人福祉和减少事故的有效解决方案（Dastgheibifard，Asnafi，2018）。一方面，无人机可以直接替代人工在不稳定高空等危险场所进行检查、维护或人工测量，而因坠落事故死亡的人数占建筑相关事故死亡人数的 42%（Sue Dong，Largay，Wang 等，2017）。另一方面，无人机可以勘测施工现场的各个角度以检查安全问题，确保设备和脚手架固定良好，并利用热扫描仪检测热浪涌或电气问题。无人机还可以监控劳动行为，使用基于人工智能的软件来确定工人是否穿戴个人防护装备（PPE）或辨别工人的行为。如果出现 PPE 违规情况，能够实时通知现场安全员，并通过相应的录像记录违规行为。

除了这些对施工现场管理的贡献之外，无人机还可以通过空运工具和材料或执行实际的精加工甚至装配操作直接参与施工活动。在现场运输方面，无人机可以替代起重机等重型起重机械，完成较轻的任务，例如将工具或设备移动到没有任何几何边界的不同工作区域，因为它们可以不受崎岖地形、交通或其他使其难以接近的限制，而在建筑物周围四处移动甚至进入其内部，而唯一的缺点是承载能力通常仅约为 2kg，尽管市场上有更重型的无人机（Sawhney 等，2020）。

在英国，利兹大学、伯明翰大学、南安普顿大学和伦敦大学学院正在为"自我修复城市"的概念开发一种组合技术，包括配备 3D 扫描和 3D 打印功能的无人机。这些无人机通过识别沥青中的裂缝并将沥青打印到这些裂缝以密封路面，避免形成路面坑洼。目标是使道路建设完全自主化并可以在夜间进行，避免交通拥堵和道路封闭，到 2050 年实现城市零街道工程（ECSO，2019）。

关于无人机的精加工作业，几家公司已经开发出定制款无人机，用于室内或室外表面的涂层和涂漆。无人机非常适用于这类作业，因为这些材料以最小的厚度喷涂，并且可以用适合无人机尺寸和重量限制的小容器覆盖大面积区域。此外，搭建脚手架是在更高位置作业的主要费用支出项目，而喷涂无人机完全不需要脚手架，并消除了坠落受伤的风险。如美国 Apellix 公司和荷兰阿克苏诺贝尔（Azko Nobel）公司开发的 Worker Bee 喷涂无人机，配备有一个喷嘴，可以不受束缚，实现最大高度，但需要经常为油漆罐和电池充电，或者通过输能管将无人机连接到基站以提供油漆材料和电力，以减小范围为代价实现连续运行。Paint Copter 是一款由迪士尼研究中心（Disney Research）和苏黎世联邦理工学院（ETH Zurich）开发的系留喷涂无人机，已针对 3D 表面喷涂进行了优化，且具有特定的工作流程：首先扫描目标表面，用户可以在获取的 3D 模型上指定所需的表面设计，即自动转换为路径点和目标喷射点以指示无人机。在喷漆过程中，无人机使用存储的 3D 模型将自身重新定位到目标表面，遵循由路径点定义的轨迹，并根据表面上的目标喷涂点引导喷枪（Vempati 等，2018）。此外，可以通过集中控制系统协调更多的无人机，以便其在同一表面上协同工作。2017 年，设计公司 Carlo Ratti Associati（CRA）在意大利都灵展示的便携式系统"无人机喷涂（Paint by Drone）"就是如此，它采用了一组四架四轴飞行器，每架都装有一个喷漆罐，能够生成 CMYK 彩色设计。中央控制系统指示每架无人机应该做什么，视觉监控系统跟踪它们彼此之间的位置。在两天的时间里，通过众包设计完成了一幅 14m×12m 的涂鸦壁画。

无人机在建筑中集成的最后一步是它们在实际建筑装配中的应用，自动飞行器可以根据精确的 BIM 或 CAD 模型提举建筑构件并进行定位，与传统的脚手架或起重机解决方案并行或将其替代。这种被称为空中机器人施工（ARC）的新建筑方法有可能克服由人工或机器人进行的地面建筑的限制，并开辟某些全新可能性，并为在空间中自由放置建筑构件开辟了全新的可能性。空中施工的优势是多方面的：由于空中机器人直接飞行并将建筑部件安装到所需位置，不需要脚手架，施工高度和自下而上的可操作性亦不再成为限制，可以根据极其复杂的设计来建造结构。最后，工作能力得到了提升：虽然传统机器仅限于在传统结构的一个小部件上作业，但无论是单独还是协同，许多空中机器人都可以同时在 ARC 结构上作业（Willmann 等，2012）。

苏黎世联邦理工学院的研究人员展示了两个完全由无人机完成的建筑原型。第一个是飞行组装建筑，结构稳定，高 6m，1500 个聚苯乙烯块塔首先通过模块重叠的算法优化设计，然后由实时摄像系统控制的 50 个飞行机器人进行组装，以避免产生碰撞并识别每个单独预胶模块的最佳拾取路径，随后将其非标准放置（图 6.7-13）（Augugliaro 等，2014）。

第二个是能够支撑人在 7.4m 间隙上方穿越的绳索桥，由 9 段超轻大马力绳组成，包括结、链节和辫子在内，总长度为 120m，由配备了电动线轴的无人机铺设以控制在展开过程中作用在绳索上的张力（图 6.7-14）（Mirjan, Gramazio, Kohler 等，2013）。

图 6.7-13　飞行组装建筑（图片源自建筑师格拉马齐奥·科勒）

图 6.7-14　机器人空中施工（图片源自苏黎世联邦理工学院动力系统和控制研究所与格拉马齐奥·科勒研究中心）

ARC 的进一步应用预见了无人机和增材制造的结合，其目标是使 3D 打印机小型化并为它们提供空中能力，以便使用大量无人机平行生产来制造复杂的建筑结构。空中增材建筑制造（Aerial ABM）等研究项目正在努力实现这一目标，克服了当前无人机飞行时间短、可打印材料储备限制为 50mL 以及现场打印精度仍限制在 10～15cm 等不足（Hunt, Mitzalis, Alhinai 等，2014）。

6.7.5　现场机器人工厂

现场机器人工厂代表了建筑工地自动化的最终发展，其中大多数（不是全部）作业都是由机器人在与工厂相比更类似于传统建筑场地的工作环境中规划和执行的。事实上，如上文章节所述，在建筑工地中零碎地单一集成机器人和机器人辅助设备固然可以提高单个工作的生产力，但同时也可能会产生其他挑战，例如需要额外的健康和安全要求，难以实现并行化和与人工任务集成，以及缺乏与上下游活动的集成（Delgado 等，2019）。相反，在高效的现场机器人工厂中，独立机器人被集成到受控的结构化环境中，从而能够实现更复杂的机器人系统，例如以类似于传统制造生产线的自动化方式进行不同机器人之间的协作。

为了实现这一结果，传统的建筑工地必须进行最前沿的自动化改造和重组，消除任何破坏性或混乱状况，并控制人机交互，以充分利用速度和工艺来优化操作。

现场工厂的部署是一项耗时且耗费成本的任务，可能需要数周到数月的时间，并且不适合较小的结构或不易支持结构巨大的场地。现场工厂确实最适合占地面积有限且重复运营的建筑物，例如高层建筑和摩天大楼，它们也因此被称为"天空工厂"。垂直移动天空工厂技术涉及在前一层建设完成后将整个工厂提升一层，尤其适用于密集城市环境中的高层建筑（Melenbrink 等,2020）。这些集成的高层建筑系统在 20 世纪 70 年代和 20 世纪 80 年代在日本取得了相当大的初步发展，其中一些例子由株式会社大林组（Obayashi Corporation）及其自动化建筑施工系统（ABCS）和 Big Canopy 系统，以及清水建设公司（Shimizu）及其 SMART 模块化—现场工厂完成（Bock, Linner, 2015）。

一般来说，现场工厂，特别是那些适应高层建筑的工厂，需要满足以下要素：

（1）一个有顶棚的工作平台：材料机械手和自动化施工系统可以在恶劣天气下运行，并减少对周围环境的影响，工作平台建造在液压千斤顶上，每次完成一层楼时其都会在建筑物旁边抬升；

（2）及时交付的结构组件和分装组件：通过条形码或 RFID 标签识别，从地面卸货区自动运输到工作平台，或者直接运输到子存储区域或它们的最终位置；

（3）一种自动化的物料搬运系统：可根据定义的工作计划确定方向和定位组件及结构构件；

（4）一个集中的现场综合控制中心：监控和协调施工过程，维护组件、图纸、调度和进度的实时库存（Taylor, Wamuziri, Smith, 2003）。

现场工厂的关键部件是高架起重机，它可以在整个施工现场范围内加快并使材料和部件交付自动化。具体来说，龙门系统是合乎现场工厂环境逻辑的选择，因为它们控制相对简单并且能够有效地承载，并且它们高昂的初始搭建成本很快在大型项目中被覆盖。电缆驱动的并行机器人（CDPR）是一种更便宜、更灵活的替代方案，与传统的门架相比，它相对较轻，因此更容易在现场工厂中运输和部署。

现场工厂建设的著名例子包括东京晴空塔，由株式会社大林组使用其 ABCS 系统建造，通过安装具有自动化物流、柱梁定位、焊接以及实时过程控制的移动工作平台，实现高度自动化现场装配作业（Rauch, Dallasega, Matt, 2015）。最近，总部位于英国的 Mace 集团在伦敦斯特拉特福建造两座住宅塔楼时采用了"跳跃式工厂"：每座现场工厂都有 6 层高，重 510t，并创造了一个与建筑物一起上升的室内施工环境：改善噪声控制，降低安全风险，并防止因天气原因造成延误。每家工厂都有一个高架龙门和专门用于材料输送、立面安装及组件建造的空间。这种理想的工作环境，加上大量预制的建筑构件，使项目的运输量减少了 40%，废物减少了 75%，并能在 18 周内快速建造 18 层楼（东村 8 号：建筑业的一大飞跃）（East Village No. 8: One big leap for construction）。

总体而言，现场工厂实现的广泛现场自动化通过将原本在离场预制设施中进行的任务直接转移到施工现场，为具有足够高度和几何一致性的塔楼减少建造成本和时间，这不会降低建筑质量，因为施工任务和相应的机器人机械手与受控工厂环境中使用的相同，并且现场自动化在材料采购和运输方面具有重要优势。在施工时间方面，较高的建筑物可以更好地摊销现场工厂的组装和拆卸工期：例如，株式会社大林组称其 ABCS 系统可以将 30 层结构的施工工期缩短 3 个月，将 40 层结构的工期缩短 6 个月（Taylor 等,2003）。

除了高层建筑，基础设施是另一个适合部署移动现场工厂的领域，由于其规模大、重复性强，因此具有明显的优势。桥梁和高架桥的特点是具有跨度较长的钢或恒定截面的预应力混凝土组件，并且通常在其所处位置中环境的危害（风、振动、跌倒风险等）往往会减缓和阻碍施工。尽管现在通常使用在场外建造的大型预制构件来组装悬挂结构,运输到目的地并通过起重机或绞车放置，在某些情况下，由于道路或地形限制，这一过程是不可能完成的，并且现场工厂能够再次将场外预加工的安全性和质量与现场施工的敏捷性结合起来。

著名的现场工厂桥梁建设案例是法国著名的米约（Millau）高架桥，这是一个长 2460m 的多斜拉结构，由八个跨距组成，悬吊在谷底上，最高可达 245m（图 6.7-15）。地形高度复杂的场地和陡峭的斜坡限制了桥墩的数量及其位置，并阻碍安装地面起重机以将桥梁跨度顶升到位。设计的解决方案是在每个桥台后面的平台上建立两个现场工厂，每个工厂长 500 多米，并配备所有必要的设备（起重机、90t 物料搬运龙门、焊接车间、喷涂车间）来完全组装山谷斜坡旁的桥面板，从连接预制钢构件到喷涂和安装挡风玻璃与护栏。然后桥面板通过依次放置连续的 171 米长的构件来进行安装，每当构件就续时，并通过液压楔以 10m/h 的速度将它们滑过桥墩放置到位（Buonomo 等，2004）。

图 6.7-15 法国米约高架桥（理查德·李明（Richard Leeming）作品）

到目前为止，自动化现场工厂最前沿的应用是隧道建设，而隧道掘进机（TBM）这种大型复杂移动建筑工地的引入，使隧道建设发生了革命性变化。TBM 能够挖掘土壤并将其运送到地面，同时在其周围建造隧道衬砌，最后留下一条完工的隧道，准备好用于预期用途（公路、铁路、渡槽等）。具体而言，TBM 是一种能够在地下作业的全封闭移动施工场地，包括旋转切割轮、主轴承、推进切割头的推力系统以及用于疏散开挖土壤和供应混凝土衬砌元素的拖曳支撑结构，而预制混凝土衬砌元素可以将机械臂放置到位。每完成一个混凝土环，液压千斤顶推动切割头前进，整机也随之前进。大型 TBM 通常配备激光制导系统和数百个传感器，通常能够自主运行，但仍依赖人工操作员（或远程操作员）作出控制决策（Melenbrink 等，2020）。与传统的隧道挖掘技术相比，建立自动化/机器人现场工厂（如 TBM）的方法能够实现 10 倍的性能增长，同时还可以最大限度地减少对外部环境的干扰（Bock, Linner, 2016）。

6.8 结论与展望

为了提高生产力，减少项目延误和成本超支，提高安全和质量，以及管理日益复杂的建筑活动，承包商需要部署更先进和有效的工具和方法来管理施工现场。数字化程度的提高以及数字技术和流程的开发与部署正在推动任务安排、采购和库存、质量控制和安全方面的既定方法发生实质性的演变。

事实上，最新云端 CM 程序可以将传统的手工任务自动化，包括监测进展阶段，为团队成员创建一个集中的沟通和协作空间，规划资源，跟踪客户要求等。与项目的 BIM 模型相结合后，它们可以进行虚拟检查，设计审查，数量提取，规划和管理过程的顺序和执行时间（4D），以及施工成本和收益（5D）。

在施工阶段，由无人机或自主机器人进行的 LiDAR 扫描和三维重建，可以用来比较建成后的几何形状和设计模型，以评估进度并发现偏差，或与最终结果进行比较，以验证施工是否符合最初的计划。无人机和检测机器人通过测量现场的进展，核实承包商的报告，协助确认是否符合法规提高了所有这些阶段效率和生产力，如在材料或废物的储存以及工地上的安全违规行为方面。无人机优良的机动性也为进入特别具有挑战性或危险的地区提供了方便和安全的途径。

建筑工地，特别是更大和更复杂的工地，可以普遍部署物联网设备，以连接建筑机器、设备、材料、结构和员工；这创造了一个连续的数据流，可以监测人员和资源的生产力和可靠性（建筑工地相互关联）。任何实体（电动工具、废物/材料库存、可穿戴设备）的位置或状态都会生成实时信息，可以收集用于监测、控制、统计分析和决策支持的信息，信息包括材料需求、预防性维护、使用数据、工人的位置和生命状态、潜在冲突和干扰等。收集到的数据可以反馈到建筑工地的数字孪生和高级分析，以收集数据来优化工地运营，例如，基准燃料支出和能源使用，优化设备利用率，定位存储区域和工作站，以减少非生产性移动。

随着可用数据的增加，施工现场管理的未来趋势涉及将 CM 软件中的人工智能和机器学习集成，以进行数据分析，从过去的经验中得出知识，用于预测性建模，应用知识预测新的情况，或用于人工智能支持决策。人工智能可以优化资源和时间，实时识别当前或潜在的问题，并根据优先级对其进行定性，预防工作场所事故，并确定解决方案和战略，以便在管理中实施。采用先进的分析方法，从现场数据中获得的数据可以帮助提高效率、时限和加强风险管理，节省时间和资金。现场传感器数据、施工进度数据以及劳动力和车辆运动可以被反馈到统计和人工智能分析中，以检测异常情况并识别潜在风险。此外，ML 驱动的计算机视觉可以识别和分类来自摄像机和无人机的视觉数据，从而实现自动化检查和预测生产力、物流和安全问题。

最后，区块链可以解决传统上在 CM 中出现的各种问题，包括合同执行、支付问题、质量控制，以及客户、专业人士和承包商之间的普遍不信任问题。事实上，区块链认证数据的绝对透明度和可信度可以实现所谓的智能合同，能够自动匹配工程的监督、交付和付款，并确保在设计交付或项目移交等微妙阶段的数据交付是 100%可靠的。

第 4 部分

智能建筑运营和管理

第 7 章

建筑自动化系统

7.1 系统架构、组成及服务

除了建筑外形、围护结构和配套设施之外,实现节能、舒适绿色建筑的最终关键因素在于如何在其寿命期内管理和运作所有的技术特征。不言而喻,若没有进行适当的调控和技术管理,一个好的能源和环境设计本身并不能保证其能在整个生命周期内达到适当的性能水平(Aste, Manfren, Marenzi, 2017)。因此,建筑自动化系统的集成已经成为工业基础设施如工厂、企业大厦和商场,甚至居家建筑领域的基本需求。以绿色建筑物智能化为目标,该系统旨在提高上述设施用户的满意度的同时减少能源消耗,保证建筑物的运行、监测和维护(Domingues, Carreira, Vieira 等, 2016)。智能建筑的运行主要基于对不同建筑活动的实时动态控制,通过将主要建筑系统同步到一个共同的网络和功能上,以提高其运作效率、使用保障和安全性能(Younus, ul Islam, Ali 等, 2019)。

建筑自动化系统(BAS),也被称为建筑自动化和控制系统(BACS)、建筑管理系统(BMS),或住宅应用中的家庭管理系统,该系统旨在与建筑用户进行不同程度的互动时,监控、整合并使大多数建筑服务自动化,如电力、供暖、通风、空调(HVAC)、照明、围护结构、门禁、安保、交通等。只要这些任务中的任何一项是在技术支持和相互连接的环境中进行的,它就可以被集成到 BAS 中。BAS 首先收集并分析数据,然后通过基础控制网络提供见解或采取必要的行动。BAS 本身就具有可扩展性,即可根据应用程序控制一台至数千台设备。

有关 BAS 的研究始于 20 世纪 80 年代初期,当时信息和通信技术的发展以及人们对可持续性的认识不断提高,致使该行业转变为在减少能源消耗的同时更关注为建筑用户提供更舒适的生活环境。早期研究集中在建筑的自动化操作上,忽略了与建筑用户的互动。但如今,使用者的满意度、参与度、生产力、精神面貌、健康等问题与节约能源都同样重要(Mofidi, Akbari, 2020)。

EN 15232 和 ISO 16484 标准规定了 BAS 的基本概念,也描述了预期的功能范围及其对典型建筑类型和剖面的影响。其中,EN 15232 提供了控制自动化和 BAS 功能的结构化列表,定义适用于不同复杂程度的建筑物的自动化控制和 BAS 功能的最低规格的方法,以及在建筑的能源评估中估计节能因素的方法。BAS 能源性能被分为四个等级:D 类(非节能)、C 类(标准)、B 类(高级 BAS)和 A 类(高能源性能)。作为参考,B 级已成为欧盟对非住宅新建筑和全面翻新建筑的强制性标准,然而大多数现有建筑物的技术系统仍停留在 D 级。根据 EN 15232,以 A 级 BAS 取代 D 级系统即可实现节能效果(表 7.1-1)。BAS 由硬件和软件两部分组成。硬件包括用于数据收集的仪表和传感器,用于数据分析和可视化的计算机和云服务,以及用于执行预期操作的控制器和执行器。BAS 软件程序则作为测量数据和建筑控制器之间的接口。建筑控制器反过来应用所需的控制策略,可以人为操作,但更多地使用优化算法。控制器逻辑可以利用人工智能(AI)和机器学习来了解用户的需求和行为,预测解决方案或提供使用建议。

通过安装 A 级 BAS 代替 D 级系统实现的理论节省（UNI EN 15232—2012）　　表 7.1-1

建筑类型	热能节约（%）		电能节约（%）
	供暖	制冷	
住宅	26	—	15
办公室	51	64	21
会议室	75	52	16
学校	33	—	20
医院	34	—	9
酒店	48	57	16
餐厅	43	57	12
零售店	71	65	16

目前，市场上 BAS 的主要供应商包括 Optergy、Computros、ABB、霍尼韦尔（Honeywell）、博世建筑科技（Bosch Building Technologies）、欧姆龙（Omron）、普瑞瓦（Priva）、施耐德电气（Schneider Electric）、诺泰克（Nortek）、Tridium、江森自控（Johnson Controls）、Siemens Desigo、通用电气（General Electric）、Energis、Wattics 和 Reliable Controls，其中一些系统更倾向于 HVAC 和能源管理，其他的则更关注安全和访问控制。传统意义上硬件一直是 BAS 供应商的主要收入来源，但在互联互通的时代，大部分的知识产权、功能设置和差异化属于基础设施的软件和数字服务部分，这导致盈利方式转向提供服务：

（1）传统产品导向模式。该模式下，硬件和软件一般单独出售，或者现有基础设施运营商为了拉动基础设施硬件的产生，而选择低价或免费提供。这通常可以资本化，但客户要承担更大的预付成本。

（2）订阅模式。该模式通常将硬件作为产品出售，而软件和服务项目则通过平台订阅，内容包括后台分析、云托管、用户界面以及更新和支持。

（3）连接服务模式。其中端口之间的解决方案通过订阅模型获得授权，该模型包括支持连接的用例的所有硬件、软件和服务。作为订阅服务的一部分将提供、维护和升级传感器和控制器，并在订阅每个使用案例时进行解锁。

在上述业务模型中，订阅模式和连接服务模式正在占据市场，并超过了早期采用的产品导向模式（McKinsey, 2018）。

大多数 BAS 通过基于网络的仪表板实现用户交互，更先进的系统还支持基于手势识别、语音命令和聊天机器人对话的更自然的人机交互界面。BAS 的常见功能还包括深入了解、智能控制、计量、公用事业计费、下班后计费、自动报表、实时仪表板和门厅显示。总而言之，BAS 旨在以最少的人员配置管理建筑，互联网远程访问也将使之更加便利。

然而，与建筑系统和建筑用户有关的大量数据，以及火灾探测、安全警报或自动扶梯/电梯等灵敏服务的数字化，都使人们对隐私和网络安全问题产生了新的担忧。

因此，关键问题是确保 BAS 应用的网络安全。这可以促进对数字技术的信任，防止这些技术被用于损害能源网络的网络安全及敏感建筑物和基础设施（如大型能源/工业设施、军事/执法设施、政府建筑物等）。

世界范围内先进的 BAS 应用与日俱增，如今已成为第三产业、住宅或工业用途的高端开发和创造的基本特征。迪拜硅谷绿洲科技园就是通过 BAS 集成受益的一个典型例子。作为一个多功能区，该地 2020 年开始应用单一管理系统。这个系统把 40 个建筑和工厂的近 60000 个控制点连接起来，其中包括 1 个园区总部、6 个办公大楼、1 个购物中心、1 个运营设施中心、1 个轻工业单位、2个住宅小区、1个清真寺、1个迪拜数字公园智能区以及多个反渗透系统和几个排水及雨水工厂。数据集中整合并使用人工智能算法进行分析，该算法旨在识别模式并作出相应反应，从而实现预测调度和维护。据称，新系统每年可以节省36%的能源，将管理40座建筑物所需的员工数量从110个减少到5个，并通过一个中央控制室实时监测所有设施的用电情况。

BAS可以使用人工智能和机器学习算法，利用天气预报、占用率、使用情况、能源价格和消费者行为模式，极大地优化建筑管理。谷歌的DeepMind AI就是个典型例子，它在2006年将谷歌数据中心用于冷却的能源减少了40%（总体能源使用减少15%），仅使用从数据中心内部传感器收集的历史数据（例如，温度、功率、泵速度、设定点）来提高数据中心的能源效率。而且该AI系统能预测未来一小时内数据中心的温度和压力，并在员工的监督下直接控制数据中心的冷却（Gamble, Gao, 2018）。

大多数高级BAS可在一个集控中心管理所有建筑系统的连接，充分利用集成系统的协同潜力。阿姆斯特丹的Edge办公大楼就是一个实例：28000个传感器可以检测建筑的运转、照明水平、湿度和温度。实时数据不仅可用于更高效地响应并使用建筑资源、调整供暖、空气调节和照明以满足有效需求，还可用于改变用户的工作模式和与建筑互动的方式。一个智能手机应用程序可以帮助用户找到停车位、共享办公桌（大约有1000张办公桌供2500名员工使用）、联系同事以及调整周围温度和照明水平。这个应用程序会检查当日安排，并引导员工到一张坐式或立式办公桌、工作间或会议室。为了更智能地进行清洁，光面板上的内置传感器会对人员活动进行追踪，以保证在一天结束时清洁人员和机器人可对当天使用最频繁的区域进行清洁。所有的HVAC系统、照明设备、电梯、服务机器、毛巾分发机及机器人保安都可被集中监控，中央仪表板会持续生成关于建筑及其员工互动的数据。

在新加坡星狮大厦（Frasers Tower）的微软总部，奔特力工程软件（Bentley Systems）和施耐德电气应用传感器与遥测技术，创造了一个全连接式的工作场所。会议室中179个蓝牙信标和900个用于照明、调节空气质量和温度的传感器组合产生了近2100个数据点，这些数据点会在微软Azure平台上被存储和分析，旨在降低能耗成本的同时，为员工提供更舒适的办公环境。

7.2 BAS 拓扑

BAS的结构可分成三个层次（图7.2-1）：现场级——与现场设备（传感器、执行器）进行交互；自动化级——处理测量数据、控制执行程序及激活警报；管理级——收集、汇总系统的所有信息并统一交给操作员或优化代理，并进行诸如系统数据转发、趋势分析、日志记录和归档等活动（Domingues 等, 2016; Lilis, Conus, Asadi 等, 2017）。其中，现场级与环境有关，要么通过传感器收集数据，要么通过执行器执行命令。

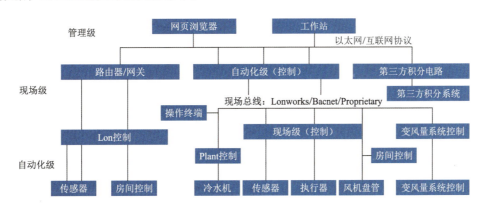

图7.2-1 典型系统组件网

7.2.1 控制器、传感器及执行器

传感器可测量物理量,将其转换为数字或模拟信号,并将测量和状态信息传递给 BAS 的控制和监控模块。这些传感器融入到日常物品和建筑基础设施中,或者被用户使用,就是物联网(IoT)。它能够高效收集关于日常生活活动的相关信息,同时降低能耗、处理资源(Qolomany 等,2019)。主要的 BAS 传感器见表 7.2-1。

BAS 子系统及传感器 表 7.2-1

子系统	传感器
暖通空调	温度、相对湿度、气压、颗粒计数器、空气流动模式、二氧化碳浓度、露点传感器
能源	电能表、消耗指示器、功率传感器
环境现象	发光(光强)、风速和方向、降雨、辐射传感器
安全	煤气、火灾、烟雾、热探测器
安保	占用传感器、运动检测器、体积传感器、大门状态、生物识别传感器、监控摄像头、可穿戴标签
供水管理	压力传感器、流量计、泄漏检测、水箱液位、洪水传感器
杂项	振动、噪声传感器

具体而言,我们主要通过以下传感应用,检测住户的舒适度和幸福度:

(1)室内环境质量(IEQ)传感:包括环境温度计、湿度传感器、空气速度传感器;

(2)室内空气质量(IAQ)传感器:包括二氧化碳传感器、VOC 探测器、颗粒物(PM)传感器和气体探测器(E-nose);

(3)照度计量:主要通过光度计、蒸发计或光敏电阻传感器进行;

(4)入住检测:包括基于图像的传感器(红外和可见光照相机)、运动传感器(超声波测距、被动红外传感器、光敏感器、心跳探测器)、基于无线电的传感器(可穿戴式 RFID 标签、蓝牙或 Wi-Fi 发射器、移动电话),或者阈值/机械传感器(门窗接触器、徽章阅读器、压电片、红外光束、椅子传感器)(Dong, Prakash, Feng, 2019)。

在过去的十年里,BAS 从计算机视觉技术的进步中受益匪浅。这种技术可以像人类操作员一样分析图像和视频片段,提取信息并根据检测到的内容激活相应动作。这成功将闭路电视和红外监视摄像机整合到建设智能传感器网络中。通过计算机视觉,我们可以:

(1)通过面部分析(面部识别)确定一个人的身份、年龄、性别或情绪状态;

(2)确定住户人数;

(3)测量个人或物体之间的距离;

(4)区分被监督对象的行为;

(5)识别姿态;

(6)识别危险情况;

(7)标记对象;

(8)识别服装和配件;

(9)评估设备状况,以便进行维修和预测性维护。

在建筑内部,这些信息可以在不引人注目的情况下用来验证访问权限、计算人数以便控制人群、根据识别的身份启动定制场景(HVAC、灯光、音乐等)、发送通知、激活警报或警告等,这使得计算机视觉技术特别适合作为智能人机界面。

相反，在应用纳米技术领域的巨大进步（特别是纳米结构材料），提高了气体传感和室内空气质量监测设备的性能，并且降低了价格。零维、一维、二维、三维的纳米材料的特点是具有大的表面积—体积比，优异的半导体特性和高表面灵敏度。现如今已经被应用于光子、电子和化学传感器件的生产，该器件可用于广泛的室内空气品质检测应用（Van Tran, Park, Lee, 2020）。

另一方面，执行器将来自管理层的控制信号连接到受控设备，并将来自传感器的信号转化为设备动作。根据 BAS 的先进程度，驱动器有不同的使用方式。在基础应用程序中，驱动器必须自己管理传感器输入，并直接驱动预定的控制功能。在更先进的系统中，监控层首先从传感器获取数据，然后控制执行器，因此他们不直接行动。

传感器和执行器之间的交互是由控制器协调的，控制器通常由特定应用的硬件和嵌入式软件组成，这些软件决定了它们的操作逻辑。根据其复杂程度，控制器可以同时运行多个控制程序，读写 I/O 端口或通过现场总线网络与其他控制器通信。控制逻辑的复杂性可能从使用梯形逻辑或功能模块开发的简单二进制条件，到数学表达式或更复杂的算法。根据控制功能，控制器可分为可编程逻辑控制器（programmable logic controllers）和直接数字控制器（Direct Digital Controllers, DDC）：前者执行较简单和较循规蹈矩的功能，一般很少或不需要配置；后者则更灵活，通常用来实现需要大量配置的功能，如时间安排或复杂的场景管理。最后，控制功能也可以在运行在 BAS 服务器（管理层）的非嵌入式软件中实现，其中控制逻辑可以利用来自不同现场总线段的聚合数据。软件解决方案的优点是它可以进行更复杂的决策或者探索从系统中收集的附加信息（Domingues 等, 2016）。当 DDC 联网在一起时，它们通过数据总线彼此共享信息，并使用专有语言或更常见的开放协议语言与中央控制系统共享信息。

7.2.2 通信基础设施及协议

在任何 BAS 中，三个不同层次之间（垂直通信）以及同一层次（水平通信）的设备之间都存在着成千上万的信息流。

现场级设备之间的水平通信由现场总线实现，与较早的模拟通信总线相比，这是一种通信质量更优的数字数据总线。归因于板载微处理器，连接到现场总线网络的设备有望具有一定的计算能力，甚至可能同时取代多个模拟设备，从而进一步降低安装成本（Domingues 等, 2016）。现场总线可在一条通信线路上收集与组成系统的所有设备的操作、状态和报警相关的所有信息，并可能创建所有的操作逻辑。

各级之间的垂直通信是通过一个共同的、基于 IP 的主干网进行的。该主干网被称为控制网，其反过来是允许在彼此之间连接节点组（计算机）的一种数字连接。

7.2.2.1 通信基础设施

BAS 设备之间以及与云服务或网关之间的通信涉及不同的网络技术，包括有线（USB、以太网、光纤等）或无线（Wi-Fi、蓝牙、Zigbee、蜂窝技术等）。与传感器和执行器的现场总线通信通常要求采用电缆连接，传统的工业自动化采用的 420mA 双绞线标准已逐渐被基于以太网或 CAN 总线标准的现场总线专用系统所取代。这些系统在组织现场设备方面具有更大的灵活性，因为单根电缆可以传输数十个或更多设备的信号，而不是在烦琐的多对电缆中为每个仪器配备一对。同样，BAS 中的控制网络通常基于已用于信息和通信技术应用的建筑的 UTP 局域网基础设施。

作为替代方案，电力线通信（PLC）改用建筑电网，利用现有的电源插座将数据和控制信号传输到已经连接到建筑电源的设备、电器和服务。信息传输和交换是先用发射机通过短暂的射频突发耦合数据到电力线，然后在接收端用调制解调器解耦信息来保证的。PLC 最初是通过配电中心和发电厂之间直接交换信息，从而在发生故障或系统崩溃时保护供电系统。由于不需要专用线路，PLC 的优点包括其固有的稳健性和低成本。然而，最便宜的 PLC 设备只能进行单向通信（即它们只能接收命令，但不能向网络的其他部分确认其状态），而且与独立的物理网络相比，其带宽较低，噪声干扰更严重。

BAS 网络，特别是现场总线通信，在很大程度上是基于工业自动化实践，通常对实时通信、真实性和可靠性有严格要求。由于工业厂房存在不同的噪声源，很容易干扰无线信号，并造成数据传输的错误中断，因此无线现场总线网络的发展一直受限（Kim，Tran-Dang，2019）。另一方面，随着建筑服务和管理系统变得越来越复杂，无线 BAS 连接也愈发受欢迎，与布线活动有关的劳动力成为整个系统成本的主要因素。无线通信对于物联网设备在 BAS 中的集成也是必不可少的。

基于无线电频率（RF）（如 Wi-Fi、蓝牙或网状网络）的无线通信的最新替代方案是由 Li-Fi 组成的，这是一种利用光作为媒介传输数字信息的数据传输系统。与传统无线射频方法相比，Li-Fi 具有成本低、不干扰其他传输、信息传输速度快、数据安全等优点。

基于以上特点，作为 BAS 应用的通信基础设施，Li-Fi 具有很大的潜力。消费级物联网产品的扩散也推动了无线现场设备的日益普及，这已经对现有的无线和移动网络造成了负担，而将 BAS 通信转移到光谱中，可为用户提供用于其他用途的空闲容量。Li-Fi 的安全特性也非常适合智能建筑。在这种情况下，干扰和恶意地渗入，特别是通过扰乱子系统，如照明、消防安全、门禁或安保等，可能会阻碍建筑的运行和建筑用户的安全（Ismail，Ahmad，Arshad，2020）。最后，像 Li-Fi 这样的 VLC 技术已经被用于室内导航，每个灯具都会向用户的智能手机发送自己的唯一标识符，使系统能够精确定位它们在建筑物中的位置，并提供逐步导航。

7.2.2.2 通信协议

仅在网络中连接 BAS 设备是不足以实现信息流动的：事实上，必须定义一套规则来指定这些节点交换数据的方式（通信协议）。不同性质和不同制造商的子系统和设备之间的互操作性在传统上一直是次优的。因为市场上的每个供应商都采用专有的通信协议，需要为其集成做大量工作，通常是通过开发特定的硬件（网关）或软件（驱动程序）解决方案。随着市场的发展，逐渐出现了更少而更标准化的通信协议，它极大地简化了系统集成，减少了系统不同节点之间的通信线路数量，从而降低了成本。标准通信协议也是最终客户投资的保证，他们不再受制于单一制造商，而是可以使用不同制造商的系统，且不必修改或更换已安装的设备。

目前市场上有几种通信协议，且每种都有自己的技术规范（如传输速度、最大电缆长度、支持传输媒介、可连接外围设备数量、有线或无线通信等）。在 BAS 系统领域，最广泛的和国际规范的标准协议是 KNX、Lonworks 和 BACnet，其中 Modbus、ZigBee 和 EnOcean 协议也得到了广泛应用。Wi-Fi 和蓝牙无线通信主要用于物联网传感器和设备，而近场通信（NFC）和射频识别（RFID）等短距离协议在 BAS 中应用较少。

尽管 BACnet 更接近于全面覆盖，但上述的 BAS 规范和协议都没有单独提供 ISO 16484-3 和 EN 15232 规定的所有功能（Domingues 等，2016）。因此，在更复杂的基础设施中，通常需要多种技术才能获得所需的所有功能。这些设施需要集成不同技术，通过部署基于网关的解决方案将消息从一个协议转换为另一个（如，Intesis MPAS）或多协议设备（如，与 KNX、Modbus、Z-Wave

和 EnOcean 标准兼容的 Ilevia Eve X1）。然而，这样的网关需要额外的成本，消耗电力来运作，且可能导致系统故障。如上文所述，耦合原有的分离和异构的技术系统是在所有规模上有效部署 BAS 的前提。建筑服务将从第三方系统中调用，因此延迟、带宽和其他属性也必须被考虑在内。这使得建设基础设施，如宽带连接，成为制约互操作性的另一个方面。

具体来说，ISO/IEC 238201 将互操作性定义为：在各种功能单元之间进行通信、执行程序或传输数据的能力，这种能力不要求用户了解这些单元的独特特征。关于 BAS，互操作性可以应用于众多的主题和应用：

（1）技术互操作性通常与硬件/软件组件、系统和平台有关。这些平台可保证机器之间的通信，并且通常以通信协议和这些协议运行所需的基础设施为中心。

（2）语法互操作性通常与数据格式有关。

（3）语义互操作性通常与内容意义有关，更关注人而不是机器对内容的解释。

为解决 BAS 内部多个标准重叠和相互竞争的问题，行业联盟和国际组织推动了统一本体的发展。SAREF（智能设备参考）是其中之一，它是由欧洲委员会/DG CONNECT 开发的 BAS 领域的通用本体。SAREF 是一个共享的共识模型，它可以促进 BAS 领域现有语义资产的匹配、减少资产转换工作量，并实现不同制造商的设备和系统之间的语义互操作性。SAREF 致力于创造一个独立于应用程序的"横向"服务平台，其架构能够支持非常广泛的服务，包括智能计量、智能电网、eHealth、城市自动化（智能城市）、消费者应用、汽车自动化和智能家电。其他举措包括 SmartPremises Interoperable Neutral-message Exchange、IEC TS 62950 ED1、ZigBee DOTDOT、IoT schema initiative 和开放互联基金会 IotTivity and oneIoTa Data Model Tool（Verbeke 等，2020）。

7.2.3 智能建筑物联网

物联网是指一整套为所有物体配备识别、感知、联网和处理能力的技术和软件，以便这些物体能够通过互联网相互交换和共享信息，从而实现即时数据检索、分析，甚至通知"智能"行动。物联网是控制和监视智能建筑的关键要素（Plageras, Psannis, Stergiou 等，2018）。物联网在建筑业中的整合已经开始，在 2015 年至 2020 年期间，该行业的传感器部署以 78.8% 的复合年增长率增长到接近 13 亿台设备（Kejriwal, Mahajan, 2016）。值得一提的是，BAS 在物联网和连接设备中的采用将于 2020 年达到顶峰（Goasduff, 2019）。

物联网可以将日常物品（家用电器、门、窗、灯、烟雾探测器等）与边缘计算能力结合联网，用于跟踪住户和访客的活动、监测 IEQ 参数，或向 BAS 提供与之结合的任何物品的实时状态、消费和健康状况。物联网可带来多方面好处，如节省能源成本、改善身心健康和生产力、带来更智能的安保管理及检测用户和消费者的行为。

例如，在零售行业，客户的手机可以充当物联网的信标，提供消费者的定位并实现其他服务，如车位分配、室内导航及有针对性的营销。然后行为数据将提供客户历史档案，以监测整合成千上万用户的数据，为未来决策提供信息。

在多户住宅中，物联网电器和电源插座为业主和租户提供电器消耗、远程控制、家庭系统设置的实时跟踪和趋势，以及故障检测，从而帮助早期或预测故障处理。BAS 可以利用从物联网恒温器和 IP 摄像机中提取的数据来了解用户的习惯偏好，并允许其自定义体验和场景。

在办公环境中，物联网连接的设备散布在办公场所周围，或集成在可穿戴设备或个人通行证上，以便跟踪工作人员的位置和活动，并检测桌子、房间或设施的占用情况。这些数据与环境感应交叉，以优化 HVAC 和照明操作。通过数据分析优化任务和休息时间设定，以促进人员合作和社交，从而提高办公效率。

7.2.3.1 物联网架构

物联网系统的架构主要基于信息共享的网络，每个设备通常都与自己的 IP 地址相关联。具体而言，物联网架构可以分为三个层次：感知层、网络层和应用层（表 7.2-2）（尽管有人也提出了四个、五个或六个层次的架构）。

物联网架构　　　　　　　　　　　　　　　　　　　表 7.2-2

物联网层级	地址	组成	功能
感知层	物联网设备（常见）； 网关	环境传感器； 电、水表； 摄像机	通过传感器从物理世界收集数据
网络层	物联网网关（常见）； 物联网设备	Wi-Fi； 蓝牙、低功耗蓝牙； Zigbee； LTE and 5G； 有线数据连接	从连接的物联网设备收集数据； 向应用层传输数据
应用层	远程/本地服务器； 云服务器	数据存储处理； 网络界面和仪表盘； AI 和 ML 算法（计算机视觉、语音指令）	分析数据以提取信息； 向用户传递结果； 存储历史数据； 物联网设备反馈输入； 通过 APIs 连接其他服务器

7.2.3.2 物联网和建筑物自动化系统应用

为了实现物联网系统所能带来的最大效益，与 BAS 及其功能有机结合就显得十分必要。物联网无线传感器网络和 BAS 架构的互操作性通过应用使能平台（AEP）得到了缓解。AEP 指：一个与行业无关且可扩展的中间件的核心，它可以连接多种物联网设备，提供异构的数据并允许与行业标准 BAS 通信协议直接集成，如 BACnet。通过向物联网和 BAS 数据提供单一目的地，AEPs 可以解决遗留系统的主要缺陷，即缺乏通用分析和数据交付，使工业企业能够实现预测性维护、机器学习、资产物流、监控和许多其他应用。AEPs 也提供了数据聚合和可视化工具，使得所有类型的数据都可以轻松地在上下文中显示，例如直接显示 BAS 数据（HVAC 状态）和物联网数据（粒状房间占用率），以提供一个更全面的设施运行视图。此单一平台，可以统一应对各种建筑方面进行深入勘测，从而实现精简综合的管理活动。除了显著的经济优势，物联网无线连接的使用还为网络架构注入了极大的灵活性。随着新的业务需求和改造需求的出现，人们可以轻易重新安置现有的传感器或沿线安装额外的设备。至关重要的是，AEPs 允许在较低的升级成本下，将物联网系统无缝集成到已经运行的传统 BAS 系统中，从而极大地扩展其在改造干预中的应用范围。

通过与 BAS 的成功集成，物联网设备的数据可以简单扩展其操作分析能力，同时提高建筑物的效率、监控和生产力。

在能源效率方面，物联网无线传感器网络提供实时的粒状传感器输入，实现根据需求控制微区设备，以减少整个物业的过热或欠热等浪费现象。例如，基于物联网的恒温器和光控单元用于在建筑环境中节约能源，它利用建筑用户信息并根据人的反馈重置温度和灯具强度（Dong 等，2019）。利用物联网摄像机、运动探测器或二氧化碳传感器检测到的占用率和行为数据，也可以揭示 HVAC 和照明需求的重要趋势，以优化设备的开关时间表。物联网气象站的实时数据可以预测人工智能温度、湿度和降水量的变化，并预测建筑物的反应。

在建筑物监测方面，安装在柜子、开关或电源插头上的无线物联网效用分表有助于在不连续的建筑区域甚至在单个建筑设备上传送消耗数据（特别是耗能较大的设备），而传统的 BAS 通常只提供主要运行单元的数据。通过识别电力或水的使用趋势从而推动纠正措施，异常值可以触发主动核查。例如，物联网漏水和洪水探测器可以触发早期的管道故障，并立即关闭阀门以防造成严重损害。同样，关键设备（如冷却器、电梯）的温度和振动指标可以显示即将发生或正在发生的问题，以便及时进行检查维修。在老建筑中，传感器可检测建筑的倾斜度、振动、裂缝形成和湿度暴露，加上先进的分析算法，有助于检查和监测其结构完整性。

关于建筑的生产力，物联网设备可以监察住户的活动、废物管理、消防安全，以及人员和设备的实时位置。利用来自环境和可穿戴物联网传感器的运动数据，物联网可以评估不同建筑区域的交通和使用情况，从而确定维护和清洁的优先次序，了解办公室和商业建筑的空间布局和设施管理。同样，智能停车系统可以减少盲目寻找停车场的生产力损耗，而室内导航则增强了访客和客户的体验。物联网室内空气质量传感器可以实时准确地监测室内污染物，E-nose 配备了多传感器阵列，由 AI 驱动的数字模式识别算法也可以识别测量不同的空气污染物（即挥发性有机化合物、二氧化碳、一氧化碳、PM_{10} 和二氧化氮）及气体，以防止用户感到不适甚至患上病态建筑综合征（Van Tran 等，2020）。

物联网还可以通过连接每个用户，对建筑的状态进行分布式监控和反馈。像 CrowdComfort 这样的平台使得每一个建筑用户都能够用智能手机反馈舒适程度或维护问题，生成地理位置报告。在没有硬件传感器和少量培训的前提下，这种实时的众包用户反馈使得设施和财产管理团队能够提高该建筑的能源效率、防止故障和维修、增加建筑的安全和舒适，并且可以集成到建筑现有的管理系统中（PEEB，2019）。

7.3 控制策略

控制和协调不同建筑子系统和相关服务，以优化其总体性能是一项相当复杂的任务，这就要求具体的 BAS 策略能够平衡相互竞争的几个参数，即能源消耗、建筑用户舒适度和成本。此外，与内外部环境因素相关的不确定性，例如用户造成的能源负荷、不同天气条件和变化的能源价格，也限制了基本控制解决方案（基于小时的时间表、单一设定点恒温器或开关灯开关）的有效性，并需要更先进的管理系统来处理。现代的 BAS 控制策略包括从传感器获取信息并对应操作所有连接系统的指令和逻辑，并考虑可能导致意外偏离预期性能的不确定和动态因素（Alkhatib 等，2021）。BAS 控制方案包括场级的硬件元件（传感器、驱动器、通信基础设施和连接设备）和在管理自动化级别上运行的软件组件（图 7.3-1）。其中，自动化

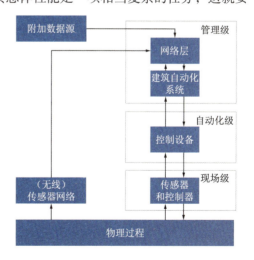

图 7.3-1　BAS 控制方案

级别包括实现控制循环的控制器，以满足配置的设置点，而管理级别通常包括配置静态设置点的计算机，以及改变这些设置点的规则和进度表（Schmidt, Åhlund, 2018）。

总的来说，控制系统通过从连接的传感器中收集数据，并不断积极地调整相关的建筑服务来

运作。随着基于人工智能和机器学习方法的愈加精确,控制系统或在条件已经根据既定的逻辑和规则发生变化后,作出简单的反应;或是有效预测情况发展和预期的结果。第一类方法是传统或经典的控制策略,使用从现有工业自动化实践中衍生出来的模型。第二类方法被归类为高级控制策略(ACS),利用正在进行的模型预估计控制策略(MPC)、机器学习和人工智能的研究,来提高它们应对不确定、复杂和动态环境的能力,使系统更适应用户的需要(Gholamzadehmir, Del Pero, Buffa 等, 2020)(图 7.3-2)。

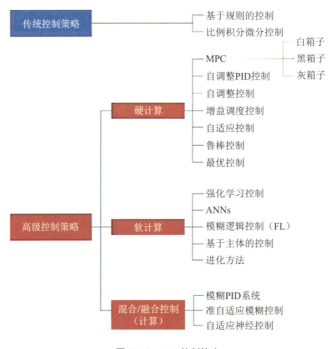

图 7.3-2　BAS 控制策略

7.3.1　传统控制策略

这些传统的控制方法成本低、操作简单,主要可分为两个子群:基于规则的控制(RBC),也称为开关方法,以及比例积分微分(PID)控制模式(Behrooz, Mariun, Marhaban 等, 2018)。

7.3.1.1　基于规则的控制

RBC 方法基于一组预定义的规则来控制系统。它们使用上下设定点来控制给定范围内的操作过程,主要应用于控制温度的 HVAC 子系统。由于控制可以是一或零,调制能力是有限的,因此执行的动作可以像开闭恒温器或开关一样简单。操作需要定义数据源和如何操作该信息的人工指定的规则和阈值。这些规则应该明确概述触发事件和应该遵循的行动,通常以 IF/THEN 句子的形式出现,例如,"如果这个事件发生了,那么就执行这个行动。"尽管设置简单,但这种逻辑几乎没有伸缩性,这意味着一个能够处理 100 个不同操作的基于规则的系统需要 100 个不同的书面规则,任何添加操作的系统更新都需要额外的规则。因此,不能想当然,而应仔细设计控制规则。尽管缺乏与外部环境(例如,用户/网格/区域/城市)的交互可能会妨碍高效控制的应用,RBC 仍然是目前商业 BASs 中用于解决大多数建筑控制问题的标准方法(Gwerder 等, 2010)。此外,RBC 方法没有学习能力,这意味着更复杂的系统需要更复杂的规则,维护/更新成本更高,而且难以处理在设计阶段未考虑到的不完整数据和控制挑战。RBC 依靠操作人员的知识，运用其规则来降低能耗和运行成本，如合适的空调启动/停止时间、夜间延迟、预冷和预热等。如果能正确应用，该方法就可以显著节能；然而，操作者必须不断监视和调整 HVAC 操作，以达到在保持热舒适的同时减少能源消耗的目标（Afram, Janabi-Sharifi, Fung 等, 2017）。

尽管如此，RBC 方法可以将一些未来边界条件的预测，如每小时电力成本的变化，结合成为基于规则的预测控制（PRBC）。如果控制规则定义明确，PRBC 可以降低建筑运转的能源成本（Alimohammadisagvand, Jokisalo, Sireń, 2018）。预测规则可包括能源价格、光伏发电和热负荷的较低和较高阈值，以实现在低价时期储存能源，在高价时期降低消耗，例如，在光伏发电高峰时期运行热泵，以最大限度地提高自身消耗，或在最低电价时期向热泵系统的储存罐充电（Clauß, Stinner, Sartori 等, 2019）。

7.3.1.2 比例—积分—微分控制

与 RBC 不同的是，PID 控制依靠传感器的反馈来决定其行为过程。其中，PID 控制回路不断地计算"误差"，即期望设定值（特定温度、湿度、压力值等）和现场传感器测量值之间的差值，然后尝试通过应用基于比例、积分和微分项的数学修正来达到目标（图 7.3-3）。察觉变化之后作出适当调整，然后这一过程被循环重复。具体来说，比例方法与当前的偏移量相关，并通过比较反馈信号与设定点，产生与误差成正比的输出（例如，超过或低于目标值后调整输出）。而积分方法与过去的误差累积相关，通过时间积分消除误差，直到其值为零。最后，导数方法与未来的偏移量相关，考虑到过程中的变化率和增加系统响应，同时通过减慢校正因子来最小化超调（Alkhatib 等, 2021）。建筑物温湿度控制等热过程动力学可以看作是一个慢响应过程，因此采用仅使用比例方法的简单控制器，可以获得可接受的小偏移量和良好的稳定性。积分项和导数项与比例控制相结合，同时在稳态条件下保持零偏，以应对系统中的瞬间负载变化。

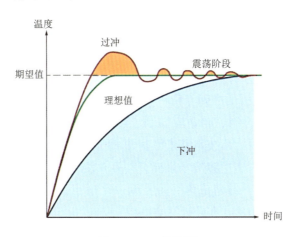

图 7.3-3　PID 控制操作

PID 控制器在应用之前必须进行调整，也就是说，其控制参数（比例频带/增益、积分增益/复位、微分增益/速率）必须被调整到期望控制响应的最佳值，并通过防止期望平衡点周围的无界振荡来提高稳定性。每当将本质上是线性和对称的 PID 控制器应用于 HVAC 等非线性系统时，都需要对其进行调整：在主动加热（通过加热元件）和被动冷却（关闭加热，但不冷却）的情况下，过冲只能慢慢地修正而不能强迫向下修正。在这种情况下，PID 应该被调整为过阻尼，以防止或减少过冲。虽然此举降低了性能，但它增加了稳定时间（Behrooz 等，2018）。

与更先进的控制工具耦合可以克服 PID 控制的局限性，其中包括自校正算法（Fütterer, Kraus, Schmidt 等，2015）和非线性控制系统，以获得所谓的混合控制方法，如模糊 PID 控制器。

7.3.2 高级控制策略

传统的控制策略已经逐渐不能满足现代建筑运行的需要，这已成为提高能源效率和充分开发 BAS 潜力的主要瓶颈。主要是由于它们无法处理由建筑用户、天气状况或能源供应引起的不确定性和前所未有的能源负荷，以及它们难以同时平衡建筑物的高舒适度和低运行成本这两个对立的目标。此外，随着现场可再生能源、分散式发电、热能或电能存储解决方案的日益扩散，要求现代建筑通过应用需求响应和调峰等更为复杂的能源战略，从单纯的能源消费者转变为智能电网内的互动参与者（Kathirgamanathan, De Rosa, Mangina 等，2021；Serale, Fiorentini, Capozzoli 等，2018）。

这种情况下，高级控制策略（ACS）旨在克服传统控制器的局限性，这会导致诸如高能耗、高运行成本、更高热不适以及更严重设备磨损等性能和经济损失。

通过采用一系列不同方法和机制，ACS 能够对建筑物任何运行参数的变化作出有效反应，并始终确保在保持室内热舒适和健康环境的同时，在最小化系统能量输入或运行成本方面实现最优解。因此，ACS 是实现 BAS 所需能源效率目标的主要组成要素（Gholamzadehmir 等，2020）。

与传统的控制系统，如 RBC 或 PID 不同的是，ACS 采用先进的数学、物理、统计和数据挖掘方法来定义它们的运行逻辑，在控制过程中集成了自主学习、自主调整和参数预测能力。在过去的几十年里，ACS 在研究和开发方面的成就令人印象深刻，这得益于在建筑系统中有线和无线的低成本传感器和嵌入控制器的增加、建筑物运行方面的大量异构和准确数据的可用性、计算能力的不断提高及精确的天气预报，这些都使得控制工程师们能够探索优化高效建筑控制的若干策略。大量研究表明，对于 BAS，特别是 HVAC，增加先进的控制策略可以使能耗和运行成本降低 50%以上（Afram 等，2017）。

根据其运算逻辑所采用的计算范式，ACS 可分为两大类：硬计算控制策略和软计算控制策略，有些控制方法采用了混合控制策略（融合控制策略）（Behrooz 等，2018）。

硬计算控制策略根据数学/分析模型来推断它们的操作，在这个模型中，基本的方程是按字面意思系统地陈述，并且对输入数据的准确与精密有严格的要求。这一类包括 MPC、自动调优的 PID 控制、增益调度控制、自校正控制、自适应控制、非线性控制、最优控制，以及鲁棒控制方法（Gholamzadehmir 等，2020）。硬计算技术基于明确性和刚性原则，因此，它们需要在开发和计算时间方面作出额外努力，因为现实世界的场景拥有许多并发的不确定和预估的条件，这些条件往往不能转化为精确的解决方案，并造成为系统找到一个适当的数学模型较为困难（Sakunthala, Kiranmayi, Nagaraju Mandadi, 2018）。在硬计算方法中，MPC 由于能够将干扰、约束、动态控制和节能策略集成到 BAS 控制中，因而被广泛认为是最有前途的控制方法（Afram, Janabi-Sharifi, 2014）。

软计算控制策略（也称为智能控制），是基于概率推理、近似知觉和粗略模型，且其操作允许一定程度的解释、研究和调整（Sakunthala 等，2018）。因此，软计算策略更适合处理不精确、不确定和噪音数据，从这些数据中它们可以得到近似或准确的响应，也可以在不对系统建模的情况下运行，仅取决于期望输出（例如，人体热舒适感、消耗、成本等）。这一类策略包括强化学习控制（RL）、人工神经网络（ANN）、模糊逻辑控制（FL）、基于主体的控制以及遗传算法和其他进化方法。

混合控制策略结合了软硬控制技术。其中，软控制技术应用于较高层次，而硬控制技术或传统控制技术则应用于控制结构的较低层次。例如，模糊 PID 系统、准自适应模糊控制、自适应神经控制等。混合策略结合了硬控制和软控制技术的特点和缺点，需要大量数据来训练软控制部件，并且需要广泛的专业知识来设计和调整足够灵活的硬控制部件（Afram 等，2017）。

7.3.3　模型预测控制

在 ACS 系统中，模型预测控制（MPC）被证明在节能降耗的潜力和满足热舒适性方面特别有前途，这是因为它能够预测未来连接系统的动态行为，并随之调整相关控制器的响应（Hazyuk, Ghiaus, Penhouet, 2014; Serale 等, 2018）。

事实上，基于预测方法的 MPC 策略能够有效地考虑与技术系统相关的信息以及未来的内外部环境数据，如天气预报、建筑负荷、占用率和能源价格（Behrooz 等，2018），因此，其特别适用于包括 HVAC 管理、可再生能源发电或建筑热质量开发在内的动态、缓慢流动过程（Le Dréau, Heiselberg, 2016）。

MPC 的概念已经在加工工业中得到巩固，于 20 世纪 70 年代引入，主要用于石油和天然气工程。尽管第一次试验演示和模拟已经显示出了它远远超过传统控制方法的能力，然而，MPC 策略在建筑领域的发展和应用仍处于初级阶段。特别是模拟和试点案例研究已经证明，MPC 是如何在改善热舒适性的同时节约50%的能源（Drgoňa, Picarda, Helsen, 2020; Sturzenegger, Gyalistras, Morari 等, 2016）。MPC 的其他好处包括减少温室气体排放、降低成本以及通过 MPC 的价格反应和需求反应能力来提高电网的灵活性（Bianchini, Casini, Vicino 等, 2016; Borsche, Oldewurtel, Andersson, 2014）。大多数研究集中在三级建筑的 MPC 应用中，然而小规模的住宅应用也有好处（Fielsch, Grunert, Stursberg 等, 2017），特别是关于分布式能源需求的灵活性。

尽管如此，MPC 在实际建筑中的应用速度还是相当缓慢。这主要是由于在 MPC 系统及其组件的开发、实施、调试和维护方面的挑战，需要广泛的跨学科专业知识，不仅在建筑控制方面，而且还需要在能源建模、优化算法、数学和机器学习编程、数据科学，以及强大且复杂的建筑 ICT 和 BAS 基础设施方面的专业知识。即使在当代建筑中，也经常缺乏这种基础设施，否则其性能将低于其潜力（Drgoňa 等，2020）。

对于 BAS 来说，MPC 方法的优点是多种多样的，因为它可以灵活地应对许多情况，包括：
（1）使用系统模型进行预期控制行动，而不是进行纠正控制；
（2）集成干扰模型，以抑制干扰；
（3）处理约束和不确定因素的能力；
（4）处理时变系统动态和广泛的操作条件的能力；
（5）处理具有延时性的缓慢过程的能力；
（6）在控制器设计中综合节能策略；
（7）利用成本函数实现多重目标；
（8）使用先进的优化算法来计算控制向量；
（9）控制系统在监督和本地回路层面的能力（Afram, Janabi-Sharifi, 2014）。

基本上，MPC 控制器的核心由两个主要技术组成：一个是用于预测控制对象的动态行为的预测模型，另一个是用于寻找最佳控制输入，以达到预期结果的优化求解器（图 7.3-4）。

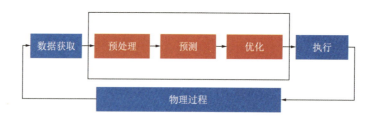

图 7.3-4　MPC 的运算回路，显示预测模型和优化求解器

其中，预测模型预测系统输出的动态响应受控制输入（受控变量）、无控制输入（干扰）以及设计者强加的约束的影响。而后，根据一个具体的性能指标（通常是一个最小化的成本函数），MPC 使用这些预测值来选择未来控制输入的最佳序列（Serale 等，2018）。

成本函数可以采取以下形式：跟踪误差、控制努力、能源成本、需求成本、功耗，或这些因素的组合。

这些约束可以根据系统的限制来设置，例如执行器的速度、范围以及操纵变量（例如，区域温度的上限和下限、供气流量限制以及阻尼器定位的范围和速度限制），或者有关舒适度或功能要求的设置阈值。

最后，由于天气、住户活动、设备使用和能源供应会影响系统的外部和内部环境，可以将其建模并预测它们对系统的影响，以便进行优化。这一努力的结果是建立了一个对时变干扰和系统参数都很稳健的控制系统，并在给定的范围内对过程进行严格的调节（Killian, Kozek, 2016）。

时间因素在 MPC 流程中显示为三个方面：预测时域，控制时域和时间步长（或控制采样时间）。预测时域是指 MPC 计算系统输出的时间长度。控制时域是计算控制信号的时间长度。时间步长（也称为采样时间或时间间隔），是控制信号保持不变的时间段（Afram, Janabi-Sharifi, 2014）。MPC 算法的运行方式是在有限的预测时间内解决最优控制问题，然后只应用所设计的控制策略的第一步。在接下来的时间间隔内，它获得新的测量数据并重复优化过程（图 7.3-5）。

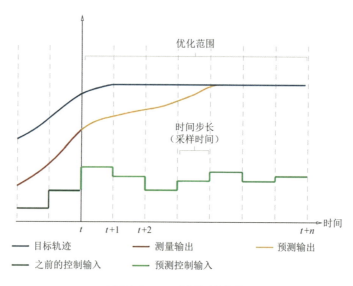

图 7.3-5　MPC 动作的时间发展

在每个时间步骤中，来自现场传感器的测量值、扰动的预测值和候选的 MPC 输入值（如热供应）被用于建筑模型的模拟输入。这种模拟是在预测时域上进行的，在建筑应用中通常需要 8～

72h。优化器评估每次模拟运行的性能标准，并调整候选 MPC 输入，直到得到最优解决方案。仅设计策略的第一步被实际应用在建筑物上，然后在下一个时间间隔重新开始优化，获得新的测量值和预期干扰，并不断将预测时域前移，这种效应称为"滚动优化"（Killian, Kozek, 2016）。

通常，对于如 HVAC 中的温度变化等缓慢移动的过程，预测时域跨度为 548h，控制时域为 45h，时间步长为 1～3h，控制时域跨度一般小于或等于预测时域跨度。时域和时间步骤必须根据控制过程及其动态变化而谨慎选择：例如，由于温度过程的延迟，较小的预测时域或较快的采样时间可能导致次优性能，而较长的预测时域可能会增加计算时间且没有任何进展（Afram, Janabi-Sharifi, 2014）。大多数关于预测控制的研究都评估了未来 24h 的预测时域，并且发现这种设置最适合于加强节能和热控制（Luzi, Vaccarini, Lemma, 2019）。另一方面，当应用于如压缩机压力和过热温度控制等快速动态过程时，预测时域和控制时域可能缩短到几秒钟。一些应用程序也采用了时变时域，例如，随着时间的推移减少或增加预测时域。正如文献所述，取样次数也影响 MPC 的操作和准确性（Gholamibozanjani 等，2018）；然而，对大多数建筑应用来说，1h 的间隔最为适合。

要使优化算法有效，先决条件是对建筑动力学进行可靠的建模，遵守技术和热约束，以及利用现有方法对未来干扰进行预测。

如上所述，干扰是指影响建筑系统运行的所有不可控的输入。常见的包括气候干扰（如，外部温度、相对湿度、湿球温度、露点温度、太阳辐射、风速、地面温度）、建筑用户行为相关的干扰（如，占用/未占用的空间、预定舒适设定点的变化、内部热量增加/负荷、邻近区域设定点、使用过的设备），以及与电网和能源分配器相关的干扰 [如使用时间（ToU）或实时价格、峰值负荷惩罚等]。

气候扰动预测通常转化为精确的天气预报信息作为建筑模拟的输入。最简单的方法是通过基于高级气候模型的在线商业天气预报服务获取信息。通过应用 MPC 中的天气预报，试验研究可节能 30%，并且节约成本 41%（Barzin, Chen, Young 等，2016）。然而，在线天气预报可能无法准确反映实际天气状况，例如，基于远离考虑的建筑物或完全不同的地形的气象站的数据。考虑到 MPC 的工作方式，最终的环境温度误差可能不会对热舒适和能源性能产生重大影响；然而，预测太阳辐射的不确定性可能会对热舒适条件产生重大影响（Mirakhorli, 2016）。像 ANN 这种作为替代方案的机器学习模型，可以根据从建筑现场收集的天气数据进行训练，并且可以足够准确地对几小时前的情况进行短期预测（Wollsen, Jørgensen, 2015），这也是建筑物中与 MPC 相关的范围。ML 则可以更有效地应用于记录实测数据，以计算天气预报和当地实际条件之间的有效偏移，以便考虑当地参数的影响，并应用校正因素来提高预报的准确性。

室内占用干扰可以根据简单的占用时间表，反过来被模拟为热增量剖面、房间存在或者建筑用户数量，并根据其固有变化得到混合结果。行为建模更加准确，旨在预测建筑用户将如何与室内环境互动（通过打开窗户或窗帘，切换照明或覆盖默认设置点）、操作哪些设备、执行哪些行动以及如何着装（Drgoňa 等，2020）。建筑用户的存在和行为可以使用基于规则的方法、随机建模或数据驱动模型 [如 ML、深度学习（DL）]（Carlucci 等，2020）来建模。占用预测 MPC 的一个关键功能是，它可以在无人占用的时期关闭技术系统，并在占用时期为用户提供热舒适性，同时保证有足够的时间来调整低能量温度（Gholamzadehmir 等，2020）。研究表明，以占用率为基础的 MPC HVAC 控制比传统的、以规则为基础的控制节省多达 30%的能源（Ahmadi-Karvigh, Becerik-Gerber, Soibelman, 2019），并且通过占用率适应，家电和照明系统的能源效率可以提高 45%

（Ahmadi-Karvigh, Becerik-Gerber, Soibelman, 2019）。

最后，将动态电价应用到系统中，建立与电网相关的干扰模型，以最大限度地提高区域/城市规模的能源/成本效率。然后，MPC 为系统定义了一个负荷调度表，以调节消耗时间和峰值负荷移动、调整或与电网匹配之间的相关性：在不同的条件下，优化器可以直接使用现场生成的能源、对储能系统充放电或从电网出售/购买能源之间进行切换（Gholamzadehmir 等，2020）。

如上所述，系统本身的预测模型是 MPC 方法的一个基本组成部分，它与当前的状态测量和干扰预测一起用于预测和优化建筑的未来运作。具体而言，根据美国供热、制冷与空调工程师协会的定义（ASHRAE, 2013），建模方法被分为两类：正向方法，也称为经典的、基于物理的"白盒子"方法或工程方法，以及数据驱动方法，也称为逆向方法。

正向算法根据物理规律预测建筑物动态，这些规律包括传热原理和能量及质量守恒原理。提供给模型的每个参数都是有物理意义的，并且都是从建筑物的几何形状、材料特性和系统规格中获得的。正向方法包括常用的能量模拟工具（如 EnergyPlus、TRNSYS、ESP-r 和 DOE-2）以及降阶模型、准稳态方法或改良的温频法（Serale 等，2018）。

相反，数据驱动的方法是基于历史数据的收集，以及在严格的数学模型中使用数据来推断建筑物的未来状态。在数据驱动方法中使用的数学模型包括统计工具，更常见的是基于机器学习的数据挖掘算法。ASHRAE 进一步将数据驱动模型分为校准模型、黑盒模型和灰盒模型。

黑盒模型则是完全依靠经验，通过将模型参数与系统的历史行为相匹配，以推断出建筑物的能源性能规则，而该模型不需要对系统或其过程有充分的了解。

最后，灰盒模型混合了白盒方法和黑盒方法的要素，因为它们仍然表达系统或建筑物的物理描述，尽管这种描述有所简化但仍使用数据驱动的方法识别和估计其参数，虽然描述有所简化。

每种预测模型的方法在优缺点以及对系统或建筑的数据和信息的需求方面都有所不同。因此，在选择 MPC 中使用的建模技术时，需要分析预期的范围和目标、预期的准确性和可靠性，以及在信息和计算能力方面的现有资源。

以物理和化学守恒定律推导出的方程为基础的白盒模式，要求对系统参数的物理行为和运行过程以及在开发过程中所采用的假设有深入的理解。为了使模型准确，必须对一些建筑组件进行足够详细的建模，例如 HVAC 组件（AHUs、冷却器、终端、管道和管道工程）、建筑围护结构、热负荷和损失。因此，在干预现有的建筑物或系统时需要大量的文件（很少有这样的文件），在新的建设中，需要从项目规格和 BIM 文件中提取数百甚至数千个参数，并将其插入模型中，这个过程在很大程度上仍然依靠人工操作完成（Gao, Koch, Wu, 2019）。另一方面，如果提供准确的数据，获得的模型可以提供透明、易于分析且高度可靠的结果，这也意味着物理意义的变量可以被追踪，以获得额外信息，如故障检测。白盒模型是识别系统与环境干扰之间动态关系的最佳模型，并且能够提供更多关于系统动态行为的信息。然而，这些模型往往过于复杂，而无法在实时 MPC 系统中实现。对于数据需求，白盒系统几乎不需要通过建筑运行的历史数据来进行预测，而是采用它来进行可选的微调和校准。这使得该系统最适合在尚未实现的系统和尚在设计阶段的建筑中应用。总而言之，白盒方法提供了对传感器数据量和质量几乎没有要求的可靠和可解释的模型，但只有在具备详细的技术文档和基于物理的建模专业知识的情况下才可实现（Drgoňa 等，2020）。

黑盒方法，无论是使用统计回归模型还是 ANN 或 SVM 等 ML 算法，都只是将能源消耗或能源指数输出与影响参数相关联，即使对系统物理学没有深入理解也能获得一个更简单的、有很高精度的模型，并且在基于 ML 的模型中甚至高于白箱范式（Afroz, Shafiullah, Urmee 等，2018）。然而，这种类型的模型完全依赖于所提供的训练数据，这些数据必须是丰富和有意义的，如果未来的输入超出了训练范围（例如，如果不完整的季节性数据被用于训练），可能会反过来失去可靠性。黑盒方法与白盒模型相比，泛化能力也较低。黑盒方法提供的模型可以通过必要的调整转移到不同的建筑和系统，从而减少实施时间。黑盒模型，特别是那些基于 ANN 的模型，非常适合于建筑物和系统的自然通风建模。这些问题即使利用复杂的计算流体力学（CFD）模型也很难解决。由于受到网格大小和结构、建筑部件的细节、热源、周围建筑的形态以及其他空气流动障碍物的限制，即便大量计算工作也可能无法准确捕捉自然通风的效果（Chen, Tong, Zheng 等, 2020）。总而言之，只要有大量的历史数据，黑盒方法都是首选，因为它们可以在建筑文件难以收集的情况下提供显著的结果。

如果能同时获得有关建筑物和 HVAC 设计的信息以及一些历史测量数据，灰盒方法最终可能成为最方便的解决方案，因为即使在数据不完整和不确定的情况下，灰盒方法也能提供相当高的预测精度。但是，该方法需要专业知识来确定主要的系统动态和总体模型结构，还需要进一步收集和准备数据，以便进行获取或估计缺失的参数。灰盒具有白盒和黑盒范式的许多特性，包括它们的优点和缺点。然而，灰盒方法往往比黑盒方法更受青睐，因为后者的结果不可能得到物理诠释（Žáčeková, Váňa, Cigler, 2014）。

尽管选择了预测模型，为了确保良好的 MPC 性能，进行详尽的模型验证十分必要。此外，从简单的初始模型开始控制操作，在不久的将来，通过重新估计输入数据和建筑用户的舒适感，该模型可能会被另一改进模型取代（Rockett, Hathway, 2016）。

尽管如此，由于建筑环境不断变化，任何预测模型的准确性都可能随着运行时间的推移而改变：建筑用户的喜好和模式的改变、组件系统退化并被修理或更换、建筑翻新整修以及天气随季节和年份的变化而变化。因此，需要对模型进行定期更新，以确保满意的性能。白盒方法模型需要由与开发者具有相同知识的专家来维护，而对于数据驱动模型，所使用的工具通常与概念漂移现象有关，即当模型试图预测的目标变量的统计特性随着时间的推移发生不可预见的变化，这会导致预测的准确性降低（Schmidt, Åhlund, 2018）。

7.3.3.1　白盒测试方法

如上所述，白盒方法基于建筑物的物理特性或其适当的近似值，通过计算对建筑物或子层组件的热动力学和能量行为来进行建模。白盒方法的主要优点之一是：该系统不需要实际建造或通过历史数据来评估其性能，因此适合于对能源需求的初步预测和系统负荷的设计。来自现场的历史数据也可以反过来用于校准白盒模型并提高其准确性（Serale 等, 2018）。

白盒方法大致可分为详细综合法和简化法两大类（Zhao, Magoulès, 2012）。

详细综合方法将基于建筑物和环境的信息作为输入，包括外部气候条件、材料和建筑元素的特性、系统规格、操作模式和效用率表，并采用复杂的物理功能或热动力学来精确计算建筑的所有组成部分的能源消耗。虽然物理方程和相关参数可以根据建筑物的系统和特点由专家来开发，但采用现有的建筑能源模拟软件更为常见。其中包括 EnergyPlus、DOE-2、eQUEST、ESP-r、TRNSYS、Modelica、IDA ICE 等。这些精心设计的仿真工具具有高效、准确的特点，但在 MPC 的应用中存在局限。基于物理原理，建筑和环境参数的大量细节需要被作为输入数据，当数据不可用时，模拟的精确度就会降低。此外，设置和操作这些工具通常需要烦琐且专业的工作，导致它们难以执行且成本低。再者，对于整个建筑模拟，模型最终需要数以千计的参数，这大大增加了每个预测所需的计算时间，在某种程度上可能与 MPC 操作不兼容。

新提出的简化模型可以作为特定应用的详细综合模型的替代品。其中，稳态和准稳态的线性方法只能进行基本的能量预测，如基于度日指数的度日法。然而，它只适用于以围护结构为主，与外部温度呈线性关系的小型建筑，不考虑建筑的热质量，只适用于热能消耗。更准确的是改良的温频法，也称为温度频率法，它包括在许多不同的室外干球温度条件下进行瞬时加热和冷却能量计算，然后将结果乘以每种条件出现的小时数。与详细的小时模拟程序相比，它能以更简单的方式给出合理的月度和年度建筑能耗估算，特别是对于内部产生的负荷占主导地位或负荷与室外/室内温差无线性关系的低质量建筑。

尽管如此，开发白盒模型的常见方法是采用市场上可用的建筑能源模拟软件程序（EnergyPlus、TRNSYS、Modelica 等）。这些程序最初是根据建筑物的围护材料、天气、内部负荷和基于详细建筑组件模型的 HVAC 系统，以模拟建筑物中的能量和质量流动为目的建造。然而，由于以下原因，这些模型通常不会被作为预测模型直接整合进 MPC：

（1）它们往往集中于一个单一的子系统，如建筑围护结构、HVAC 及现场能源生成，并努力将不同的功能整合到同一个模拟问题中；

（2）它们通常不具备内部执行问题优化，并且需要外部算法和工具来处理其结果；

（3）仿真输出通常与典型的智能建筑监控序列不直接兼容。

在过去的 10 年里，中间件软件和接口协议已经被开发出来，以在不同的能源模拟程序和面向控制的工具之间架起沟通的桥梁，特别是针对自动化控制中最常用的编程语言，如 MATLAB/Simulink 和 Python。建筑控制虚拟试验平台（Building Controls Virtual Test Bed, BCVTB）和功能模拟接口（Functional Mock-up Interface, FMI），以及 Openbuild 或 MLE 1 等 MATLAB/Simulink 工具箱，允许不同的仿真程序相互连接，以补充各自的功能，以实现协同仿真。例如，可以将建筑物的 EnergyPlus 模型与使用 Modelica Buildings Library 模块化建造的 HVAC、使用 MATLAB/Simulink 开发的有源部件的控制模型，或与 Radiance 输出结合起来，以在过程中整合照度和眩光评估（Wetter, 2012）。其中 FMI 标准化了包含微分方程、代数方程和离散方程的模型接口，因此可以使用专用工具，如 EnergyPlusTo（FMU），将其封装为函数模拟单元（Functional Mock-up Unit, FMU）。然后，可以将 FMU 导入到另一个环境中执行，使多个 FMU 在运行时通过协同仿真环境进行协作。

协同仿真是 MPC 运行的关键，因为它要求预测模型与优化过程联系起来。虽然 Modelica 等一些软件工具具有足够的灵活性，可以在同一平台上开发建模和优化算法，但大多数使用的软件，即 TRNSYS 或 EnergyPlus，反而无法在线进行过程优化。BCVTB 和 FMI 允许耦合或转换仿真结果为外部优化工具，如 MATLAB 算法、GenOpt 等，例如，允许将 TRNSYS 与遗传算法或 EnergyPlus 与粒子群优化算法耦合（Corbin, Henze, May-Ostendorp, 2013）。

最后，像 BCVTB 这样的协同仿真平台还允许与 BACnet 兼容的 BAS 组件交换数据，将仿真程序与实际硬件或系统的完整虚拟表达耦合，以验证控制序列或进行基于模型的故障检测。

7.3.3.2 黑盒测试方法

黑盒模型是完全根据实测数据重建建筑物的动态行为，特别适合于预测过程的行为，在这些过程中，没有明确定义输入和输出之间的物理关系的先验确定性知识。它们基于系统或过程的经验行为，旨在将输入与输出变量直接与数学关联。然而，生成的参数没有物理意义，且方程式无法揭示其下的因果关系，因此它们无法被建筑操作员解释。与其他预测模型相比，这些模型的开发和实现速度更快，因此它们常常作为面向控制的模型被采用，以确保系统的精确表示（Drgoňa 等，2020）。然而，黑箱模型不能确保对培训数据所涵盖范围之外的操作点进行可靠的预测，因此在任何工作条件下，都需要一套拟建模的全面输入输出数据，这对于全年在各种天气条件下运行的 HVAC 等大型系统来说极具挑战。因此，与白盒模型相比，黑盒模型的易开发是以泛化能力降低为代价的（Afram 等，2017）。

黑盒模型中用于推断系统未来状态的数学方法包括基于所提供数据回归的统计方法和采用 ML 算法的数据挖掘方法。对比单纯用统计学的方法，基于机器学习的黑盒方法更适合处理影响建筑物行为的不确定性和变量，这是一项难以实现的任务。机器学习方法的例子有人工神经网络（ANN）、支持向量机（SVM）、遗传算法（GAs）、RL、deep ML 等（Boodi, Beddiar, Benamour 等，2018），其中 SVM 和 ANN 是文献中应用最广泛的方法。

1. 统计模型

统计模型通常依靠回归分析来设计一种将输出与输入联系起来的关系。统计回归在概率框架中调查不同变量之间的这种关系。在更长时间范围内，这是一个易于使用，以预测建筑物的能源消耗的方法（Wei 等，2018）。然而，回归模型需要大量的历史数据进行训练，而且短期预测的准确性不如基于 ML 的其他黑盒方法。此外，在广泛的环境和天气条件下，统计回归不适合选择合理的预测因子和适当的时间尺度，以适应建筑物的能源消耗。文献中使用的统计预测方法包括主成分分析（PCA）、非线性自回归外生模型（NARX）、差分整合移动平均自回归模型（ARIMA）、带额外输入的 ARIMA（ARIMAX）和条件需求分析（Zhao, Magoulès, 2012）。

2. 支持向量机

支持向量机在 20 世纪 90 年代由 Vapnik 和 Cortes 引入，是一个基于核的机器学习算法，由监督式学习获得。即使有相对较少的训练数据，它在回归和分类方面仍具有良好性能，也适合解决非线性问题（Shi 等，2020）。SVM 通过变换参数与目标之间的非线性关系来解决非线性问题，分两步解决非线性问题：一是将非线性问题投影到高维空间，并确定最适合在高维空间的函数 $f(x)$；二是利用核函数将复杂的非线性映射转化为线性问题（Amasyali, El-Gohary, 2018）。支持向量机是最稳健、最精确的算法之一，但是它需要大量的计算工作：支持向量机的效率可以通过最小二乘支持向量机（LS-SVM）和并行支持向量机来提高，这两种支持向量机在建筑能耗预测中已经得到了成功的应用。即使在训练极有限的情况下，LS-SVM 也被证明具有快速和正确的学习性能（Ahmad 等，2014）。用于向量回归分析的 SVM 被称为 SVR，也被广泛用于解决回归问题，以估计连续实值目标的非线性输入之间的潜在关系（Wei 等，2018）。除了预测单个建筑物的能源消耗外，SVM 还被证明可以有效地从综合外部数据中学习，以足够的精度来预测新建筑物的能源负荷。与神经网络方法相比，其具有更好的效果（Li, Ren, Meng, 2010; Zhao, Magoulès, 2011）。

3. 人工神经网络

ANN 是一种受神经科学研究启发的机器学习算法，具有很强的通过多层神经元来表示输入和输出之间的关系的能力，甚至是非线性的关系。与其他机器学习方法相比，人工神经网络具有高精度的非线性系统逼近能力，是 MPC 应用中最流行的算法（Afram 等，2017）。ANN 通过在多层中使用多个神经元来模拟人脑，通常使用监督式学习方法进行训练。在 MPC 中使用 ANN 的一个局限性是，生成的线性模型难以优化，因为优化 ANN 模型的过程可能在寻找全局最小值之前求得多个局部最小值，这可能导致优化过程时间过长 MPC 应用中最短时间框架不兼容。全局优化方法，例如进化算法和模拟退火算法，可以处理非线性优化问题，但存在收敛性和计算复杂性问题。

ANN 结构基本上是节点的集合，即人工神经元，它们相互连接，像生物突触一样将信号从一个传递到另一个（图 7.3-6）。每个接收信号的人工神经元用其输入之和的非线性函数（激活函数）来处理这些信号，并可以反过来向与之相连的其他神经元发出输出信号。神经元和连接通常都有一个权重，可以增加或减少信号的强度，并随着学习的进行来调整，而且神经元可能有一个阈值，这样只有当总的信号越过该限制时才会发送输出信号。人工神经元被聚合成不同层级，每个神经元只与相邻层的神经元连接。外部输入数据进入第一层（输入层），信号从这里向产生最终结果的最后一层（输出层）移动。在输入和输出层之间，可以有"隐藏"层。信号可以只朝着输出层的方向移动（前馈神经网络，FNN），也可以在同一层或前一层的神经元之间移动（循环神经网络，RNN）。

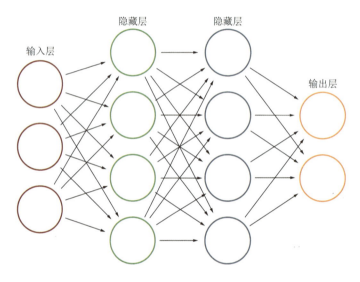

图 7.3-6　人工神经网络（ANN）

ANN 结构有许多不同类型，其中多层感知器（MLP）前馈结构是控制系统应用中最受欢迎的一种（Afram 等，2017）。MLP 是一种前馈网络，由一个输入层、一个或多个隐藏层和一个输出层组成。除了输入节点，每个神经元都使用一个激活函数，通常是正弦波、双曲线、径向基或线性。

MLP 网络通常采用被称为反向传播的监督学习技术进行训练。该网络将输出值与预期的正确答案相比较，并通过一个特定的误差函数计算出相关的误差值。然后，这个误差值通过网络反馈，调整每个连接的权重，以减少每个训练周期后续的误差值。随着时间的推移，网络将收敛到某种状态，在这种状态下，计算的误差足够小，产生的 ANN 权重就是最佳的，产生的预测结果就非常接近于测量数据。测量数据被分为训练数据集和验证数据集，通常有 70%的训练数据和 30%的验证数据，当目标模型在训练数据集和测试数据集上表现同样优异时，认为目标模型已经学习完成。

尽管如此，由于神经网络是纯数据驱动的，数据的质量将在很大程度上决定模型的质量。因此，需要一个丰富的数据训练集，并且应该具有相当大的规模、多样性和覆盖范围，以涵盖受控系统的大多数可能的工作条件。否则，当现实世界数据的变量域的值为前所未有时，模型可能无法产生合理的预测。此外，为模型训练而测量的空间供暖、制冷和自然通风的操作需要具有一定的随机性，而不是遵循一个固定的时间表，否则模型可能无法从时间表（时间或阈值）中辨别出系统操作的真正影响（Chen 等，2020）。除了在正常运行下从现场测得的常规现场数据外，还可以对控制输入采用伪随机二进制序列（PRBS），以实现特定的数据采集测试条件，并扩大数据方差。如果没有历史数据，也可以从建筑能源模拟程序中生成训练集。

7.3.3.3 灰盒测试方法

建筑运行预测的灰盒方法已经被一些研究人员当作白盒和黑盒方法之间的有效折中，因为它们允许对模型的参数和相关的建筑物行为以一种简化和更有效的方式进行物理解释，同时利用建筑物的现场数据。事实上，白盒物理模型通常需要大量的建模工作和文件，而且通常不可能利用设计过程中创建的模型，因为模型要么不可用、要么不准确、要么太复杂，无法在控制环境中使用（大型建筑模型可能需要运行几个小时）。灰盒模型则使用降阶模型，即通过状态空间降维或线性化的方式简化物理描述。模型系数又根据运行数据使用统计学或参数识别方法进行识别，从而可以在减少训练数据和计算时间的要求下，模拟建筑能源系统的行为。

最常用的解释系统热力学的灰盒方法是电阻和电容网络（RC），这是一个简化的半确定性的物理模型，它具有固有物理属性和计算效率。在这个模型中（有时也称为集总电容模型），电容器表示热电容，节点之间的电阻表示建筑外壳和室内元件的热电阻（图 7.3-7）。电阻和电容的参数可以通过非线性回归电阻法得到的现场测量数据来确定。尽管如此，发展 RC 模型需要建立一个简化的物理模型，并根据建筑物的几何形状和材料假定其参数的界限和初始值，因此需要大量的专业知识和工程经验。此外，这种特殊的模型不太可能被其他几何形状和材料不同的建筑物重复使用（Wang, Li, Chen 等, 2019）。

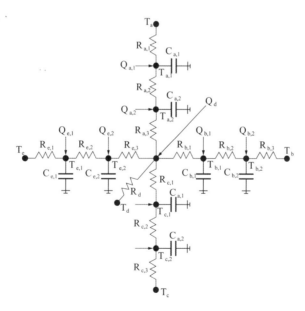

图 7.3-7　RC 灰盒模型

在 RC 模型中，建筑被划分为不同的区域或节点，通常是根据房间、区域或建筑元素层的空气体积划分而成，每个节点的特点是温度均匀。每个节点的热容是其比热容和质量的乘积，并且相邻节点之间的热通量被假定为根据其热阻与各区域的温度差成线性比例，其中包括热传导、对流和线性化辐射的影响。小范围的区域可增加模型的准确性，但也增加了其大小和计算工作量。利用能量守恒定律，这将产生一个线性常微分方程组，该方程系统描述了在没有外部影响的情况下每个节点的温度演变。环境空气、太阳辐射和建筑系统等影响因素被认为是作用于各状态的热通量，也是 RC 建模的主要挑战，因为它们的物理特性往往是非线性的，而且可能因建筑不同有很大差异。电阻和电容参数可以通过统计方法从建筑物的现场测量数据中确定：通常 12 周的数据就足以将模型训练到足够的精度（Li, Wen, 2014）。用于确定参数的统计模型包括线性和非线性回归、GA，以及全局和局部搜索优化算法。

灰箱模型的另一个例子是逆综合空间传递函数（iCRTF），它是通过状态空间离散化和线性传递函数的创建而得到的，其系数可以通过回归来识别（Blum, Xu, Norford, 2016）。

如今已开发了一些软件工具来帮助开发降阶模型，如 OpenStudio 或建筑阻力—电容建模（BRCM）MATLAB 工具箱。OpenStudio 是一个流行软件工具集合，它的开发是为了支持使用 EnergyPlus 的完整建筑能源建模和使用 Radiance 的高级日光分析。并且此集合包括建模和分析模块以及脚本工具，使 EnergyPlus 模型变成更适合 MPC 应用的精简形式。由 NREL 的研究人员设计的模型简化过程包括将 EnergyPlus 模型转换为 OpenStudio，然后使用脚本来干扰其参数，以生成数十个替代能源模型，从这些模型中运行新的模拟，以产生广泛结果并放入单一的数据库中。最后，在扰动的参数空间上应用线性回归来拟合降阶方程可得到一个精确、精简的模型，大大减少了计算时间且适合于 MPC 优化，因为问题是凸性的，所以始终能实现全局最优。

BRCM MATLAB 工具箱等工具则侧重于通过允许从基本几何、建筑和建筑系统数据中精简生成（双）线性电阻—电容类型的模型，来促进 MPC 的 RC 建筑模拟建模（Sturzenegger, Gyalistras, Semeraro 等，2014）。BCRM MATLAB 工具箱将动态热力模型（描述房间、墙壁、地板和顶棚之间的热传递）的生成与外部热通量模型（描述外部影响因素，例如太阳增益、外部空气条件、建筑系统、内部增益等）的生成分开。动态热力模型是从几何图形和建筑数据文件生成的（这些文件可以手工输入，也可以从 EnergyPlus 模型中提取），因此可以使用普通的图形编辑器来生成建筑几何图形。几个外部热通量模型被提供给不同的物理现象和 HVAC 系统，并且必须用结构良好的输入数据文件（excel 或 CSV）来填充。

7.3.3.4 控制优化技术

如上所述，通过白盒、黑盒或灰盒方法获得的有关系统未来行为的预测，只是 MPC 操作的两个组成部分之一，另一个操作是通过解决优化问题来决定采取何种行动。事实上，优化是建筑控制的主要挑战，因为主要目标，即建筑环境中的能源消耗和舒适度，通常是相互冲突的。

优化是基于一个目标函数的（成本函数），它代表了要实现的最小化的目标。更常见的是，设定两个或更多的往往相互冲突的目标：这个问题被称为多目标优化，其目的是确定目标之间的最佳性能权衡。多目标优化的常见方法包括目标实现法、最小化法和帕累托前沿法。

目标函数本身的表述受几个因素的影响，包括建筑动力学、HVAC 系统、预测模型的类型和细节、系统的可观察性和可控性以及具体的约束和要求。一个常见的例子是对暖通空调系统进行完全建模，并试图通过操纵单个温度设定点来最小化能源使用。在其他情况下，只对建筑围护结构进行建模，其目标是最大限度地减少来自不同 HVAC 系统的输入，因为每个系统都有相关的成本（Picard, Helsen, 2018）。除了能源使用和用户舒适度，其他优化问题可能包括更具体的目标，如货币成本最小化、温室气体排放最小化，或当地可再生能源份额最大化。

仅仅通过减少建筑物中的能源使用并不一定会减少运营成本或排放量：例如，在电价波动的情况下，可以在电价较低时，从电网中获得能源，将其储存为热能或电能供以后使用，即使因负荷转移而损失了一些能源，成本也会降低。现场可再生能源的存在也可以被利用，或在恰当时间出售能源来降低成本，或自我消费将排放量降到最低。这些目标可以通过将能源使用转化为货币或排放成本的可变因素来制定，该可变因素可以被视为模型的预测干扰。

一般来说，适用于 MPC 的优化技术根据建筑的问题表述、模型表示和不确定性是线性还是非线性方面有所不同，一般可以分为两大类：数学编程和元启发式算法。

数学编程技术包括顺序二次编程或混合整数线性规划，二者都已成功使用 MPC 策略进行能源和运营管理。这些问题求解器更适合于求解线性或凸性问题，因此当应用于非线性或非凸性问题时，它们的收敛速度较慢。

对于更复杂的非线性优化问题，如那些考虑到随机事件、不确定性和干扰的问题，基于自然的启发式方法更适合于寻找具有高收敛速度和高效约束处理的最优解，这正是可靠的 MPC 控制器所需要的。

在建筑优化中广泛使用的自然启发式方法是 GA，这是一种受自然选择过程启发的随机技术。该方法通过反复在候选解决方案群体中搜索（由优化变量的基因选择组成的染色体表示），以寻找最适合特定成本函数的解决方案，并通过混合最适合成员的染色体（即优化参数）来完善下一代。

另一种流行的启发式优化方法是模拟退火，其主要操作包括局部搜索，以最小化特定问题的成本函数值。为了避免在收敛到全局最优之前陷入局部最优，模拟退火有时会提出一个增加而不是减少成本函数值的候选解决方案，这种上坡运动根据可配置的接受概率被接受或拒绝（Schmidt，Åhlund，2018）。

PSO 是基于众多候选解决方案的常见优化方法。引力算法根据简单的吸引和惯性规则迭代更新解决方案（粒子）的分布。PSO 只能用于解决单一目标优化问题，而多目标粒子群优化（MOPSO）可以通过制订相互冲突的目标之间的权衡来解决多目标优化问题，如，节约能源和满足舒适性。

在目标函数存在冲突时，多目标最佳化问题通常会产生一组非支配的（帕累托最优）解，而不是单一的最优解。在这种情况下，强度帕累托进化算法（SPEA）在寻找全局最优解方面具有优势，而 MOPSO 算法在寻找局部最优解方面具有优势。最后，将 SPEA 算法和 MOPSO 算法相结合的强度 MOPSO 算法能够有效地解决非线性多目标模型的最优解问题（Afram 等，2017）。

7.3.4　强化学习

强化学习是机器学习的一个分支，专门用于解决控制或顺序决策问题，也是一种应用于建筑控制的有效方法。RL 是数据驱动的，既可以基于模型，也可以不依靠模型，且第二种避免了 MPC 所要求的开发和校准详细模型的烦琐工作。此外，RL 可以利用机器学习领域的最新发展（如 DL 和特征编码）来作出更好的控制决策。基于模型的控制系统的主要挑战在于它们是劳动密集型技术，其开发需要专业知识，且不能重复使用。虽然为汽车或飞机开发校准一个可以广泛应用于同类产品的模型可能具有成本效益，但是每个建筑及其能源系统都是独特的，因此很难推广一个适用于各种建筑物的标准建筑物能源模型。

主要的综合 ML 技术是监督学习和无监督学习，前者是向算法提供即时反馈，使其立即知道其预测与标签数据是否一致；后者不向算法提供反馈，且数据集没有标签。RL 介于这两种方法之间，它接收延迟的反馈，并且其数学模型是基于马尔可夫决策过程建构的（Wang，Hong，2020）。

具体来说，RL 包括一个与特定环境互动的代理，并根据其状态采取行动（图 7.3-8）。此代理试探性地学习，当其采取理想行动则得到奖励。这通常涉及大量的试验和错误，因为它知道什么行动能带来最高的奖励。

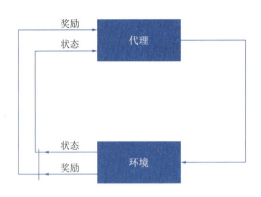

图 7.3-8　强化学习训练循环

典型的 RL 算法中的代理以离散的时间步骤或状态与环境互动。代理通常基于政策决定它将采取什么行动，其目标是在可能的政策中找到最佳政策。具体来说，代理首先观察环境的状态，然后选择一个要执行的行动，并评估获得的新状态和取得的奖励。此后代理根据奖励更新其当前政策，并在新的状态上重复这一循环。此外，代理还会考虑如果遵循当前的政策，它将获得的预期未来奖励，特定的变量会使它或多或少具有前瞻性。

事实上，控制代理不能简单地选择与最高奖励相对应的动作；相反，它需要考虑与新状态相对应的延迟的未来奖励。例如，预冷作用可能导致更高的直接能源消耗，但从长远来看，这一状态可节省公用事业成本。强化学习的优势在于它能够在短期利益和长期利益之间进行最优化的权衡。

在基于模型的算法中，代理通过观察采取某些行动时环境状态的变化来学习环境模型。这些观察被用来估计环境的转变和奖励。一旦算法学习了环境模型，它就可以与规划算法相结合来决定采取什么行动。然而，学习一个准确的模型是很费时间的，并且需要专业知识。事实上，基于模型的 RL 并不是 MPC 的替代品，而是现有 MPC 流程中的黑箱方法。

更有趣的是，无模型的 RL 跳过了学习模型的过程。相反，它的目的是通过试验和错误从与环境的互动中学习政策，以接近最佳政策。许多常用的 RL 算法是无模型的，如 Q 学习和奖励状态行为（SARSA）。至关重要的是，无模型方法通常比基于模型的方法计算成本更低。

尽管如此，训练 RL 控制器对数据和时间的要求很高，即使随着 RL 技术的进步，RL 控制器的尺寸已经缩小。研究发现，3 年的训练数据足以保证 RL 控制器优于基于规则的控制器（Yang, Nagy, Goffin 等，2015）。此外，许多 RL 算法，如 Q-learning，在一个查找表（Q 表）中会表示每个状态—动作相对的值。这种方法对于状态—动作空间较小的问题很有效。然而，当状态和动作的数量增加时，数值就会变得非常大（Mason, Grijalva, 2019）。随着状态—动作空间大小的增长，收敛到最优策略的学习时间也在增长，每增加一个状态或动作变量都会使问题的大小呈指数增长。一种广泛采用的解决方案是用一个函数近似器（最常见的是 DNN）取代 Q 表。这种技术被称为深度强化学习（DRL），可以管理更大的状态—动作空间，从而在处理大量变量时带来更多的可能性（Lissa 等，2021）。与传统的 RL 方法相比，DRL 方法的主要优势在于，DNN 的应用使其有可能实现对极其复杂的问题的高水平控制，如具有连续状态空间或行动空间，而没有表格的约束。在 DRL 中建立了一个更通用的回归模型，而不是维持一个具体的 Q 表来存储所有可能的行动值。在连续控制的情况下，针对不可见的状态，允许采取更稳健和灵活的策略（Du 等，2021）。

当 RL 控制器通过测试新政策和评估结果来学习最佳政策时，一些经过测试的政策会导致不理想的结果，如温度过低或过高。这将导致在 RL 代理评估不同政策的探索初期，其中许多政策都将有一个与之相关的不可接受的高能源成本。一个综合的方法是对控制器进行预训练，使其足够安全和稳健，以在实际建筑中实施。此操作与模拟器一起使用而不是实际建筑，或者参考该领域的常见做法或行业标准作为最佳政策。此外，控制器可以使用由其他优化方法产生的最优策略进行预训练，如 PSO 或基于模型的凸优化，甚至是 MPC 本身。由于模拟器或基于模型的优化仅用于预训练，无论模拟器或模型都不需要非常精确，因为当 RL 在物理系统中实施时将通过微调进一步改善策略（Wang, Hong, 2020）。

在研究中，RL 已经成功应用于建筑能源管理的多个领域，包括 HVAC 控制，其中 Q-learning 是使用最多的算法。通常，RL 算法的环境状态包括一天的时间、室外温度、室内温度、天气预报和占用率等因素，而潜在的行动包括温度设定点、空气流量控制、加热控制和冷却控制。RL 算法的运行也需要某种奖励，而且这种奖励通常是根据能源成本、热舒适度或两者的结合来计算的。文献记述了多种 RL 算法在 HVAC 控制中的成功应用。大多数研究报告称，与基于规则的方法相比，RL 算法的能源节约在 10%左右。最近还有将 DRL 应用于 HVAC 控制的趋势，其表现超过了传统的表格 RL。鉴于 DL 最近获得的成功和关注，这一趋势并不令人惊讶。而在水加热方面，许多研究报告指出，与基线相比，能源减少了 20%左右。

RL 控制器的应用之一是管理家庭能源服务，如电器、照明、光伏、电池等，这本身就是一个复杂的问题，必须管理多种因素以减少总体能源消耗。在以更全面的方式探索建筑能源管理时，RL 算法的状态一般包括一天的时间、温度信息、各种设备的当前使用状态，以及电价、电网负荷和与光伏电池板有关的信息，如太阳辐照度。RL 代理可用的操作主要包括开关设备或电器，以及充电或放电的电池。研究表明，当使用基于模型的控制器实施 RL 时，平均可以降低 50%的能源成本，最高可降低 72%，装有电池和光伏系统的混合电池系统可以更好地节约能源（Mason, Grijalva, 2019）。

关于采用 DRL 方法进行 HEMS 控制，一项包括 PV 自耗优化和室内温度的动态设定点定义的研究表明，通过 PV 自耗优化，在具体设定的范围内可节省高达 16%的能源、负荷转移 10.2%，温度降低 99%（Lissa 等，2021）。

7.4 高级人机接口

用户界面是 BAS 中经常被忽视的一个方面，尽管它在代表建筑用户的需求、要求与建筑控制之间的联系方面具有重要意义。根据 BAS 的功能、涉及的用户类型和允许的控制程度，可以在同一个系统中实现不同的界面。例如，多租户的办公楼可以提供一个有密码保护的中央控制界面，只有被授权的技术人员和维修人员才能进入，与更简单的输入单元相搭配，住户可以在一定的范围内对特定的功能进行控制（例如，房间恒温器、照明、百叶窗控制），而在一个单一的住宅单元中，房主可以控制所有的子系统。

主控接口位于 BAS 的顶层，也就是管理层，通常由通过以太网连接的个人电脑组成，不过系统通常可以通过网络服务器进行远程管理和维护。这些操作工作站可以与网络上的任何控制器和设备进行通信、查询和控制。在管理层提供的主要功能包括控制器和序列的系统编程，监控、控制现场点和设定点，显示系统信息和报告，系统调度，存档分析历史数据，警报，以及用于优化和诊断目的的可视化趋势日志和图表。BAS 系统通常由服务器和操作工作站使用标准操作系统、特定的 BAS 软件应用程序、网络访问和图形界面来进行管理。

现代化的 BAS 软件工具集成了强大的图形功能和集成编辑器，这可以将简单的矢量图形转变为逼真图像以及从 BIM 文件导入的 3D 模型，以创建所需的 GUI。JavaScript 或 HTML5/ccs3 图形包等中间件工具，也可以用来进一步定制每个图形的行为，例如引入实例动画来突出显示系统中的更改或使导航更加容易。例如，通过为每个区域创建一个带有颜色编码的温度、压力、湿度或使用水平的平面图。

除了操作工作站之外，更简单的控制界面可以被内置到控制器和远程设备中。这些通常由较小的、带有按钮或触摸界面的液晶显示器组成，允许住户以较高的管理级别，在设定的策略和逻辑内进行特定的输入。管理和建筑用户层面的界面也可以被复制到移动应用程序上，以便在智能手机或平板电脑上进行操作（Casini, 2020）（图 7.4-1）。

图 7.4-1　触摸式 BAS 接口

最后，BAS 界面最近引入了先进用户界面，其基础是通过文本或语音（聊天机器人或语音界面）与系统进行非正式对话，甚至是通过计算机视觉算法检测的特定手势。这些用户界面也被称为"人类界面"，因为它们更直观、更容易操作。

由于人工智能的发展，BAS 现在可以通过语音控制（语音界面）或书面文本（聊天机器人）来进行操作，这种方式既可以大大简化用户界面，又可以将许多操作活动直接委托给机器，从而节省大量时间。事实上，有了聊天机器人或语音界面，一个简单的文本或口语请求就可有效取代打开不同软件工具、检查数据、查找结果并整合信息，并最终获得答案或符合要求的操作的整个过程。

通过语音控制，可以通过查询 BAS 使获得某些信息或要求执行某种行动成为可能。

所要求的信息可能涉及检索传感器的读数（光线、温度等）、某一天的生产和消费值、设备的开关状态或围护元件的开关状态，或对机器运行的诊断、对消费或成本的预测，或一个可能的状况的结果。

要采取的行动可能涉及开关装置、开闭门窗和窗帘、设备强度水平的变化、启动已编程的周期或情景、安排会议、预订服务、采购货品、发送信息或电子邮件等。

该系统还可以通过编程向用户提供主动的通知，如建议或警报。

无论用户的语音请求是什么类型，这些系统都是基于理解人类语言过程和对消息中所包含的意图的执行操作。通过一些软件可实现这一过程，这些软件可将常规问答查询和人类通常会做的低级工作自动化，通过与用户进行适度复杂的对话，并遵循文本或语音提供的非正式指示，而不是特定任务的命令。

这些软件使用自然语言理解（NLU）、自然语言处理（NLP）和自然语言生成（NLG）的人工智能技术，使计算机能够从日常语言中识别有价值的信息，并确定意图、要求的任务或行动，以及完成任务所需的实体、参数和关键字，直至将结果传达给用户。

传统上，计算机并不能从人类的自然语言中（口头会话、短信、书籍、电子邮件、社交媒体帖子等）提取知识，因为信息是以非结构化数据的形式呈现的，而不是以数据表和电子表格中那种结构化数据的形式呈现的。NLP 使计算机能够在很大程度上处理和提取语言的意义，利用人工智能、大数据和机器学习的进步，通过训练大量的语言数据来训练模型，直到其达到足够的可用性，然后通过学习实际用例来改进它们。

一旦 NLP 理解了用户输入的含义并将其转换成代码,计算机就可以执行它的任务,然后通过利用 NLG 将处理过的数据转换为听起来自然的语言,就像人类在写或说一样,再将结果呈现给用户。

NLP 和 NLG 都是基于算法,从非结构化语言数据中提取规则,并通过使用如语法分析(根据语法规则评估语言)和语义分析(获取语言传达的意义)等分析技术,将数据转换成机器可以理解的格式(Marr, 2020)。

语音界面则更加自然且耗力较少,可以解放双手和视觉去做另一项并行的活动,也可以帮助残疾人在键盘上更有效地写字(我们每分钟可以说多达 200 个单词,而在键盘上写字的情况下是 60 个单词)。它还特别适合那些说话易于打字的语言,比如汉语。

声纹接口系统可以使用 Java 和 Python 等编程语言或由 ML 驱动的 NLU 云平台来开发,如 Google DialogFlow、Facebook wit.ai、Microsoft Azure LUIS、IBM Watson Conversation、Amazon Lex 和 SAP Conversation AI。VA 经过训练,可以识别一系列预定义的短语,在这些短语中,用户可以表达自己的意图,以便在面对不同的语言变化时能够作出正确的反应。此外,多亏了 ML,VA 才能够不断从用户那里学习理解某个请求的新方法,随着时间的推移,甚至在用户不需要念出预定的句子的情况下也能够作出反应。

通过在训练阶段插入所谓的"隐含"句子,如"我很冷"或"我很热",也可与 VA 进行更自然的对话:即使用户说出的句子没有明确参数或提及要执行的行动,它也能理解该怎么做。例如,在听到"我很冷"的语音命令时,系统将询问用户是否想要提高温度。

VA 一旦开发成功,便可以很容易地集成到智能音箱中,并通过明确的关键词激活,如"与 BAS 交谈",加入到音箱本身的激活中(如 HiGoogle,或 Hey Cortana 等)。

信息流规定,用户向智能音箱发出的语音请求被发送到基于云的机器人服务处,并在那里被解释和结构化,以提取意图和上下文变量(图 7.4-2)。然后,该命令通过云网关传送到 BAS 执行器,来执行所要求的行动。所执行的行动的反馈最后也通过智能扬声器发送给终端用户,从而确认用户。

图 7.4-2　声道接口系统的数据流

7.5　智能家居

智能家居(智能家庭/家庭自动化)的概念是指在住宅、家庭某一部门部署先进的 BAS 技术。传统上,BAS 的住宅应用已落后于大型办公室和商业地产,在这些领域,可以通过集中安装来缓解自动化系统的高成本和复杂性,并且可以通过可实现的经济节约规模来抵消成本。此外,第三产业的应用程序可以利用有限的系统灵活性,因为它们处于更严格控制的环境中,如办公综合体或大型零售店,它们需要考虑特定用户和活动,而家庭自动化则需要根据单一用户的需要进行更密切的调整。

近年来,随着 BAS 技术在易于编程、先进控制功能和降低电子产品成本等方面的进步,以及廉价、不引人注目和易于安装的物联网设备在市场上的广泛应用,极大地扩展了市场和智能家居技术的采用,这些技术已成为整个 BAS 部门的重要组成部分。

智能家居市场的增长预计将被物联网技术(开关、定时器、传感器、遥控器和物联网综合家用电器）的日益普及所推动，这些技术简单地依靠居民的智能手机作为控制中心和用户界面，就可以轻松远程监控和操作丰富的家庭功能。消费者的偏好主要集中在家庭安全（视频门铃和监控系统）、语音辅助技术（如 Alexa 和谷歌家庭）和集中式家庭娱乐控制，同时用户也越来越多地采用物联网 HVAC 控制器和 HEMS。尽管有云和移动应用程序的功能，但市场上的传统家庭自动化系统，如 bTicino 的 MyHOME、Gewiss 的 Chorus 或 Vimar 的 By-me，都依赖于统一的 BAS 标准，如 BUS 配对的电缆分配和中央服务器。与无线物联网系统相比，这类系统本质上更加可靠、安全，但其应用需要大量布线和专业的人员安装。这会阻碍改造干预，并对其可扩展性以及与当前和未来第三方产品的兼容性提出疑问。

家庭自动化可以在不同的复杂程度下实现，这取决于不同家庭服务之间寻求的整合程度（Mocrii, Chen, Musilek, 2018）。正如本章所述，家庭自动化在一定程度上适用于较大的 BAS 系统，但对于智能家居尤为重要。事实上，一方面，市场上有大量的消费者物联网系统专注于自动化单一家庭服务，其主要吸引力在于用户自己就可无缝即插即用安装。另一方面，除了零碎地采用相互独立的智能家居系统之外，还需要开发或编制一个总体架构，以整合和利用连接设备的数据和能力，并在方便用户、节省能源和成本以及增加舒适度方面实现全系统效益。

根据智能家居美国节能经济委员会（ACEEE）的定义，典型的智能家居技术特征可以归纳如下（"Skip" Laitner, McDonnell, Ehrhardt-Martinez, 2014）：

（1）网络连接：它可以利用网络向家庭成员、其他设备和其他实体（如能源供应商）发送数据和接收数据；

（2）自动化：它可以根据预设设置来开启、关闭或调整家庭服务，或根据家庭喜好进行学习；

（3）情境感知：它可以通过传感器和其他技术，识别家庭成员和情境背景；

（4）适应性：它可以根据家庭成员的需要改变设置或产品；

（5）交互性：它可以提供警报和通知，并可以通过语音控制；

（6）远程控制能力：它可以通过智能手机或网络应用程序的网络连接来进行远程控制；

（7）个性化的能力：它可以根据需要和愿望对其进行调整；

（8）预测能力：它可以无意识地思考、预测欲望或需求。

智能住宅是减少现有和未来住宅建筑能源消耗的可行措施。智能家庭能够节约的能源占家庭能源使用量的 20%~30%。随着技术的优化、开发和与进一步实施的能源效率机会联系起来，其节约能源的潜力将不断增加（表 7.5-1）。举例来说，在智能家居的普及率达到 30% 的情况下，英国每年潜在的能源节约量可能超过 300 万 t。相应地，日本每年可节省能源 260 万~390 万 t。如果普及率达 40%，美国每年可节省能源约 1570 万~2350 万 t，可增长超过 30 万 t（4E（Energy, Efficient, End-Use, Equipment）Technology Collaboration Programme, 2018）。

住宅建筑：数字技术可能带来的好处（IEA, 2019） 表 7.5-1

技术	描述	潜在优势
智能恒温器	远程（或自动）控制加热和冷却，并根据偏好或传感器输入调节温度	供暖或制冷时能源消耗减少 5%~20%
智能分区	在特定时间加热或冷却单个房间或区域到特定温度	供暖或制冷时能源消耗减少 10%
智能窗户控制	控制允许通过的光量，并可以阻挡热量或冷量	供暖或制冷时能源消耗减少 10%~20%
智能照明（包括占用控制）	远程控制照明，自动化，调整占用率	家庭能源消耗减少 1%~10% 照明能源消耗减少 30%~40%
智能插头	将未连接的产品转变为连接设备	家庭能源消耗减少 1%~5%
家庭能源管理系统	增强对耗能电器和设备的控制和自动化	家庭能源消耗减少 8%~20%

续表

技术	描述	潜在优势
广泛的管理和自动化系统,针对能源效率进行了优化	提供测量、监控、动态基准测试、信息显示、管理、控制、自动化、分区、占用系统、维护管理等技术组合	家庭能源消耗减少30%
智能区域供热	人工智能与传感器相结合,优化公寓楼的区域供热使用	公寓楼能源消耗减少10% 公寓楼峰值能源消耗减少20%

与此同时,智能家居技术将消耗越来越多的住宅能源。例如,国际能源机构(IEA)估计,到2040年,家用电器50%的电力需求将来自连接设备,因为连接设备通常需要长时间开启或处于高功率模式,以维持连接、增加能源消耗,并提供新的功能和服务(例如,预热住宅或运行自动安全程序),这可能导致能源使用加剧和能源需求增加(IEA, 2017)。另一关键问题是智能家居设备网络连接所需的备用能源消耗。尽管一些地区(如欧盟、美国和韩国)已经制定了减少网络备用能源消耗的政策和方案,但是如果不加以控制,家庭和办公室的网络连接设备的能源需求可能从2013年的每年616TWh增长到2025年的每年1140TWh(IEA, 2014)。

总而言之,数据的获取、传输和存储以及远程软件更新都会消耗大量的能量。影响物联网系统性能的其他挑战包括物联网传感器和设备所需的可靠电源、高效的电力和能量存储技术、数据路由的能量需求以及低功耗通信栈的可用性(Lawal, Rafsanjani, 2021)。

智能家居服务

目前市场上的智能家居设备覆盖了广泛的应用领域,具有不同功能、成本和可实现的效益。除了监控,物联网系统还可以操作电器和电气设备、管理HVAC和照明,或者控制单独的电源插座(图7.5-1)。安全应用包括IP摄像头、视频门铃和访问控制的智能锁(表7.5-2)。

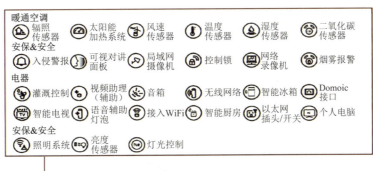

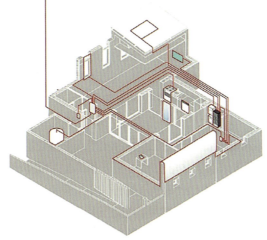

图7.5-1 智能家居连接服务示例

主要的家用物联网设备　　　　　　　　　　　　　　　　　　　　　表 7.5-2

智能功能	物联网产品
室内、室外环境参数监测： 有关空气质量、照明、空气温度、湿度、噪声水平的远程信息	NetAtmo、Nest、Baranidesign
用电： 监控能耗和单个电器、插座、灯的开关控制	Wemo、Parce、Dome、Leviton、Sylvania、iHome、Kasa、Wyze、Wiz
HVAC： 监控室内、室外环境参数和能耗，远程控制。基于学习的自我编程和优化。基于人员存在、不存在的自动操作（地理围栏）	Nest、NetAtmo、Ecobee、Wyze
照明： 远程信息和控制照明设备。 可编程照明场景（客人，派对，家庭影院等）。 例行开机以模拟占用场所（休假模式）： 当系统识别出用户缺席时，集中照明电源关闭	Philips HUE、Signify Interact、Wiz、GE Link、Osram Smart 1、Wyze Bulb、Lifx Mini
电器： 远程监测和控制家用电器（厨房，洗衣房，吸尘器），自我报告周期状态，根据检测到的食物、污渍水平、织物等进行自我编程	LG InstaView、Samsung SmartHome、Candy simpli-Fy、Whirlpool Smart Appliances
供水： 泄漏和洪水检测以及自动断水。 监测冷热水消耗。 监测环境条件和土壤湿度与营养，并自动或远程控制灌溉	Dome、Belkin Phyn Plus
家庭安全： 家庭边界，嵌入实时视频和音频源，事件报告，控制其他智能设备。 远程锁控制、访问和权限远程控制	Wyze、Nest、Ring、Arlo、Netatmo、August Smartlock、Yale

7.6 结论与展望

BAS 旨在控制、集成和自动化大多数（如果不是全部）建筑服务的操作，包括电力系统、HVAC、照明、主动围护结构组件、访问控制、安全和安保系统、运输等，同时允许与建筑物的建筑用户进行不同程度的交互。由于它们在优化建筑运行方面的功效已被证实，在任何大小和用途的资产中实施这种智能系统代表了一种具有成本效益的解决方案，从而使空间更健康舒适，降低能源使用和碳影响，允许根据用户的需求进行调整，并允许实际操作行为与设计阶段的模拟行为密切匹配。在世界范围内，先进的 BAS 应用与日俱增，如今已成为第三产业、住宅或工业用途改造的高效开发和改造的基本特征。更先进的 BASs 可以使用人工智能和机器学习算法，通过使用天气预报、占用率、使用率、能源价格预测和消费者行为模式，极大地优化建筑管理。此外，这些系统和技术如今正变得越来越必要，因为能源系统将使用更多可再生能源并呈现出分布式供应以及需求侧的能源灵活性（例如电动基础设施、现场发电和能源储存）。

在 BAS 中，智能家居是一个特别有趣的发展领域，目前市场上有多种基于物联网的设备，涵盖了广泛的应用：除了监控外，还可以操作电器和电气设备，管理暖通空调和照明，控制单个电源插座，用 IP 摄像机、视频门铃和智能门锁管理家庭安全。人机界面（触摸屏、移动应用程序和语音命令）为零居住经验者提供了清晰、直观、可控的信息仪表板，并具有弥合用户信息赤字和在房屋设备管理中诱导良性行为的额外好处。配备传感器的智能家居还能为更脆弱的居住者提供辅助技术，如老年人或有身体或精神残疾的人，可以提供治疗援助，而无须将病人转移到养老院或医疗机构。来自红外摄像机、麦克风、运动传感器和可穿戴设备（温度计、脉搏血氧仪、心脏监测器）的连续数据流可以被送入 ML 算法，以跟踪重要信号，检测可能的异常情况，如不规则的持续时间和偏离的活动模式或风险情况，从而触发警告或警报。

然而，随着建筑和基础设施越来越多地采用 BAS 和物联网，一个重要的考量方面是它们的预期服务寿命：虽然结构和建筑的设计寿命为几十年（25、50、100 年或更长时间），但建筑应用的数字技术通常会在几个月内继续发展并于几年内就被淘汰。除了性能降低和维护问题，不更新的老系统会使智能建筑和基础设施暴露在网络攻击之下。解决这个问题的唯一方法是对这些系统进行持续更新。然而，在智能建筑中，重点往往集中于应用（例如，控制暖通空调系统）而忽略了数字安全方面。相反，这些系统应该由在设备、自动化和网络安全方面具有独特专长的联合团队来实施。后者构成了日益增长的楼宇自动化市场的一个重要议题，该市场迫切需要得到适当的法规支持。

智能建筑中 BAS 不断增加的数字复杂性和连接性，实际上引起了人们对其保护的严重关切，即防止未经授权的数字访问，并且必须通过实施安全程序、系统管理和持续更新来减轻风险，特别是 5G 的出现有望从根本上增加物联网设备的数量和数据流，预计到 2025 年将有数十亿的设备被连接。除了保护免受网络攻击外，随着互联网连接设备、监控解决方案和能够跟踪记录人们行动和行为的物联网系统的广泛应用，隐私问题也随之产生。在某些情况下，人们甚至可能没有意识到自己被监测了。因此，必须通过设计实施全面的数据保护策略，确保已安装的设备具有内置的安全策略，并通过管理来确保足够的数据允许策略和定期修补程序。

在将 BAS 和物联网功能改造成传统系统时，这些问题变得更加突出。这是一种正常的情况，因为世界上大多数建筑都是在家庭自动化和信息通信技术出现之前建造的，在一些国家甚至是在 HVAC 系统和类似的先进技术系统出现之前。这增加了更多的复杂性和限制，因为将这些新技术引入现有的（通常是有人居住或正在使用的）建筑物和基础设施，通常会带来额外的安全和互操作性问题。

第 8 章

智慧设施管理

8.1 建筑设施管理

8.1.1 建筑维护政策

维护政策是指与制订定期工作计划有关的所有活动,以保证设备正常运行并防止出现重大问题。这些活动包括最佳维护策略的选择以及工作计划和安排。根据干预的目标和方法,维护活动可分为主动式或被动式(Chen, Tang, 2019)(图 8.1-1)。前者的目的是在故障发生前对资产进行干预,后者则在发现故障后进行干预。

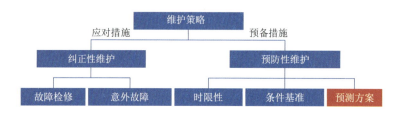

图 8.1-1　主要的反应和主动维护策略

反应式维护(也称为纠正性维护或故障维护)应用最早,包括在检测到故障或发生故障后进行的活动,目的是使一个实体恢复到可以执行所需功能的状态。纠正性维护还包括所谓的临时干预,其目的是在等待实际维护干预的过程中减轻故障,并根据确定的维护逻辑、预算和可用资源,延迟启动故障检测(延迟维护)。纠正性维护是一种成本最高的维护方式,既包括干预费用,也包括由于系统意外关闭而造成的损失。正因如此,随着时间的推移,它已经越来越多地被旨在减少故障率或特定实体运行退化的预防方法所取代。

主动式维护或称预防性维护包括不同类型的维护方式:基于时间(或周期)、基于条件和预测的维护。

基于时间的维护是一种预防性的维护策略,它根据经验进行预测,按照预先确定的时间间隔进行干预以避免工作中断,或者在工作中断不可避免的情况下,通过事先计划将其影响降到最低。尽管这种方法比被动方法要好得多,但它不是最佳方法。在这种策略下,有通过过度维护资产来确保安全和持续工作的趋势,这会造成不必要的经济成本(Ahmad, Kamaruddin, 2012)。

基于条件的维护,也被称为基于诊断的维护,包括根据资产的退化和偏离正常行为的迹象来预测维护活动。物联网和云计算等技术可用于持续监测资产状态,随着这些技术的成熟,异常情况可被更好地检测出来。基于状态的维护方法可以通过人工智能算法来加强,根据详细的状态数据来诊断状态(Ahmad, Kamaruddin, 2012)。

预测性维护,或称预知性维修,是一种在确定了经测量和处理过的一个或多个参数后进行的预防性维护，其使用适当的数学模型计算出故障前的剩余时间。相对于正常运行状态的测量结果的变化可以说明偏差的增加，最终可以预测故障发生的时间。预测性维护通过学习历史维护记录、观察实时数据和预测未来事件，来预测会发生什么故障以及故障什么时候发生。从技术角度来看，预测性维护是目前最先进的，它通过安装物联网传感器来监测和实时传输大量数据，这些数据经计算机维护管理系统（CMMS, Computerized Maintenance Management System）处理后，能够推断出故障发生前剩余时间的适当模型。

8.1.2 计算机辅助设施管理

建筑物维护需要分析和整合多种类型的信息和知识，如由不同主体和来源产生的维护记录、工作单、原因和连锁反应。为了避免错误决定和随之而来的额外费用，设施管理公司需要一个良好的整合数据系统来管理设施中不断发生的变化（Silvestri 等，2020）。

设施管理信息系统包括计算机维护管理系统（CMMS）和计算机辅助设施管理（CAFM, Computer-aided Facility Management）。CMMS 和 CAFM 都有助于管理和记录一个组织的日常维护操作数据库（如资产管理、库存控制、服务请求生成、工单管理），而 CAFM 可提供额外的功能，如反应性维护和计划性预防维护管理、空间和移动管理、资源调度等（Wong 等，2018）。

CAFM 软件协助设施管理人员规划、管理、报告和跟踪维护操作。它通常是计算机辅助设计（CAD, Computer-aided Design）和/或特定设施管理关系数据库软件的混合体（Wong 等，2018）。

设施管理软件工具开发于 20 世纪 80 年代末，在包括医疗、政府、教育、商业组织和工业等各种领域流行起来。如今许多 CAFM 解决方案都是基于网络，并提供包括面向设施的调度和分析技术在内的各种功能。

CAFM 项目可以帮助设施管理人员确保在建筑生命周期的各个阶段以最低成本充分利用每项资产，并支持技术和行政任务，以及规划和管理所需的战略进程。

这些工具通常包括各种可以根据组织的确切要求进行定制的功能和特征，其中可能包括以下内容：

（1）战略规划：通过协助确定空间需求、设备布局、建设成本、环境约束和其他关键的规划功能实现；

（2）空间库存和组织：通过定义和标准化空间属性和元素，并准备资产盘点，包括平面图、位置、尺寸、成本、使用情况、能耗、时长、建筑数据、联系方式、关键设备和基本设施、消防和安全属性等实现；

（3）开展业务：通过监测和管理建筑实现；

（4）保养和维修：通过安排监测日常操作和预防性干预措施实现；

（5）预测：通过预测未来对空间、公用设施或设备的要求，评估规划变化实现；

（6）更先进的、集成的 CAFM 程序具有智能接口、进化功能以及与分析包的连接。

大多数综合 CAFM 系统的常见功能包括以下内容：

（1）交互式关系数据库，专注于设施管理的功能要求；

（2）具有标准 CAD 引擎的交互式图形，能够对布局、计划和其他视觉文件进行基本修改；

（3）数据管理工具，允许使用现有的数据并输出相关分析信息。

越来越多的 CAFM 系统通过连接到资产的 BIM 模型来扩展其操作。事实上，BIM 可以提供一个完全填充的数据集，供 CAFM 工具使用，并在程序中进行编辑，以便在整个建筑生命周期中实现规划修改和维护 FM 模型。

大多数先进的软件，通过 CMMS 将 CAFM 和维护调度与房地产和租赁管理、空间管理、项目管理以及人力资源管理等其他功能领域结合起来。这种多功能的方法被称为整合型职场管理系统（IWMS, Integrated Workplace Management System），其主要目的是使房地产和工作团队与任何工作方式和要求的变化保持一致。IWMS 项目在 COVID-19 疫情期间得到了更多的认可，其中移动办公、高灵活性以及对综合办公空间和日常的重新思考，为那些负责管理和维护工作场所的人带来并加速了新的挑战。

8.1.3 BIM 增强型设备管理

一个有效的 BMM 必须能够综合协调众多不同性质的信息，如系统运行数据、环境参数、成本、材料和结构件的保存状态、项目文件、数据表、手册、合同、授权、检查结果、维护报告和记录等。通常情况下，这些信息包括来自不同地点、系统和参与机构的电子或纸质的二维图纸、电子表格、条形图、现场报告。

传统上，这些不同的信息集（假设它们是完全可用的）是相互独立存储和分析的，因此无法作出完全知情的决策。缺乏整合导致各种信息之间很难甚至不能关联，可能会导致研究和数据分析的资源过度浪费。这不可避免地导致了低效的维护，转向纠正而非预防的方法，管理成本随之增加。延期维护的情况经常发生，最终导致管理和运营设施的总成本增加、计划外更昂贵的紧急维修的发生率增加、需要大量的资本支出的建筑和设备故障、正常的建筑运行受到干扰、用户的生产力下降、设备和建筑部件的保修期失效的风险增加等情况。

在这种情况下，BIM 可以大大改善建筑的运营和维护阶段（Aziz, Nawawi, Ariff, 2016; Krystyna Araszkiewicz, 2017; Matarneh, Danso-Amoako, Al-Bizri 等, 2019）。

BIM 可以在两个方面发挥作用。一方面，BIM 可在设计阶段即插入所有与建筑管理相关的信息，数据丰富的特性使其能够在该阶段就考虑维护需求，从而根据所谓的 7D BIM 方法解决项目生命周期后期的数字进度和成本管理问题（Hu, Tian, Li 等, 2018）。

在 7D BIM 中，每一个与设施管理相关的信息都被整理在 BIM 模型的一个地方。这可以在项目的整个生命周期中显著改善服务质量。通过利用 7D BIM，可以确保项目的每一个元素从移交到报废都能保持最佳状态，其好处包括从设计到拆除阶段的资产和设施管理的优化、零部件更换和维修的简化，以及承包商和分包商维护过程的简化（Chen, Tang, 2019; Nicał, Wodyński, 2016）。

另一方面，BIM 技术有可能为业主和设施管理人员产生显著的价值：为他们提供一个强大的工具，从设施的虚拟模型中轻松检索信息和定位建筑部件，大大简化对所给信息的理解（支持设备管理的 BIM）（Hu 等, 2018）。

事实上，在建筑生命周期的设计和施工阶段，设施管理固有的复杂性可以从 BIM 封装的语义数据中大大受益。建议设施管理使用开发到 LOD500 的 BIM，因为它包含了足够精确的几何构造和信息来支持运营和维护活动，包括工作流程、库存、维护、生产能力、安全协议等。

设施管理人员最常见的问题之一是信息的可获取性，也就是说，他们通常不能方便快捷地获取处理工单所需的信息。通过利用 BIM 整合来自不同建筑管理系统的零散的设施管理信息，并提供一个直观的信息访问界面，可以有效解决这个问题。"支持设备管理的 BIM" 是指 BIM 模型包含自动填充 CAFM 系统所需的设施管理信息（Pishdad-Bozorgi 等, 2018）。

设施管理人员可以利用 BIM 作为知识收集工具，也可以作为记录和跟踪不断变化的维护信息的知识库，以记录和跟踪不断更新的维护信息并支持任一设施在整个运营期间的决策。与传统的 CAFM 数据库相比，BIM 集成可以更快速、更直观地检索信息，分析相关数据，提取知识和分析，以规划维护工作并进行维修。此外，BIM 平台固有的多学科和协作性质，非常适合设施管理，尤其是维护活动，因为它可以帮助不同的利益相关者实时访问和共享信息，明确角色和责任，并与业务伙伴进行沟通。

在设施管理中使用 BIM 的好处包括提供有价值的"竣工"信息、维护记录、保修和服务细节、质量检测、评估和监测、空间规划和能源监测、应急程序、人员安全（Wetzel, Thabet, 2015）、改造规划、减少错误、快速跟踪项目交付时间、减少实施成本，以及提供反馈以消除与设计有关的性能问题（Aziz 等，2016）。BIM 提供了基于对象的三维可视化数据，这对设施管理的数据管理很重要，因为在 BIM 的支持下，基于对象的设施管理系统的数据采集和识别更快、更有效。

为了定制供设施经理或业主使用的 BIM，项目团队应尽早定义 BIM 模型中反映哪些设施管理信息，然后建立一个在设计和施工阶段收集这些信息的系统流程。反之，设施管理人员应预先确定设施管理活动所需的数据，并定义所需的细节程度。这种信息传递可以通过施工作业建筑信息交换（COBie, Construction Operations Building Information Exchange）格式来简化，该格式为捕捉、记录在设计、施工和调试期间创建的项目交接数据提供了一个标准。作为提高维护数据安全性和可靠性的额外措施，BIM 模型可以在移交给业主或建筑运营商的时候在区块链平台内设置。这样一来，该模型就成了建筑和维护信息的认证数据库，确保所有导入和提取数据的准确性，并为资产在其生命周期内的所有操作提供可信的追踪。

一旦准备好所需信息，就必须让设施管理者在需要的时候获取，并直观地呈现给维护人员。这一操作可以通过采用条形码、RFID 和扩展现实（XR, Extended Reality）以及 BIM 来实现，以促进维护和修理活动。

最后，BIM 可以构成创建建筑数字孪生（DT, Digital Twin）的基础，也就是该物理实体及其子系统的虚拟复制品，它由分布在真实物体内的物联网传感器收集的实时数据持续更新。一个成功的数字孪生可以收集项目数据，从操作系统中获取实时信息，实施预测性维护，并为维护和运营方案设计模拟假设场景。

8.2 预测性建筑维护

预测性维护（也称"智能维护""数据驱动维护"或"维护 4.0"），与预防性维护有很大不同，后者只是提前安排维护活动以避免机器故障。而预测性维护活动是根据从传感器和分析中收集到的数据来安排维护，以避免不必要的设备更换、减少机器停机时间、找到故障根源，并最终节约成本并提高效率。通过数据分析，预测性维护的目的不仅是知道发生了什么（描述性维护）或为什么会发生（诊断性维护），而且要预测未来的结果，如故障类型和故障结束预期时间。预测性维修需要确定一个或多个参数来测量和处理，使用适当的数学和 ML 模型，以确定故障前的剩余时间。预测性维护可以使用各种方法，包括对润滑剂的摩擦学分析、振动测量、热成像、吸收电流的分析、异常振动的检测，以及其他方法。与正常运行的预期状态相比，任何测得的变化都可能表明零件损坏数的增加，并最终以足够的准确性和预见性来预测故障发生的时间。广义上讲，预测可以有两种主要类型：横断面预测和时间序列预测。

横断面预测是通过测量已观察到的其他变量来估计未测量的参数。这类分析着眼于在单一时间点上而非一段时间内收集的数据。这种方法包括：

（1）测量通过一个电子元件的电流，以评估其状况；
（2）使用热成像技术检测磨损部件上由摩擦引起的温度升高；
（3）对润滑油进行化学分析，检测其中的金属颗粒以发现发动机零件磨损的原因；
（4）测量振动，以寻找错位、不平衡或轴承损坏；
（5）再次使用热成像技术，检查电缆终端的紧固情况（如果松动，由于焦耳效应会产生热量）。

而时间序列预测，是指预估参数如何随时间变化，测量它们的瞬时值（t）并预测它们在未来时间瞬间（$t+\mathrm{d}t$）的值。这种方法通常会定期收集并处理测量值，并预测未来值。一个常见应用是电池驱动设备剩余电量可用时间的预测，它是根据即时的电量消耗率以及设备的使用方式估计的。在时间序列中，我们可以分析趋势，即长期而言数值的增加或减少；季节性现象会导致数值在一段固定循环时间内发生变化；周期性现象导致数值的增加和减少，其波动时间并不总是相同，也就是说，它们不是周期性的。

总的来说，预测性维修主要进行以下活动：
（1）实时测量所需的物理量；
（2）预测可测参数并计算不可测参数在未来某个瞬间的值；
（3）对系统状态预测中最终异常或故障的识别；
（4）在系统达到临界状态前的预防性和纠正性活动的时间规划。

预测和识别需要应用先进的数学模型，以确保过程有足够的准确性，也就是说，发现故障的同时要避免对功能正常部件的不必要干扰。预测分析中采用的数学模型主要依靠统计回归技术，其主要以函数来表示所考虑不同变量之间的相互作用。可以采用多种回归模型，从简单的线性回归模型到更高级的方法，如自回归移动平均数或自回归积分移动平均数。然而，建立这些数学模型需要广泛的数学知识和维护经验，以有效地将故障原因、解决方案和指标联系起来。此外，这些模型通常针对具体案例，很难推广到类似的一组问题，无法从流程行为中学习，也不包括反馈循环和效率评估技术，因此无法随着时间的推移不断改进（Nemeth, Ansari, Sihn 等，2018）。

这些数学模型的局限性使得 ML 成为进行精确预测分析的首选，特别是在高维问题中，干扰、相互作用和边界条件难以建模。若遇见更复杂的建筑设施和机器，建议采用随机方法（Susto, Schirru, Pampuri 等，2015）。

基于 ML 的预测性维护模型主要可以使用以下两种方法来开发：监督式学习，即在建模数据集中存储关于故障发生的信息；无监督式学习，即拥有逻辑和/或过程信息，但不存在维护数据。对于预测性维护应用，监督式的解决方案更可取，其训练数据集中应包括故障历史、维护和维修历史以及实际机器条件的细节，以确保算法学习到正常的运行方案，以及哪些因素可能表明或直接导致故障（Paolanti 等，2018）。

尽管采用了这种学习方法，但模型的准确性完全取决于所提供数据的质量和数量，首先是在训练阶段，其次是在预测性维护的实际应用中。其中所设想的数据采集方法会直接影响到预测故障检测和维护解决方案的方法。

对预测性维护有用的数据主要可以从系统集成的传感器中收集，这些传感器近年来有了显著的发展，变得更小、更便宜、更可靠，尤其是电池储电量和无线连接使其更容易集成到系统中。可以通过传感器收集的物理参数包括振动、湿度、温度、噪声以及电阻和电流吸收。用于预测性维护的传感器可能与 BAS 功能的传感器重叠，但后者通常是以节能和降低通信成本为主要目的（Aggarwal，2013）。因此，即使有完整的 BAS，也需要额外或不同的传感器。

来自传感器的数据主要用两种技术收集，即基于推送式和基于拉动式的采集，并应始终存储在一个有组织的日志文件中，以便后续分析和检索。基于拉动的数据采集需要程序员定义一个查询，该查询可以按所需的频率自动进行，并将其发送给系统，然后系统将从传感器读数中返回匹配的值。相反，在基于推送的数据采集系统中，只要这些读数偏离了预定的状态或行为，系统就会自主地传输其读数（图 8.2-1）。

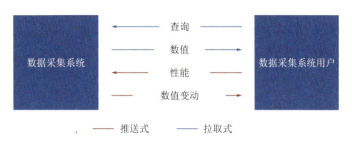

图 8.2-1　基于拉取和按压的数据采集系统

基于拉动的数据采集既允许实时数据采集，也允许间隔数据采集。在实时采集中，数据是连续产生和处理的，没有明显的延迟，目的是预测或检测任何可能推断当前或未来故障的状态变化。该系统会产生大量的数据，因此需要在计算能力、通信基础设施和数据存储方面进行大量投资，以有效处理这些数据。预测性维护系统，或训练中的 ML 模型，会呈现出相当多的信息，但这些信息往往是无用的。而区间数据采集则将数据传输与特定条件联系起来，这些条件通常由一个时间区间组成。虽然这减轻了对通信和计算基础设施的压力，但必须根据监测的过程仔细指定时间间隔，以防漏掉相关数据，导致故障检测的延迟。

8.3　建筑物隐形中的拓展现实

如报告所述，建筑物和基础设施的运行和维护对建筑业十分重要。由于设计和建造这些设施是为了长年使用，这就构成了其生命周期中最长的阶段，并占到总生命周期成本的大部分。当 XR 技术应用于建筑和系统维护，其在执行技术维修任务时提高人员的工作效率、改善维护操作的管理和支持战略决策方面显示出了良好的效果（Palmarini, Erkoyuncu, Roy 等, 2018）。

8.3.1　维护中的虚拟现实技术

虚拟现实（VR）在建筑生命周期的运行和维护阶段的应用主要涉及以下三个领域：

（1）可维护性设计，通过使多学科专家增进对产品的理解和减少返工成本来提高其有效性；

（2）通过补充或取代传统的基于 2D 和基于文本的课程和练习，为技术人员和管理人员提供维护培训；

（3）干预危险或难以到达的地区时进行远程维护操作。

在可维修性设计方面，VR 技术可帮助所有利益相关者在一个完美复制的环境中逼真地模拟每一件设备或产品的维护过程，从而有效地进行设计评审和预测与维护有关的设计缺陷。除了设计团队之外，VR 的可访问性还允许设备经理、技术人员和维护工程师介入项目，模拟日常操作，并在早期设计阶段提供有用的见解。通过与沉浸式环境中的虚拟原型互动，他们可以在产品投入使用前对产品的实际维护情况有一个更明确的理解。与维护过程相关的 VR 互动数据可以被进一步收集，并通过嵌入式算法加以利用，进行定量和定性的可维护性评估。在维修设计中，VR 已被成功用于帮助评估零件的可及性、人机工程学、环境因素（如热或辐射）、疲劳和其他人为因素（Guo 等，2018）。

在培训方面，虚拟现实维护演练可以极大地方便现场任务的后续过程。沉浸式环境有助于形成更深入、无干扰的学习和操作程序。相关的认知益处包括工作记忆发展（信息编码）和提取（信息回忆），VR 训练组在操作时间和维护准确性方面胜过传统 2D 和文本指令训练组（Shi, Du, Worthy, 2020）。研究表明，在提高维修人员的工作效率方面，触觉反馈比视觉反馈更有效，前者有助于纠正操作轨迹、增强遥控任务中的态势感知能力、缩短完成时间并提高操作质量。

最后，VR 可以极大地提高远程操作维护干预的准确性，通过投射来自机载摄像机的 360°视频、密切模仿 VR 控制器传授的指令，以及基于声音、思维和眼睛的控制，VR 的应用能让机器人操作者最大程度地参与到任务之中。VR 远程操作的最先进应用包括用于控制仿生机器人的全身套装，如 VR 外骨骼。

8.3.2　增强现实技术在维护中的应用

增强现实（AR）允许用户用实时叠加的数字信息来增强他们现实世界的视野，这些信息会报告该特定资产的相关数据和维修某个部件的分步说明。这使得 AR 特别适用于支持建筑和基础设施的维护培训和干预，因为它允许实时检索相关信息，并将其无缝整合到手头的实际任务中，同时还可以实现专家或同事的协作支持和远程协助，以改善现场决策。

AR 解决方案可以被整合到以下维护和修理操作中：

（1）维护和维修培训：提供与任务相关的指示，并通过透明的合作与教师密切沟通；
（2）预防性维护：为不熟悉的程序提供实时装配指示、符合性检查表和详细的测试；
（3）纠正性维护：检索服务手册说明，允许远程协助；
（4）维修调度：通过虚拟性能面板和仪表板，实现实时访问数据并进行监测、控制和分析。

AR 解决方案可以通过手持显示器（HHD, Hand Held Displays），如智能手机、平板电脑或专用设备如 Trimble Site Vision（图 8.3-1），或头戴显示器（HMD, Head Mounted Displays），如智能眼镜来实现。智能手机/平板电脑应用程序（XOi、XMReality、Reflekt Remote 等）不需要任何专用硬件，可将图形和文字叠加显示在设备摄像头的视频资料上。然而，需要手动操作的设备对于手工作业来说十分麻烦，因为当工人的手被占用时，他们的注意力必须不断地从手头任务转移到手持屏幕上，而远程支持的效果同样不理想。相反，更先进的 AR 解决方案采用了如谷歌眼镜、爱普生 Moverio、Vuzix

图 8.3-1　使用 Trimble SiteVision 对隐藏实用程序进行 AR 可视化（图片由 Trimble 公司提供）

M 系列或 Realwear HMT-1 等头戴显示器，这些设备可以集成到安全帽等个人防护设备中，更关键的是可以进行信息检索和远程协作，双手使用工具，把注意力放在任务上。HHD 和 HMD AR 设备都是独立的，并且满足现场培训、服务和维护所需的流动性。

各种软件都允许用 AR 来创建和传递数据（UpSkill Skylight, ScopeAR Worklink），其方法包括从显示文字要点到互动的 3D 动画。最简单的 AR 界面是将虚拟箭头和文字叠加到真实环境中。叠加文本信息并不会阻碍视野，同时文本内容更容易创建和更新，但其直观性较差，因此更适合已经熟练操作的人员用于提高维护绩效。另一种有效的信息叠加方式是将与执行检查或其他操作有关的信息通过二维/三维静态模型来叠加。为了提高可获取性，可以在每个阶段的真实环境中播放虚拟动画。根据用户的经验，AR 指导可以在每一个步骤中为他们提供支持，或者提供更多的顶层信息。结合机器视觉和物体识别技术，可以通过检查部件的位置和方向来提供实时的操作反馈并显示警告信息，以纠正程序并尽量减少错误或返工。通过将传统的纸质手册转化为电子多媒体内容，并通过 HMD 将其无缝整合到工作流程中，操作人员就不需要转移注意力，并集中精力完成手头的工作。这样一来，AR 可以减少不必要的眼部和头部运动，改善空间感知并提高生产力，因为在要维护的对象和指示之间交替注意会消耗宝贵的时间并且降低注意力（Palmarini 等，2018）。此外，现在的复杂系统通常会嵌入一系列的传感器，以提供关于功能的信息并进行初步诊断。与在专用电脑上访问这些数据不同，AR 可以通过更接近被维护对象来显示有价值的信息和诊断结果，从而增强这一过程。

AR 更广泛的应用之一是远程维护，即专家和维护者在两个不同地点协作，也被称为"协作维护"或"远程协助"。考虑到目前技术的复杂性，传统的电话远程协助已不再是一个方便的解决方案。基于 AR 的协作软件，如 VSight，可以在"见我所见"的远程合作中，将信息从专家手中实时传递给技术人员。专家和同事可以通过技术人员的设备看到现场情况，并直接传递语音指令、文件，甚至将他们的注释叠加到工人的显示屏上，使资质不够的人能够自己完成复杂的活动，从而最大限度地减少等待更专业团队的时间以及系统停机的时间（Röltgen, Dumitrescu, 2020）。

在维护培训中，AR 具有很大的优势，可以让受训者与真实世界的物体进行交互，同时获取虚拟信息指导，轻松完成培训指令与真实任务之间的映射，而不需要使用单独的外部培训材料，如用户手册。根据 Fitts 的技能习得模型，AR 使受训者通过观察增强的指令来学习任务的基本知识，并在重复执行子任务时发展行为和动作模式，从而从最初的试验中提高他们的技能（Webel, Bockholt, Engelke 等，2011）。基于 AR 的训练的另一个优点是，受训者在执行训练任务时有真实的触觉反馈，因为他们可以与真实的物体互动。

8.3.3 维护中的混合现实

与 AR 技术相比，MR 技术允许在真实世界和虚拟信息之间进一步地集成，后者可以识别和适应前者，允许二维和三维数据与真实物体和空间的无缝混合。MR 是通过特定的头戴显示器实现的，如微软的 HoloLens 或 Magic Leap，它具有立体摄像机和红外传感器，可以连续识别和重建周围的 3D 环境，允许在场景中以最高的精度放置虚拟物体和图形（图 8.3-2）。这种能力使得 MR 成为最适合支持建筑和基础设施部门维护和维修业务的技术。MR 可以执行所有需要 AR 集成的活动，包括远程联合，并且提高了精度和前后交互。除了可视化与维护相关的数据如服务请求、工作订单信息、在用的资产的实时物联网读数、文档或知识库项目之外，MR 还可以按照正确的顺序突出显示零件和操作（螺栓、开关、杠杆、阀门等），并虚拟扩展机器的三维图像，以显示机器的构造及其组件。使用 MR 集成的合作平台如微软 Dynamics 365 远程协助，远程连接的专家可以看到头戴显示器拍摄的第一人称的实时视图，冻结该视频资料的任何场景，并创建注释和 3D 全息图，然后集成到佩戴设备的人的真实世界视图中，与其位置锚定，不受头部运动的影响（Vorraber, Gasser, Webb 等，2020）。

图 8.3-2　通过 MR 将维护中的上下文感知信息可视化

此外，改进的空间感知使设备能够预测用户在建筑的三维 BIM 模型或 DT 中的位置和方向，实现真实比例模型内的第一视角导航辅助（箭头、方向），并有可能显示或询问所有相关数据，包括 MEP 系统、建筑部件以及来自传感器和物联网设备的数据。

通过全球导航卫星系统（GNSS, Global Navigation Satellite System）定位和/或将用户的视角与基于深度学习计算的 BIM 相比较来进行定位，这通常是通过互联网协议在启用图形处理单元的服务器中进行流处理。只要观察者在虚拟空间中被正确定位和定向，空间映射就会利用 MR 设备的三维传感能力，将所需的对象（叠加的文字、建筑元素、隐藏的管道）直观地拟合到 MR 图像上（Baek, Ha, Kim, 2019）。MR 导航对于定位需要维护和维修的目标（电柜、空气处理装置、管道歧管）也十分有用，即使技术人员不熟悉场地，也能引导他们到位置。

从 BIM 模型中精确叠加数据的能力是可以隐藏的，比如墙壁集成管道或者架空管道，在不浪费时间和资源的前提下允许现场干预。这为地下基础设施损坏预防和维护提供了（宝贵的解决方案）。因为地下基础设施的挖掘作业往往会无意损坏现有的地下设施，造成经济损失甚至意外死亡（Palmarini 等，2018）。

8.4　结论与展望

建筑物维护是一项战略活动，其目的在于确保建筑物在一段时间内发挥预期的性能、降低运营管理成本、降低由于维护干预或停机以及故障和破坏造成的成本。

得益于 7D BIM 包括建筑资产运行和维护阶段所需的所有数据信息的 3D 模型，设施管理人员可以利用数据丰富的活体建筑模型，进行数据驱动的主动维护、保修计划和预测性日常运营。随着 BIM 和物联网设备的普及，建筑运营和维护的未来将指向数字孪生技术，它有望通过将建筑转化为一个拥有全面数据和理解的生态系统，彻底改变建筑的管理和维护方式。数字孪生为整个建筑提供了一个准确的、最新的虚拟模型，允许持续监测物理孪生的运行状态，模拟实体行为、识别内外部的复杂性、检测异常模式、反映系统性能，并预测未来趋势以优化操作。它允许进行模拟和假设情景，以预测在现实世界中可能不方便尝试的任何调整结果，为试错和试验提供更大的空间。数字孪生可以与人工智能和机器学习功能相结合，使其决策更加智能自主。经过适当训练的人工智能算法可以持续监测所有相关建筑部件的状态和参数，充分识别预期故障和不利因素，以使管理人员能够及时安排干预措施，尽量减少停机时间和干扰。

增强现实和混合现实技术也可以为维护活动提供实质支持，这些技术能够在用户的视野中为其提供指示、传感器数据或叠加技术方案，并允许免手持通信。此外，集成的合作平台允许远程连接的同事、专家看到由混合现实耳麦拍摄的现场第一视角，并与技术人员积极合作，将注释和3D全息图直接分享到佩戴该设备的人的眼前。这样一来，非专业技术人员及没有经验的用户也可以进行高级维修操作。扩展现实在维护方面的其他优势包括优化培训及室内的逐步导航，这对参观者或消防员等应急人员来说非常有用。

第 9 章

智慧建筑和智慧城市

9.1 智慧城市

智慧城市（SC）的概念出现在 21 世纪初，是关于信息和通信技术如何改善城市功能的想法组合（Batty 等，2012）。

智慧城市是一个能够改善市民生活质量的城市，在一个健康、安全、激励和充满活力的环境中，为文化、经济和社会发展提供持久的机会，而建筑和基础设施是实现这些目标的关键因素（Albino, Berardi, Dangelico, 2015; Zheng, Yuan, Zhu 等，2020）。据欧盟相关报告（Casini, 2017; EU Directorate general for internal policies, 2014; Giffinger, Fertner, Kramar, 2007），智慧城市能够实现：

（1）经济竞争力、创新、企业、经济形象和品牌精神、生产力、就业市场灵活性、国际一体化、转型能力；

（2）公民的社会互动、高素质水平、长期培训、社会和民族多元化、灵活性、创造性、世界主义和精神开放、参与公共生活；

（3）协同行政职能和服务、参与决策过程、公共和社会服务、透明的政府活动、政治战略和观点；

（4）信息和通信技术、现代和可持续交通系统的可用性、本地和国际的可访问性、IT 基础设施的可用性、可持续、创新和安全的交通系统；

（5）高环境质量、自然条件的吸引力、污染、环境保护、资源的可持续管理；

（6）高质量生活、文化、健康和安全、社会结构、健康状况、个人安全、住房质量、教育结构、旅游吸引力、社会凝聚力。

智慧城市的特点是，通过整合技术和基于 ICT 的解决方案，在多方利益相关者与城市市政关系的基础上，对可持续性、公民福利和经济发展采取战略方法。可持续发展倡议可以分为六个主要领域（维度），即经济、环境、生活、交通、公民和治理（EU Directorate general for internal policies, 2014; Lu, Chen, Yu, 2019; Zheng, Yuan, Zhu 等，2020）（图 9.1-1）。

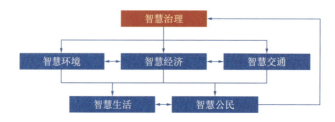

图 9.1-1　智慧城市模型的六个维度

智慧经济是指电子商务，以及数字化带来的经济机遇，包括制造和服务交付、创新和新产品、服务或商业模式。智慧环境包括能源（包括智能能源网、计量、通过信息技术改进的控制和监测、可再生能源）、水管理、绿色建筑和城市规划、城市服务（废物管理、排水系统、公共照明）和效率，以及资源的再利用或替代去改善环境状况。智慧生活是一种利用数字化来改善市民的生活方式，为其提供一个安全、有吸引力和健康的城市，也就意味着在医疗上更能得到保障。智能交通包括利用信息通信技术改善运输和物流的举措。智慧公民关注的是创造力和创新的培养，让工作更敏捷，让人力资源、能力管理以及教育和培训都得到改善。最后，智慧管理是指使用数字技术来改善民主进程和公共服务（电子政务），以便支持和促进更好的政策制定和决策。

在过去的几十年里，智慧城市的概念已经发生了变化：从最初的以信息和通信技术驱动，主要目标是最大限度地提高城市硬基础设施（即交通、通信、垃圾处理、能源、水资源等）的效率，到采用更全面和广泛的方法，主要聚焦在人和软基础设施（即制度、公民参与、社会创新、知识经济、司法等）。

特别是，智能治理工具，如数字民主、开放治理、公民赋权和参与式城市化被认为是智慧城市发展的基础（Meijer, Bolívar, 2016）。数字民主是基于信息通信技术和社交媒体的实施，通过产生更广泛的公民参与和更透明的行政管理来支持政治和政府进程。例如，非营利组织 Apps for Democracy 是一个开放的社区平台，旨在向华盛顿特区提交非紧急服务提案。第一版的民主应用程序在 30 天内产生了 47 个应用程序，约以 50000 美元的成本为城市带来 2300000 美元的价值（Apps For Democracy: An Innovation Contest）。旧金山市使用 Urban EcoMap，这是一种基于互联网的工具，可为市民提供按邮政编码组织的社区交通、能源和废物产生的碳排放信息，帮助他们将可持续性作为决策的一部分。

开放治理是指信息、数据和政府流程向公民提供，以促进他们在城市决策过程中的参与和协作，并促进公民与政府之间主动和开放的沟通。开放治理旨在使城市管理部门对其公民更加负责，从而提高其合法性。

公民赋权提高了公民对他们的决策过程和城市变化的贡献的认识。提供交流和参与的机会，市民感到被要求用自己的时间、精力和想法为城市作出贡献。

最后，参与城市化需要使用信息和通信技术，使公民能够收集并与城市政府分享数据、想法和建议。事实上，社区成员也可能是该城市的专家，他们拥有多种问题的知识和解决方案，通过参与城市化，这些当地的知识和人力资源可以得到有效的利用，而不是从上面强加变革。

在这个变革的框架中，技术创新对于寻找管理资源和提供服务的新方法至关重要。只有通过系统地整合可再生能源、先进材料、创新交通系统、信息通信技术、宽带、地理定位系统、物联网（IoT）、智能手机和平板电脑、社交网络、城市应用程序和城市数据、人工智能（AI）和机器学习（ML）以及数字孪生（DT）等技术，才有可能达到智慧城市的战略目标（Ahad, Paiva, Tripathi 等, 2020; JRC, 2019b; McKinsey, 2018）。

特别是，智慧城市建立在由连接设备组成的智能城市基础设施上，整个城市结构中无处不在的通信服务和传感器技术为市政官员提供了对城市运作的新见解。事实上，智慧城市的大部分潜力依赖于利用这些设备和其他嵌入式技术的数据来驱动一系列新的服务的能力（Zheng 等, 2020）。

智慧城市正在成为物联网最重要的试验场之一，它使城市架构中的任何元素都能成为潜在的数据来源和精细控制手段，从而为城市管理和服务带来大量新的机会（Camero, Alba, 2019 年；国际可再生能源署, 2019g; Jiang, 2020; Lu 等, 2019）。

在这种情况下，智慧城市设计师、基础设施利益相关者、协调者和政策制定者必须在银行、医疗保健和交通等领域开发更安全的网络体系、可互操作的数据交换模型和高效的共享经济平台，并提高服务质量，有效管理多样化的城市活动，以造福智能公民。区块链技术是公认的合适选择，有着诸多的用例，可以使智慧城市克服与广义的基础设施要素有关的众多问题，如技术、社会和金融环境，而这些要素之间缺乏整合（IRENA, 2019e; Majeed, Khan, Yaqoob, Ahsan Kazmi, Salah, 2021; Treiblmaier, Rejeb, Strebinger, 2020）。

区块链具有天然的安全性，可以防止黑客攻击、数据盗窃或篡改，并为其中的任何信息或交易提供一个单一的共享真实来源。这使得区块链成为克服当前敏感智慧城市服务中存在的技术限制和担忧，这些服务包括智能医疗、智能物流和供应链、智能移动、智能能源、智能行政、电子投票、智能工厂、智能家居以及智能教育（McKinsey, 2018）。

所有这些创新都可以用来实现几乎所有智慧城市战略所共有的政策目标，即把可持续发展目标、改善对公民的服务和发展当地经济结合起来，以提供就业和吸引新企业与新人才。在这一努力中，可持续发展计划可以涵盖广泛的目标，包括减少能源消耗，增加当地可再生能源发电，改善废物回收和水的消耗，以及改变交通模式；城市服务可以涉及公共安全，健康和社会关怀，教育，废物管理，街道照明，以及高效的交通系统。最终可以通过监管和法规约束的结合以正确的方式来刺激经济，同时定制激励措施来维持向增值创业活动的过渡。

在经济发展、资源利用、生活质量、时间、成本和可持续未来等新兴城市挑战的刺激下，在 IBM Smart Planet、i-Japan 2015 战略和欧洲 2020 战略等国际倡议的激励下，在过去几年中，智慧城市已经成为一种全球现象，越来越受到世界各地城市领导人的欢迎，他们纷纷宣传这个创新项目，并为城市如何利用技术实现可持续发展目标、促进地方经济发展和改善服务提出了愿景。

在提出智慧城市倡议的同时，也制订了一些立法计划和项目，以支持和执行向更智能的城市和建筑的转变：在城市层面，负责"城市和社区可持续发展"的 ISO/TC 268 技术委员会制定 ISO 37100 系列标准，以帮助城市确定其可持续性目标并制定战略来实现它们。这一核心标准还与一系列关于城市指标的标准相结合，包括 ISO 37120（城市服务和生活质量的指标）以及即将出台的两个标准——ISO 37122（智慧城市的指标）和 ISO 37123（弹性城市的指标）。ISO/TR 37150 引入了全球城市指标、绿色城市指数系列和由 ICT 实现的智慧城市等指标。此外，还制定了一些立法以加强现有的指标，如 ISO/NP 37122"社区的可持续发展—智能城市的指标"（Al Dakheel, Del Pero, Aste 等, 2020; Sharifi, 2019）。

在全球范围内，2020 年智慧城市的市场规模为 4108 亿美元，预计到 2025 年将翻一番，达到 8207 亿美元，复合年增长率（CAGR）为 14.8%（Markets, Markets, 2020）。公共安全需求、城市人口和政府举措的增加推动了这一增长。特别是，智能交通领域在 2020 年已经占到了最大的市场规模，预计在预测期内将以惊人的复合年增长率增长，而视频监控、DNA 表型、实时车牌和面部识别等技术正越来越多地用于公共安全。智慧城市的投资来自于 IBM、微软和思科等科技公司，而阿联酋的马斯达尔城、韩国的松岛国际商业区、纽约的哈德逊广场和印度的德里孟买工业走廊等大型项目作为智慧城市的试验田正在获得全球关注。

虽然许多正在部署的驱动力和技术在世界各地都很普遍，但在经济和政治背景、城市化的历史和未来走向，以及当前和计划中的基础设施投资水平方面，各地区和国家之间也有很大的差异。随着越来越多的城市、国家政府、技术和服务供应商加入讨论，智慧城市概念本身也在不断发展。智慧城市战略越来越关注自身的恢复能力以及气候适应能力，重新关注这些发展并将其与市民的日常生活联系起来，希望进行更多数据驱动的政策制定和运营控制，以及认识到需要共享标准来帮助推动这一项目进入下一个阶段。

超过85%的城市项目专注于整个城市物联网和智能传感器的使用,与市民的设备相连接,以产生数字化服务并提高效率。这些技术可以提供前所未有的数据量,并大大降低收集使用模式信息的成本,使城市政府、雇主和居民能够找到优化现有系统的新方法,例如,鼓励人们在非工作时间使用交通工具,改变路线,在一天的不同时间使用能源和水,并通过预防性自我保健减少医疗系统的压力。有效使用,SC功能可以显著改善生活质量指标,对有代表性的城市地区进行的研究发现,智慧城市倡议减少8%~10%的死亡人数,缩短20%~35%的应急响应时间,缩短15%~20%的平均通勤时间,减少8%~15%的疾病负担,降低10%~15%的温室气体(GHG)排放,并减少20%~30%的水消耗(麦肯锡,2018)。

今天,智慧城市数字模型可以利用并受益于使用不同的通信、网络和计算技术的数据收集和处理,这反过来又引导了包括健康、交通、安全等不同部门的智能服务创新(Ahad等,2020; Camero, Alba, 2019; Jiang, 2020; JRC, 2019b; McKinsey, 2018)。

智慧城市通常在三个智能层上运作,这些智能层相互依存(McKinsey, 2018; Silva, Khan, Han, 2018; Zygiaris, 2013)。基础层是物理和社会基础设施,也与传统城市共享。第一层是技术基础,包括由高速通信网络连接的大量的物联网传感器和设备,以及开放的数据门户和公民自己的智能手机。这些都允许对交通流量、能源消耗、空气质量和日常生活的许多其他方面的变量进行持续读取,并使这些信息可用于决策。事实上,随着物联网的快速发展,数十亿无生命的物体已经变得智能,也就是说,已经配备了传感器和执行器并连接到互联网,例子包括包裹中的RFID标签以跟踪货物运输,全球导航卫星系统接收器引导司机到达目的地,以及智能恒温器在房间无人时关闭空调。随着物联网传感器、处理能力和云存储的成本下降,所有工业领域智能设备的采用量都在增加,预计到2020年,联网设备总数将达到204亿。

第二层由智慧城市的具体应用组成。技术供应商和应用程序开发人员的任务是创建所需的工具,将原始数据转化为警报、洞察力和最终行动。工具可用于多个领域:安全、交通、健康、能源、水、废物、经济发展和住房,以及人员雇佣和社区。特别是,不同格式(文本、符号、数字、视频、图像等)的大量复杂数据的存在,建议使用先进的分析技术,如人工智能和机器学习,以达到最佳决策。深度学习模型在积累了来自多个来源的数据,例如在线天气网站、气象站、出租车探测器等,而后被视为解决城市问题(如空气质量预测和计算,人流预测或水质预测)的最佳方法(Atitallah, Driss, Boulila等,2020)。数据分析是通过描述性、预测性或规范性过程将原始数据单元转化为行动和选择见解的过程中来。描述性分析是对过去的成就进行测量和背景分析,并监测当前的绩效,以便得出结论来改善决策,从收集的数据中提取隐藏的模式,并创建有意义的报告。预测性分析则是基于商业智能技术,允许从大量的历史和当前统计数据中提取模式和发现关系,以便预测和预报行为与事件。最后,规定性分析,比描述性或预测性分析都更先进,可以量化未来决策的影响,然后在决策前对可能的结果提供建议。

第三层是公众使用。事实上,智慧城市的应用只有在广泛采用并设法改变行为时才能获得成功。由于人们需要在城市的日常生活和工作中有效地使用这些技术,用户体验就成为一个关键的成功因素。随着公众对数字技术越来越了解,对无缝体验的期望不断提高,界面本身也需要具有吸引力和直观性。在智慧城市范式中,居民不是被动的服务接受者,而是积极地参与塑造他们的城市运作和资源利用。交通应用已经是改变人们与城市环境互动方式的一个成功案例:人们经常使用交通应用来查看并绕过拥堵路段,车上的传感器自动扣除过路费,智能停车应用直接引导他们到空闲的位置,乘客只需挥动手机就能支付交通费用,且可以从城市的任何地方无缝召唤出租车。

数字城市正在采用一种从规划到执行的数据驱动方法，利用数字孪生来运营城市基础设施、城市规划、可视化和模拟，以支持基础设施的适应力，并加强利益相关者的合作和居民参与（Bibri，2021）。主要的智慧城市应用包括安保和安全、交通、医疗保健、建筑、能源、废物和水的创新服务（McKinsey，2018）。

9.1.1 大数据和机器学习

大数据的巨大扩展以及人工智能（AI）和机器学习（ML）的发展在许多智慧城市可行性方面发挥着重要作用，可以通过各种来源收集的大量数据中提供有价值的见解（Lima, Kimb, Maglio, 2018）。人类生活经历着前所未有的数字化，人们所做的一切几乎都留下了数字足迹，这使得人们可以发现以前不知道的模式和关系，预测未来的结果，从而对下一步该做什么以及如何优化城市服务作出更明智的决定。城市大数据包括不同的格式，如文本、符号和数字，包括照片、视频、对话、活动、文本信息以及来自传感器和智能物体的数据。所有这些数据，经过适当的收集和分析，可以通过人工智能的支持，产生可以提高不同智慧城市服务水平的信息，并帮助决策者计划任何改进（Ahmed, 2019）。使用高级分析和机器学习，可以解决各种运营优化问题，并为中长期战略提供新的见解——例如预测资产何时可用，或如何最好地使用它，以便为公民获取最大利益（Allam, Dhunny, 2019）。

受益于大数据和机器学习的主要智慧城市行动领域包括智能治理、智能交通、医疗保健和智能环境。这些举措可以涵盖从电力分配到运输系统，甚至任何废品的收集（Nuaimi, Al Neyadi, Mohamed 等, 2015; Allam, Dhunny, 2019）。

大数据分析可以帮助政府建立和实施令人满意的政策，因为他们已经熟悉了人民在健康、社会关怀、教育等方面的需求。此外，通过分析不同教育机构的大数据，也可以降低失业比例。

在交通方面，从大量的交通数据中获得的模式可以帮助改善交通系统，例如，通过提供替代路线最大限度地减少交通拥堵，通过分析事故的背景，和驾驶速度等因素，减少事故数量。公共交通路线可以根据需求实时调整，或者通过智能交通灯系统监测和分析交通流量以改善拥堵状况（Zhu, Yu, Wang 等, 2018）。人工神经网络（ANN）是常用于交通流量预测的方法（Khan, Nazir, García-Magariño 等, 2021; Ullah, Al-Turjman, Mostarda 等, 2020）。阿里巴巴的城市大脑系统使用人工智能来优化城市里的基础设施，并帮助中国城市杭州的交通堵塞减少了15%（Beall, 2018）。运输系统产生的数据也可以帮助优化货运，通过减少供应链的浪费来整合货运。智能运输数据还可以带来许多益处，如减少对环境的影响和提高安全性，以及改善端到端的用户体验等。

在医疗保健方面，适当的分析工具可以让医疗保健专家收集和分析病人的数据，这些数据同样可以被保险机构和行政组织使用。此外，适当的医疗保健大数据分析可以帮助预测流行病和疾病，改善生活质量和避免可预防的死亡。针对特定患者的健康问题所积累的信息数量和质量可以通过智能小工具来提高，这些小工具与家庭或诊所患者相关联，以监测行为和了解他们的记录。此外，对大量医疗数据的分析可以使医生在治疗的早期阶段发现严重疾病的警告信号。

在能源服务方面，对从智能电网环境中收集的大数据进行分析，有助于在满足用户需求的同时对电力供应水平进行知情决策，并预测未来的电力供应需求，确定与供应、需求和生产模式相一致的定价计划。大数据和人工智能还可以改善可再生能源发电预测，优化储能运行，维护电网稳定性和可靠性，改善需求预测，优化市场设计和运行（IRENA, 2019c）。

大数据和人工智能在智慧城市中的应用实例在全世界范围内与日俱增（Kandt, Batty, 2021）。

维也纳市实施了人工智能虚拟助理 WienBot，以帮助市民完成一系列操作任务，并提供更多个性化的数字服务。丹麦米德尔法特市正在收集城市房产的能效数据，包括室内气候、能源使用和建筑维护的信息。在瓦伦西亚，停车位的传感器有助于监测容量，并为官员提供关于整个城市停车密度的实时数据，然后可以将其建模为人工智能交通预测。阿姆斯特丹智慧城市计划始于 2009 年，横跨 170 多个项目，旨在改善城市的实时决策，包括可根据行人使用情况调暗的智能路灯、交通传感器和家用智能能源表，产生大量有用的数据来组织若干城市服务。米尔顿凯恩斯（英国）正在与 40 多个合作伙伴合作开展智慧城市倡议，包括监测通过公共场所的交通和人流，以规划公共交通路线、人行道和自行车道。

人工智能和机器学习在智慧城市中的一个特别关联的应用是预测洪水，这是全世界最常见的自然灾害类型，每年影响到全世界数千万人，平均每年造成超过 2000 亿美元的损失。2020 年，美国凯里市引入了一个洪水预测系统，该系统基于沿溪流域各点的水位传感器和几个自有设施的雨量计。利用 Azure 物联网和 SAS 物联网分析等人工智能服务，该系统可以实时可视化洪水事件，自动向雨水处理人员发出通知和生成工作指令，并与区域合作伙伴共享数据。然后，对收集到的数据和历史上的数据进行人工智能分析，以建立一个预测性洪水检测和管理解决方案的模型，通过整合天气预报数据、测量水和雨量的实时传感器数据，更好地识别异常情况，如水位上升，从而对凯里市内和下游周边城市的洪水事件发出高级预警和预测。

9.1.2 智能电网

过去的二十年里，随着能源需求的增长和具有灵活性、服务可靠性、可再生能源和电动汽车充电系统的整合等新需求的增长，目前的集中式能源生产和分配模式已无法有效地满足。多年来，所有住宅、商业和工业部门的消费者需求，导致了一个尺寸过大还未优化的能源系统，其中 20% 的发电能力处于待使用状态，仅在大约 5% 的时间内用于满足峰值需求（Haider 等，2016）。此外，这种电网冗余并没有转化为更高的供电可靠性和质量，能够始终保持恒定的电压，避免局部和大规模的停电。此外，可再生能源在电网中的大规模整合，对于快速过渡到低碳和气候适应性经济是必要的，但也带来了技术问题，特别是对电网运营商。第一个问题是，分散生产的插入导致了传统上只为单向输送能源而设计的网络的双向运行。事实上，目前的网络基础设施的建设并不允许许多分布式的馈电点，而且通常情况下，即使在本地（分配）层面允许一些馈电，传输层面的基础设施也无法容纳。第二个问题是，由于可再生能源渗透率的逐步提高而引起的网络不平衡。分布式发电的快速波动，例如由于阴天或大风天气，给电力工程师带来了巨大的挑战，他们需要通过改变更可调度的发电机（如燃气轮机和水力发电机）的输出来确保稳定的电力水平。为了应对这些新出现的挑战，并保证网络的有效运作，有必要实施新的"智能电网"，它可以智能地整合所有与之相连的用户的行动：发电机、消费者和同时从事这两项工作的准消费者（表 9.1-1）。

数字化使能源系统的预期结构变化成为可能　　　　　　　　　　　　　　表 9.1-1

能量系统	过去	未来
生产	少数大型发电厂	许多来自可再生能源的小型发电商
市场	集中，主要是全国性的	分散，忽略边界
传动装置	基于大型电力线和管道	包括小规模输电和区域供电补偿
分配	从上到下	两个方向
消费者	被动，只有付出	积极地，参与系统

智能电网是配电网络和信息网络的整合，目标是保证智能电力传输，能够确保经济高效、可持续和可靠的电力系统，具有低损耗和高水平的供应质量和安全性。特别是，智能电网采用创新的产品和服务以及智能监测、控制、通信和自我修复技术，以实现：更好地促进各种规模和技术的发电机的连接和运行；允许消费者在优化系统的运行方面发挥作用；为消费者提供更多的信息和选择，使他们能够使用他们的供应；部署和整合分布式能源资源，包括可再生能源，大大减少整个电力供应系统的环境影响；满足未来需求增长，提高现有系统的可靠性、质量和供应安全水平。

智能电网由几个部分组成，可以实现信息和电力的双向流动以及先进的运行和管理，其中包括计量、通信（关于电网运行和状态）和配电自动化的智能技术、智能电器和消费设备、可再生能源、电力储存设施和避峰技术，包括插电式电动汽车和混合动力汽车以及蓄热空调（Dileep，2020）（表9.1-2）。

能源价值链的数字化 表9.1-2

生产	传输和分配	消费
再生预测 发电厂自动化控制 优化市场设计和运作	保持电网的稳定性和可靠性 优化的能量存储操作 优化市场设计和运作	分布式能源资源的聚集和控制 需求侧管理的自动化 互联微电网的运行 优化市场设计和运作

设计智能电网设想将数字处理和通信应用于电网（数字层），使数据流和信息管理成为电网运行的核心，并需要对配电模式（从集中式到分散式）和业务流程进行改造。ICT 基础设施可以是一个临时网络（光纤、GPRS 等），或者利用电网本身从安装在其中的传感器收集数据并传达信息（如电力线技术）。智能电网的建立需要无处不在的设备来监测、检查和控制整个电网，其中不同类型的传感器和电表被部署在发电厂、输电路口、配电区域，最后在用户端。因此，智能电网最关心的问题是连接这些设备，高速控制它们，并最终以连续的方式监测它们的数据反馈。物联网和 5G 等技术使智能电网得以快速发展，因为大部分信息通常在云服务器上存储和处理。机器学习技术可用于获取和预测与价格波动、负荷预测、故障检测和网络攻击有关的信息（IRENA，2019c；Reka, Dragicevic, 2018; Shi 等, 2020）。特别是，可以采用人工智能工具来评估智能电网的安全性，即电力系统在不中断客户服务的情况下经受住即将发生的干扰（突发事件）的能力的风险程度，以及评估和预测其稳定性，即使在受到系统干扰后仍能保持与连接机器的同步性、所有总线的稳定电压和恒定频率的能力。一旦成功预测了未来的结果，智能电网本身就可以预先作出反应，将任何干扰对连接服务的影响降到最低，如果预防措施不成功，就部署紧急措施，如超负荷，则发电机跳闸，或控制系统分裂，以恢复系统的安全状态。关于故障检测、分类和定位，基于行波和阻抗模型的传统方法不适合以 DER 和 VRE 为特征的智能电网，而基于人工智能的算法如果经过足够质量和数量的数据训练，可以获得满意的性能。

在商业模式方面，自发电的能源消费者和公民能源社区在购买和向电网出售电能时可以根据能源价格做出应对，并使新的市场参与者（如聚合者和能源服务公司），为消费者提供新型服务，以调整其消费并利用这种新的灵活性。总的来说，智能电网的发展和采用有望逐步将能源供应行业从基础设施驱动转向越来越多的服务驱动（Niesten, Alkemade, 2016）。在消费者方面，为了充分利用智能电网提供的机会，建筑能源系统应与先进的管理基础设施相结合，以获得智能电网优化建筑（SGOB）。它不同于零能耗或低碳建筑，因为它的设计和功能优先考虑与智能电网的双向电力交换的技术经济优化，而不是单纯的能源效率和能源节约，主要关注储能系统（Andreas，2018）。

在这种情况下，完成智能电网优化建筑和智能电网之间完全实现整合的两个关键因素是采用智能电表和部署微电网技术。

9.2 智能能源基础设施

为了向零碳的未来转变，智慧城市必须通过关注三个主要领域来发展综合能源系统（IEA, 2017, 2021; IRENA, 2019j, 2019l; IRENA, 2021c, 2021d, 2021e; JRC, 2019a; WEF, 2021）：

高效互联的建筑群，将被动策略和高性能低碳建筑材料与分布式能源共享和智能管理系统相结合（IRENA, 2021c）。

与电动汽车充电站完全整合的智能能源基础设施，以促进能源基础设施、建筑物和电动汽车（EV）之间的无缝互动，并确保成本效益和安全的电力分配网（IRENA, 2019a, 2019j, 2019k; IRENA, 2021d）。

这种智能能源基础设施的一个主要特点是灵活，而灵活又基于五个关键的技术选择：供应方的灵活性（如新的灵活发电厂）、需求方的灵活性（如部门耦合）、存储的灵活性（如电池）、电网基础设施（如传输扩展）和改进的操作（如更有效的水热协同优化）（IRENA, 2019a; IRENA, 2021d）。特别是，电力储存有可能大大改善能源基础设施的系统范围内的运行。随着电池技术越来越实惠，国内用户，特别是拥有太阳能光伏系统的家庭，正在大规模安装电池，而配电网运营商正在转向使用中等规模的电池，以避免电网升级，支持部门耦合的电力—X 应用正在出现（电力—热能和电力—氢气），具有以不同形式存储能源的巨大潜力（IRENA, 2019j）。

整个公共和私人服务部门将需要先进的计量基础设施（智能电表），以实施需求优化和效率改进。建筑自动化和能源管理系统将能够对来自电网的信号作出反应，如能源和水价。电力、天然气和水的读数将加入从街道照明、废物管理、停车场和其他物联网应用中收集的数据，在共享数据平台中进行整合和交叉分析。各种研究已经证实了主动网络管理的经济效益：特别的是，与其他必要的电网扩建相比，主动的可再生能源整合非常有竞争力，可以节省 40%的费用（IRENA, 2019j; JRC, 2019a）。

智能电网是新一代的能源分配和传输基础设施，其原生设计或改造是为了更好地适应当代和未来能源市场的具体需求。这些结合了能源网的传统元素，如中央发电厂，以及包括可再生能源、公用事业规模的电池、分布式能源发电、多部门耦合和智能电表等新技术。智能电网的特点是在管理进出消费者的能源流方面具有高度的灵活性，这在很大程度上是通过广泛的数字化实现的，同时也开启了新的市场和商业可能性。

微电网是智能电网的一个特殊应用，它包括综合能源基础设施，将能源生产（主要是分布式可再生资源）和能源消费结合起来，并被设计为能够在自我维持的基础上运行。它们依靠可再生能源发电、智能开关和保护装置、控制器和储能。设备当连接到主智能电网时，微电网可以通过提供频率响应、减少电网拥堵和负荷管理来提高其灵活性。

在这种情况下，技术和通信协议之间的互操作性是至关重要的，因为面临的挑战是将收集到的数据不断转化为对公民和市政官员有用的知识，以提供更好的决策，如在哪里投资新的能源基础设施或何时安排智能设备。互操作性在能源领域也特别微妙，因为由于电力系统的规模和经济性，任何操作、架构和功能上的失败都会带来高昂的成本。ETSI定义了四种类型的互操作性：技术互操作性，定义为涉及硬件和软件组件的状态，使基础设施之间能够进行通信；语法互操作性，涉及数据格式和需要传输的消息的形成方式；语义互操作性，确保收到的信息被所有涉及的应用程序正确解释；组织互操作性，涉及组织通信和交换有用数据的能力（JRC, 2019a）。除了推广分布式能源资源（DER）和楼宇自动化系统（BAS）等技术外，还应该部署智能电动车充电设施，并与电网整合，充分发挥电动车的灵活性，同时确保能源系统的稳定性。事实上，一方面随着流通的电动车数量的增加，其充电模式可能会扰乱配电网的运行，造成电力需求的快速激增，导致电网高度拥堵；另一方面，连接的电动汽车可以为电网和建筑物提供额外的存储容量和服务，使系统成本得到节省，并更容易整合更高份额的可变可再生能源。事实上，与其他汽车一样，电动汽车通常在其生命周期中95%的时间处于停放状态，这有可能使每辆电动汽车成为一个并网储能单元，为电力系统提供具有吸引力的灵活解决方案，同时减少峰值负荷，并降低充电成本。据国际可再生能源机构称，智能充电可以大大降低峰值负荷，从而避免电网加固，其成本仅为加固电网总成本的10%（IRENA, 2019j, 2019k）。

在这些使能技术中（表9.2-1），物联网、人工智能和大数据以及区块链等数字技术在很大程度上都支持电力部门的转型，其方式包括：对资产及其性能进行更好的能源监测；更细化地实时管理和控制；实施新的市场机会以及颠覆商业模式（表9.2-2）。事实上，数字化是能源部门演变的一个关键放大器，因为它能够管理大量的数据，优化有许多小型发电单元的系统，加强通信和控制，并在未来实现基于区块链技术的自动化智能合同。

电力部门的赋能技术创新　　　　　　　　　　　　　　　　　　　　表 9.2-1

创新领域	数字技术
电力储存	公用事业规模的电池 电表后（BTM）电池
终端使用部门的电气化	电动汽车智能充电 可再生能源转化为氢气
数字技术	物联网 AI和大数据 区块链
新电网	智能电网 微电网

BTM，电表后；EV，电动汽车；IOT，物联网；AI，人工智能

电力系统中新兴的数字应用　　　　　　　　　　　　　　　　　　　表 9.2-2

	能量生产	能量传输	能量分布	能源消耗
当前的数字化水平	早期阶段	先期阶段	早期阶段	早期阶段
设想的步骤	更新发电厂，自动电网控制	优化操作的高级算法	电网全自动化 稳定性、优化	快速行动的聚合需求响应，虚拟发电厂
数字应用	预测性维护 可再生能源预测和交易 通过自动化控制增强灵活性	预测性维护 保持电网的稳定性和可靠性	预测性维护 保持电网的稳定性和可靠性 管理分布式能源资产以平衡电网	微电网运行，点对点易需求侧管理

除了释放多种新的能源服务外，分布式发电和使能技术可以成为有价值的数据来源。关于消费者模式、负荷状况、电力系统中各部件的性能、故障和失灵的详细实时信息，成为更好地规划和系统运行的知识。对历史能源负荷模式和行为的研究也加强了对分布式资源的电力生产和消费的预测。这些特点可以减少与较高份额的可变可再生能源相关的不确定性和风险，并在不增加运行成本的情况下促进其采用。

显然，通过可再生能源发电的日益分散化和数字技术带来的可能性，正在重塑由公用事业公司运营的物理能源系统和能源消费者之间的动态关系，模糊了能源生产和消费之间的传统界限。

此外，结合建立在这些技术上的新商业模式的创新解决方案，以及新的法规和配电网络的创新系统操作实践，为城市提供了一个独特的机会，从技术和制度上重新审视他们与国家能源系统的关系。传统的模式是由公用事业部门提供能源或燃料，客户支付款项，只有少量的信息交流，而今天，更动态的商业模式变成可能。能源、付款和信息可以通过建筑、交通和电网全方位流动，从而实现更强大的需求响应（DR）计划、使用时间（TOU）和定位定价以及储能服务（IRENA, 2019j）。

整个能源部门的日益数字化、分散化和电气化有助于扩大专业消费者的概念和实践，即用户既是消费者又是能源生产者，他们通常使用小型光伏系统发电。专业用户自行生产能源有可能补充公用事业的传统作用，为可再生能源的高渗透率释放系统的灵活性，但同时要求监管制度在未来的监管和市场设计中协调这一更广泛的参与者。其他新出现的参与者是聚集者，他们将分布式电源，包括专业消费者，捆绑成一个虚拟的发电厂商，他们有资格在批发电力或服务市场进行交易。由智能电表和数字化促成的主要新的专业消费者商业模式包括（IRENA, 2019a, 2019d, 2019h; IRENA, 2019j）：

（1）点对点交易平台，其运作方式类似于 Uber 或 Airbnb 等资源共享平台，创建了一个能源在线市场，消费者和分布式能源供应商可以进行点对点交易。

（2）能源即服务模式，是指从销售能源到向客户销售服务的转变，如需求管理、支持客户使用分散式发电和储能、通过本地网络交换电力、提供节能建议、提高舒适度和安全性的措施以及其他服务。

（3）边远地区容易获得的移动支付技术促进了现收现付模式，对终端用户来说，分布式发电机（如屋顶光伏）是负担得起的，他们直接支付订购的服务，通常是以一揽子电器和相关电源的形式，而不是定期、固定的付款，使可再生能源甚至在离网地区也能获得。

（4）社区所有权模式，其中与能源有关的资产由集体拥有和管理，允许社区成员分享可再生能源发电厂的利益，即使他们不能或不愿意在自己的土地上安装发电厂。

另一个可能与城市高度相关的创新解决方案是在当地创建灵活市场：在这些市场中，公用事业运营商可以灵活运营一个在线市场，该市场汇集了分配层面的所有可用资源。各利益相关方正在英国和德国进行试点（IRENA, 2019j）。

微型发电社区模式（图 9.2-1）（IRENA, 2019e），是分布式可再生能源和区块链等新数字工具带来的潜在破坏中的典范。在微型发电社区模式中，市场调解通过区块链连接的智能合约在中央到邻里的能源储存中进行。能源从生产者那里被送出并被储存起来，直到有消费者索取它。当能量被送到中央储存库时，与每个生产者相连的智能仪表会持续测量注入的能量，在预定的能量被送到储存库后，将虚拟能源币授予相应的消费者。相反，电网的智能合约将能源币作为输入，然后释放与发送者所支付的款项相对应的能源。这样的系统允许联盟的专业消费者生产能源，为当地的能源消费储存能源，向电网释放多余的能源，并收到虚拟币作为回报，转让这些虚拟币或兑换成电网或社区本身的能源。区块链的使用确保了智能电表和电网被认为是可信任的一方，而且产生和赎回能源币的协议是透明的，可以由任何相关方进行验证（JRC, 2019a）。

最后，将人工智能和机器学习整合到智能电网管理系统中，为最大限度地提高日益数字化的能源系统和市场的效率提供了一个很好的机会，其中高比例的可变能源来源动态地与能量存储系统和其他区段耦合技术相连，以使效率最大化。然而，为了实施具体的创新解决方案，在部署智能能源基础设施的同时，还必须更新当前的市场设计和监管，以及资产和系统之间的互操作性的智能电网协议（IRENA, 2019c, 2019j; JRC, 2019a）。

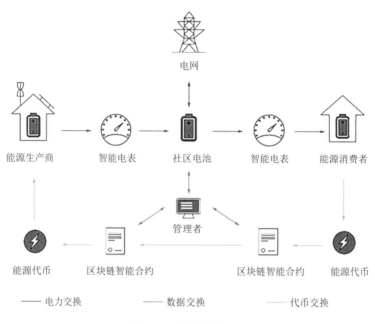

图 9.2-1 微型发电社区

9.2.1 智能电表

智能电表使用电子通信形式，能够发送和接收用于信息、监测和控制的电子数据，并为能源系统及其最终用户带来一系列好处，迄今为止，电力系统的最终用户在系统中是被动参与者。智能电表允许引入新的服务，允许消费者更多地参与，他们已经开始在能源的使用和管理中发挥重要作用（Avancini 等, 2019）。

智能电表的采用已经被全球多个国家和地方行政部门所推动，大量进入美国和欧盟等关键市场。2019 年美国电力公司安装了约 9480 万个智能电表，其中 88%为住宅客户安装（美国能源信息管理局，2020 年）。在欧盟，预计到 2020 年将安装 1.23 亿个智能电表，相当于 43%的安装率，预测 2030 年达到 2.66 亿个，安装率为 92%。迄今为止，智能电表已被证明是一种方便有效的解决方案，平均成本为 180～200 欧元，每个计量点平均可节省 270 欧元（分布在消费者、供应商、配电系统运营商等），根据试点项目的数据，平均节能率至少为 2%，最高可达 10%（Tounquet, Alaton, 2020）。

智能电表也被称为双向或 AMI（先进的计量基础设施）电表，代表了传统的单向或 AMR（自动读表）电表的实质性发展，后者只允许公共事业公司自动读取客户的消费情况以进行计费。

智能电表必须配备正确的功能，例如在电力指令（欧盟）2019/944 中给出的功能，其中应包括准确测量实际用电量和从有效客户处输入电网的电量，向最终客户提供实际使用时间的信息，通过标准化接口或通过远程访问提供有效的历史消费数据，以支持自动能源效率计划、DR 和其他服务。因此，连接性是将智能电表收集的信息传达给运营商所在地（头端网络）的关键技术：应用技术主要采用电力线通信（PLC）、以太网或无线网络。几个智能电表可能是同一个局域网的一部分，通过一个集线器连接到除头端外的接口显示器。此外，局域网还可以让暖通空调系统和设备与智能电表进行通信，并从那里与公用事业运营商本身进行通信，尽管目前的几个标准仍然阻碍了互操作性。

9.2.2 微电网

微电网是分散式智能电网的进一步发展，包括一个更小、更本地化的基础设施，使能源更接近能源的使用地点，通过减少配电能源损失来提高电力系统的整体效率（IRENA, 2019h）。微电网可以被概括为一个低压能源分配系统，相对于主电网而言，它是一个单一的可控实体，其特点是存在 DER、灵活负载和储能设备（Saleh, Esa, Mohamed, 2019）。通常情况下，微电网被应用于偏远的、与主电网连接不可行的地方，它们总是独立运行（岛屿模式），尽管最近微电网应用的例子包括医院、大学、数据中心、军事基地和机场，这些地方使用微电网来整合现场发电（常常使用热电联产）和本地化负载。住房社区也在部署微电网，在用户之间分享分布式可再生能源和储能设施，涉及多达数千个家庭（Alilou, Tousi, Shayeghi, 2020）。

并网微电网已被指出是一种经济、便捷的解决方案，具有若干成本优势，主要与以下因素有关：

（1）实现需求响应战略的可能性，其中微电网根据公用事业的指示或激励措施调整其与主电网的交换。

（2）将微电网内产生的电力卖给主电网的可能性。

（3）在不同连接的微电网之间建立本地能源市场，以利用和补偿彼此的 DER 和储能设施。

（4）增加能源弹性，因为微电网内的发电和储能允许在停电时提供冗余和备用电源（Stadler 等，2016）。

关于后者，事实上微电网的主要优势之一，是不仅能够在连接主电网的情况下运行，而且在停电或预定电力中断的情况下，能够以孤岛模式断开连接（Saleh, Althaibani, Esa 等，2015）。这是通过一个独立的微电网控制器来实现的，该控制器监测共同耦合点（PCC）的状态，即主电网和微电网的连接点，并在主电网发生电力干扰时隔离微电网，确保两种模式之间的平稳过渡，并在有意和无意的情况下尽量减少负荷中断。

这些微电网的发电通常由可再生 DER 主导，其性质是不稳定和不可调度的；因此，需要适当的控制、断电和保护，以确保足够的电能质量。在电网连接时，事实上，微电网的频率和 PCC 电压主要由稳定的主电网决定，DER 不积极参与电压或频率调节，而只是优化以支持本地目标。相反，在孤岛模式下，微电网控制器必须通过控制 DER 和负载设定点，自己进行电压和频率调节（Stadler 等，2016）。

全球微电网容量在 2019 年达到 3.5MW，预计到 2028 年将达到近 20MW（Guidehouse Insights, 2019），随着 DER 价格的下降和人们对电力可靠性问题认识的提高，由于气候事件、网络攻击和其他威胁的增加，安装步伐加快。

一个众所周知的微电网连接的例子是加州索诺玛谷的石缘农场，这是一个占地 16 英亩的酒厂，其设施包括一个微型涡轮机、光伏发电厂和电池堆，以及一个氢气电解器，将过量的电力转化为氢气，为现场车辆和燃料电池蜂巢供电。先进的微电网控制和电力自给自足允许在 2017 年加州野火期间将农场疏散并与主电网断开超过一周，维持基本功能，如为灌溉泵和酒窖流程供电。

9.2.3 氢气在去碳化中的作用

氢气是一种清洁能源载体，可以在全球能源向零碳过渡中发挥重要作用，因为加速部署可再生能源与氢气生产和使用之间存在重要的协同作用（IRENA, 2019b）。

在过去的二十年里，关于氢气的研究不断发展，注意力从汽车行业的应用转移到难以实现碳化的部门，如能源密集型产业、卡车、航空、航运和供热应用。在最近几年，氢气的增长受到了来自可再生能源的氢气供应成本下降和减少温室气体排放的紧迫性的刺激，许多国家开始采取行动使其经济脱碳，特别是能源供应和需求。氢气可以在以下几个方面对去碳化作出积极贡献：

（1）它可以帮助解决各种关键的能源挑战，为一系列部门提供去碳化的方法，包括密集型和长途运输、化学品、钢铁等，它还可以帮助改善空气质量，加强能源安全，并提高电力系统的灵活性。

（2）它是一种自由的能源载体，可以由许多能源生产，因此在供应和使用方面具有多样性。

（3）它可以用来生产合成燃料——甲醇、喷气燃料、甲烷和其他碳氢化合物——通过化学过程，从排放流、植物和动物中获取碳源（CO 和 CO_2）或直接从大气中获取碳源，反过来可以用来直接替代其化石燃料。

（4）它可以使可再生能源通过减轻其可变输出（如光伏和风力发电），提供更大的能源供应份额。氢气有望成为一种低成本的选择，可以在几天、几周或几个月内储存大量的电力，甚至可以远距离运输。

大规模采用清洁氢气和氢气衍生燃料可能反过来引发对可再生能源发电需求的大幅增长。2021年年初，在全球能源转型中清洁氢气的广泛使用正面临着几个挑战：

（1）氢气仍几乎完全由天然气和煤炭供应，其作工业用途生产的二氧化碳年排放量相当于印度尼西亚和英国的排放量之和。

（2）用低碳能源（如可再生电力）生产氢气的成本非常高，尽管正在迅速下降。

（3）氢气仍主要用于炼油和生产氨，而在运输、建筑和发电等能够对清洁能源转型作出重大贡献的部门几乎完全没有。

（4）氢气基础设施的部署是困难和昂贵的，阻碍了广泛的采用，需要进一步开发和部署新的和升级的管道以及高效和经济的运输解决方案。

（5）清洁氢气行业的发展也受到现行法规的限制，因此政府和行业必须共同努力，确保现有法规不会成为投资的不必要障碍。

如今，每年生产约1.2亿t氢气，其中三分之二是纯氢，三分之一是与其他气体混合。根据国际能源署（IEA）的统计，这相当于14.4EJ的能源，约占全球最终能源和非能源使用的4%。大约95%的氢气是由天然气和煤产生的，大约5%是通过电解生产氯气的副产品。在钢铁工业中，焦炉煤气也含有很高的氢气份额，其中一些被回收。目前，没有大量的可再生资源的氢气生产。

绝大多数的氢气是在工业中现场生产和使用的，其中氨的生产和石油提炼占氢气使用量的三分之二。氨被用作氮肥和其他化学品的生产。在石油精炼厂，氢气被添加到较重的石油中，用于生产运输燃料。关于氢气的非工业用途，住宅部门越来越多地采用燃料电池将氢气和氧气转化为电能，氢能委员会设想到2025年将有3000个加注站，这将足以为大约200万辆FCEV提供燃料（表9.2-3）。

氢气的主要终端用途　　　　表9.2-3

部门	应用	
工业	炼油 甲醇生产	氨气生产 钢铁生产
电力生产	氨气在煤电厂的共烧 燃气轮机和燃料电池中的氢气和氨气 大规模的能源长期储存	
运输业	氢气在燃料电池电动车中的直接使用，主要是汽车和卡车 通过氢基燃料间接用于卡车、航空和航运的内燃机 在非电气化轨道上运行的FC列车	

续表

部门	应用
建筑业	用氢气混合或替代甲烷 在燃料电池中直接使用氢气（与热泵相配） 氢气锅炉
	燃料电池电动汽车

据报道，几乎所有的氢气仍然是由化石燃料生产的，使用蒸气甲烷重整（SMR）或煤气化的甲烷，没有二氧化碳捕获（所谓的灰氢）。尽管这是目前最便宜的制氢解决方案，但对于实现净零排放的路线来说，它是不可持续的：从蒸气甲烷重整生产的氢气，其排放系数约为每千瓦时285t 二氧化碳（每千克氢气9.5kg 二氧化碳），而煤气化的排放系数约为每千瓦时675t二氧化碳，仅考虑能源使用和工艺排放（IEA，2019c）。

因此，确保低碳、清洁的氢气供应对能源转型应用至关重要。除了灰色的氢气，目前和未来的来源选择包括基于化石燃料的氢气生产与碳捕获、利用和储存（CCUS）相结合，被称为蓝色的氢气；来自甲烷热解的氢气（绿松石氢气）和来自可再生能源的氢气（绿色氢气）（表9.2-4）（IEA，2019c）。

精选的氢气色调　　　表9.2-4

生产	氢气的类型和颜色			
	灰色氢气	蓝色氢气	绿松石氢气	绿色氢气
过程	SMR 或气化	蒸气甲烷重整或碳捕获气化（85%～95%）	烟火剂	电解
来源	甲烷或煤	甲烷或煤	甲烷	可再生电力和水
蒸气甲烷重整				

使用 CCUS 从化石燃料中生产蓝色氢气使其具有吸引力，并且随着可再生能源生产氢气的成本降低，已被提议作为采用氢气的桥梁解决方案。值得注意的是，钢铁生产等工业过程可能需要连续的氢气流；蓝色氢气可能是一种初始解决方案，而绿色氢气则提高生产和储存能力以满足持续流动的要求。此外，它为化石燃料生产商提供了一个持续发展的前景，并能以可接受的成本为实现气候目标作出贡献。

在建筑业，氢气有几个潜在的应用，具有不同的优势和基础设施要求。一个支持能源转型的低投资方法是将氢气添加到已经用于建筑供暖的气体中（混合比例在5%～20%之间），或者用完全由清洁氢气生产的甲烷来替代它。两者都允许保持目前的天然气网络和设备，但只有通过使用低碳氢气和低碳二氧化碳输入的天然气才能实现完全的去碳化。

更有趣的是在建筑物中转为100%使用氢气，例如通过燃料电池或氢气锅炉。从成本的角度来看，这似乎对相对较大的商业建筑或建筑群最有吸引力，对区域能源网络也是如此，因为与基础设施升级有关的投资很大。在这种情况下，燃料电池、热电联产机组或其他混合系统可与储能容器（由热存储或通过区域能源网络提供）一起使用，以满足供暖、制冷和电力需求，利用现场可再生能源或低电价，改善全年的电力系统平衡，避免大型季节性高峰，使电网具有更大的灵活性。与大型热泵搭配，这些区域能源解决方案还可以极大地提高建筑物的整体产热效率（IEA，2019c）。

9.2.4　城市能源系统规划的建模工具

如前文所述，能源基础设施正在经历的根本性转变，要求公用事业部门和规划者不仅要更新其技术和项目组合，而且要转变为更浅显的数据驱动的城市能源系统规划方法。事实上，许多机构已经开发了有效的框架和实用的工具，以指导地方当局的整个规划过程，特别是注重达到可持续性和可再生能源整合的目标（IRENA，2020d）。以前没有考虑到的其他因素包括专业消费者和DER的扩散，以及最近对加强城市长期复原力以应对气候变化的关注，因为城市能源基础设施的寿命通常长达 50 年或更长。

目前，有大量的建模工具可用于支持城市能源系统规划，这些工具在空间和时间尺度、基本方法和分析范围方面各不相同，特别是它们是否适合对城市能源系统中日益增长的本地可再生能源份额进行建模。事实上，建模工具有助于在早期规划阶段确定可再生能源解决方案的可行性，以及在后期规划阶段确定可再生能源系统的设计（例如，尺寸和操作）。

从供应到需求再到中间的基础设施，所有能源部门和行为者的日益数字化正在产生前所未有的数据量——例如，城市配电网络中的 100 万个智能电表以每 15min 的采样率每年将产生 350.4 亿条记录（JRC，2019a），这些数据可以通过正确的工具有效利用，为不同规模的战略规划提取重要知识。特别是在城市能源系统中，与大规模模型相比，需要更多的细化数据，这些数据往往更难收集或获得结构化的完整数据集。

鉴于城市能源系统的需求方的要求，建模需要覆盖至少一年时间的每小时需求概况，按能源使用（电力、空间加热和冷却、生活热水和工艺热）和部门（住宅、商业、工业和运输）在不同的空间尺度（例如，不同的住宅建筑类型、商业业务类型、工业和运输模式）划分。需求弹性和灵活性也应被考虑在内。在能源系统的背景下，需求弹性是指能源需求对经济变量变化的敏感程度，如能源价格。同时，需求弹性又是指用户放弃、转移或替代某些负荷的能力，例如在对建筑进行能源改造后，可能会转移和减少供暖/制冷需求。

在城市能源系统的供应方面，建模需要每小时对潜在的能源生产和燃料供应（如电网电力、天然气、生物燃料、运输燃料和其他燃料）以及现有的电力供应组合（即来自不同的不可再生和可再生能源发电厂的份额）进行分析，以便更好地定义未来的组合，根据能源资源类型，有不同的时间和空间尺度要求。诸如光伏和风力涡轮机等可再生能源，特别是在城市场景中的分散安装，至少需要每小时的发电概况，而水电可以按季节估算，木材和废品发电的潜力可以按年估算。

在城市基础设施方面，数据应包括配电网络（电网容量、变压器、变电站等）、区域供热、制冷和燃气网络以及车辆运输网络。建筑物是城市能源基础设施的决定性部分；因此，需要关于建筑物功能和结构的数据，包括总建筑面积、居住者、年龄、能源性能等，现有的能源转换器（加热/冷却技术、现场发电），以及基础设施网络的接入（天然气、区域供热、交通网络接入）。将城市基础设施数据与空间信息结合起来是很重要的，例如通过使用 GIS。

一旦收集到足够的数据集，就可以使用一系列的软件工具对城市能源系统进行有效的建模和模拟。最常用的包括 OSeMOSYS、Balmorel、EnergyPLAN、HOMER、TIMES、MESSAGE 和 LEAP。这些工具根据其商业模式（有些是开放源码或免费使用，有些需要购买许可证）、对从业人员和专家的友好程度、在时间步骤和部门分类方面的粒度水平以及短期或长期重点而有所不同。一个有效的策略是采用高水平的工具（如 LEAP、Balmorel 或 EnergyPLAN），用于更广泛的战略规划，然后与更详细的程序（如 OSeMOSYS、HOMER 或 TIMES）对接，以增加技术规划。理想情况下，分析将模拟一个城市的完整能源系统，包括所有部门、任何能源需求商品和所有供应资源，目的是通过考虑一系列气候、技术和政策情景，确定成本最优的整合路径和可再生能源容量与长期调度规划政策。

鉴于未来三十年 90% 的城市人口增长预计主要来自于亚洲和非洲（The World's Cities, 2018），在评估这些模型与发展中国家的实际能源状况的兼容性时应谨慎。事实上，许多城市能源规划和建模框架都假定条件、市场和远见是完美的，而发展中国家通常在电力部门的管理和性能不佳：电压和频率波动、停电、减载、电网安全问题、设计不当的定价机制、缺乏有效的收入收集，以及通过未支付账单和窃取电网线路窃电。此外，发展中国家的非正规经济和转型经济并没有提供所需的大量数据，因为它们往往包括非法活动、逃税或避税以及货币和非货币交易。为了产生更真实的结果，特别是关于计划干预和政策的财政和经济可行性，这些能源问题应该在技术表述中明确考虑（例如，通过低可用系数或其他性能规格）或在能源建模方案中隐含考虑。

9.3 智能能源建筑

向建筑 4.0 模式和低碳城市的过渡需要全电动、高效、电网互动（Building to Grid, B2G）或智能电网优化的建筑（SGOB），并配备场内和/或场外可再生能源系统和智能电动交通基础设施（IRENA, 2021c; WEF, 2021）。关键技术创新包括带有电池储能的建筑集成可再生能源系统、净计量、智能能源管理、高效电器、物联网、由大数据推动的人工智能以及区块链技术（PEEB, 2019）。

最终目标是实现智能能源建筑与环境完美融合，与全球网络相连，能够接收、处理和利用数据和信息，与用户沟通，并与城市和交通系统的基础设施共享，作为更广泛、高效的城市系统的资金要素，为市民提供更优质的服务，并伴随着为当地创造就业、健康和福利等好处。

智能能源建筑的核心是 EMS，可能集成在 BAS 中，旨在实现负载、生产、存储和电网交换之间的最佳和灵活的整合，并将电力损失降至最低（图 9.3-1）。

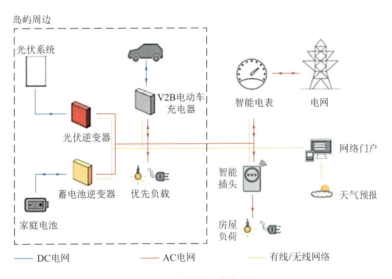

图 9.3-1　智能能源建筑系统

在正常运行模式下，所有的建筑电力负荷主要由现场可再生能源生产供电，其次是由电池存储供电，最后，如果生产和存储不足，则由电网供电。我们的目标不仅是提供一个正的净能源平衡，而且是在发电的同一地点和同一时间使用电力，减少对输电线路的需求，最大限度地减少电力运输损失。建筑物内的配电是由主要的智能配电盘开始组织的，有几个功能：保护、测量、连接、行动。断路器不仅是保护装置，而且还与建筑 EMS 相连，可以发送信息并接收来自 EMS 的指令。面板还配备了专用的仪表和执行器，允许实时监控和负载控制。理想情况下，这种 EMS 能实现：

（1）远程监测和控制智能调度，开关开关，以及电力负荷的调制；

（2）根据房屋净电力平衡、临时发电—消费和 DR 功能，智能管理光伏和电网能源使用以及房屋储能的充电/放电；

（3）根据当前和预测的房屋能源生产、消费和能源成本，优化电动汽车的充电/放电；

（4）关于预期和实际系统性能的实时和历史信息，关于能源消耗和生产的信息以及关于其优化的建议。

智能能源建筑还允许备用电源：当电网因停电或故意断开时，系统可以转为独立的孤岛/紧急运行模式。非重要负载关闭，而岛屿负载仍在离网电力子系统中供电。孤岛负载主要由现场能源生产供电，其次是由连接的电动车的电池存储供电。在这种操作模式下，只要岛屿负载每天吸收的能量低于现场的日产量，岛屿子系统就有几乎无限的自主权。通常情况下，岛屿负载包括消防系统、报警系统、BAS、照明、水泵、电插座。

智能能源建筑可以为其他部门提供服务，或从这些部门中受益，如交通和能源，从而导致更快地去碳化和减少上游成本，如拥堵缓解和投资延期。电动汽车充电可以优化现场生产的可再生能源，不仅为汽车储存电力，而且在汽车不使用时，也为房屋（V2B）或周围的社区借助智能充电基础设施实现（V2G）储存电力。由可再生能源生产的电力也可以与当地可再生能源社区共享，使新兴的、高效的、有弹性的共享模式得以发展。

9.3.1 建筑整合可再生能源

在建筑中整合可再生资源是 21 世纪建筑的基本手段，以减少城市地区的化石能源消耗和减少碳排放（GlobalABC/IEA/UNEP, 2020; Global Alliance for Buildings and Construction, OID, 2021; IEA, 2019a; IEA, 2020a; IEA, 2021; IRENA, 2019j, 2020d; IRENA, 2021a, 2021c; REN21, 2020; REN21, 2021; UNEP, 2020; WEF, 2021）。

其目标是促进正能量建筑发展，能够通过可再生能源在现场自我生产超过满足其不同需求的能源，并与电网分享其生产，以优化地区和智慧城市的能源使用。

在不同的非化石能源（风能、太阳能、空气热能、地热能、水热能、潮汐能、水电、生物质能、垃圾填埋场气体、净化过程产生的残余气体和沼气）的可能来源中，那些更易应用于当今建筑的无疑是太阳能技术、垂直轴风力技术、生物质能开发以及能量收集系统，如管道内的小型水力系统和产能路面（图 9.3-2）。

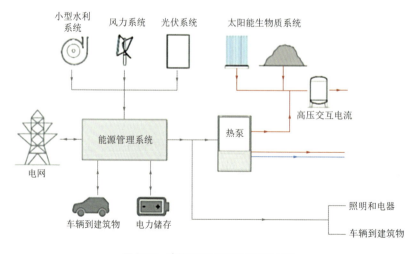

图 9.3-2　建筑可再生能源设备系统方案

可再生能源可以在热力系统中以各种形式使用,如通过捕获太阳能热增益用于空间或水加热,使用生物质加热,或热泵(热、地热或水热)用于空间和水加热以及空间冷却。太阳能集热器吸收太阳辐射并将其转化为热能,效率高达80%,这取决于操作温度,长期以来一直被用于为建筑物提供水和空间加热,但它们也可以产生工业加工热。在城市中,这些系统可以放置在屋顶、外墙、阳台和任何建筑外部区域。市场上用于独立系统的收集器包括平板和疏散管收集器(产生120°C及以下的温度)和低浓度收集器(产生120°C及以上,最高200°C的温度)。对于纬度较低的国家,一个独立的太阳能热水系统可以满足一个家庭100%的需求,而在纬度较高、辐照有较大季节性变化的国家,该系统可以满足20%~60%的生活用水和空间供暖的需求,如果有一个季节性储存系统,甚至可以满足更多。在加州,太阳能热利用所能提供的水加热的平均份额为70%~80%,季节性范围为25%~90%。在商业和服务建筑中,如酒店、医院和购物中心,热需求往往持续很高,这种系统通常被用来实现成本节约和/或展示企业的社会责任。越来越多的城市和国家已经将所有新建筑强制使用太阳能热水器作为建筑法规的一部分。关于太阳能热发电装机容量,仅中国就占了337.6GW,占世界总量的70%,而欧洲是第二大市场,其装机容量是中国的六分之一(IRENA, 2020d)。

可再生能源电力可以通过使用光伏、风能、小型水电和压电系统来生产。使用燃气、生物质或氢气与燃料电池的热电联产(CHP)或三联产(热、冷、电联产,CHCP)系统,可以将电能和热能的生产结合起来,确保与单独生产相比具有更大的转换效率。由可再生能源驱动的区域供热和制冷系统也是可行的。

这些技术应根据具体的气候和当地条件(包括成本和激励措施),准确地混合、整合和运行。电动汽车和插电式混合动力汽车(PHEV)也可以被整合到共享能源的概念中,既可以作为电力储存和负荷管理设备,也可以在停电时为建筑物提供备用电力——车辆到建筑物的能源传输(V2B)和车辆到电网的能源传输(V2G)。

在城市中,太阳能光伏系统通常安装在建筑物的屋顶和外墙,或与之结合。这些系统的规模通常比位于城市郊区的集中式地面太阳能发电站小。2018年,已安装的住宅光伏系统的中位数约为6.4kW,比2014年大8%,主要是由于成本下降(IRENA, 2020d)。住宅系统的关键技术优势在于其靠近负荷,这避免了通常与长距离传输相关的能源损失和轮回费用。然而,城市也越来越认识到这些系统提供的许多社会和环境的附带利益,包括对极端天气事件和气候变化影响的更大弹性。

近年来,太阳能在区域供热和制冷方面也发挥了更大的作用(IEA, 2019b; IRENA, IEA, REN21, 2020)。

在太阳能区域供热中,安装在地面或建筑屋顶上的大型太阳能集热器通过区域热网分配所产生的热量。太阳能区域供热是由供热网络向低温(低于60~70°C)区域供热系统过渡而实现的,该系统被称为第四代区域供热系统。太阳能区域供热的主要好处是,该系统可以用低太阳能资源安装,提供至少25年的稳定成本,并使用已经成熟的可用技术,实现零排放。由于规模经济,太阳能区域供热系统的具体投资成本通常比小型应用低。在欧洲,有数百个太阳能区域供热厂,到2019年总容量超过1.1GW,主要在丹麦、奥地利、德国和瑞典。最近,通过部署吸收式冷却器,太阳能热能的应用已逐渐扩展到冷却领域。由于这些设备需要较高的温度,通常采用疏散管或集中式太阳能集热器。为了进一步提高系统效率和利用率,混合系统是一个有前途的解决方案:在夏季,太阳能热能可用于冷却,而在冬季,它可用于空间加热或热水供应。太阳能制冷的主要优势,除了是一个更环保的选择外,还有可能在日益炎热的夏季降低对电网的峰值需求,减少电网过载和对电网增强的需求。事实上，在最理想的条件下，这种系统可以将生产冷却能源所需的一次能源减少50%。河流、湖泊和环境空气等自由冷却源也可以作为可再生的冷却能源加以利用。

冷水分配网络的设计是为了在冷的供应温度和较热的返回温度之间保持一个小的温差。因此，在相同的容量需求下，区域冷却管道往往比区域供热管道宽得多。在欧洲等温带气候条件下，冷损失是有限的，因为那里的年平均地面温度往往与配水温度几乎相等。在地面温度较高的气候条件下，如中东地区，需要对管道进行更多的保温。冷量输送由每个连接的建筑物中的变电站管理，热交换器可有可无。由于供应和返回管道之间的温差非常小，热交换器的热长度较长，不会降低冷分配网络的传输能力。

区域供暖和制冷系统都可以与热能存储（TES）设施（如季节性热存储）结合配置，在规模效率方面有很大的好处。与区域网络相连接的储存能力有助于将冷热发电与消费脱钩，从而有可能在不同的时间范围内储存能量，包括了从小时到季节的所有维度。特别是，地下季节性热水储存系统已被应用于小型太阳能区域供热和制冷系统，如慕尼黑（德国）的系统，其中 6000m³ 的热储存设施使太阳能能够满足 320 套公寓约一半的热需求（IRENA, IEA, REN21, 2020）。目前，冰也被用作几个区域冷却计划中的潜热储存。PCM 技术和热化学系统正在开发中，预计将帮助该行业进一步脱碳。从中期来看，其他创新的 PCM 和固态解决方案可以通过电力转热或季节性太阳能热计划整合高份额的可再生能源。到 2030 年，用于工业应用的 TES 技术的效率水平预计将超过 92%，到 2050 年，价格低至 10 美元/kWh 的廉价热化学系统将增加可再生能源在区域供热和制冷中的部署机会，特别是在联合制冷和发电应用中。此外，部门整合和智能控制技术应加强机会，特别是更广泛地收集和储存工业应用的废热/废冷（IRENA, 2020c）。

供暖和制冷服务是通过两个独立的热力管网提供的。更多的创新设计（如 Ectogrid），使用单一的热力网络与不同的终端用户连接，以移动浪费的热能（例如，办公楼、医院和数据中心的冷却系统的废热），而热泵可以利用这种低温热能作为提高所需温度的方式，而冷却机或逆循环热泵可以用来将温度降低到所需水平。这种方法的主要优点是，在需要时增加额外的能量之前，重新利用系统中不同终端用户排出的浪费的热能，从而提高整体能源效率。此外，管道中的低温热能即使不能消除也可以减少配电损耗，还能作为可再生能源的补充来源。

9.3.1.1　建筑物集成光伏技术

光伏能源是当今净零能耗建筑现场发电的主要资源（Solar Power Europe, 2019）。事实上，在与建筑围护结构整合的能力方面，它们具有巨大的潜力，可以达到新的建筑语言的定义，其中太阳能捕获表面可以成为一种表现力和构成元素。出于这个原因，光伏系统应该被视为正在设计的建筑中的另一个元素，因此应该从技术和美学的角度选择其适当的位置，以确保模块及其支架具有最大的视觉和效率质量。光伏技术应该被解释为建筑中的另一个元素，它有助于提高整个建筑的形式质量。

在基础层面上，整合可能仅限于在建筑围护结构的外表面应用面板，与支撑表面平行，而不取代下面的任何支撑材料——建筑适应性光伏系统（BAPV）。BAPV 模块仅用于产生能量，即使作为建筑物建筑结构的一部分，也不取代或作为任何建筑部件使用。例如，在改造应用中就是如此，光伏组件被安装在倾斜的屋顶上，在平屋顶上以一定的角度排列，或者被安装在外墙或遮阳设备上。

光伏集成确实可以更进一步，用光伏组件取代建筑物的实际建筑元素——建筑集成光伏系统（BIPV）。在 BIPV 中，光伏建筑元素是建筑围护结构的一部分，不仅作为能源发电机，而且作为围护结构的功能，在屋顶、外墙、中庭或遮阳元素上发挥作用（Ghosh, 2020; Jelle, 2016; Kuhn 等, 2021）。

设计方法可以致力于实现"隐形应用"，即太阳能模块位于视线之外，或有意设计成使其与建筑围护结构的其他部分不易区分，或推动加强甚至显著地决定建筑的形象。越来越多的住宅或商业建筑的例子表明，无论在新建筑还是能源改造的情况下，都能在外墙、屋顶、太阳能遮阳板或窗户上整合先进的光伏系统。事实上，建筑表面的每一个元素，从屋顶到周围的墙壁，到透明的封闭物和遮阳网，都适合安装光伏系统。它们与建筑有机体的结合，除了能源生产外，还可以提供其他主要功能，如隔声、隔热和保护太阳辐射，从而减少夏季的空调负荷。BIPV 也可以带来经济效益：通过用太阳能模块取代建筑材料，首先从系统的总成本中扣除价值；此外，如果该系统是建筑的一个组成部分，其支撑结构和放置它的地段的成本已经被计算在内。

在过去几年最有趣的项目中，特别值得一提的是米勒—赫尔合作公司在西雅图建造的布利特中心（图 9.3-3），它被评为"2013 年度可持续建筑"，并获得了净零能耗标准和生活建筑挑战系统的认证。该建筑具有智能、高效的光伏太阳能围护结构，能够通过光伏屋顶和太阳能外墙现场生产 100%的净能源需求，每年的输出量约为 23 万 kWh。

图 9.3-3　西雅图布利特中心（图片源自 Miller Hull Partnership）

另一个显著的例子是由 Skidmore, Owings & Merrill LLP 公司（SOM）建造的位于 Sandy Ground 的 Kathleen Grimm 领导力和可持续性学校。该建筑于 2015 年竣工，是纽约市第一所净零能耗学校，也是世界上第一批此类学校之一（图 9.3-4）。这座占地 6300m² 的两层楼学校的设计符合 SCA

绿色学校指南的要求，从现场可再生资源中获取的能源与它每年使用的能源一样多。院子形状的建筑的方向和体量被优化，以利用阳光进行采光，并为屋顶和南面的光伏阵列供电。建筑物屋顶的形状为能源生产进行了优化，同时也创造了一个标志性的特征，代表了项目的核心任务。光伏电池板每年产生 662500kWh 的能量，足以抵消该建筑及其用户的能源消耗。

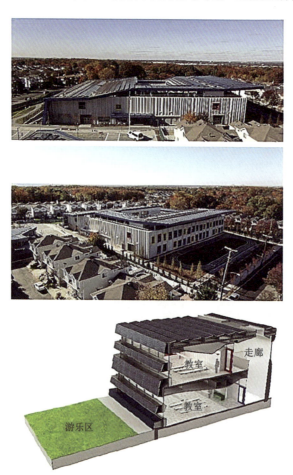

图 9.3-4　位于 Sandy Ground 的 Kathleen Grimm 领导力和可持续性学校（图片源自 SOM）

另一个有趣的 BIPV 外墙的例子是由 Opus Architekten 在德国马尔堡建造的 Newe Building+e Kita（加能源/太阳能建筑）（图 9.3-5）。它是德国第一批达到加能源标准 Effizienzhaus Plus（效率屋）的儿童日托中心之一。容量为 52kWp，390m² 的光伏装置（305m² 在屋顶，85m² 在外墙）提供约 41000kWh/年，足以满足该建筑的全部能源需求。

图 9.3-5　马堡第一幼儿园（图片源自 Opus Architekten）

光伏在遮阳设备中的一个显著应用是西班牙建筑师圣地亚哥·卡拉特拉瓦设计的明日博物馆，其位于里约热内卢的马瓦码头上（图9.3-6）。该博物馆的建筑围护结构（在南北方向排列）被设想为一个灵活的有机体，一种"太阳能机器"，能够扩大自己的表面并从各个方向捕获能量，在一天中优化日光和能源生产。这是通过根据每天和季节性的太阳路径，逐渐倾斜建筑屋顶的动态光伏集成元素来实现的。

图9.3-6　位于里约热内卢的明日博物馆（图片源自圣地亚哥·卡拉特拉瓦）

在能源改造方面，UNStudio设计的首尔韩华总部办公大楼于2019年完工，其特点是外墙的光伏阵列与建筑结构完美结合（图9.3-7、图9.3-8）。改造计划对围护结构进行了深入的改造，改造后的综合外墙改善了室内气候，并与项目分布和位置完全互补。现有的不透明镶板的水平带和单层深色玻璃的外墙被透明的中空玻璃和铝制框架所取代，以突出视野和日光，并允许整合光伏太阳能电池板。框架的几何形状（图案、尺寸和方位）由太阳和朝向因素进一步确定，以确保用户在室内的舒适度并减少能源消耗。安装太阳能电池板的外墙部分也有一定的角度，以充分利用阳光，同时为下面的窗户遮阳。

图9.3-7　韩华总部大楼（图片源自UNStudio）

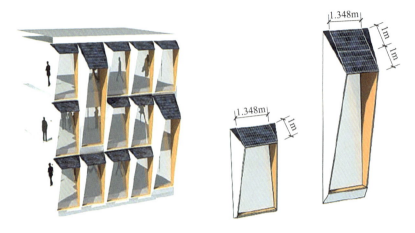

图 9.3-8　韩华总部建筑物立面光伏详情（图片源自 UNStudio）

目前，市场上有几种将光伏技术融入建筑的产品，其特点是设计先进、灵活、注重细节，颜色、形状和透明程度多样，以满足任何要求（IEA PVPS Task 15, 2019; SUPSI, 2017; Taylor, Jäger-Waldau, 2019）。

得益于薄膜技术，光伏系统现在可以集成在任何表面和任何建筑元素中，从屋顶瓦片到平面或弧形窗户、ETFE 垫、遮阳元素、人行道，直至街道家具元素。

目前，市场上的主要 BIPV 产品有：

专门为建筑应用设计的光伏组件，如柔性光伏组件、刚性支架上的薄膜条和光伏屋面瓦；用于外墙、窗户和屋顶的透明光伏组件，方便建造和安装，允许光线进入建筑围护结构（Husain, Hasan, Shafie 等, 2018）。

用于屋顶、不透明垂直表面或通风外墙的特殊组件，由无框层压式光伏组件组装和整合构成，以取代传统建筑材料，并提供认证的固定系统（图 9.3-9）。

图 9.3-9　光伏立面模组安装（图片源自 Heliartec）

特别是，半透明 BIPV 产品可以使用几种光伏电池技术，从间隔的不透明晶体硅电池（图 9.3-10）到薄膜透明光伏电池（图 9.3-11、图 9.3-12），并且可以取代商业和住宅建筑中的传统窗户和天窗。

图 9.3-10　间隔的晶体光伏电池（图片由作者提供）

图 9.3-11　带有半透明 a-Si 光伏电池的天窗（图片源自 Onyx Solar 有限责任公司）

图 9.3-12　位于格拉纳达 GenYo 中心的半透明 a-Si 光伏建筑一体化立面（图片源自 Onyx Solar 有限责任公司）

在大多数商业建筑中，降低制冷能源成本是很重要的，半透明光伏玻璃可以用来减少太阳热增益和产生太阳能，同时提供足够的日光和视野，以取代更传统的有色或陶瓷裂纹外层玻璃的中空窗。在住宅建筑中，半透明组件可用于天窗或透明层窗户。

在太阳能电池技术方面，目前市场上有几种正在开发的电源模块选择，每一种都有不同的效率、成本、可持续性和潜在应用的特点（表 9.3-1）。

主要光伏技术　　　　　　　　　　　　　　　　　　表 9.3-1

光伏技术	太阳能电池
晶体硅	p 型、n 型
薄膜（TF）	氯化物、硫族化物 有机的、染料敏化的钙钛矿 硅 TF 及其他薄膜
混合物	晶片硅上的硅 晶圆硅上的其他 TF 其他（包括Ⅲ-Ⅴ基材）

目前市场上的光伏组件产量允许每平方米暴露在阳光下的表面积安装 80～220Wp 的电力，这取决于使用的太阳能电池类型（表 9.3-2）。常见的模块尺寸为 1m×(1.5～1.7)m，厚度为 4cm，峰值功率从 260W 到 400W 不等。

市场上主要光伏技术的比较：效率和能效　　　表 9.3-2

技术	晶体硅		薄膜		
	单 IBC	聚酯的	碲化镉	CIGS	非晶硅/微晶硅
产品	太阳动力 Maxeon3	天合光能 TSM-PEO6H	第一批 太阳能系列 6	太阳能前沿 170-S	凯尼卡 U-SA110
模块效率（%）	22.6	17.6	18.3	13.8	9.0
区域（m²/kWp）	4.4	5.9	5.5	7.2	11.1
纬度上的最大能量产出，北纬 55°（1025kWh/m²yr）					
装机功率产量（kWhel/kWpyr）	871				
已安装表面的产量（kWhel/m²yr）	197	153	159	120	78
横向最大能量输出，北纬 41°（1737kWh/m²yr）					
装机功率产量（kWhel/kWpyr）	1476				
安装表面的产量（kWhel/m²yr）	333	260	270	203	132
横向最大能量输出，北纬 38°（1963kWh/m²yr）					
装机功率产量（kWhel/kWpyr）	1669				
安装表面的产量（kWhel/m²yr）	377	294	305	230	150

双面光伏组件通过利用从组件底层或邻近表面反射的间接辐射（图 9.3-13），允许更大的电力生产，最高可达 220Wp/m² 以上（表 9.3-3）。

图 9.3-13　位于罗马第一大学建筑系的双面晶体光伏电池（图片由作者提供）

表 9.3-3 双面光伏电池产量

太阳能辐射对面板背面的影响	0	5%	10%	15%	20%	25%	30%
功率[最大输出功率(Wp)/m²]	160	168	183	190	198	213	220
模块效率	16.1%	16.8%	17.6%	18.3%	19.0%	19.8%	20.5%

光伏技术的持续发展以有机光伏为代表，也被称为第三代光伏，包括适当的 OPV、DSSC 和过氧化物太阳能电池（PSC）。由于能够有效地利用漫射光，这些电池可以应用于建筑围护结构的任何部分，甚至是室内。

PSCs 可以说是第三代光伏中最有前途的技术。无论采用何种技术，所生产的电力都取决于可用的阳光，因此取决于纬度、天空的状态、温度、模块的方向和倾斜度，以及其捕获直接和扩散的太阳辐射的能力。

随着时间的推移，太阳能电池和模块的效率已经稳步提高，与之同等重要的每瓦安装成本也在不断降低。仅在过去的 10 年中，平均商业硅片模块的效率从大约 12% 提高到 17%（超级单晶 21%）。同时，碲化镉模块的效率从 9% 增加到 19%。1990 年至 2019 年期间，在德国，一个典型的 10～100kW 的光伏屋顶系统的价格从每千瓦时 14000 欧元下降到每千瓦时 1050 欧元，29 年内净价格下降了约 92%。从 1980 年开始的经验曲线（也称为学习曲线）表明，由于规模经济和技术改进，组件价格随着累计组件产量的增加而下降约 24%（Fraunhofer, 2020）。BIPV 产品的成本信息更难评估，这是因为不同产品和应用的范围很广，而且它的报告也不太常见。在欧洲，2017 年的调查发现每平方米的价格在 100～400 欧元之间，而一个标准的多晶硅模块的成本水平约为 36 欧元每平方米（Taylor, Jaeger-Waldau, 2020）。

随着时间的推移，太阳能模型的老化和性能退化也得到了改善，目前可用的产品在经过 10 年的气候暴露后，其性能保证为原始功率输出的 90%，2025 年后为 80%，不过一些高端制造商，如 Sunpower 和 LG，保证大多数组件在使用 25 年后的功率输出为 88%～92%。通常情况下，由于光诱导降解的影响，第一年的降解率为 2%～3%（特别是在 PERC 组件中），而在剩下的 24 年中，每年的降解率将大大降低，为 0.5%～0.7%。此外，对 20 世纪 80 年代制造的光伏产品进行的测试，其标准比现在低，已经显示绝大多数样品的性能为 0.8%。关于碳足迹，一个典型的硅晶体太阳能电池板将产生足够的能量，在其安装后的 2～3 年内偿还所体现的能量，在许多平均太阳辐射高的地区，高性能电池板的偿还时间甚至下降至不到 2 年。

尽管标准的测试条件是在 25℃ 的电池温度下测量太阳能电池板的功率输出，但在实际使用中，电池温度通常取决于环境空气温度、风速、一天中的时间和太阳辐射量，最终比环境空气温度高 20～30℃，这相当于总功率输出减少约 8%～12%，取决于太阳能电池的类型及其温度系数。

电池温度上升，每超过 25℃ 就会减少一个特定的功率输出。这被称为功率温度系数，单位是 %/℃。多晶硅电池的平均温度系数为 (−)0.41%/℃，而单晶硅电池的数值略好，为 (−)0.38%/℃。最好的性能是单晶硅 IBC，相当于 −0.30%/℃ 左右，而单晶硅 HJT 电池的性能则低至 −0.26%/℃。

光伏系统也可以与热能生产系统整合（带热回收的 BIPV 或 BIPV/热能—BIPV/T），与并排的 BIPV 和光热技术相比，需要更少的表面积来生产相同数量的热能和电能。通过在单一组件中共同产生太阳能电力和热量，PV/T 集热器提高了综合效率，并产生了对可用空间的优化利用，特别是在人口密集的城市地区。根据气候、操作条件和设计，BIPV/T 系统产生的热量是电力的 2～4 倍。

在这些系统中，能通常作为热量被浪费掉的太阳能被积极地回收，通过风扇或泵主动或者通过在光伏层后侧流动的除热流体被动回收（图 9.3-14）。当空气或水等液体在光伏组件后面循环时，它通过对流从电池中提取热量，降低光伏电池温度，从而提高其电效率（Lämmle 等，2020）。从光伏电池中去除热量也可以提高光伏电池的寿命。

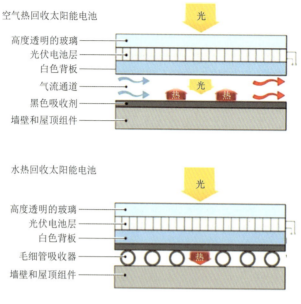

图 9.3-14　光伏建筑一体化/热能系统

在 PV/T 空气集热器中产生的回收热空气可用于空间加热，而在 PV/T 水集热器中产生的热水可用于游泳池加热、空间加热（直接用于低温地板或间接与热泵结合以提高 COP），或生活用水加热。

BIPV/T 系统已被证明是结构的各种组成的一部分，如墙、屋顶、窗户和遮阳装置（Maghrabie 等，2021）。PV/T 技术也是 IEA SHC Task 60 以及 PVT 收集器应用的重点。

一些用于建筑适应性安装的商业混合 PV/T 系统已经上市或即将进入市场。例如，Naked Energy 的 Virtu PVT 混合板，结合了高效的真空管技术，通过覆盖在同轴水管上的单晶硅太阳能电池阵列来收集太阳能热量和发电。Virtu PVT 声称可将 20%的太阳能量转化为电能，60%转化为热能，峰值效率为 80%。其他混合模式，如 DualSun 的 Spring 和 Fototherm AS，则是为 BIPV/T 应用而优化的，并作为一个预装包，前面有一个单晶硅面板，与普通的光伏面板没有区别，后面有一个热交换器，用于生产热水。据称发电量比同类非混合型光伏组件高 15%，热功率超过 600W/m^2。

9.3.1.2　建造增强型风力涡轮机

在过去的十年中，随着城市特定使用的小型风力涡轮机的发展，使得风力发电也能用于建筑现场能源发电。这些涡轮机的最大功率为 20kW，可以在屋顶或花园中找到空间，对视觉影响相对较小，甚至能够从适度的风流中产生能量。此外，与大型风力涡轮机相比，这种系统不需要向公用事业部门输电的主要基础设施，适合于分布式发电。

小型风力系统可以作为独立的系统，也可以作为并网系统，而且都可以与其他能源转换系统（如光伏）和储能解决方案搭配使用。截至 2015 年年底，全球至少安装了 99 万台小型风力发电机，与前几年相比增加了 5%。相关的发电量提到了 945MW 以上，与 2014 年相比增长了 14%（《小型风力发电世界报告更新》，2017）。小型风力涡轮机可以是水平轴或垂直轴，后者在建筑物的应用方面深受青睐（图9.3-15）。与经典的水平轴风力涡轮机（HAWT）不同，后者需要始终对准风向，而带有垂直轴转子的发电机——垂直轴风力涡轮机（VAWT），由于螺旋形叶片轮廓或臂的存在，能够捕获来自任何方向的入风，因此不需要定向；它们还可以利用湍流。启动所需的风速为23m/s，对于低至正常的风，产生的噪声几乎为零。对于1.5kW以下的小功率，它们可以直接安装在建筑物上。使用垂直轴，发电机和其他主要部件可以放在靠近地面的地方，不需要轴来支撑它们，维护起来也更容易接近。

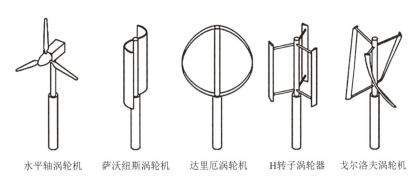

水平轴涡轮机　　萨沃纽斯涡轮机　　达里厄涡轮机　　H转子涡轮器　　戈尔洛夫涡轮机

图9.3-15　风力涡轮机的不同类型

尽管垂直轴风力涡轮机可以有不同的形状，但它们可以分为两大类（图9.3-16）：萨沃纽斯涡轮机（1929年开发）主要根据空气动力与阻力原理工作，而达里厄涡轮机（1931年开发）则根据升力原理工作。

图9.3-16　达里厄风力涡轮机（左）和萨沃纽斯风力涡轮机（右）（图片由作者提供）

萨沃纽斯涡轮机通常用于需要高可靠性的场合，如通风和风速计应用。由于以阻力为基础，它们的效率低于普通的哈瓦特，但在湍流风的地区非常好，而且在低风速下可以自启动。

达里厄风力涡轮机具有良好的效率，但在轴上产生较大的扭矩纹波和循环应力，这降低了它们的可靠性。由于启动扭矩很低，它们通常还需要一些外部动力源，或一个额外的萨沃纽斯转子来启动转动。通过使用三个或更多的叶片来减少扭矩纹波，从而使转子具有更高的稳固性。稳固性是由叶片面积超过转子面积来衡量的。达里厄涡轮机可以有圆形或直翼（后者称为H形叶片达里厄）；进一步的发展有一个螺旋形的翼形设计，称为戈尔洛夫，以其发明者的名字命名，它的效率更高。

屋顶是风力涡轮机的一个很好的位置，因为发电离用户很近，也因为它们可以利用更快的风，同时减少支撑塔的成本。然而，只有在安装前准确测量风、风的流动特性和风向，涡轮机才能保证其最佳效果，因为周围建筑物或位于屋顶的不同障碍物（空调系统、天线）产生的湍流或平静区域，可能导致能源生产大大低于预期。估算任何工厂的风能数量的过程被定义为风能评估（WEA），其主要目的是根据风的特性和可用性，为拟议的风电场选择位置和风力涡轮机。城市的风资源可以通过现场风速测量和 CFD 模拟来估计（Tasneem 等，2020）。

同时，有可能受益于风和建筑环境之间的相互作用，以便将气流引导到可以安装风轮机的非常具体的区域。能够利用建筑物形状所带来的风力集中的涡轮机被称为建筑增强型风力涡轮机（BAWT），其配置可分为两大类（图 9.3-17）：

（1）位于建筑物上、屋顶上或两侧的 BAWT，利用建筑物外墙上角和两侧的气流加速。

（2）插在空气中的 BAWT 穿过建筑物，以利用影响对立面的风所产生的气压差（过风通风）。

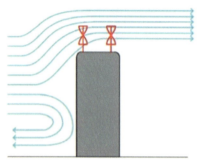
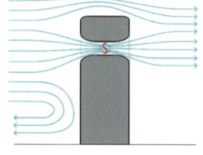

(a) 位于屋顶的建筑增强型风力涡轮机　　(b) 插入空气导管的建筑增强型风力涡轮机

图 9.3-17　建筑增强型风力涡轮机配置

BAWT 最有趣的例子之一是 SOM 在中国广州建造的 309m 高的珠江大厦。该塔于 2010 年竣工，其雕塑般的塔身将风引向其机械层的专用开口，在那里，加速的风推动萨沃纽斯公司的 VAWT，为大楼产生能量。其他集成的可持续发展元素包括太阳能电池板、双层幕墙、冷冻顶棚系统、地板下通风和日光采集，所有这些都有助于提高建筑的能效（图 9.3-18、图 9.3-19）。

图 9.3-18　珠江塔（图片源自 SOM）　　图 9.3-19　珠江塔内部的萨沃纽斯垂直轴风力机（VAWT）（图片源自 SOM）

在所有这三种情况下，与整个建筑表面相比，气流的有效可用区域是有限的，需要使用紧凑和位置适当的转子来利用它们。此外，还可以通过在风力涡轮机周围使用扩散器和笼罩杯来实现功率增强的概念，功率系数明显增加：这种机制可以重新引导和加速建筑物屋顶上的气流流向风力涡轮机，风力涡轮机可以安装在扩散器外壳内，以尽量减少视觉和噪声干扰（Dilimulati, Stathopoulos, Paraschivoiu, 2018）。

今天，市场上有许多型号的 VAWT 涡轮机，根据用途有不同的尺寸和特性，功率范围从 200W 到 10kW。它们最广泛使用的制造材料是铝，Darrieus 涡轮机通常采用玻璃纤维和碳纤维制造叶片。

市场上的一些更具创新性的模型利用了两者的特点：Darrieus 和 Savonius 的这种混合设计由阻力和升力驱动，具有更好的效率和自启动能力。混合型 VAWT 的一个例子是 Hi-VAWT 技术公司的 DS-700，它由一个 S 型 Savonius 转子和三个 Darrieus 气膜叶片组成，以最大限度地提高性能：它可以在相对较低的切入风速（2m/s）下从风中发电，在 10m/s 时达到额定容量（700W）（Kumar, Raahemifar, Fung, 2018）。

与 Savonius 模型相比，Darrieus 模型在任何风速下都呈现出更高的单位发电量，即使是在年平均风速与最小和最大平均风速相比偏差很大的情况下。然而，就年平均风速超过 12m/s 的生产能源成本而言，Savonius 更方便。达里厄涡轮机的电能生产在 9m/s 以上事实上保持不变，而萨沃纽斯的生产随着风速的增加而增加，没有操作限制（Casini, 2016）。

与光伏系统相比，对于 1000~1500kWh/m² 的太阳能辐照度值（欧洲的典型值），风能系统在 Darrieus 涡轮机的年平均风速在 6~8m/s 和 Savonius 的 9~11m/s 之间的生产能源成本方面具有竞争力。一台 4.5m 高的 4kW Darrieus 涡轮机（成本约为 20000 欧元）在 8m/s 时每年可生产约 13000kWh，相当于超过 90m² 的多晶硅光伏板在 1250kWh/m² 的太阳辐照下的产量（成本超过 27000 欧元）。无论风速如何，在可用面积小或缺乏阳光照射的情况下，风力系统也为光伏系统提供了可行的替代方案（Casini, 2016）。显然，鉴于风力发电站需要保持发电机之间的最小距离（至少是直径的 4 倍），安装更多涡轮机的可能性取决于屋顶的几何形状，可用的功率可能小于使用安装在同一表面的光伏系统所达到的。在这种情况下，Savonius 涡轮机与 Darrieus 相比，需要较低的最小距离（5m），可能允许更高的安装功率。

9.3.1.3 能量收集系统

能量收集是指收集由用户和辅助建筑服务分散的能量，用于其运行，这些能量通常被浪费掉。能量收集系统的例子，在城市和建筑规模的可再生资源整合中变得特别有趣，包括能够从行人或车辆交通中产生能量的路面（图 9.3-20），以及将配电网中的过度压力转换成电力的管道内水力系统。

图 9.3-20　发电地砖（图片源自英国帕维根系统公司）

路面产生的能量要么是基于压电效应（如 Veranu 瓷砖），要么是基于机电动力转换（如 Pavegen 和 Energy Floors Dancer）。压电效应是指某些晶体材料在受到机械变形（直接压电效应）时产生极化，产生电位差，同时在受到电流作用时以弹性方式变形（逆压电效应）。压电效应只沿一个方向发生，与之相关的变形是纳米级的。许多常见的设备，包括门铃、扬声器和麦克风或石英表都基于压电技术。Veranu 瓷砖利用压电元件，从行走的行人所引起的动能中获取能量。每块 Veranu 瓷砖是一个 30cm 宽、4cm 厚的正方形，可以放置在现有的人行道上，每走一步都能产生高达 2W 的电力，可用于为城市照明系统供电，或为人群控制或消费者追踪检测行人的运动。

Pavegen V3 瓷砖是三角形的，边长 50cm，厚度 10cm，通过机电功率转换从脚步中产生 5W 的连续功率。当人们踩在瓷砖上时，他们的重量导致顶部表面垂直位移 5~10mm。这对瓷砖每个角下的三个发电机产生向下的压力，启动其电磁装置的旋转，以产生电流和数据。瓷砖也有无线传感器，以收集关于安装了 Pavegen 的地区的运动行为的实时人流数据。这可以帮助建立一个地区人流高峰期的概念，预测消费趋势，并创建热门城市空间的热图。能源地板舞者瓷砖的工作原理与此类似：模块在被踩踏时弯曲，机电系统将这种微小的垂直运动转化为旋转运动，驱动发电机。每个模块按 75cm × 75cm × 20cm 的大小可以产生高达 35W 的持续输出，每人 5~20W。

作为能量收集装置，管内水流发电系统在城市和建筑规模的可再生资源整合中变得特别有趣，因为它有可能从城市和家庭水管的过剩水压中获取清洁能源（Casini, 2015）。

这些特殊的微型水力发电系统能够在广泛的水头和流量条件下运行，可以部署在市政当局、能源密集型工业和农业灌溉区，提供稳定的清洁和持续的能源，没有典型的风能和太阳能的间歇性，同时有助于管道管理和维护。所有的城市都有加压管网系统，向需要饮用水、生活用水和工业用水的地方供水，而排水和污水系统通常是重力输送。未开发的能源潜力来自于过高的电网压力，这使得饮用水处理器和工业制造商通常安装减压阀（PRV）——维持预设压力范围的液压装置，以缓解多余的压力并将其作为废热释放。理论上，所有采用减压装置的系统都可以用管道内的发电机取代它们，保持对水流量和压力的相同控制，同时产生可用的电力。小型涡轮机可用于为与电网隔离的水计量和控制站供电，以换取可忽略不计的水头损失，从而减少因溢出和泄漏造成的水损失，特别是在水资源匮乏和基础设施老化的国家。例如，在以色列，几个微型涡轮机已被部署到压力调节器、流量和水质测量器，为控制中心提供无时无刻的数据，并允许在发生泄漏或压力损失时作出快速反应。

管内水力发电系统可分为两种主要设计（Casini, 2015）（图 9.3-21）：

（1）内部系统，转轮完全包含在管段内，只有发电机突出于管道。

（2）外部系统，转轮包含在绕过主管道的二级管道中。

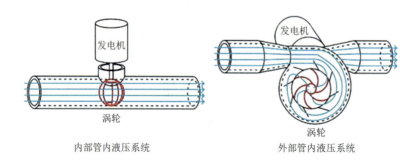

图 9.3-21 管内水力发电系统

内部系统的优点是尺寸更紧凑，使其更适合于小型应用，但不受限制。功率输出范围从 5～10W，足以供应自供电的水计量或监测系统，到 100kW，用于能源密集型应用。外部系统不那么严格地依赖管道。

9.3.2 建筑蓄电

储电正在成为任何电力系统的一个越来越重要的特征，从大型宏观电网到单个建筑的规模，因为它与可再生能源、智能电网和智能电表的普及有很好的互补性，可以与电力公司进行更明智的能源交换（Miao Tan 等，2021）。

事实上，电力储存应对的事实是，与其他燃料不同，我们使用的所有电力都是提前一刻产生的，并且必须立即消耗，这使得临时平衡能源供应和需求成为一个关键挑战，特别是考虑到电动汽车在需求方面的重要性不断上升，以及可再生能源在供应方面的重要性（即取决于天气条件）。因此，电力储存已成为全球向碳中和能源过渡的一个重要因素，根据国际能源署公布的数据，到 2040 年整个能源系统每年将需要近 10000GWh 的储能能力，而 2020 年约为 200GWh（IEA, 2020d）。

电能储存系统通常包括一个储存单元和一个功率转换单元。在逆变器的帮助下，直流电压被用来操作储能装置，将直流电转化为交流电，而交流电又可以在现场消费或加入电网中。反之，整流器将交流电转换为直流电，为储能系统充电（Olabi 等，2021）。

根据电能储存的规模和应用，目前采用或正在开发几种解决方案，主要基于化学、机械或电化学操作。

化学储能系统利用多余的电力，通过电力转化为气体（P2G）的过程产生化学燃料，主要是利用电解产生氢气，然后在需要时使用燃料电池直接满足额外的需求，或转化为其他能源载体（合成气体、甲烷或液化石油气）。由于技术和基础设施的限制，这些系统的普及率仍然很低，但鉴于其高能量密度、长存储稳定性和各种应用（配电本身，但也包括供暖和交通），被视为具有巨大潜力（Stadler, Sterner, 2018）。

机械储能系统将电力转化为机械能，并基于动能（例如，加速和减速飞轮）、重力势能（例如，在水电站中将水抽上山，以储存在涡轮机中供以后使用）或加压气体（例如，将空气压缩到巨大的水库，如地下洞穴，然后将其放出以转动涡轮机）进行运作。它们主要通过在水电站大坝中抽水的方式应用于宏观电网层面，如今占全球电力装机容量的 91%。然而，它们的规模使其本质上不适合于分布式或城市应用。

电化学储能系统利用电力进行化学反应，可以随意逆转以获得回馈电力。这包括普通电池和更具体的应用，如超级电容器。这种存储技术得益于电能和化学能共享同一个载体，即电子，从而限制了从一种形式转换为另一种形式所造成的损失。电化学电池在电网和建筑层面的应用越来越多，并被认为是实现当前环境和能源安全目标的关键因素，尽管大规模应用受到其成本的限制，而且在 2020 年仅占全球装机容量的 5%。特别是电池储能的建筑应用（如 BTM），已被证明在使现场产生的能源得到更有效的利用和与电网进行更先进的能源交换战略（DR、削峰、负荷转移等）方面极为有利。今天，就安装数量而言，电池储能可以说是全球最常见的电力存储解决方案，并且在移动设备技术进步的刺激下，在过去的十年里，电动汽车的研发工作取得了显著进展。这一进展极大地影响了建筑储能系统，该系统在成本与容量之比、尺寸、寿命和使用安全方面都有很大的改进，因此市场渗透率越来越高。作为参考，德国最近 40% 的屋顶太阳能光伏系统已经安装了 BTM 电池，澳大利亚到 2017 年已经安装了 21000 个 BTM 电池系统，目标是到 2025 年达到

100万个BTM电池（IRENA, 2019i）。

BTM电池可以为单个消费者和整个能源基础设施提供切实的好处（表9.3-4）。它们可以储存来自分布式发电技术的多余电力，如屋顶太阳能光伏系统，以便在需要时用于当地消费。在那些注入电网的电力没有报酬的国家，BTM电池存储可以使太阳能光伏系统产生的电力得到更多的自用，提高分布式现场可再生能源的投资回报率，促进其部署。从电网方面来看，在屋顶太阳能光伏系统渗透率高的地方，配电系统运营商可能会努力吸收来自分布式资源的高度可变的发电。BTM电池可以最大限度地提高这种可变发电量的本地使用率，并最大限度地减少向电网的输出，支持系统并避免与可变电力的回流有关的问题。图9.3-22显示了一个典型的太阳能光伏发电曲线，以及电池充电和放电周期增加了自用的时间。

BTM电池存储系统提供的服务　　　　　　　　　　　　　　　表9.3-4

电力消费者	自我消费增加 节省电费	备用电源 减少需求费用
系统操作	频率调节 峰值容量	网络投资递延 投资递延
微型电网	更换柴油发动机 平滑化可变可再生能源	备用电源

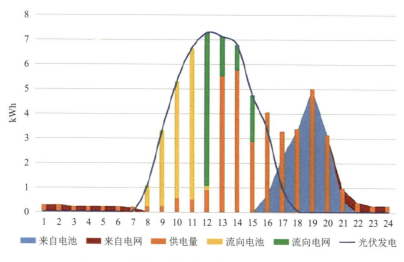

图9.3-22　具有电池存储系统的家庭光伏系统日能量曲线

此外，BTM电池存储大大增加了消费者的能源弹性：在电网中断的情况下，它可以提供各种规模的备用电源，从重要的工业操作的亚秒级电源，到可能与现场太阳能光伏系统配对的整日运行的岛屿。

从技术上讲，BTM电池是由多个串联或并联的电池构成的，以提供所需的电压和容量。每个电池由两个导体电极和电解质组成，耦合在一个密封的容器内，并与外部电路（电源或负载）相连接。可逆的化学反应涉及电子从一个电极转移到另一个电极。电池组的运作由一个专门的控制和电源调节系统，即电池管理系统（BMS）完成，以确保整个系统的最安全运行。

特别是，BMS管理电池的操作行为，并将其整合到为其充电或使用其输出的设备中；它在最大限度地延长电池的使用寿命方面发挥着重要作用，例如，通过调节其温度以阻止过热，并将电荷均匀地分配到各电池上，以避免因个别电池充电不足或过度充电而造成损坏。它还确保电池不会在其安全电流、电压和温度范围之外运行。

用于储能用途的电池的性能由以下主要指标表示：

（1）容量，指的是可以储存的总电量（以千瓦时或阿赫为单位）。大多数电池被设计为可堆叠以获得所需的容量（多储能系统）。

（2）额定功率，是指电池在某一时刻能够提供的电量（以千瓦为单位）。考虑到建筑应用，一个高容量和低额定功率的电池将长期提供低量的电力（足以运行一些关键的电器），而一个低容量和高额定功率的电池可以运行多个系统，但只能持续几个小时。

（3）效率，指的是可以使用的能量与储存能量的百分比（也称为"转换效率"）。更高的效率意味着在一定的容量下有更好的经济价值。

（4）放电深度（DoD），表示电池容量的最大数量，可用于实现最佳性能。例如，一个拥有90%放电深度的10kWh电池，在重新充电前不应超过9kWh，否则其使用寿命可能会缩短。

（5）保证周期，指的是经过若干次充放电循环后，电池能保持多长时间的充电能力，在建筑应用中，这种情况几乎每天发生。例如，一个保证5000次循环或10年的电池，在其原始容量的70%的情况下，在这一时期结束时，其储存能量的能力不会超过30%。

建筑应用的主要电池存储方法是铅酸电池和锂离子技术。铅酸电池是一种成熟的、相对便宜的技术，并且是唯一几乎100%可回收的技术，但是它们又重又笨（能量密度高达30Wh/kg和120Wh/L），充电慢，对环境条件敏感，可能缩短其寿命并降低其效率。与其他技术相比，铅酸电池的防护性能也较差。铅酸电池主要用于大规模的应用，如技术设施的备用电源，但不太适合小型应用，如住宅楼。铅酸技术仍在不断进步，包括BAE、Sonnenschein、Deka、GS Yuasa和YHI Power在内的制造商推出了更高性能的管状凝胶或铅碳产品。这些电池通常是单体的，类似于汽车领域使用的电池，容量在50～100Ah之间，并按所需容量进行组装。

锂离子电池是目前最流行的电池存储选择，它们构成了全球电网电池存储市场的90%以上，并且与大多数移动设备、笔记本电脑和电动汽车中的电池技术相同（Ajanovic, Hiesl, Haas, 2020）。与铅酸电池相比，它们具有更高的功率密度，意味着更轻、更紧凑地安装（能量密度为150300Wh/kg和250650Wh/L），而且随着时间的推移，效率更高，这抵消了它们较高的前期投资，使之成为较低的生命周期成本。有几种类型的锂离子化学材料用于家用电池，如特斯拉和LG化学使用的镍锰钴锂（NMC），或磷酸铁锂（LiFePO，或LFP），据说比NMC更安全，因为热失控（过热或过度充电导致的电池损坏和潜在火灾）的风险更低，但能量密度更低，用于muRata、比亚迪和Sonnen制造的家用电池。

在持续发展方面，全世界都在努力研究和开发各种先进的锂离子以及后锂离子和非锂离子电池技术，例如：

（1）带有金属锂阳极的全固态锂离子电池（ASSB LiM）；

（2）锂硫电池（Li-S）；

（3）钠离子电池（Na-ion）；

（4）流动电池，包括带有有机梭子的电池（有机RedOx）。

这些发展有可能提供更高的能量密度（ASSB LiM，Li-S），改善安全性和实现更高的功率密度，从而实现快速充电（ASSB LiM，有机氧化还原），降低成本（Na-ion，Li-S），可减少稀缺或关键原材料的消耗（CRM）（Na-ion，Li-S，有机RedOx，有机氧化还原），延长使用寿命，以及卓越的可扩展性和灵活性（有机RedOx，有机氧化还原），使电力存储在各种应用中得到更大的吸收。

特别是，预计到2030年进入市场的ASSB LiM，与传统的液态电解质锂离子电池相比，具有许多优势，包括更高的能量密度（高达 700Wh/kg 和 1400Wh/L），由于没有易燃、有毒或腐蚀性的电解质，安全性提高，更高的功率输出使充电速度加快，更广泛的操作温度范围（高于 100℃），以及更长的保存期限（低自放电率）（Lebedeva, Ruiz Ruiz, Bielewski 等，2020）。

家庭大小的光伏系统的广泛采用，政府的激励措施，以及公用事业部门的可变能源价格计划，大大扩展了插入式家庭大小的建筑储能解决方案的市场（图 9.3-23），目前有几种解决方案（表 9.3-5）。

图 9.3-23　市场上的主要家用电池：特斯拉 Powerwall（左上）、比亚迪 B-Box Pro（上中）、三力拉链 T45（右上）、德国索南 ECO（左下）、LG Chem RESU（下中）、德国瓦尔塔 Pulse（右下）

国内市场储能主要解决方案　　　　　　　　　　　　　表 9.3-5

制造商	模型	类型	使用	容量（kWh）	功率（kW）	化学	成本（美元/kW）
LG Chem	RESU	DC，48V	离网备份	3.3~13	3.5~5	Lithium NMC	738
特斯拉	Powerwall	AC coupled	存储备份	13.5	7	Lithium NMC	890
索南	ECO	AC coupled	存储	4~16	3	Lithium LFP	1188
比亚迪	B-Box Pro	DC，48V	离网存储备份	2.5~10.2	2.5~10.2	Lithium LFP	710
瓦尔塔	Pulse 6	AC coupled	存储	6.5	2.5	Lithium NMC	1100
三力拉链	T45/T63	DC，100V	存储备份	4.5~6.3	2.5	Lithium LFP	742

这些产品以自封闭箱或机柜形式提供，可以自由地安装在地板上或墙上，通常容量在 3~20kWh 之间，通常可以堆叠，价格在 800~2000 美元/kWh 之间，取决于内置的 AC-DC 逆变器或断电备份（即在停电时继续为家庭供电的能力）等功能。制造商包括 LG 化学、三星或瓦尔塔等老牌企业，还有一些汽车公司（特斯拉、宝马、日产），旨在利用他们的电动车专业知识，或为第二生命的电动车电池创造一个市场。事实上，一旦存储量下降到初始容量的 70%~80%，并使驾驶里程过短，电动车的电池通常会被替换。然而，这样的剩余容量仍然适用于建筑物和电网应用

的固定储能，它们的再利用将提高电动车的整体经济效益，并由于更长的电池运行寿命而减少对环境的影响（Aziz, Oda, Kashiwagi, 2015）。

家庭电池在与现场能源发电系统（如光伏板）结合时特别有益，因为它们允许储存白天产生的未使用的能量，并在夜间或需求高峰时加以利用，将整个24h内从电网获取的能量降到最低。实际上，电网本身就是一个虚拟储能系统，它可以购买未当场消耗的发电能源，然后在需要时将其卖回。随着光伏发电补贴不断减少；但用户售价低于购买价格，从而降低了其经济可行性。通过在系统中加入电池，可以大大增加自用率，从而提高盈利能力（Kharseh, Wallbaum, 2017）。适当控制来自光伏系统和电池与电网之间的能量流，也可以实施能源管理策略，如在非高峰期储存来自电网的廉价能源，在上网价格最高时出售光伏产品，或在即将发生的电网干扰（阴天、计划维修、恶劣天气现象）之前填充电池，以确保家庭服务的运行。

确定安装家庭电池系统的正确容量主要取决于预期的目的，是为了确保紧急情况下的离网运行，还是为了最大限度地提高系统的自我消费和盈利能力。在前一种情况下，系统的尺寸应确保至少有一天的备用电力，而在后一种情况下，最佳尺寸主要取决于当地电价，并有助于减少光伏系统的投资回报时间，即使这种系统的前期成本增加（Kharseh, Wallbaum, 2017）。

9.3.3 需求响应

需求响应（DR）一词包括许多不同的策略，通过这些策略激励商业、住宅、市政和工业电力客户在短期内调整用电时间（美国能源部，2016）。因此，DR从根本上不同于能效和节能政策，后者是为了减少总电力负荷。特别是，DR是指为激励电力终端消费者根据电网中的电价变化调整其消费模式而制定的任何计划和战略。就其运作而言，DR利用了智能电网和用户的智能电表之间的双向通信和信息网络。从用户方面来说，DR要求商业、工业和家庭消费者通过调整智能电网的能源退出和接入来应对电力市场的变化，以换取经济利益；而从电力运营商方面来说，它可以实现节能措施、削峰填谷，提高电网系统的效率、稳定性和灵活性，并减少电力投资的需求（Hussain, Gao, 2018）。

DR作为一种战略，旨在解决与需求的日常变化有关的问题，通常在确定的时间达到峰值，而在其他时间，如夜间，则较低。供应方面，传统电源（核电、煤电、化石燃料发电厂）的调制能力很小，在其最佳状态下运行效率更高，因此不适合面对这些需求高峰。另一方面，可再生能源，如光伏或风力发电，正越来越多地被纳入电网，但其供应本身是不连续的，并增加了基线供应的不确定性。这导致了发电能力和电网分配规模过大，降低了整个能源供应链的效率。

在这种情况下，DR是既定激励措施的演变，即在24h内尽可能均匀地分散消费者的需求，减少峰值。这些措施包括在夜间和周末提供更便宜的电价，以促进在这些时刻使用耗能的服务，或者通过执行"峰值需求收费"对总体消费和即时需求进行单独计费，即当用户在较短的时间内以更高的强度需要电力时收取更多的费用。例如，在这种情况下，一家制造厂可能决定不一次性开启其机器，而是在较长时间内逐一开启。

一般来说，目前的DR计划可以分为两种类型："基于激励的"和"基于价格的"，尽管其他名称包括"系统主导的"和"市场主导的"，"基于应急的"和"基于经济的"，或"直接"和"间接"DR（Haider等，2016）。

在基于激励的计划中，鼓励客户（主要是工业或商业客户，尽管住宅社区和单个家庭都在进入这个市场）根据要求提供或根据客户、集合商和电网运营商之间的合同协议来调节其能源消耗。

通常情况下，基于激励的 DR 是这样进行的：电网运营商负责管理电力系统并确保其保持稳定，当电网稳定问题发生时，通知集合商有必要发出平衡命令；集合商，也被称为 BSP（平衡服务提供商），必须在其客户组合中确定需要增加或减少能源使用的负荷和/或发电能力；客户执行（手动或自动）调制计划，减少对电网的压力，并获得报酬，以换取为调度提供的能力数量。一种常见的基于激励的 DR 是直接负载控制（DLC），其中客户同意向项目管理员提供直接进入其场所的开关操作，在高峰时间间隔内安排或断开，尽管这种方法带来了潜在的隐私问题（Hussain, Gao, 2018）。

相反，在基于价格的计划中，客户获得了反映不同时间段电力价值和成本的时变费率，并被鼓励通过单独管理其负荷和减少或将其能源消耗从高峰时段转移到不太拥挤的时段来应对电价的波动。电价可以在预设的时间内变化，也可以根据小时、日、周或年的情况动态变化。基于价格的 DR 计划包括 TOU、关键峰值定价（CPP）和实时定价（RTP）计划（Yan, Ozturk, Hu 等, 2018）。TOU 定价方案使用基于预定价格值的静态定价方案，通常在高峰时段收取溢价，在非高峰时段收取折扣价，通常在每个季节保持不变。TOU 方案对消费者来说是最容易理解和遵循的，并且有最高的参与率。它们的主要缺点在于如何调节使用模式，当高峰期价格下降时，往往会转移高耗能的服务（即炉子和厨房电器，电动车或 PHEV 充电），在晚上创造一个新的、更大的需求高峰，而不是在非高峰期均匀地分布。CPP 项目则是由事件驱动的，通常是在异常情况下，如预定的维修或预期的极端天气条件，并使用高电价（通常高于 TOU 费率）作为控制信号，以影响高峰时段的用电。白天的 CPP 值通过报纸、短信和网站等社会媒体传递给消费者，使这些项目非常容易被普通消费者理解和遵循。用户可以直观地看到他们的激励措施，并且更愿意参与这种活动，而不是重新安排他们所有的能源行为。

因此，CPP 在保证系统可靠性方面比在提高整体能源消耗效率方面更加有效。最后，在 RTP 项目中，能源价格随着批发市场价格的变化而不断变化，动态电价提前一个小时或一天向公众公布。在 RTP 项目中，公用事业公司可以分配反映实际需求—供应弹性的电价，用价格向消费者发出信号，让他们相应地调整用电，以实现经济效益。与 TOU 或 CPP 项目相比，RTP 项目有可能为运营商和消费者带来更多的利益；然而，其利用需要在终端使用系统中建立一定程度的硬件基础设施，特别是居民家庭。事实上，智能电表、EMS 和 BAS 是克服客户手动响应时间差异化价格的困难的先决条件。

在预测方面，人工智能可以有效地用于预测电价和各种负载类型，目的是为实时电力调度以及系统和运营商规划提供信息。最常用的人工智能预测方法是 ANN，有单层和多层隐藏（深度神经网络）来发现受控因素之间的模式。负荷、天气相关的生产或价格的短期预测可以改善实际的 DR 调度，使聚集者能够提供更好的服务，消费者能够对 DR 信号作出最佳反应。另一方面，长期预测可以帮助服务提供商和运营商保持一定的灵活性，哪些消费者是 DR 的目标，以及哪些 DR 信号可以传输（补偿/价格）。

关于 DLC 计划，越来越多的 DR 计划参与者，以及可用于此目的的大量设备，使得 BSP 在不自动调度和控制需求方设备的过程中管理其客户组合是不可行的。这只能通过利用各种技术来实现，如大数据管理（主要是基于云端的）、解释这些数据的机器学习技术、优化算法和物联网设备，以允许聚合器和可控制的终端用户设备之间进行双向通信。机器学习允许对客户和运营商之间的互动进行建模，并根据他们的喜好采取相应的行动。该领域最常用的机器学习方法是强化学习（特别是 Q-learning），用于较小的住宅或办公室应用，当行动和环境状态的空间变得更大时，特别是在服务提供商层面（Medved, Artač, Gubina, 2018）。

在 DR 设计和决策支持方面，人工智能技术可以被用来协助定义基于激励和价格的 DR 计划，支持优化给予参与者的奖励和 BSP 自身的利润，以确保对新客户的吸引力和保留已注册的客户。在基于激励的减灾计划中，人工智能可以根据客户和供应商的盈利能力，为不同的电力消费者学习最佳的激励率，或者学习消费者接受各种提议的概率。在基于价格的 DR 项目中，人工智能可以用来确定最佳的日间定价方案，使 BSP 的利润最大化，同时遵守市场约束，使消费者的不适或干扰最小化，或者模拟 RTP 率和电力消耗之间的关系。对于这两种类型的 DR，人工智能支持运营商对注册的客户进行分类和细分，以选择 DR 场景中不同调制或缩减的最佳主体，并根据其负荷情况发现潜在客户，采用分类和聚类算法。

在消费者方面，DR 的要求可以通过人工解决，或者更有效地将其整合到建筑 BAS 和 EMS 中，以优化储能管理、居住者的热和视觉舒适度，以及建筑服务的运行。提供减灾能力的最相关的建筑服务包括暖通空调和生活热水（DHW）的生产，它们在住宅或第三产业建筑中占了大部分能源消耗。这些系统可以通过修改温度设定点，通过预热或预冷建筑物来转移负荷（被动储能）或直接在储能系统中储存热能或热水（主动储能）来促进 DR。反过来，家用电器可以配备智能插头，或用连接设备（如洗碗机、洗衣机、烘干机）取代，允许在特定的时间窗口内安排其任务，或根据电价的变化进行开关。无论采用哪种减灾方案，现场发电和储能等建筑特征都被证明是实现最佳效果的关键因素，既能降低客户的成本，又能提高电网的稳定性和效率。事实上，DR 项目通常遵循严格的时间表，减少能源使用往往需要设备关闭或调整建筑，这可能会影响居住者的舒适度，使能源客户无法获得 DR 的好处，或限制公用事业公司利用它作为资源的能力。可再生能源与储能相搭配，给客户提供了额外的灵活性，在关键时刻减少他们现场的电网需求，而不增加整体的电力消耗，使 DR 的参与变得更加容易。影响建筑能源管理的另一个重要因素是电动汽车，其电力储存能力和固有的连接性在未来拥有巨大的整合潜力。

在这种情况下，人工智能可以通过响应减灾信号，使建筑能源系统和设备自动化（主动需求侧管理，ADSM），同时从居住者的行为中学习如何将用户的不适感和所需的人机互动水平降到最低，从而大大促进需求侧减灾项目的实施（Vázquez-Canteli, Nagy, 2019）。利用天气预报、居住情况、使用情况、动态能源价格和消费者行为中发现的模式，人工智能可以优化消费者的房屋能源管理，减少他们的电费。

特别是，机器学习和 AI 在 ADSM 中的应用可能涉及单个子系统，如现场可再生能源发电的预测，或者更常见的是开发一个集中的算法，协调分布式能源发电、能源储存、智能电器、电动汽车充电、HVAC 和 DHW 以及其他建筑服务。

关于分布式能源发电的预测，常见的方法是采用 SVR 方法预测光伏电池板或风力涡轮机的生产力，将历史生产数据与来自气象站或数据库的气象数据配对（Rocha 等, 2021）。用户的舒适度反而可以用 K-means 聚类方法对历史上的电器和 HVAC 数据消耗进行预测。

智能家电控制和调度可以使用强化学习建模，将用户定义的要完成的任务与确保最大满意度的目标时间联系起来，同时考虑到相互依赖的家庭服务（例如，洗衣机和干衣机），并使用这些信息来最小化不同 DR 信号下计划任务的成本（Vázquez-Canteli, Nagy, 2019）。另一种方法则采用了几个 ANN，每个任务安排一个，对不同的任务进行编程，然后由一个额外的 ANN 进行协调，确保没有重叠，以尽量减少电力需求（Matallanas 等, 2012）。无论采用哪种人工智能方法，家电使用的按需性，以及电动汽车的使用和充电，都需要用户以合理的预期来输入他们想要执行的任务，以便让控制器根据有效需求来优化相关的时间表。

储能管理可以通过人工智能得到极大的改善，以预测和决定何时将多余的可再生能源电力储存在电池中，并在以后的时间点上放电以满足需求，同时考虑预测的需求、可再生能源发电、DR能源价格和网络拥堵，以及这些服务对电池健康状态的影响。通过使用人工智能，多功能电池存储系统可以优化机会，在价格低时从电网购买电力，然后在价格高时回售给市场。特斯拉在澳大利亚的 Hornsdale 电池通过算法自动竞标来获取最佳收入流，其程度是仅靠人类竞标者无法实现的，在其运行的第一年估计实现了 2400 万美元的收入（IRENA，2019c）。

最后，ADSM 可以被建模为一个优化问题，即最大限度地提高 DR 的盈利能力和用户的热与视觉舒适度，而这又可以根据设定的目标和控制的变量，使用自然启发算法（如遗传算法或 ANN）来解决。自然启发算法，特别是 NSGA-Ⅱ，最常用于调度任务，这个问题可能是高度复杂、非线性和非凸的，因此适合其探索和利用能力（Antonopoulos 等，2020）。

9.4 结论和展望

世界城市与减缓和适应气候变化的关系越来越密切，这不仅是因为它们对全球碳排放的贡献很大，而且还因为它们在减缓各种排放方面的巨大潜力，以及对建设能够适应未来条件的具有气候弹性的城市基础设施的需求不断增加。事实上，到 2050 年，城市将需要在一个宜居的低碳环境中容纳世界上三分之二的人口。

为了向净零碳的未来转变，智慧城市必须通过关注四个主要目标来发展一个综合能源系统。
（1）电网的去碳化；
（2）建筑服务的电气化，包括空间和水加热；
（3）广泛的效率提升，以减少整体能源需求；
（4）数字化，以提高能源网的灵活性，满足建筑使用者的需求。

这四个良好的"行为"结合在一起，为建筑和社区提供了一个全面的途径，为低碳的未来作出贡献。去碳化和气候行动的目标要求逐步改造城市的能源系统，逐步淘汰化石能源，并反过来将可再生能源纳入能源组合。除了环境效益外，当地发展可再生能源还将减少国家对能源进口的依赖，促进研究和创新，以推动增长和竞争力，并在整体上对国内生产总值和就业产生积极影响。在这种情况下，用可再生能源生产的绿色氢气可以在全球能源向零碳转型中发挥重要作用。

这种能源系统的转型将深刻影响能源的生产、传输、分配和消费方式。能源基础设施必须变得更加"智能"和灵活，以整合那些与传统能源相比具有不同行为和技术特征的能源。因此，储能、需求侧管理、使用和分配效率、DER 和更灵活的市场等功能对于促进能源转型是必要的。反过来，这些都需要广泛地部署新的技术和基础设施，包括智能电表、电力电子技术和智能电网。新的基础设施必须满足一组新的能源参与者的通信需求，即专业消费者、配电和输电系统运营商、聚合者以及参与系统的新设备。

所有这些新的技术、模式、服务和设备要求能源分配基础设施和数据交换渠道与平台不仅在能源方面，而且在新能源系统中的所有参与者和设备之间的数据流方面具有互操作性和互连性。需要新的一致的框架，能实现管理与所有能源商品和非能源部门（如水、金融和运输）的互动，考虑技术方面以及社会接受和商业模式的问题。他们需要整合新技术，如先进的计量基础设施、区块链、物联网和人工智能。

在这种情况下，能源转型的关键推动因素是技术、基础设施和服务方面的系统数字化。事实上，需要智能能源基础设施来无缝促进城市中能源网、建筑和电动车之间的互动，并确保成本效益和安全的电力分配。完全电气化的、高效的、与电网互动的建筑，加上场内和/或场外的可再生能源系统和智能电动车基础设施，是这种基础设施的决定性组成部分。关键的技术创新包括带有电池储能的建筑集成可再生能源系统、智能电表、智能能源管理、高效电器、物联网、人工智能和大数据支持的机器学习功能，以及区块链技术。

这种新的城市模式将利用不同的通信、网络和计算技术进行数据收集和处理，进而可以在不同的领域为市民实施智能服务，包括健康、交通、安全和治理。大数据的巨大扩展以及人工智能和机器学习的发展将发挥越来越重要的作用，因为通过各种来源收集的大量数据，包括来自地理信息系统、卫星和无人机的数据，可以通过分析发现明显的或推断的模式，为城市官员提供有价值的见解。通过将这些数据与越来越大、越来越精确的建筑群 BIM 模型和 GIS 系统相结合，就有可能创建全市范围内的 DT，用于城市规划和政策决策的建模。向智慧城市的数字化转型将为合格的劳动力创造一个市场，以及具有新的产业价值链的新服务和活动，至少可以部分取代因逐步淘汰化石能源而失去的工作。尽管如此，其影响将是巨大的和颠覆性的：未来能源系统的物理、社会、市场和商业配置可能与今天大不相同。